中原工学院教材建设资助项目

绿色化学

杨德红　杨本勇
李　慧　张留学　编著

黄河水利出版社

内 容 提 要

本书围绕绿色化学的基本原理，分别介绍了绿色化学的概念、原则、方法、反应技术、应用、研究动向以及绿色化学的产生和发展等内容。全书共分11章，主要包括绿色化学反应和技术、绿色氧化剂和还原剂、绿色催化剂、绿色溶剂、绿色原料、绿色化学产品、绿色能源和绿色化工生产等。本书内容丰富，选材新颖，论述前后呼应，注意理论联系实际，注重前沿知识领域的诠释。

本书可作为化学化工、应用化学、环境工程、轻化工程等专业本科生的教材，也可供相关专业的广大科技工作者和爱好者阅读参考。

图书在版编目(CIP)数据

绿色化学/杨德红等编著.—郑州：黄河水利出版社，2008.1

ISBN 978-7-80734-267-0

Ⅰ.绿… Ⅱ.杨… Ⅲ.化学工业-无污染技术-高等学校-教材 Ⅳ.X78

中国版本图书馆CIP数据核字(2007)第139145号

组稿编辑：王路平　电话：0371-66022212　E-mail：wlp@yrcp.com

出 版 社：黄河水利出版社

地址：河南省郑州市金水路11号　邮政编码：450003

发行单位：黄河水利出版社

发行部电话：0371-66026940、66020550、66028024、66022620(传真)

E-mail：hhslcbs@126.com

承印单位：黄河水利委员会印刷厂

开本：787 mm×1 092 mm　1/16

印张：14.5

字数：340千字　印数：1—1 850

版次：2008年1月第1版　印次：2008年1月第1次印刷

书号：ISBN 978-7-80734-267-0/X·30　定价：30.00元

前　言

绿色化学是指设计在技术上和经济上可行的,没有或者只有尽可能小的环境负作用的化学品和化学过程。绿色化学的最大特点在于它是在始端就采用预防污染的科学手段,因而使过程和终端均为零排放或零污染。它研究的是污染的根源或本质,而不是去对终端或过程污染进行控制或处理。绿色化学主张在通过化学转换获取新物质的过程中充分利用每个原子,即具有"原子经济性",因此它既能够充分利用资源,又能够实现防止污染。绿色化学的主要研究内容是寻找一个基本的方法来改变某一产品或过程的内在本质,以降低或消除其对人类健康及环境的影响。因此,绿色化学是开发从源头解决污染的一门科学,对环境保护及社会的可持续发展具有极其重要的意义。绿色化学和清洁生产已成为21世纪化学与化工领域的热点和重要科技前沿,受到各国政府、企业和学术界的广泛关注。

培养和造就具有绿色化学思想观念并掌握绿色化学理论、方法、技术的具有创新精神和实践能力的新一代大学生,应成为高校人才培养的目标,绿色化学教育已经受到有关高校的重视,很多高校已开设"绿色化学"课程,作为理工科相关专业的必修课或选修课,有的院校还把绿色化学课程作为公共选修课,使大学生受到可持续发展的绿色化学思想的教育和绿色化学知识技术的教育。

本书的作者一直从事绿色氧化剂、绿色溶剂及绿色合成技术等方面的研究工作。本书的编写基于两个目的:一是对上述工作的总结、回顾、梳理和深化;二是希望为相关专业的本科生、硕士生提供一个接受绿色化学观念教育的完整、新颖、系统的载体和平台。本书紧紧围绕绿色化学的基本原理,分别介绍了绿色化学的概念、原则、方法、反应技术、应用、研究动向以及绿色化学的产生和发展等内容。全书共分11章,主要包括绿色化学反应和技术、绿色氧化剂和还原剂、绿色催化剂、绿色溶剂、绿色原料、绿色化学产品、绿色能源和绿色化工生产等。内容丰富,选材新颖,论述前后呼应,注意理论联系实际,注重知识创新。

本书可作为化学、化工、应用化学、环境工程、轻化工程等专业本科生的教材,也可供相关专业的广大科技工作者和爱好者阅读参考。

本书由杨德红、杨本勇、李慧、张留学编著,最后由杨德红统稿、定稿。

由于作者水平有限,肯定存在不足之处,敬请读者批评指正。

作者对在本书编写、出版过程中给予支持帮助的领导及出版社编辑,表示衷心的感谢;还要特别感谢书中所引用文献的作者们。

作者

2007年5月

目 录

第 1 章　绪　论

化学对人类做出了巨大的贡献,我们每个人的衣食住行都离不开化学。化学,尤其是有机合成化学的发展和进步,在更大程度上提高了人类的生活质量,改变了人类的生活方式。药品的发展减轻了人类的痛苦,延长了人类的寿命;农药、化肥的大力发展使人类得以增产增收,减轻了人口增长对食物需求的压力;聚合物技术的创新促进了制衣等日用产品和建筑材料以及电视、电话、计算机等高科技产品部件的更新换代……1840 年至今,化学工业的重大发明创造给人类带来的巨大影响之实例举不胜举。20 世纪化学工业的巨大成就举世瞩目,它在国民经济中的发展速度超出了其他任何部门。因此,原美国化学会主席 R.Breslow 称化学是"一门中心的实用的和创造性的科学"。图 1-1 所示为全球化学工业的进展。

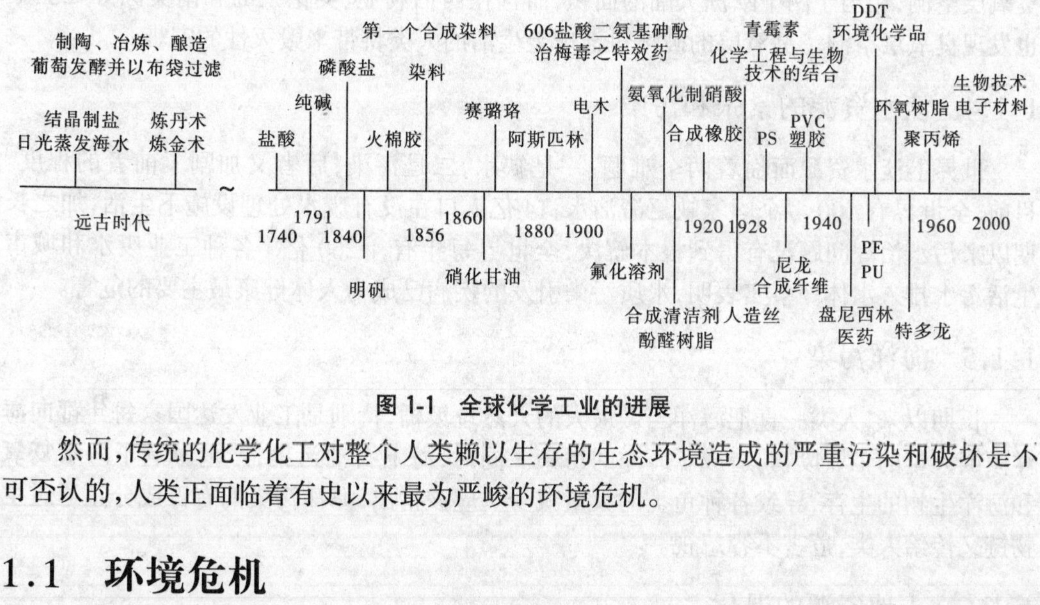

图 1-1　全球化学工业的进展

然而,传统的化学化工对整个人类赖以生存的生态环境造成的严重污染和破坏是不可否认的,人类正面临着有史以来最为严峻的环境危机。

1.1　环境危机

目前,人类正面临有史以来最严重的环境危机,世界人口剧增、资源和能源日趋减少和濒临枯竭、大量排放的工业污染物和生活废弃物使人类生存的生态环境迅速恶化。

1.1.1　大气污染、酸雨成灾

当今世界人口剧增,现代工业和都市飞速发展,人类燃烧煤、石油、天然气等矿物燃料,并向大气中排放大量有害的物质。据测算,每年向大气中排放的硫氧化物(SO_X)达 1.6 亿 t、氮氧化物(NO_X)0.5 亿 t、一氧化碳 3.59 亿 t、二氧化碳 5.7 亿 t,以及大量有害的飘尘。造成空气质量严重下降,全球有 6.25 亿人生活在空气污染的城市中,不仅发达国家的工业城市，就是一些发展中国家的城市也笼罩在烟雾之中。同时，向大气中排放的 SO_X、NO_X 与空气中的水汽结合形成“酸雨”，对生态系统和人类财产造成严重危害。

1.1.2 全球气候变暖

全球气候变暖主要是近 100 多年来人类大量燃烧煤、石油和天然气，排放大量二氧化碳等温室效应气体造成的。100 多年来，大气中 CO_2 的含量增加了 30%，CH_4 增加 145%，N_2O 增加了 15%，导致全球平均气温上升了 0.3～0.6 ℃。据估计，在未来的 100 年中，全球气温可能再升高 1.0～3.5 ℃。地球气温升高，将引起南北极冰川融化，使海平面上升；同时对农业、水源等产生严重的影响，对人类的生存构成威胁。

1.1.3 臭氧层破坏

臭氧层被破坏与氯氟烃大量排放有关。20 世纪中期以来，氯氟烃作为制冷剂、泡沫发生剂、灭火剂等被广泛应用。当氯氟烃进入大气后，在光作用下进行分解，释放出大量的氯自由基，诱发连锁反应，极快地破坏臭氧分子。1995 年科学家报告说，在南极上空的臭氧层空洞，相当于两个欧洲大陆的面积，而且在西伯利亚、英伦三岛和南美洲等处上空也发现臭氧层空洞。臭氧层的破坏对地球上生活的人类将带来毁灭性的灾难。

1.1.4 淡水资源的紧张和污染

世界上淡水资源面临着两个难题：一是缺水，二是污染，后者又加剧了前者的程度。目前，全世界有 100 多个国家缺乏清洁水，14 亿人口在没有废水处理设施下生活，加之长期以来污水治理问题没有得到根本解决，全世界每年有 4 260 亿 t 各种工业废水和城市生活污水排入水体。事实表明，水质污染引发的疾病已成为人体健康最主要的危害。

1.1.5 海洋污染

长期以来，人类一直把海洋当做最大的天然垃圾桶，特别是工业发达国家每年都向海洋倾倒大量的工业废物，造成了海洋的污染。同时，海上石油污染，严重影响了海水复氧和海洋生物的生存，导致各种鱼类的大量减少。应该指出，海洋污染的有毒成分正通过生物链又传给人类，危害不容忽视。

1.1.6 土地资源的退化

土地是人类生息繁衍之地。半个世纪以来，由于人类对土地的过度开发和其他活动的影响，已引起全球土地资源的退化。土地资源退化的最主要表现是水土流失、盐碱化和沙漠化，三者相互影响、相互作用，引起连锁反应，产生严重后果。据测算，全世界每年水土流失约 240 亿 t；每年有 600 万 hm^2 土地沙漠化，其中 320 万 hm^2 是牧场，250 万 hm^2 是依靠降雨的耕地，12.5 万 hm^2 是灌溉耕地，使近 1/6 人口的生存环境受到影响。

1.1.7 森林锐减

森林作为陆地生态系统的重要组成部分，起着调节气候、固土防沙、保护生物多样性、美化环境等多方面的作用。近几十年来,世界人口剧增和毁林开荒导致森林锐减,每年丧失1 700万～2 000万 hm^2 面积的森林。据联合国粮农组织统计,地球上每分钟就有2万 m^2的森林被毁掉,特别是热带雨林的大规模被破坏。森林的破坏对全球的生态环境的影响是巨大的,人们在对森林锐减进行深刻的反思后,许多国家开展了大规模的植树造林运动。

1.1.8 生物多样性减少

由于大自然的进化,造就了地球上生物的多样性。目前地球上生物物种有500万～3 000万种。近百年来,由于人类大规模农业生产和改造自然活动,导致生物物种的大量灭绝。据估算,现在每年有5万个生物物种灭绝,即平均每天灭绝的物种达140个。应该指出,生物多样性是维持自然生态平衡和人类生存发展必不可少的基础。

1.1.9 有毒化学品和危险废物

据估计,全世界每年排放的各种工业废弃物和城市垃圾等约有100亿 t,其中5%～10%属于危险废物。人们处理这些有害废物的方式,通常采用掩埋、焚烧或向大海倾倒。但是这些方法既不能消除危险废物的毒害性,也不能阻止其向自然界的扩散,只会带来更严重的污染后果。应该指出的是,一些工业发达国家将有害废物进行越境转移,特别是向发展中国家转移,更加促使局部污染的全球化。

1.1.10 环境公害

噪声对环境的污染如同工业"三废"一样,是一种危害人类的环境公害。噪声会引起耳聋、心烦、疲劳、头晕、头痛、记忆力减退;强噪声会使人眩晕、恶心、视力模糊、血压和脉搏发生波动,影响人们的正常生活和健康。噪声按其来源主要有气体动力噪声、机械噪声和电磁性噪声,特别是城市环境的交通噪声、施工噪声和工厂噪声等影响更大。

当代全球问题的实质是人类生存的危机,是人类赖以生存的自然环境的破坏,即人与自然矛盾的激化。人类社会发展到今天,大众已觉醒,保护生态环境、加强污染治理已经成为世界各国人民共同的心声和关注的大事。

1.2 民众的觉醒

1962年 Rachel Carson 写了一本书,名为"寂静的春天"(Silent Spring),被誉为环境保护的警世之作。书中详细地描述了一些农药对各种鸟卵的影响,如DDT等农药可以蔓延至整个食物链,造成无法挽回甚至无法预料的危害。正是这些危害引起了公愤,并导致美国对农药的生产和使用进行官方控制。1971年,美国环保署成立;1972年正式立法宣布禁止使用DDT。Rachel Carson 被誉为人类环保事业的"普罗米修斯"。

1972年6月在斯德哥尔摩召开了联合国人类环境第一届会议,有113个国家参加,会议通过了全球性保护环境的行动计划和人类环境宣言,通过了每年6月5日为世界环境日。

"八大公害"(见表1-1),"六大污染"(见表1-2),震惊世界,引起民众的公愤,唤起了人们的环保意识,由此引发了人类轰轰烈烈的环保运动。环境危机和环保运动促进了绿色化学的产生、兴起和发展,环保法规的颁布更进一步推进了绿色化学的发展。绿色象征人与自然的和谐,绿色化学是人类生存和社会可持续发展的必然选择。

表1-1 "八大公害"事件

时间	内容
1930年	比利时马斯河谷烟雾事件
1943年	洛杉矶光化学烟雾事件
1948年	美国多诺拉烟雾事件
1952年	伦敦烟雾事件
1953～1956年	日本水俣病事件
1961年	日本四日市哮喘事件
1968年	日本北九州米糠油事件
1972年	日本富山县骨痛病事件

表1-2 "六大污染"事故

时间	内容
1976年	意大利塞维索化学污染事故
1979年	美国三里岛核电站泄漏事故
1984年	墨西哥液化气爆炸事件
1984年	印度博帕尔毒气泄漏事故
1986年	前苏联切尔诺贝利核电站事故
1986年	德国莱茵河污染事故

1.3 绿色化学的兴起

回顾历史,人类对于化学物质危害性的认识是逐渐深入的,所采取的预防治理的方法和措施也是逐渐发展的。大致经历了以下几个阶段。

1.3.1 利用稀释来解决污染问题

在人类对化学物品的危害性及环保的重要性的认识还很肤浅的时候,没有法规可以控制化学物品的环境排放和抑制其暴露于人群,通常是直接将其排放到大气、水体和土壤里。当时人们认为只要充分降低某一化学物质在特定介质中的浓度即足以减轻其最终影响。尽管现在看来这种观点很荒唐,但在当时这种做法受到拥护,因为当时对长期毒性、生物积累乃至致癌性的认识还远远不如现在。

1.3.2 通过命令与管理规则来进行废物处理与抑制

随着对毒性作用和环境影响的进一步了解,设立了与这些知识相应的环境法规来严格控制化学物品对任何一种可接受体系(水、大气、土壤)的排放量。这种首次在环境条例上进行强制管理的方法常常是利用对一些排放标准和标准化浓度的规定来指定某一特定化学物品在水中可允许的浓度,以求对人类的健康和环境不造成危害。这种强制管理的一个主要缺陷是不考虑水中存在的其他物质对受控物质的叠加影响。随着环保法规的日益完善,为了减少废物对人类健康及环境的影响,人们越来越强调在排放前对废物的处理或在排放后对废物的抑制。环保章程要求:必须利用一些废物处理技术,如酸碱中和、烟囱排气的洗滤和焚烧技术,把废物转变成毒性小的物质以降低这些化学品的有害影响。

1.3.3 防止污染

1990年美国国会通过了污染防止法(PPA),制定了国家环保政策,并指出环保的第一选择是在源头上防止废物的产生。利用各种方法和技术,污染是可以防止的,从而避免了进一步处理和控制这些化学污染物。目前已开发出多种方法来达到防止污染的目的,包括利用工程控制来最大限度地降低某一物质的量,而这种物质如不控制将变成废物。通过控制和减少库存可以降低不必要的溶剂挥发,也成功地降低了最终变成废物的化学物品的总量。

1.3.4 绿色化学

绿色化学提供了通过改变某一化工产品或化工工程的内在本质来降低其对人类和环境危害的最基本的方法。绿色化学是利用化学的原理和方法来减少污染源,它是最理想的防止污染的办法,其目标是最大限度地减少对环境的有害影响。目前这场绿色革命还刚刚开始。

1.3.5 全球环境保护对策大事记

1996年之前全球环保对策大事记见表1-3。

表1-3 1996年之前全球环保对策大事记

时间	环保对策
1972年6月16日	联合国人类环境会议通过《环境宣言》
1973年1月	联合国成立环境规划署
1977年8月	联合国通过“防止荒漠化行动计划”
1982年5月18日	联合国人类环境会议通过《内罗毕宣言》
1984年4月	非洲召开环境保护会议,决定每年4月10日为“非洲环境保护日”;通过保护臭氧层的《维也纳公约》
1985年3月5日	世界环境与发展委员会公布《我们共同的未来》长篇报告

续表 1-3

时间	环保对策
1987 年 4 月 27 日	联合国环境署保护臭氧层会议通过《蒙特利尔协定》
1987 年 9 月 16 日	联合国环境署控制危险废物越境转移会议通过《巴塞尔公约》
1989 年 3 月 23 日	美国国会通过《污染预防法》,并确定为国策,提出从源头上防止污染的产生
1990 年	美国环保局发起了绿色化学计划,其目的是促进开发对人类健康和生态环境危害较少的化学产品和工艺流程
1992 年 6 月 3 日至 14 日	联合国环境与发展大会,102 个国家元首出席会议。大会通过了《里约热内卢环境与发展宣言》以及《21 世纪议程》
1992 年 11 月 16 日	1 575 名著名科学家起草的《世界科学家对人类的警告》发表
1993 年 9 月 17 日至 19 日	联合国环境规划署与澳大利亚民间环境团体联合倡议的"让世界清洁起来"的运动在 61 个国家得到热烈响应
1995 年 3 月 16 日	美国总统克林顿宣布设立"总统绿色化学挑战奖"

1.4 绿色化学的发展概况

10 多年来,绿色化学和技术已经成为世界各国政府关注的最重要问题之一,也是各国企业界和学术界极感兴趣的重要研究领域。政府的直接参与,产学研密切结合,促进了绿色化学的蓬勃发展。

1.4.1 在国外的发展

1987 年世界环境与发展委员会提出采用可持续发展的总原则是"今天的人类不应以牺牲今后几代人的幸福而满足其需要"。之后,世界各国纷纷响应。

1990 年美国颁布了《污染防止条例》,将污染防止确立为美国的国策。所谓污染防止就是使得废物不再产生,不再有废物处理的问题。绿色化学正是实现污染防止的基础和重要工具。

1992 年 6 月 3~14 日联合国环境与发展大会(地球首脑会议,里约热内卢),180 个国家和地区的代表团和代表参加,李鹏率中国代表团参加了本次会议。大会通过了《里约热内卢环境与发展宣言》、《21 世纪日程》与《生物多样性公约》等文件。

1994 年 8 月,美国化学会第 208 届年会就举办了以"为环境而设计:21 世纪的新范例"为专题的讨论会,讨论了环境无害化学、环境友好工艺和绿色技术等问题。

1995 年 3 月 16 日美国总统克林顿宣布建立"总统绿色化学挑战奖"。这是唯一的以总统名义颁布的化学单项奖,奖励在绿色化学合成方法、路线、工艺条件以及产品设计方面做出贡献的单位和个人。

1995 年 4 月美国副总统 Gore 宣布了国家环境技术战略,其目标为:至 2020 年地球日时，将废弃物减少40%～50%，每套装置消耗原材料减少20%～25%。

1996年7月21～26日在新英国大学举办了第一届题为“环境友好的有机合成反应”的哥顿会议(Gordon Conference)，1997年在牛津大学又召开了同样主题的第二届哥顿会议。同年美国国家科学院举办了第一届绿色化学与工程会议，展示了有关绿色化学的重大研究成果，包括生物催化、超临界流体中的反应、流程和反应器设计及“2020年技术展望”等。

1997年由美国国家实验室、大学和企业联合成立了绿色化学院；美国化学会成立了“绿色化学研究所”。日本制定了环境无害制造技术等以绿色化学为内容的“新阳光计划”。欧洲、拉美地区也纷纷制定了绿色化学与技术的科研计划。有关绿色化学的国际学术会议不断增加，展示了绿色化学的最新研究成果，受到学术界的高度重视。

1998年美国化学会召开了第二届绿色化学与工程会议，会议主题为“绿色化学：全球性展望”，会议高度赞扬了在环境友好的合成和过程开发中所取得的重大成果。8月第三次哥顿会议决定今后将联合世界各国每年召开一次，并出版了绿色化学论文集。同年，P.T.Anastas和J.C.Warner出版了《绿色化学：理论和实践》的专著，详细论述了绿色化学的定义、原则、评估方法和发展趋势，成为绿色化学的经典之作。

1999年7月第四届绿色化学哥顿会议在英国牛津召开，会议的主题是催化、新反应介质、清洁合成工艺、新颖反应器技术和环境友好材料。同年世界上第一本英文国际杂志Green Chemistry诞生，同时还建立了绿色化学网站。英国出版了第一本绿色化学专著Theory and Application of Green Chemistry。这在欧洲掀起了绿色化学的浪潮。总之，绿色化学与技术已经成为世界各国政府、企业和学术界所关注的重要研究与发展方向。

2000年美国化学会出版了第一本绿色化学教材书，旨在推动绿色化学教育的发展。

日本也制定了新阳光计划，在环境技术的研究与开发领域，确定了环境无害制造技术、减少环境污染技术和二氧化碳固定与利用技术等绿色化学的内容。德国制定“为环境而研究的计划”；荷兰制定“清洁生产手册”。这些政府行为都极大地促进了绿色化学的蓬勃发展。

1.4.2　在国内的发展

我国对绿色化学这一新兴学科的研究也十分重视。1992年在联合国和世界银行的帮助下，我国已逐步开始了清洁工艺的理论研究和实际应用。

1993年世界环境和发展大会之后，编制了《中国21世纪议程》郑重声明走可持续发展道路的决心。

1995年，中国科学院化学部确定了“绿色化学与技术”的院士咨询课题。

1996年，召开了“工业生产中绿色化学与技术”研讨会，并出版了《绿色化学与技术研讨会学术报告汇编》。

1997年，国家自然科学基金委员会与中国石油化工集团公司联合立项资助了“九五”重大基础研究项目“环境友好石油化工催化化学与化学反应工程”；中国科技大学绿色科技与开发中心在该校举行了专题讨论会，并出版了《当前绿色科技中的一些重大问题》论文集；1997年5月以“可持续发展问题对科学的挑战——绿色化学”为主题的香山学术会议第72次学术讨论会在北京举行,中心议题为可持续发展对物质科学的挑战、化学工业中的绿色革命以及绿色科技中的一些重大问题和中国绿色化学发展战略。

1999年12月,由国家自然科学基金委主办的第16次中华科学论坛在北京举行,会议从科学发展和国家长远需求的战略高度对绿色化学的基本科学问题进行了充分的研讨,提出了近期研究工作的重点:绿色合成技术、方法和过程的研究;可再生资源的利用与转化中的基本科学问题;绿色化学在矿物资源高效利用中的关键科学问题。提出了如何在"十五"期间优先安排和部署我国在该领域开展研究工作的意见。

《化学进展》杂志出版了"绿色化学与技术"专辑;四川联合大学也成立了绿色化学与技术研究中心。

上述活动已推动了我国绿色化学的发展。在具有中学"指挥棒"作用的高考等重要考试中绿色化学得到垂青,而现行的中学化学教材中也融入了绿色化学,使其作为一个崭新的课题成为中学化学教育教学的重要组成部分。

我国已先后举办了8届国际绿色化学高级研讨会。1998年,合肥,第一届。1999年5月,成都,第二届。2000年5月,广州,第三届。2001,济南,第四届。2002,合肥,第五届。2003年10月,成都,第六届。2005年5月,珠海,第七届。2007年5月,北京,第八届。

1.5　绿色化学的概念

绿色化学是近十几年来国际上新兴起的一门交叉学科,是当前国际化学化工领域的研究前沿,是各国政府和企业关注的热点。绿色化学的目标是从根本上消除污染、保护环境,同时又能推进工业生产的发展。

绿色化学(Green Chemistry)又称环境友好化学(Environmentally Friendly Chemistry)、环境无害化学(Environmentally Benign Chemistry)、清洁化学(Clean Chemistry)。绿色化学是用现代化学的原理和方法来减少或消除对人类和环境有害的原料、催化剂、溶剂、试剂、产物、副产物的使用和产生,使所开发的化学产品和过程更加友好。绿色化学是从源头上阻止污染的化学,是防治污染的最好办法。

绿色化学与传统化学的不同在于前者更多的考虑环境、经济和社会的和谐发展,使环境资源的化学变换体系成为一种更有效的运行模式,对环境支持系统具有更小的破坏作用,进而改善环境质量,促进人类和自然关系的协调。传统化学只对目标产物有兴趣,常常用收率和选择性这两个指标来评价化学效率,而对这一化学过程中所产生的其他物质统统视为废物,对环境对资源关注甚少。

绿色化学与环境化学的不同之处在于前者是研究对环境友好的化学反应和技术,特别是新的催化反应技术,而环境化学则是研究影响环境的化学问题。

绿色化学与环境治理的不同在于前者是污染预防,即从源头上防止污染的生成;环境治理是末端治理,即对已经污染的环境进行治理。

因此,从科学观点看,绿色化学是对传统化学思维的创新和发展;从环境观点看,绿色化学是从源头上消除污染,保护生态环境的新科学和新技术;从经济观点看,绿色化学是合理利用资源和能源,实现可持续发展的核心战略之一。绿色化学是对化学工业至整个现代工业的革命。同时绿色化学的出现也推动了现代化学面向社会生活的伸展,它与人类的生活质量、环境保护、人类福利及可持续发展密切相关。

1.6 绿色化学的原理——双十二条原则

1998年,Anastas和Warner明确了绿色化学的十二条原则,简称前十二条,它们是:

(1)防止污染优于污染治理。防止废物的产生优于在其生成后再进行处理或者清理。

(2)原子经济性。合成方法应被设计成能把反应过程中所用的材料尽可能多地转化到最终产物中。

(3)绿色合成。只要可行,合成方法应被设计成能使用和产生对人类健康和环境无毒性或很低毒性的物质。

(4)设计安全化学品。化工产品应被设计成既保留功效,又降低毒性。

(5)采用无毒无害的溶剂和助剂。应尽可能避免使用辅助性物质(如溶剂、分离剂等),如用应是无毒的。

(6)合理使用和节省能源,利用可再生的资源合成化学品。应认识到能源消耗对环境和经济的影响,并应尽量少的使用能源。合成应在常温和常压下进行。

(7)绿色原料。只要技术和经济上可行,原料或反应底物应是可再生的而不是将耗竭的。

(8)减少衍生物。应尽可能避免不必要的衍生化(阻断基团、保护脱保护、物理和化学过程的暂时的修饰)。

(9)催化。催化性试剂(有尽可能好的选择性)优于化学计量试剂。

(10)设计可降解化学品。化工产品应被设计成在完成使命后不在环境中久留并降解为无毒的物质。

(11)污染的快速检测和控制。分析方法须进一步发展,以使在有害物质的生成前能够进行即时的和在线的跟踪及控制。

(12)减少或消除制备和使用过程中的事故和隐患。在化学转换过程中,所用的物质和物质的形态应尽可能的降低发生化学事故的可能性,包括:泄漏、爆炸和火灾。

W.H.Glage认为化学转化的绿色度只有在放大(scale-up)、应用(application)与实践(practice)中才能评估,这就要求在技术经济与工业所导致的一些竞争的因素之间作出权衡。在此基础上,Neil Winterton提出了另外的绿色化学十二条原则(Twelve more principles of green chemistry),简称后十二条,这后十二条的内容是:

(1)鉴别与量化副产物。

(2)报道转换率、选择性与生产率。

(3)建立整个工艺的物料衡算。

(4)测定催化剂、溶剂在空气与废水中的损失。

(5)研究基础的热化学。

(6)估算传热与传质的极限。

(7)请化学或工艺工程师咨询。

(8)考虑全过程中选择化学品与工艺的效益。

(9)促进开发并应用可持续性量度。

(10)量化和减用辅料与其他投入。

(11)了解何种操作是安全的,并与减废要求保持一致。

(12)监控、报道并减少实验室废物的排放。

绿色化学的前十二条原则涉及合成与工艺的各个方面,十分全面,大多数的化学家和工程师都能从中得到教益并用于指导工作。而后十二条可以帮助化学家们评估每个工艺过程的相对"绿色性",并与其他的工艺相比较。

闵恩泽、傅军用一个简明的图式(见图 1-2)表达了上述原则,使人一目了然。它表明了绿色化学的整体性以及化学反应、原料、催化剂、溶剂和产品的绿色化之间的相互关系。综上所述,这些原则和图式为绿色化学指明了发展方向,同时也明确了当今绿色化学的主要研究内容和实现途径。

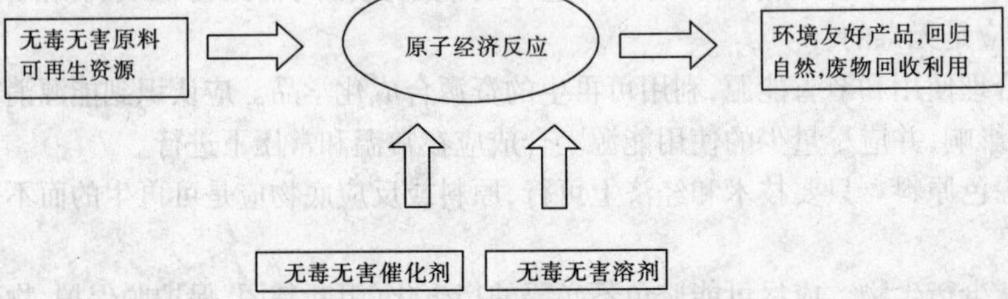

图 1-2

1.7 绿色化学的主要内容

绿色化学的任务是开发环境友好的化学品和生产过程,绿色化学的最终目标是从源头上防止污染。为了实现这一目标,我们必须重视两个方面的工作:一是开发以"原子经济性"为基本原则的新化学反应过程;二是改进现有的化学工业,减少和消除污染。绿色化学的主要研究内容包括以下几个方面。

1.7.1 新的化学反应过程研究

在原子经济性和可持续发展的基础上研究合成化学和催化的基础问题,即绿色合成和绿色催化问题。在有机化学品的生产中,有许多新的化学流程正在研究开发。如以新型钛硅分子筛为催化剂,开发烃类氧化反应;用过氧化氢氧化丙烯制环氧丙烷;用过氧化氢氨氧化环己酮合成环己酮肟;用催化剂的晶格氧作烃类的选择性氧化剂。这些新流程的开发是绿色化学领域中的新进展。

1.7.2 传统化学过程的绿色化学改造

这是一个很大的开发领域。如在烯烃的烷基化反应生产乙苯和异丙苯生产过程中需要用酸催化反应，过去用液体 HF 催化剂，而现在可以用固体酸分子筛催化合成，并配合固定床烷基化工艺，解决了环境污染问题。

1.7.3 能源中的绿色化学问题和洁净煤化学技术

我国现在的能源结构中，煤是主要能源。由于煤含硫量高和燃烧不完全，造成 SO_2 和大量烟尘排出，使大气污染。我国每年由燃烧排放的 SO_2 近1 600万 t，烟尘达1 300万 t。由 SO_2 产生的酸雨对生态环境的破坏十分严重。因此，研究和开发洁净煤化学技术是当务之急，这方面要重视研究催化燃烧技术，等离子除硫除尘，生物化学除硫等新技术。严格控制排放标准和监察大气的质量，这是大气净化中的重要任务。

1.7.4 资源再生和循环使用技术研究

自然界的资源有限，因此人类生产的各种化学品能否回收、再生和循环使用也是绿色化学研究的一个重要领域。世界塑料的年产量已达 1 亿 t，大部分是由石油裂解成乙烯或丙烯，经催化聚合而成的。这 1 亿 t 中约有 5% 经使用后当年就作为废弃物排放，如包装袋、地膜、饭盒、汽车垃圾等。我国推广地膜覆盖面积达 7 000 万亩，塑料用量高达 30 万 t，"白色污染"和石油资源浪费十分严重。西欧各国提出 3R 原则：首先是降低(Reduce)塑料制品的用量；第二是提高塑料的稳定性，提倡推行塑料制品特别是塑料包装袋的再利用(Reuse)；第三是重视塑料的再资源化(Recycle)，回收废塑料、再生或者再生产其他化学品、燃料油或焚烧发电、供气等。同时在矿物资源方面也有 3R 原则的问题。开矿提炼和制造金属材料是大量消耗能源和劳动力的工业，如铝材现已广泛应用于建材、飞机和日用品等方面，而纯铝要电解法制备，是一个大量耗电的工业，应该做好铝废弃物的回收和再生技术研究。

1.7.5 综合利用的绿色生化工程

综合利用绿色生化工程，如用现代生物技术进行煤的脱硫、微生物造纸以及生物质能源等的研究。

1.8 绿色化学的实现途径

如何实现绿色化学的目标，是当前化学、化工界研究的热点问题之一。目前绿色化学的研究主要是围绕化学反应、原料、催化剂、溶剂和产品的绿色化进行的。如：化学反应的绿色化，原料的绿色化，溶剂的绿色化，催化剂的绿色化，产品的绿色化，化工生产的绿色化，等等。本书就围绕这几个方面详细展开。

综上所述，绿色化学是 21 世纪的中心科学，是实现社会可持续发展的新科学和新技术，已成为世界各国政府、国际科技界和企业界关注的热点。大力发展绿色化学化工技术，走资源 - 环境 - 经济 - 社会协调发展的道路，这是我国化学工业乃至整个现代化工业可持续发展的必由之路。

第2章　绿色化学反应

化学反应或化工反应过程是化学品生产的基础。化学最重要的是制造新物质,这就需要化学反应,需要有机合成。有机合成就是创造发明新的化合物,它需要绿色化学,需要原子经济性反应。绿色化学的主要特点是原子经济性,在获取新物质的转化过程中充分利用每种原料的原子,实现“零排放”。它既可以充分利用资源,又不产生污染。

传统化学或化工过程中通常采用产物选择性、产率、速率来作为化工反应过程或产品合成工艺优劣的标准。这种指标是建立在追求最大经济效益基础上的,它不考虑反应物的有效利用率问题,也不考虑所排放的废物在数量上和性质上对环境的影响。精细化工和制药行业产生废弃物更为严重。例如,在制药工业中平均每生产 1 t 产品所产生的废物可高达 25~100 t。显然,再把选择性或产率当成唯一的评价指标已不能满足现代化学工业发展的需要,这就要求我们必须开发绿色化学反应,开发原子经济性反应,解决如何更有效地利用原料并使反应实现废物零排放或尽可能少的废弃物排放问题。

2.1　原子经济性

为了充分利用反应物,减少废物排放,必须对参加反应的原料利用率作出评价。1991年美国斯坦福大学 B.M.Trost 教授提出了原子经济性的概念。他认为,化学合成应考虑原料分子中的原子最终进入目的产品中的数量,高效的合成反应就是最大限度地利用原料分子的每一个原子,使之更多或全部转变为目标分子中的原子,以实现最低排放甚至零排放。原子经济性的特点是最大限度地利用原料和最大限度地减少废物的排放。

非理想的原子经济性反应：　$A+B \longrightarrow C+D$

其中 C 为产物,D 为副产物。

在原子经济性的反应中,D 应减至非常小或接近零,即

理想的原子经济性反应：　$A+B \longrightarrow C$

与理想的原子经济性反应相对应的是化工过程的零排放。

原子经济性可用原子利用率衡量：

$$\text{原子利用率}=\frac{\text{预期产物的分子量}}{\text{全部生成物的分子量总和}}\times 100\%$$

化工生产中常用的产率或收率则用下式表示：

$$\text{产率或收率}=\frac{\text{目的产物质量}}{\text{目的产物理论上应得质量}}\times 100\%$$

这两者是完全不同的概念,前者是从原子水平上来看化学反应,后者是从传统宏观量上来看化学反应。使用产率和原子经济性两个概念来评估一个化学工艺过程才能实现更绿色化更有效的化学合成反应。原子经济性是衡量所有反应物转变成最终产品的程度,

所有反应物都被完全转化到产品中，则反应的原子利用率是100%，为理想原子经济反应。

原子经济性反应在部分大宗化工产品的生产中得到了较好的应用。比如丙烯氢甲酰化制丁醛、甲醇羰基化制乙酸、丁二烯与HCN合成己二腈等均为原子经济性反应，还有如环氧乙烷的生产已由氯醇法二步反应改变为采用乙烯直接氧化的一步原子经济性反应。

但是原子经济性反应在精细化工合成中尚未引起充分重视。例如，Wittig反应是一个在精细合成中非常有用的反应，被广泛地应用于合成带烯键的天然有机化合物。如胆固醇母体、角鲨烯、番茄红素和胡萝卜素等，因此Wittig于1979年获得诺贝尔化学奖。反应过程为：

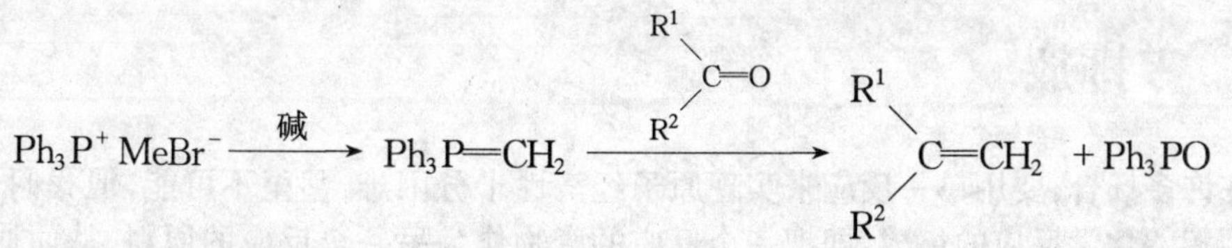

该反应的收率可达80%以上，但是溴化甲基三苯基膦分子中仅有亚甲基被利用到产物中，357份质量中只有14份质量被利用，即从原子经济性角度考虑，原子利用率仅有4%，而且还产生了278份质量的“废物”——氧化三苯基膦。这是一个典型的传统反应，具有较理想的收率，但原子利用率很低，原子经济性很差。因此，探索既具有选择性又具原子经济性的反应将成为当今合成化学研究的热点，原子经济性反应在合成化学中将扮演越来越重要的角色。

2.2 E-因子(环境因子)

1992年荷兰有机化学家Sheldon提出了E-因子概念，以化工产品生产工程中产生的废物量的多少来衡量合成反应对环境造成的影响。即用生产每千克产品所产生的废弃物的千克数来表示：

$$E-因子=\frac{废弃物的质量(kg)}{预期产物的质量(kg)}$$

或者用废物质量和目标产物质量的比值表示：

$$E=\frac{废物质量}{目标产物质量}$$

废弃物指产物以外的任何副产物。氯化钠、硫酸钠、硫酸镁等无机盐以及重金属化合物和各种反应中间体往往是废弃物的重要来源。

从石油化工到医药品，产品越精细复杂，E 值越大。显然，要减少废弃物使E-因子较小，其有效途径之一就是改变经典有机合成中以中和反应进行后处理的常规方法。

原子利用率越低，环境因子就越大，生产过程产生的废物就越多，造成的资源浪费和环境污染就越大。

其实，用原子经济性或E-因子考查化工过程都是过于简化的，还应考虑废弃物的危害程度才更全面。比如同样的原子利用率的不同反应，副产物不同，其对环境的危害程度也可能截然不同。此外产出率也是一个重要的因素。

2.3 环境商(EQ)

环境商(EQ)是以化工产品生产过程中产生的废物量的多少、物理性质、化学性质及其在环境中的毒性行为等综合评价指标来衡量合成反应对环境造成的影响。

$$EQ = E \times Q$$

式中:E 为 E-因子;Q 为根据废物在环境中的行为所给出的对环境的不友好度。EQ 值的相对大小可以作为化学合成和化工生产中选择合成路线、生产过程和生产工艺的重要因素。

2.4 零排放

在许多场合,要用单一反应来实现原子经济性十分困难,甚至不可能,但我们可以充分利用相关化学反应的集成,即把一个反应的废物作为另一个反应的原料,从而通过“封闭循环”实现化工生产的零排放。

磷酸、磷铵生产是化肥工业中的一个重要组成部分。随着国内外对磷酸、磷铵和重过磷酸钙需求量的不断增长,产生的“三废”也随之大幅度增加,特别是磷石膏废渣,一般每生产 1 t 磷酸要排出 5 t 磷石膏,到 2002 年我国排放的该种废渣已超过 2 000 万 t。它们不仅占地面积大,而且对环境造成严重污染。在发展绿色化工生产、变废为宝的思想指导下,该战线的科技人员将排除的“三废”作为生产过程的中间产品加以综合利用,实现了生产过程零排放的理想目标。

中国绿色化学的拓荒者——冯怡生

山东鲁北化工企业集团董事长冯怡生经过十多年的潜心研究,建成了世界上第一家以一种产品的废弃物作为另一种产品的原料而循环生产的化工厂,成功地推出了“年产 3 万吨磷铵、4 万吨磷石膏制硫酸联产 6 万吨水泥”的装置。

该联产装置把磷铵、硫酸、水泥三套装置有机地组合在一起,利用生产磷铵排放的废渣磷石膏制硫酸联产水泥,硫酸用来制磷铵,硫酸尾气回收后制取液体二氧化硫用于生产溴素,废水封闭循环利用,四种产品同时连体而生,形成了一个无“三废”排放的良性循环。在中国和世界上首家实现三产品联产,实现了零排放。创出了产量高、成本低、效益好、无污染、低能耗、清洁生产的新路子。使得中国在这个领域登上了当今世界科学的高峰。

这项技术除需要消耗一些燃料能源外,原料成本达到了最小化。其重要经济利益在于:

第一,以工业废料为原料,大幅度降低了生产成本;

第二,将不同的产品依其内在的生产联系,科学地排列组合成一套新的工艺,减少了原料运输等过程,大大地节约了成本。

因此,同样是磷铵、硫酸、水泥,他们的产品成本比单项生产厂家的成本要低 1/4、1/3、1/5。其综合成本已连续 8 年为全国最低。随着行业竞争加剧,即使全国磷铵、硫酸行业的产品价格平均降到无利润可赚时,他们企业的这两项产品仍可保持 13% 的盈利水平。

2.5 常见反应的原子经济性分析

精细有机化学品合成中最常见的反应有:重排反应、加成反应、取代反应、消除反应、周环反应和氧化还原反应等。

2.5.1 重排反应(Rearrangement Reaction)——分子间结构互变或异构化

分子重排反应是指改变组成分子的原子之间的相互关系、相互间的连接以及键的类型等,并产生新的分子的反应。重排反应一般需要引发条件如热引发、光引发和化学引发等。重排反应是 100% 的原子经济性反应,是很高效的。其通式为:

$$A \rightarrow B$$

这类反应以人名来命名的就有 30 多种,如 Beckmann 重排、Claisen 重排、Wolf 重排、Fries 重排等。这些反应在染料合成和药物合成中都非常重要,是理想的原子经济性反应。例如:

(1)**Beckmann 重排:**

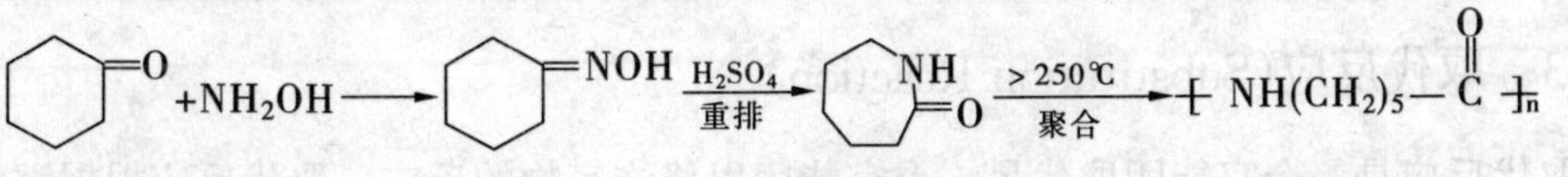

己内酰胺　　尼龙-6

(2)**Claisen 重排:**

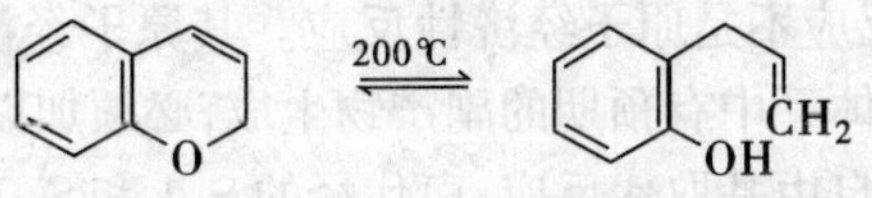

烯丙基苯基醚　　邻烯丙基苯酚

(3)**Fries 重排:**一个有趣的应用是合成肾上腺素,它是一种强心剂。

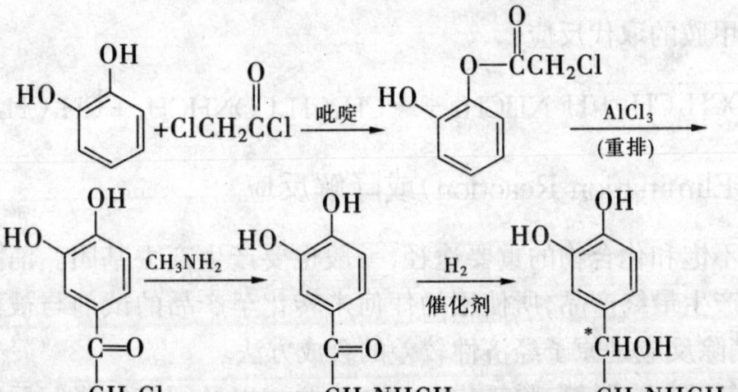

肾上腺素(外消旋混合物)

2.5.2 加成反应(Addition Reaction)

加成反应是不饱和分子与其他分子在反应中加合生成新分子的反应,反应中同时发生不饱和分子中 π 键的断裂和与加成原子或基团间新的 σ 键的生成。加成反应一般分为亲电加成、亲核加成等类型。由于加成反应是将反应物的原子加到某一基质(底物)上,完全利用了原料中的原子,其原子经济性为 100%,是原子经济性反应。其通式为:

$$A + B \longrightarrow C$$

这类反应包括烯烃的加成、炔烃的加成、共轭二烯的加成、醛酮的亲核加成、不饱和羰基化合物的加成等反应，都是很常用的、很基本的有机反应。例如：

$$CH_2{=}CH_2 + H_2O \xrightarrow{H_3PO_4/\text{硅藻土}} CH_3CH_2OH$$

$$CH_2{=}CH_2 + HBr \longrightarrow CH_3CH_2Br$$

加成反应的优点是不生成可预料的副产物。含多重键的底物与活性试剂作用通过杂加成或均加成得到具有新的功能特性的产物，如烯烃的溴加成、羰基与乙基溴化镁的加成等。在加成反应中所有的试剂都被消耗了，没有副产物的生成。如果区域选择性和化学选择性能导致高的产率，这个加成反应就是非常好的合成路线。

2.5.3 取代反应(Substitution Reaction)

取代反应是一个官能团取代另一个官能团以修饰底物的反应。取代反应根据键的断裂方式和取代基团的性质不同而分为三种基本类型，即亲核取代反应、亲电取代反应和游离基取代反应。取代反应是用某一基团取代离去的基团，被取代的基团不出现在产物中而成为废物，所以说取代反应不是原子经济性反应。其原子经济性程度视不同的试剂和底物而决定。在这个反应体系中有预期的副产物生成，必须加以处理。

这类反应包括烷烃的自由基取代反应、卤代烃的 S_N1 和 S_N2 反应、芳烃的亲电取代反应和羧酸及其衍生物的亲核取代反应等。其通式为：

$$A{-}B + C{-}D \longrightarrow A{-}C + B{-}D$$

例如丙酸乙脂与甲胺的取代反应：

$$CH_3CH_2CO\boxed{OCH_2CH_3 + H}NHCH_3 \longrightarrow CH_3CH_2CONHCH_3 + CH_3CH_2OH$$

2.5.4 消除反应(Elimination Reaction)或降解反应

消除反应是获得不饱和化合物的重要途径，一般也要产生离去基团。消除反应是通过消去基质的原子来产生最终产品，所使用的任何未转化至产品的试剂与被消去的原子都成为废物。因此，消除反应是原子经济性较差的合成方法。

这类反应包括脱氢、脱水、脱氨、脱氯化氢、脱醇、脱羧以及很多的降解反应。其通式为：

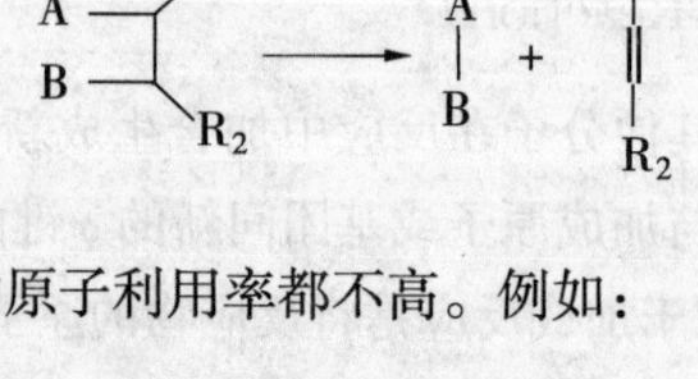

取代反应和消除反应的原子利用率都不高。例如：

$$\underset{\substack{|\\ Br}}{CH_3CHCH_2CH_3} \xrightarrow{^{-}OCH_3} \underset{80\%}{CH_3CH{=}CHCH_3} + \underset{20\%}{CH_2{=}CHCH_2CH_3}$$

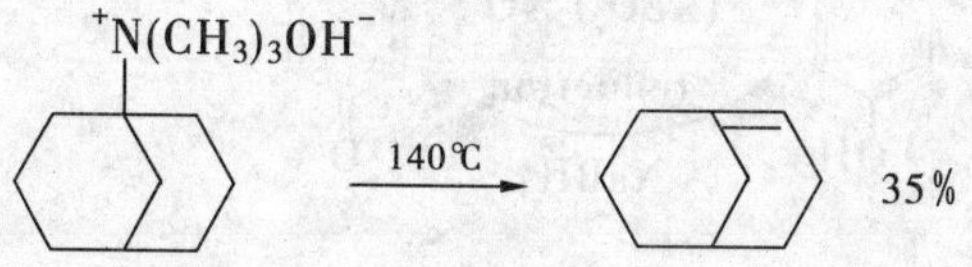

2.5.5 周环反应(Concerted Reaction)

周环反应是不经过活性中间体,只经过环状过渡态的一类协同反应。它包括电环化反应、环加成反应、σ 移位反应。周环反应是原子经济性反应。

周环反应是分子前线轨道控制的合成反应,为合成化学家提供了多种多样的反应途径。如 D－A 反应、1,3－偶极环加成反应等都是典型的成键周环反应,反应式如下:

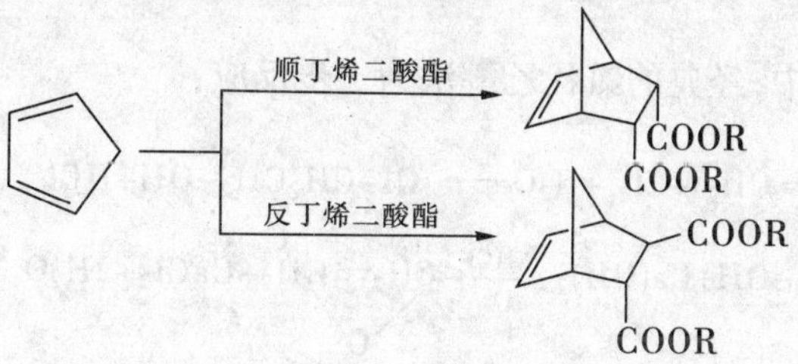

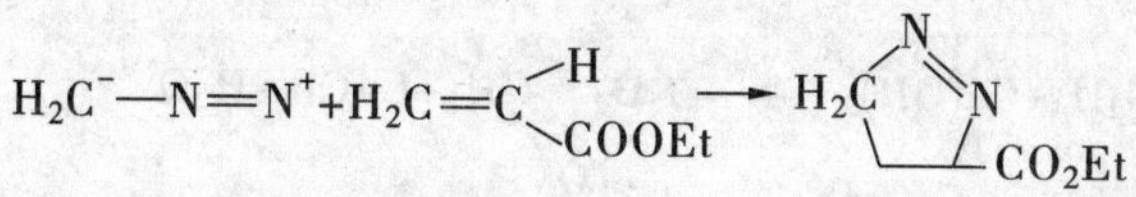

协同反应具有高度立体专一性,用于合成特定结构碳骨架。例如 D－A 反应,该反应在合成上有广泛的应用,用它可以合成一些用其他方法难以合成的环系。如甾族化合物中的"角甲基"的引入反应就是一个很好的例证。

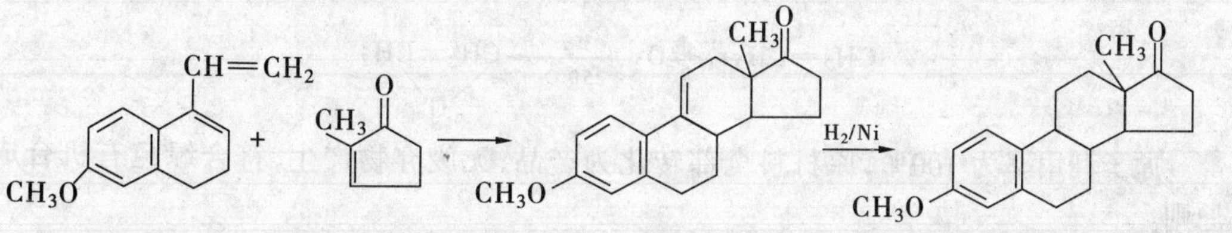

雌酮

2.5.6 氧化和还原反应(Oxidation and Reduction Reaction)

在有机化学中,碳始终是四价,其氧化还原的特点是部分的电子得失。因此广义的说,多数有机反应都是氧化还原反应,不过习惯上将加氧或脱氢的反应称为氧化,脱氧或加氢的反应称为还原。氧化和还原反应是接受或提供电子的反应,有化学和电化学两种方法。比较而言电化学的方法对环境更友好。下式为对苯二酚和醌之间的氧化还原反应。

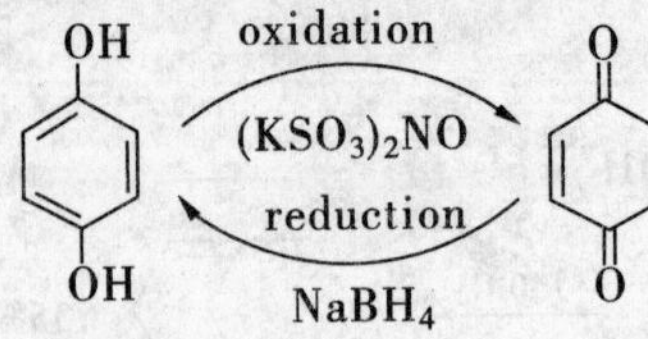

2.6 原子经济性反应实例

目前,在基本有机化工原料的生产中,有不少已采用了原子经济性反应,如乙烯直接氧化制备环氧乙烷、丁二烯和氰化氢化合制备己二腈、丙烯氢甲酰化制备丁醛、甲醇羰基化制备乙酸、乙烯和丙烯的聚合,以及 CH_4 的 CO_2 重整反应等都是原子经济性反应。

2.6.1 合成环氧乙烷

环氧乙烷的工业生产中,经典的氯代乙醇法为二步反应:

$$CH_2{=}CH_2+Cl_2+H_2O \longrightarrow Cl{-}CH_2CH_2{-}OH+HCl$$

$$Cl{-}CH_2CH_2{-}OH+Ca(OH)_2 \xrightarrow{HCl} \underset{\diagdown O \diagup}{CH_2-CH_2}+CaCl_2+2H_2O$$

总反应式为:

$$C_2H_4+Ca(OH)_2 \longrightarrow \underset{\diagdown O \diagup}{CH_2-CH_2}+CaCl_2+H_2O$$

分子量　　44　　111　　18

原子利用率 = 44/(44 + 111 + 18) × 100% = 25%,这意味着有 75% 的物料没有转化为产品而变为副产物。

现代工艺:

$$CH_2{=}CH_2+\frac{1}{2}O_2 \xrightarrow[250℃]{Ag} \underset{\diagdown O \diagup}{CH_2-CH_2}$$

原子利用率为 100%,原材料全部转化为产品,无废弃物产生,符合绿色有机合成原则。

2.6.2 合成碳酸酯

原反应:

$$\underset{(毒)}{COCl_2}+2CH_3OH \longrightarrow CH_3OCOOCH_3+\underset{(腐)}{2HCl}$$

原子利用率约为55%。

新反应:

$$CO_2+2CH_3OH \xrightarrow{\text{催化剂}} CH_3OCOOCH_3+H_2O$$

原子利用率约为83.3%。

2.6.3 合成异氰酸酯

原来的合成方法: $COCl_2+RNH_2 \longrightarrow RNCO+2HCl$

新的合成方法: $CO_2+RNH_2+NEt_3 \longrightarrow RNHCO_2^-HNEt_3^+$

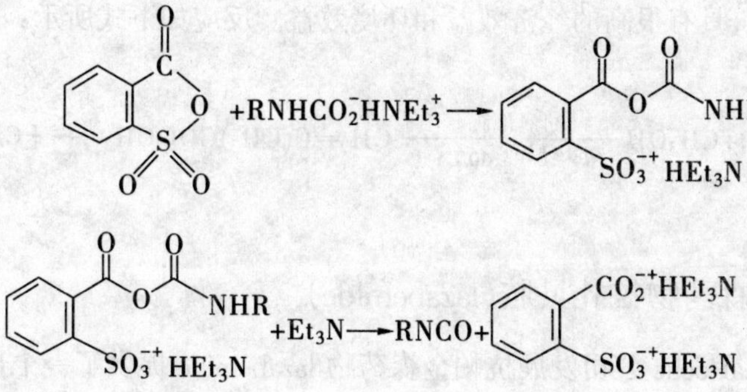

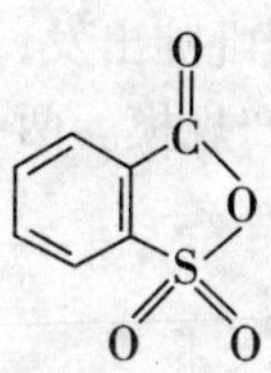
可循环使用,原子利用率达100%。

2.6.4 甲基叔丁基醚的合成

甲基叔丁基醚能提高汽油的辛烷值,用它可代替对大气污染严重的四乙基铅。工业上甲基叔丁基醚的合成是通过酸催化下甲醇与异丁烯的反应实现的。原子利用率为100%。如下式所示:

$$CH_3\underset{\displaystyle CH_3}{\underset{|}{C}}{=}CH_2+CH_3OH \xrightarrow{H^+} CH_3-O-\overset{\displaystyle CH_3}{\overset{|}{\underset{\displaystyle CH_3}{\underset{|}{C}}}}-CH_3$$

甲基叔丁基醚

2.6.5 α－甲基丙烯酸甲酯的制备

甲基丙烯酸甲脂(简称 MMA)是一种重要的有机化工原料,其聚合物俗称有机玻璃。其工业生产方法是 1932 年由英国帝国化学工业公司首先开发出来的丙酮－氰醇法。该法以丙酮、HCN、甲醇为原料,原子利用率为 47%,因为使用剧毒的 HCN 和腐蚀性的硫酸,严重危害环境,属于非环境友好的化学反应。反应方程式如下:

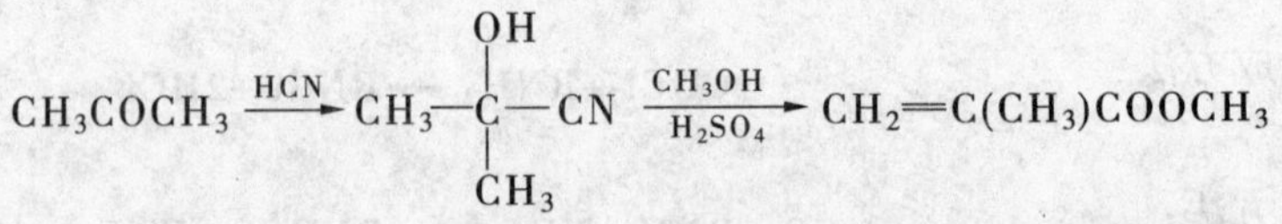

最近,Shell 公司开发出了一种新工艺,以甲基乙炔、甲醇、一氧化碳为原料,二价钯化合物作催化剂,一步制得 MMA,反应选择性高达 99.9%,单程转化率高达 98.9%。原子利用率高达 100%,具有很高的经济效益和环境效益。反应如下式所示:

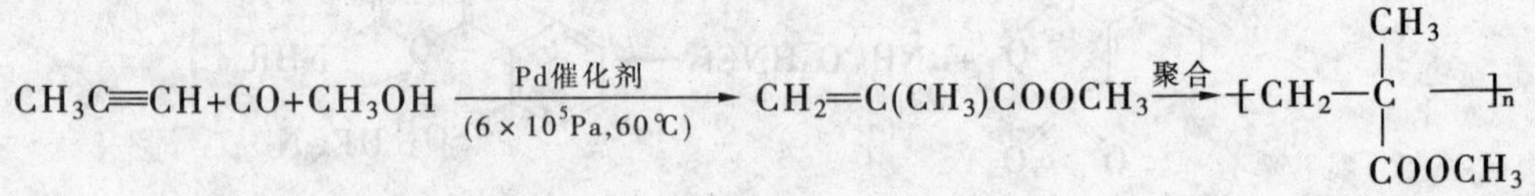

2.6.6 抗帕金森药物拉扎贝胺(lazabemide)

Hoffmann－LaRoche 公司发展抗帕金森药物 lazabemide 提供了一个显示催化羰基化反应威力的极好例子。第一条合成路线采用传统的多步骤合成,从 2－甲基－5－乙基吡啶出发,历经 8 步合成,总产率只有 8%;而用钯催化羰基化反应,从 2,5－二氯吡啶出发,仅用一步合成了拉扎贝胺,其原子利用率达 100%,且可达到 3×10^6 kg 的生产规模。两种合成线路如下图所示:

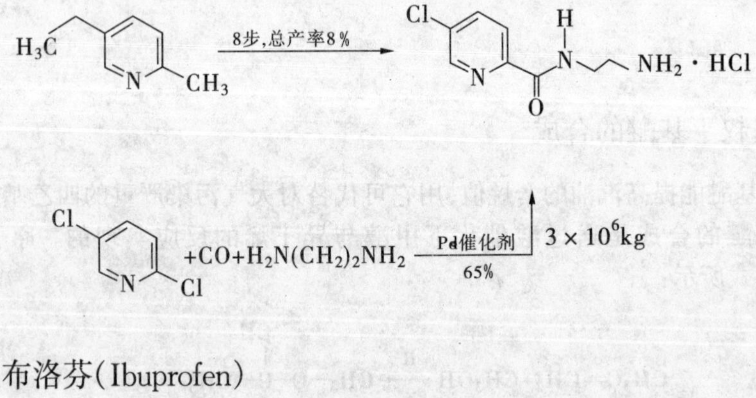

2.6.7 布洛芬(Ibuprofen)

布洛芬,非类固醇消炎剂,具有止痛消肿的作用。原来的合成方法主要采用 Boots 公司的 Brown 方法,有六步,原料的原子利用率为 40.03%。德国 BHC 公司发明了新方法,只需三步反应,原子利用率提高到 77.44%。该公司因此获得 1997 年度美国“总统绿色化学挑战奖”的变更合成路线奖。下列两个图式展示了两种合成线路的不同。

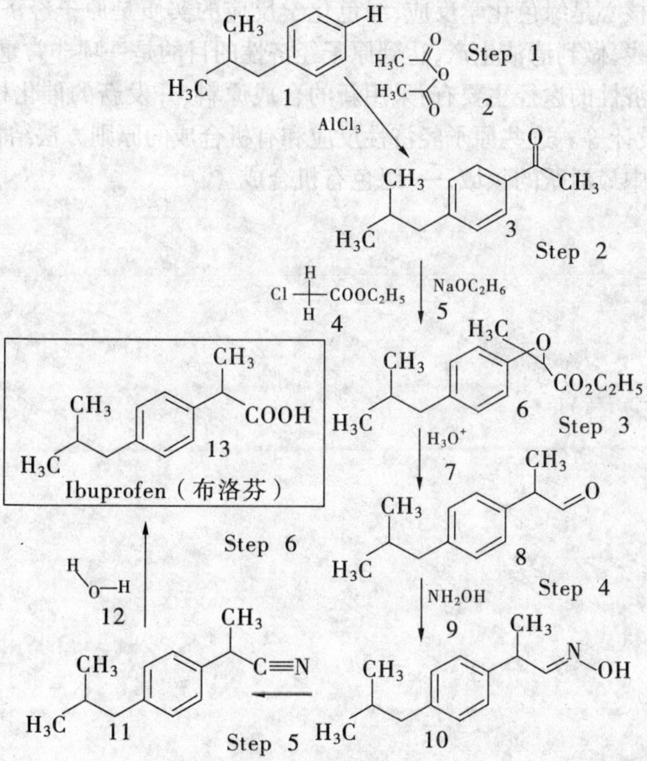

Boots 公司的 Brown 方法

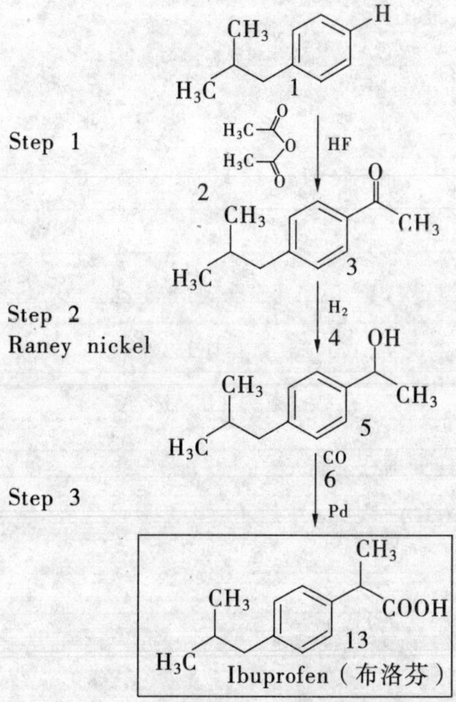

BHC 公司新发明的绿色方法

绿色化学的核心是绿色化学反应,绿色化学反应的实质是原子经济性反应。选择一条合适的合成路线,做到清洁生产,达到原子经济性的目的是一项非常重要的工作。提高化学反应原子经济性的途径主要有:采用新的合成原料、开发新的催化材料、新合成加工途径、新反应器设计等。这些原子经济性反应和有机合成的原则方法结合起来,就发展成为当今绿色化学中最活跃的领域——绿色有机合成。

第3章　绿色有机合成

“化学创造增加的研究对象”,这就是有机合成。有机合成是利用化学方法和技术将原料制备成新的有机物的过程,这是一个极富创造性的领域。早期的有机合成主要是合成自然界中已经存在但含量稀少的有机化合物;后来根据结构和性质的规律性和实际需求,进一步合成自然界不存在的、新的、具有理论和实际价值的有机化合物。有机反应的特点是存在主反应和副反应。传统的有机合成化学比较重视反应产物的产率和速率,而不太计较效率,较多地忽略了副产物或废弃物的生成。绿色有机合成的核心就是要增加选择性,提高合成效率,提高反应的原子经济性。当然,目前真正属于高“原子经济性”的有机合成反应还不多见。实现“原子经济性”的目标是一个漫长的过程,有机合成工作者应该自觉地用“原子经济性”的原则去审视已有的有机合成反应,并努力开发符合“原子经济性”原则的新反应,因为“从原料制成废品就是污染”。绿色有机合成就是要求有机合成工作者以绿色化学的标准来衡量、审视自己的反应路线、原料、产品等,使之符合绿色化学的要求。

3.1　合成效率

Trost 认为,合成效率(synthetic efficiency)是今后合成方法学研究中关注的焦点。它包括选择性和原子经济性两个方面。选择性包括化学选择性、区域选择性、非对映选择性和对映选择性;原子经济性即原料中究竟有百分之几的原料转化到产物中去了。一个高效的合成反应,不但要有高选择性,而且必须具备较好的原子经济性。理想的原子经济性反应是原料分子中的原子百分之百的变成期望的产物,同时不需要其他试剂或仅需要无损耗的促进剂。利用和开发原子经济性反应是绿色有机合成的关键。绿色有机合成的核心是实现反应的原子经济性,然而真正的原子经济性反应非常有限。因而,不断地寻找新的途径,提高合成反应的原子利用率十分重要。

3.2　反应选择性

有机化学反应的选择性是由反应的活性引起的,主要包括化学选择性、区域选择性和立体选择性三种。化学选择性是指同一分子内不同官能团在不同条件下发生的反应不同。区域选择性是指同一分子内不同部位的同一官能团的选择;立体选择性是指反应产生不同的立体构型。立体选择性问题可用立体选向百分率(简称选向率)表征。对称合成的立体选向百分率为0,而不对称合成的选向率在0和100%之间。立体专一性的反应立体选向率为100%。

反应的选择性不但与合成的效率直接相关,更因为产物精确的空间结构直接影响其生理活性,而且这类反应又涉及反应的控制。因此,近20年来,选择性合成,尤其是不对称合成一直是有机合成化学的中心问题，并取得了很大的成就。

复杂天然化合物的总合成代表了有机合成的最高水平，许多诺贝尔奖获得者都是复杂天然化合物总合成的大师。例如：WoodWard R.B 于 1973 年合成了 Vitamin B_{12}、1981 年合成了 Erythonolide(红霉素 A)；Nicolaou K.C 于 1994 年合成了 Taxol(紫杉醇)。许多结构复杂的天然化合物都已相继被合成，像海葵霉素(分子中含多达 68 个手性中心)，都能立体选择性合成(1994. Y. Kishi)，从而为有机化学工业、制药工业提供各种具备特殊性能和用途的新产品。

3.3 绿色有机合成的目标

衡量一个有机合成工艺是否成功的基本原则是：以最廉价的原料、最短的路线、最高的收率、最安全的生产环境来合成目标分子，完全达到这些条件的可称为理想的有机合成。

理想的有机合成是绿色有机合成的最终目标。美国斯坦福大学 Wender 教授在《Chemical Review》杂志 1996 年《有机合成的前沿》专辑的前言中，对理想的合成作了完整的定义：一种理想的(最终是实效的)合成指的是用简单的、安全的、环境友好的、资源有效的操作，快速、定量地把廉价易得的起始原料转化为天然或设计的目标分子，这些标准的提出实际上已在大方向上指出了实现绿色有机合成的主要途径。

3.4 实现绿色有机合成的途径

绿色有机合成的目标已为有机合成实现绿色化指明了方向。近年来，实现绿色合成的研究工作在不断进行，几种可行的途径已隐约可见。

3.4.1 开发催化过程，使用环境友好催化剂，提高原子利用率

催化过程，包括各种形式的化学催化和生物催化，往往是“无盐”技术，是实现高原子经济反应的重要途径。应用催化方法还可实现常法不能进行的反应，从而缩短合成步骤。在有机合成中，减少废物的关键是提高原子利用率，所以在选择合成途径时，除了考虑理论产率外，还应考虑和比较不同途径的原子利用率。如环氧乙烷的合成：常规方法两步完成，原子利用率为 25%；催化方法一步完成，原子利用率为 100%。

3.4.2 使用环境友好介质，改善合成条件

传统的有机合成中，有机溶剂是最常用的反应介质，但是有机溶剂的毒性和难以回收又使之成为对环境有害的因素。理想的有机合成，可以水为介质进行；可用超临界液体为介质进行；可在无溶剂存在下进行；可以离子液体为介质进行等。固态化学反应的研究，使反应可在无溶剂存在的环境下进行，且比在溶液环境中的反应能耗低、效果更好、选择性更高，又不用考虑废物处理问题，有利于环境保护。因此，在无溶剂存在下进行的有机反应，用水作反应介质，以及用超临界流体作反应介质或萃取溶剂将成为发展洁净合成的

重要途径。无溶剂的净相有机反应(干反应)可在固态或液态进行。还可将溶剂固定化,都是不错的选择。

3.4.3 采用洁净的有机电合成电化学过程

电化学过程是洁净技术的重要组成部分。由于电解一般无需使用危险或有毒试剂,通常在常温、常压下进行,在洁净合成中具有独特的魅力。自由基反应是有机合成中一类非常重要的碳-碳键形成反应,实现自由基环化的常规方法是使用过量的三丁基锡烷。这样的过程不但原子使用效率很低,而且使用和产生有毒的、难以除去的锡试剂。这两方面的问题用维生素 B_{12} 催化的电还原方法可完全避免,如下式所示。利用天然、无毒、手性的维生素 B_{12} 为催化剂的电催化反应,可产生自由基类中间体,从而实现在温和、中性条件下化合物的自由基环化反应。有趣的是两种方法分别产生不同的立体异构体。

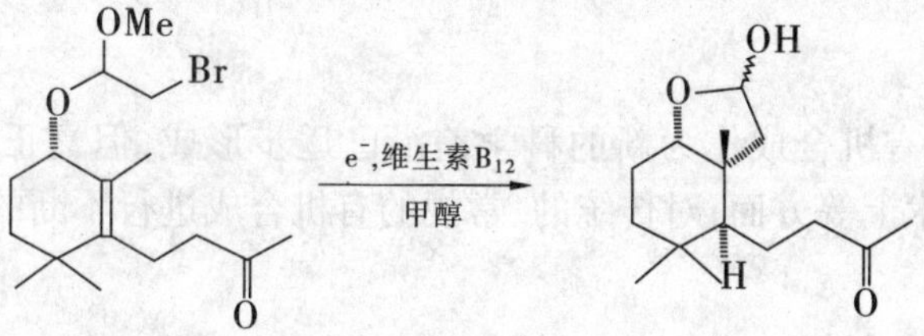

3.4.4 运用高效的多步合成技术

为实现绿色合成,近年来,研究发展的串联反应是非常有效的。串联反应包括有一瓶多步串联和一瓶多组分串联。前者是仿照生物体内的多步链锁式反应,使反应在同一反应器内从原料到产物的多个步骤连续进行,无需分离出中间体,又不产生相应的废弃物,和环境保持友好;后者是涉及至少 3 种不同原料的反应于同一反应器中进行,而每步反应都是下步反应所必需的,而且原料分子的主体部分都融进到最终产物中,这是一类高效的合成方法。在药物、农用化学品等精细化学品的合成中,往往涉及分离中间体的多步骤反应。因此,高效率的多步合成是洁净技术的重要组成部分。

3.4.5 合成子与分子构件

合成子是 Corey 于 1967 年提出的。合成子、逆合成分析以及分子装配概念的提出极大地推动了有机合成化学的发展。现在,合成子概念实际上被扩展到广义的功能性分子构件,并在生理活性物质和超分子材料的合成中得到广泛应用。在生命体系,形形色色复杂的生物大、小分子的合成实际上也是通过对少数分子构件,如 20 种氨基酸、乙酸、单糖、碱基、磷酸等广义合成子的组装高效率地完成的。因此,发展新型多功能合成子(或分子构件),尤其是手性合成子无疑是提高合成效率的一种途径。正是通过这种分子构件策略,Officer 等人建立了取代各异的卟啉星形多聚体的快捷合成方法。

3.4.6 组合化学:通向分子多样性的捷径

合成新分子,提供药物和农用化学品或其他功能分子(如催化剂)的先导化合物是合成化学的一项重要任务。近年来兴起的组合化学提供了一种达到分子多样性的捷径。这方面的发展非常迅猛，现已从肽库发展到有机小分子库，并已筛选出许多药物的先导化合物，成为一个活跃的学科前沿。

3.4.7 发展和应用安全的化学品

发展和应用对人和环境无毒、无危险性的化工原料、试剂和溶剂，以及其他实用化学用品，是实现绿色合成最直接的一环，需要多学科的共同努力。可以采取适当的手段使某一分子的毒性降低而不影响其功能。例如，腈类化合物的毒性，认为是由于腈类分解而生成氰离子产生的。若将腈的 α 位进行取代，使其难生成自由基而不产生氰离子，则可使毒性降低，而反应功能不受影响。又如，人们开发的新型化工原料碳酸二甲酯，以其较高的反应活性和低微的毒性，代替了剧毒的光气和硫酸二甲酯，从而被誉为 21 世纪的"绿色化工原料"。

综上所述，绿色有机合成作为新的科学前沿已逐步形成，但真正发展还需要从观念上、理论上、合成技术上等方面，对传统的、常规的有机合成进行不断的改革和创新。

第 4 章　绿色有机合成方法和技术

从化学反应的本质上来分析,可得出以下认识:化学反应要遵循质量作用定律,分子必须活化,要进行有效的碰撞。有机反应少不了使用无机溶剂,有机化合物基本上是共价结构,脂溶性;无机化合物基本上是离子结构,水溶性。脂水不相溶,难以反应,因此人们一直设法改进,使其水乳交融,促进反应,例如强化搅拌,加入溶剂、乳化剂、相转移催化剂等等。多年来,围绕提高有机合成的收率,发展了许多新的理论、方法和技术,如组合化学、固相合成、液相合成等。各种强化方法如微波、超声波、等离子体、激光、磁场、电场等,均可在不同程度上有效地提高反应速率。有效地使用强化方法可顺利地实现有机合成中许多不易实现的过程。

4.1　组合化学

组合化学是通过合成构建单元的所有可能组合制备化学库,结合高通量筛选,寻找性能优良的新化合物。组合化学快速、高效,脱离了纯粹化学的概念,也不是单纯的一种技术,而是提供了一种全新的研究思维模式,即组合模式。其研究内容:一是学科自身技术的发展,如有关反应的探索和优化、新树脂和反应设备等的开发和应用、新分析手段的开发与应用等;二是与高通量筛选相结合,在新药(包括农药)、材料科学、新催化剂等研发中的应用。

组合合成是组合化学在新药研发等领域成功应用的基础,其研究主要包括以下几个方面:①高效组合反应的探索与优化,如多组分反应、微波辅助化学库合成、金属催化反应、手性化合物的组合合成、复杂天然产物的组合合成等;②化学库的合成策略,如一珠两化合物、骨架导向、多样性导向等;③新型材料的研究及应用,如可溶性及不可溶性载体、全氟化合物标记、功能连接桥、固载化试剂、清洁树脂、化学稳定的功能化深孔反应板等;④固相分析技术,如魔角核磁共振等;⑤自动化系统的研究和应用等。动态组合化学是组合化学的一个新方向,利用不同构建单元的可逆相互作用,用靶标直接对化学库进行筛选,确定小分子或受体与靶标的不同结合能力。化学库的合理设计和筛选模型对组合化学应用于药物先导化合物的发现和优化的效率有重要影响。目前,重点研究的化学库包括似药化学库、靶向化学库、聚焦化学库等。小分子杂环化学库因其似药性好、多样性程度高成为近年来组合化学研究的热点。天然产物是药物的重要来源,对其类似物的组合合成可提高发现新药的效率。基于功能基因组学的组合化学与高通量筛选不仅可加快新药研发进程,还可校正和确认新的药物作用靶标。针对肿瘤、心血管疾病、病毒性疾病等重大疾病,对化学库的筛选主要集中在G蛋白偶联受体、离子通道蛋白、生长因子受体等。

创新药物的开发,特别是先导化合物的发现和优化,是药物化学研究领域中最活跃、也最能够体现一个国家的基础研究水平。组合化学和高通量筛选是后基因组时代新药研发的强有力工具,已经成为药物研发的关键性技术方法之一,大大提高了寻找先导化合物的速度。另外,组合化学在催化剂的发现与优化以及材料科学的研究中也具有广泛的应用前景。

组合化学是绿色合成中通向分子多样性的捷径,现已从肽库发展到有机小分子库,并已筛选出许多药物的先导化合物。合成新分子,提供药物和农用化学品或其他功能分子的先导化合物是合成化学的一个重要任务。组合合成步骤有限,但生成的化合物库内包含大量的化合物。它是建立在高效平行的合成基础上。最早的组合化学是固相多肽合成,Merrifield 利用在合成多肽中的一致且可靠的反应条件,使用高分子聚合物固相载体,使产物与试剂极易分离。其后化学工作者意识到,可以在同一个反应器内使用相同的反应条件同时制备出多种多肽。

传统有机合成,化合物是单一的、纯净的、得到表征的,一次只生产一种化合物,一次只发生一个反应,化合物被单独制备。在组合化学中,起始原料范围内所有产物都有制备的潜在机会,组合化学能够对化合物 A_1 到 A_n 与化合物 B_1 到 B_n 的每一种组合提供结合的可能。从本质上说是快速产生大量化合物,并且在不产生大量废弃物的情况下寻找到有效分子,这与绿色合成的原则是一致的。

组合化学与传统化学的关系如图 4-1 所示。

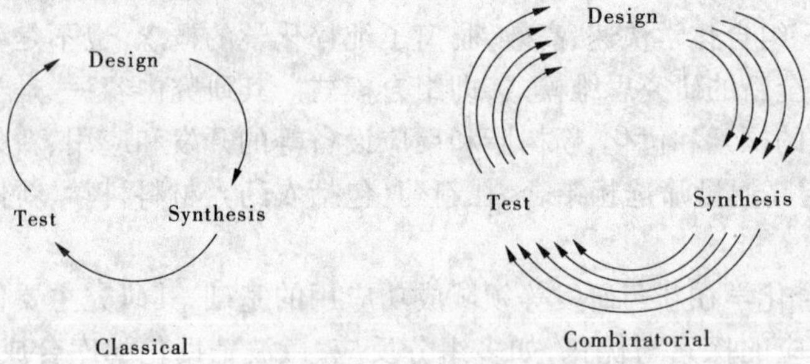

图 4-1 组合化学与传统化学的比较

组合化学作为一种新颖而富有创造性的有机合成与生物活性技术,具有简便、快速、高效、易于实现自动化等特点。目前组合化学的发展重点是分子量低于 600~700 的有机小分子化合物库的合成与筛选。组合化学的发展一定程度上取决于更多的经典有机合成反应能在固相载体上实现,为此,固相有机合成重新成为研究热点。

4.2 固相合成

4.2.1 概述

近年来,绿色化学、环境温和化学、洁净技术、环境友好工程等已成为使用率很高的词汇,这对传统化学提出了新的挑战。化学家和化工界已把注意力集中到从本源上减少甚至杜绝废弃物的产生,致力于合成手段的战略革新,于是绿色合成应运而生。固相有机合成是绿色合成的重要组成部分,因为它不使用溶剂,并且无论在反应速度、收率,还是选择性方面,均较溶液中有显著优势。但时至今日,人们已形成了一种固定思维模式,总习惯地将有机反应放在溶液中进行。在传统的有机合成中,有机溶剂是最常见的反应介质,因为它们能很好地溶解有机物、保证物料混合均匀和热量交换稳定。但有机溶剂的毒性和难以回收又成为对环境污染的主要因素。早在 1918 年,Kohlschutter 就曾对固相反应进行了研究,并提出了固相反应的最小移动规则的理论,即在固相反应中,参加反应的分子或原子保持最小距离的移动,且固相反应的方式及产物的结构都受到晶体三维结构的严格控制。然而有机固相反应是在人们对有机结构有了更深刻的认识基础上迅速发展起来的。在固体中,反应物分子处于受限状态,分子构象相对稳定,可利用形成包结物、混晶、基激络合物、分子晶体等手段控制反应物的分子构型,尤其是通过与光学活性的主体化合物形成包结物控制反应物分子构型,实现了对映选择性的不对称合成。另一方面,固态有机反应操作简单,加热振荡、研磨及超声辐射都可加速化学反应,是一种较理想的合成方法。近几年来在实际利用固相反应进行有机合成方面取得了很大进展。最近 Tanaka 等对固相有机合成反应作了详细的综述,常见的一些有机反应均能在固相条件下进行,如重排反应、氧化反应、还原反应、羟醛缩合反应、偶联反应、Grignard 反应、Reformasky 反应、Wittig 反应等。因此,研究固相有机合成具有重大的理论意义和实践意义,已成为发展绿色化学与技术的新途径。

4.2.2 固相反应中的分子运动及其影响因素

20 世纪 60 年代初,Schmit 和 Cohen 等通过对肉桂酸的晶体结构及其光学产物的立体构型进行系统的分析,得出了一些重要的结论:①分子本身的性质对反应的影响不及周围分子的排列方式重要。②分子间距离,分子的相对取向及空间对称性对反应结果至关重要。③在固相中分子参加化学反应很难改变其排列方式。从而证实了 Kohlchutter 的理论,并提出了固相光化学反应的拓扑化学控制(Topochemical control) 原理,即:晶体结构决定了反应能否发生或者如何发生;涉及分子结合的反应,反应物移动距离保持最小。这一原埋为固相化学的发展提供了重要的理论基础。固相光反应一般是晶体中相邻分子间的反应,由 X 射线晶体衍射及产物的立体构型很容易研究晶体中反应物分子的排列方式,可相当准确地推测反应机理。

从上面的讨论可以看出,分子在固态反应中是运动的,根据“拓扑”化学原理,固态反应通常被认为分四步进行:①分子松动:在初始状态,固态反应以一个或多个核晶点开始,然后通过晶体传播,这些位点能以许多方式产生,如在晶体中制造机械变形和缺陷,这些变形可导致分子松动。②分子改变:反应剂中化学键旧键断裂、新键生成,得到新的产品,这一步和溶液中的反应相似。③固体溶液形成:在固态反应中得到的少量产品在原始晶体中迅速形成固体溶液。④产品分离:当产品浓度在最初晶格达到最易值时,它将会结晶。如果反应速率用化学方法通过测量反应剂或产品的浓度变化决定,这一步不会影响反应速率。通过对各类反应的讨论,可以总结出影响固相反应的反应性的几个因素:

(1)结晶水的影响。在分子固体的反应中,有些反应物含有结晶水一类的晶格成分,在反应过程中这些晶格成分会被释放出来,在反应物表面形成液膜,并使部分反应物溶解。但这些微量溶剂的存在并不改变反应的方向和限度,相反却会起到加速反应和降低反应温度的作用。

(2)研磨的作用。外力通过摩擦生热和以下两个效应使反应体系的总自由能增加而使体系活化:表面自由能增加,这是因为固体在外力作用下破碎,颗粒减小;储存的弹性张力能增能,这是因为粒子在反应的静力、剪切力的共同作用下发生形变。这种活化将通过能量的不同形式之间的转换和耗散而进行,例如通过固体的破碎、聚集、无定型化、同质多晶转变以及化学分解或合成等过程。因此,力学化学必须包括力的作用。分子固体的化学反应可以在无外力存在的情况下进行,虽然在研磨时反应的确可以较快的速度进行,即反应也可受力活化。

(3)分子尺寸和几何学的影响。平面的和小体积分子的扩散速度快。

(4)颗粒尺寸的影响。在固相条件下,化学反应的速率通常由反应剂的表面积控制。反应通常被引发在反应剂之间接触表面面积控制区域。这可能是反应剂颗粒尺寸影响固态反应速率的原因。

(5)杂质的作用。杂质以两种方式影响固态反应的动力学。首先,杂质能影响还原剂的缺陷结构,可以改变反应速率。第二,因低共熔点的降低,液体出现,这时反应速率会加快。然而,如果低共熔点不低于反应温度,杂质对动力学影响不大。

(6)晶格空隙的作用。固体中不规则结晶的存在,将会出现高能量区。因而,此规则排列的晶格总自由能高。高能区对于形成一种新相是较好的位置。通常排列混乱是核晶过程的中心。

(7)辐射的作用。高能量辐射会在固体中产生缺陷,这些缺陷会影响固体的各种形状。

(8)分子包结作用。通过分子包结作用,使分子定向排列,得到所希望的产品。

(9)同质多晶形现象的影响。因为同质多晶形转变需要晶格单元的松动和重排,同质多晶形的转变通常会使反应速率有显著的提高。

4.2.3 多肽固相合成研究进展

固相合成是利用固相载体使试剂和原料反应,具有经过过滤分离技术来纯化中间体和最终化合物的优点。固相合成成功的典型是用于制备多肽。下面简述多肽固相合成的研究进展情况。

1963年,美国著名生物化学家Bruce Merrifield发明了多肽固相合成法。自此以后,多肽固相合成法被广泛应用于多肽和蛋白质的研究领域,特别是短肽的合成,该方法经过不断地改进和完善,已经由原来的手工操作转变为全自动,合成多肽的种类也日益增多。

4.2.3.1 多肽固相合成的原理

首先对组成目的肽的氨基酸进行改造,使其成为氨基末端带有保护基的氨基酸(这种氨基酸都可以从有关生物公司直接购买)。将目的肽第一个氨基酸的羧基以共价键的形式与固相载体(树脂)相连,再以这一氨基酸的氨基为合成起点,使其与相邻氨基酸的羧基发生酰化反应,形成肽键。然后让包含有这两个氨基酸的树脂肽的氨基与下一个氨基酸的羧基反应,不断重复这一过程,直至目的肽形成为止。接着目的肽从树脂上裂解,进行氧化折叠,这样得到了人工合成肽的粗产品。再进行纯化,化学修饰,最后进行活性鉴定。其大体流程可以总结如下,如图 4-2 所示。可以看出,人工合成的多肽最初是线性的、无活性,需经过氧化折叠,形成目的肽的天然构象后才具有生理活性。因此,人工合成多肽(特别是富含二硫键的目的肽,如芋螺毒素等)形成正确的二硫键连接方式,形成正确的构象,是合成有生物活性多肽的关键所在。王有良等对二硫键的形成方法作了系统介绍,每一种方法都有其优点和局限性,这些方法所需要的具体反应条件不同,对相关氨基酸产生的影响也不同。因此,在合成多肽形成二硫键时,应该根据具体情况而选择合适的氧化方法。

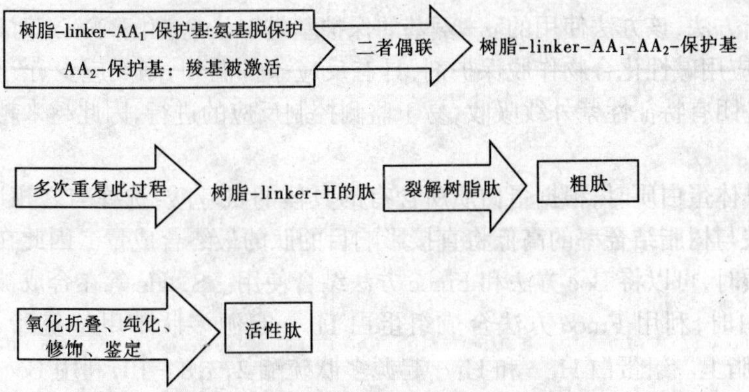

图 4-2　多肽固相合成法的合成过程

4.2.3.2　多肽固相合成两种常用方法的比较

氨基酸在进入目的肽之前,氨基端需要保护基。根据保护基的不同,多肽固相合成方法可以分为两大类,即 Boc 方法和 Fmoc 方法(见表 4-1)。这两种方法的合成原理基本相同,但由于保护基有差异,后面所应用的一系列试剂、条件等都发生了相应的改变。

表 4-1　Boc 方法和 Fmoc 方法常用试剂的比较

合成方法名称	选用树脂	α-氨基选用的保护基	脱保护剂	羟基激活剂	裂解剂
Boc(叔丁氧羰基)方法	PAM 树脂和 MBHA 树脂等	Boc	TFA/DCM	DIPEA/DCM	1. TFA/DCM 2. HF/anisolc
Fmoc(9-芴甲氧羰基)方法	HMP 树脂、Amide 树脂、Super acid-labilc 树脂等	Fmoc	Piperidine/DMF	HBTU/DIPEA	1. Piperidine/DMF 2. TFA/H_2O

1)Boc(叔丁氧羰基)多肽固相合成法

Boc 方法是经典的多肽固相合成法,B. Merrifield 在合成血管舒缓激肽时,就是应用 Boc 作为 α-氨基酸的保护基。经过查阅大量的资料发现,现在 Boc 方法的使用率不高。

虽然 Boc 方法正逐渐被 Fmoc 方法所替代，但是其本身的优点还是不容忽视，有些方面值得我们借鉴和应用。如澳大利亚科学家 Miranda 等在利用“化学选择连接”法合成蛋白质时，选择 Boc 方法合成组成蛋白质的各个片段。与 Fmoc 方法相比，他们认为 Boc 方法更干净、更可靠，更能快速去除 α－氨基保护基。而 Fmoc 方法则过度依赖于肽序列，并且不能完全去除 α－氨基的保护基。

2)Fmoc(9－芴甲氧羰基)多肽固相合成法

R.B.Merrifield 曾报道，由于反应的不完全，导致副反应产物的积累，他期待固相多肽合成法的进一步完善。不负他所望，经过 40 年的历程，固相多肽合成法已经得到了很大程度的改善。Fmoc 方法是 Carpino 和 Han 在 Boc 方法的基础上发展起来的一种多肽固相合成的新方法，该方法使用的 α－氨基的保护基是 Fmoc。由于 Fmoc 对酸稳定，易与碱作用，所以应用碱性化合物作脱保护剂，具有反应条件温和、副反应少、产率高等优点。同时，Fmoc 基团有特征性紫外线吸收，易于监测控制反应的进行，因此越来越受到人们的青睐。

在合成具体蛋白质时，根据蛋白质所含有的具体的氨基酸，选择与之相适应的树脂，第一个氨基酸与树脂结合率的高低将直接影响目的肽的最终合成量。因此在合成结构较复杂的蛋白质时，可以将 Boc 方法和 Fmoc 方法结合使用。S. He 等在合成被甲基化和乙酰化的组蛋白时，利用 Fmoc 方法合成组蛋白 H_4－起源多肽苯甲基硫酯 1,2，连接在 chlorotrityl树脂上。组蛋白 H_3－和 H_4－起源多肽硫酯 2,3,8－10，利用 Boc －HF 方法，在甲基苯 hydrylamine 树脂上合成。乙酰化赖氨酸树脂和三甲基赖氨酸树脂分别应用于 Boc－Lys(Ac)－OH 和 Boc－Lys(Me)$_3$－OH。多肽固相合成法不仅可以合成具有“困难序列”的多肽，而且可以合成需要进行化学修饰(如 C－端乙酰化)的多肽。

4.2.3.3 适合于固相合成的多肽种类

由于受到某些因素(如多肽长度等)的影响，并非所有的多肽和蛋白质都可以通过固相合成法人工合成。该方法最适合于合成 50 个氨基酸以内的多肽，这时的合成效率高。当目的肽超过 50 个氨基酸时，就需要与别的方法结合使用。

(1)短肽药物。短肽类药物序列短，结构简单，作用效果好，正逐渐成为研究热点，而目前很多短肽药物正在运用多肽固相合成法对其进行研究。如已成为药理学和神经科学有力工具和新药开发新来源的芋螺毒素，作为免疫增强剂的胸腺素 α_1、乙肝疫苗新型免疫原性多肽等。J. T. Blanchfield 等已合成了具有活性的 α－芋螺毒素 MII 的类似物。汤辉等通过 Fmoc 方法合成了 ω－芋螺毒素 MVIIA 虎纹捕鸟蛛毒素 I 嵌合体 HM1227，这种嵌合体是自然界原来没有的新蛋白质。NT(Neurotensin)是由 13 个氨基酸组成的多肽，在中枢神经和周围神经系统中具有各种神经调节功能，SLuca 等利用 Fmoc 方法合成了^{13}C、^{15}N－标记过的 NT，观察其与 GPCRG(protein－coupledreceptor)NTS－1 结合与否，在结构上有何变化，为以后的药理学研究作准备。多肽固相合成法对短肽类药物的合成效率很高，因此该方法是短肽类药物的重要研究手段之一。

(2)蛋白质结构域。蛋白质一般是由几个亚单位组成，要一下子合成完整的大分子量蛋白质，目前来说还不太可能。只能先人工合成其短序列的亚单位，再组装成完整的蛋白质，最后检测出其生物活性。这种方法在蛋白质工程和蛋白质功能研究中已得到广泛使用。同时通过多肽固相合成法，还可以引进非自然氨基酸，再检测其生物学功能。C. F. W. Becker等利用Boc方法合成RBD(Ras－bindingdomain)的两个片段和Ras的三个片段，然后再分别连接成完整的有生物学活性的蛋白质。P. A. Wender等用Fmoc方法合成了Tat49－57及其类似物，发现它是HIV－1Tat蛋白质的重要亚单位，为以后研究其促进细胞吸收的作用机理提供帮助。环肽也正在进行固相多肽合成，Bourel－BonnetL等合成了海洋环肽kahalalide A及其类似物，并且发现丝氨酸和苏氨酸在环肽中有重要作用，achiralhexanoate代替methylbutyrate后，环肽的活性得到很大提高。

(3)小分子量酶。众所周知，酶在生物体内起着很大的作用，生物体内几乎每一步生化反应都需要酶进行催化，通过多肽固相合成法合成小分子量酶，有利于我们对其结构和活性的认识。并且与其他方法相比，多肽固相合成法更简单更方便。如人类的一种分泌磷酸酶(sPLA2)存在于血小板颗粒中，目前对它的生理功能还不清楚。T. M. Hackeng等应用固相合成法合成sPLA2酶的片段。B. U. Samuel和B. Hearn等利用Fmoc法合成寡聚精氨酸，通过宿主细胞进入寄生虫Toxoplasmagondii等体内，抑制ENR(enoyl－ACPreductase)的活性，从而消灭寄生虫。Zhang X等利用Fmoc方法合成非免疫原性多肽，这种只具有6个氨基酸的多肽能够使丝氨酸和苏氨酸等残基脱水，同时还能催化蛋白质分子内Michael－type半胱氨酸脱氢。Qixin Leng等正通过固相多肽合成法，合成具有高转导效率的载体蛋白。

4.2.3.4 多肽固相合成法中存在的问题及解决策略

虽然多肽固相合成法经过后人的不断改进和完善，已经能够合成很多具有生物活性的多肽和蛋白质，但是其本身还是存在着很多问题。如直接合成的序列短，合成所需时间长，合成的效率和纯度低，成本高等。这些问题的存在大大限制了多肽固相合成法的应用范围。

(1)合成多肽的序列短。自从B. Merrifield发明了多肽固相合成法后，多肽的化学合成成了蛋白质大量重组表达的有效互补手段，在结构生物学、免疫学、蛋白质工程和生物药物研究中得到广泛应用。尽管在肽链合成后的性质、合成后分析等方面有很大提高，但是当肽链残基大于30个，尤其是超过50个时，肽链的合成就会受到一定程度的限制。这是由于在多肽固相合成时，对于聚合物局部来说，合成肽的浓度较低，在激活羧基时，虽然使用叠氮法能有效防止外消旋的发生，但是反应进行得相当慢。因此，这些种种原因使得多肽固相合成被局限于合成小片段多肽(30个氨基酸以内，少数为50个氨基酸以内)。当合成大片段多肽时，最好转向基因工程法廉价生产重组蛋白。

(2)合成所需时间较长。经过30多年的发展，多肽固相合成的速率在合成多肽时有了很大的提高，但是相对其他合成方式(如生物合成法)来说，链的合成速率仍然很慢。每结合上一个氨基酸需要20～120 min，平均一个九肽的合成需要5 h以上，这主要取决于化学选择和接下来的合成策略。另外，当合成较“困难”的多肽序列时，链的结合时间更长。

(3)合成的效率和纯度低，成本高。即使是30个氨基酸以内的小肽固相合成，富含二硫键和碱性氨基酸残基的多肽合成仍比较困难，相当一部分多肽还不能成功合成。随着氨基酸数量的增加，合成效率逐步下降，非目的肽含量逐步增长，目的肽的纯度逐步降低，后续的纯化和复性愈加困难。合成多肽的树脂和保护氨基酸等原料昂贵,致使多肽合成的成本很高,还不能完全满足作为药物商业化生产的要求。

(4)合成试剂的毒性大。进行多肽合成的试剂,其毒性很大,如DCM、DMF、哌啶等这些有机化学试剂,在成为废液后都需要报环保局进行处理。虽然有些仪器能提供合成过程全封闭进行,但其排出的废气废液等,还是对环境有污染,不能保证百分之百安全。而那些不是全封闭进行的合成反应,有毒试剂对环境的危害则更大。因此,随着多肽固相合成法的广泛应用,研制开发出“绿色”合成试剂,已迫在眉睫。

(5)解决策略。针对上述多肽合成中存在的问题,科学家们一直在努力解决。通过合成方法与仪器的改进来提高多肽合成效率。如利用“化学选择连接”法或者叫“多肽片连接法”可提高多肽合成的长度。以传统的多肽固相合成法为基础,首先合成50个氨基酸以内的肽片段,然后这些肽片段再通过缩合反应,形成完整的目的蛋白。这样,多肽的合成速率可以达到10～15个氨基酸/h,L. P. Miranda认为“化学选择连接”法是固相多肽合成中最有发展前景的一种方法,但是该方法也只限于40～200个氨基酸。Biron E等介绍了利用Fmoc方法三步合成多肽,同时氨基酸N端被甲基化,大大提高了合成效率。但是还有成千上万种蛋白质不能直接用固相合成,这些蛋白质的合成需要更新方法进行合成,或者通过研制不易产生副反应的反应试剂,或者改进反应条件进行人工合成。另一方面通过改进多肽合成仪的功能,可使合成过程完全自动化,从而提高合成效率,节约试剂,降低成本。433A型多肽合成仪装有传导检测系统,在去保护基时利用UV进行检测,产生反馈信息,自动控制,使一些复杂的反应得以顺利进行,使多肽合成达到最优化。根据我们的使用情况,现有多肽合成仪还有很多地方需要改进,如将裂解反应与合成反应通过密闭管路联合进行,这样有利于避免合成肽接触空气,防止被氧化。从目前来看,还有很多具体条件限制了多肽固相合成法的应用范围,但是相信经过全世界科学家们共同努力,在不久的将来,随着多肽固相合成方法和工具的改进,将会有越来越多种类的多肽和蛋白质可用固相合成法来生产,并且合成速率及合成的效率会得到改善。

4.2.3.5 多肽固相合成的发展前景

有关专家认为,肽和蛋白质将成为今后最有希望的临床治疗与保健药物;美国著名科学家、诺贝尔奖获得者朱棣文博士也曾预言:21世纪的生物工程就是研究基因工程与蛋白质工程。直接从动物或植物中提取蛋白质或多肽,将会造成很大的资源浪费。利用E. coli等重组表达或通过发酵液进行发酵,纯化样品又是一大问题。而通过多肽固相合成则能够同时避免这两大问题。通过合成技术的不断成熟,合成仪器的不断改进,扩大可合成蛋白质的范围,缩短合成时间,减少合成成本等;同时通过多肽固相合成法,可以引进稀有氨基酸,进行新的蛋白质的结构与功能的研究。多肽固相合成法在药物研究领域、蛋白质结构研究领域、免疫学研究领域等呈现着不可比拟的优越性。多肽固相合成法在生物制药及蛋白质工程中有着广阔的应用前景。

总之,固态有机反应,由于没有溶剂分子的介入,反应的体系不同于溶液中,造成了反应部位的局部高浓度,提高了反应效率。同时在固态下,反应分子有序排列,可实现定向反应,提高反应的速率与收率、选择性和空间效率。绿色化学的真正发展需要对传统合成化学从观念上、理论上和研究新合成技术上进行发展与创新。总之,固态合成是实现绿色生产的一条理想通道，其发展前景是诱人的。然而，并不是所有的有机反应都能在固体状态下进行，一些有机反应在固态状态下是易爆的。在此情况下，为了提高反应速率，使用溶剂是必要的。对有机合成反应来说，选择最好的反应条件是非常重要的。对于那些在固体状态下反应进行比较温和的，固态反应是较好的选择。而对于那些在固体状态下反应强烈的反应，不使用有毒溶剂的液相反应是较好的方法。但是从实验室走向规模化生产还须在理论上和实际上继续探索。

4.3 液相合成

组合化学的早期工作多是固相合成反应。但可用于固相合成的化学反应范围非常有限。所以液相化学目前更受组合化学的欢迎。液相合成具有传统化学的优势，即不需要开发制备化合物库的新反应。缺点是冗长的纯化过程。

近些年来发展起来的组合化学，极大地推动了药物化学和材料化学的发展，为寻找新药先导化合物和具有特殊功能的材料提供了非常有效的手段。同时，组合化学也加速了有机化学本身的发展，如通过组合化学方法快速寻找有效的催化剂，快速筛选高效的不对称催化反应等。早期的组合化学主要是在固相多肽合成基础上发展起来的固相组合合成。在惰性固相载体上进行组合合成的最大优点是可以通过过滤和洗涤等简单操作而完成分离纯化过程，从而实现快速分离纯化，提高合成效率。虽然固相组合合成的应用已经非常成功，并且也取得了巨大的成就，但固相组合合成还存在如下不足：①溶涨的固相载体毕竟与纯液相反应不同，不可避免地存在“固相反应效应”，使某些在液相中进行得很好的反应在固相中进行得并不理想，甚至不能进行；②对于许多反应需要设计并合成合适的连接分子，还需要经过上载固相载体和从固相载体上切割下来的步骤，这两步反应无疑是增加了合成的工作量；③对大多数的反应较难找到合适的跟踪和检测反应过程的方法；④较难进行大量合成。因此，液相组合合成便应运而生，并在近几年中得到了很大发展。

与固相组合合成相比，液相组合合成的优点是：①不受反应类型限制，已有的反应均可用于液相组合合成；②不需要设计和合成连接分子；③对反应过程容易实现跟踪和检测；④大多数反应，不需切割可以直接得到产物；⑤容易实现大量合成。液相组合化学要解决的两个关键问题是如何实现快速分离纯化目标化合物库和设计合适的便于确定活性化合物结构的合成策略。

4.3.1 液相组合合成中的分离纯化方法

4.3.1.1 固相载体协助分离纯化

1）可溶性载体的组合合成

聚乙二醇单甲醚（MeO·PEG）是一种可以溶于多种有机溶剂和水的高聚物，且具有很好的结晶倾向，因此可以作为可溶性载体用于液相组合合成。反应完后，向其二氯甲烷溶液中加入乙醚可以将其沉淀出来，与未反应的原料和副产物分离。如下面组合合成磺酰胺的反应，每步反应完成后都可以将其沉淀出来得到纯化，最后沉淀除去载体得到产物化合物库。

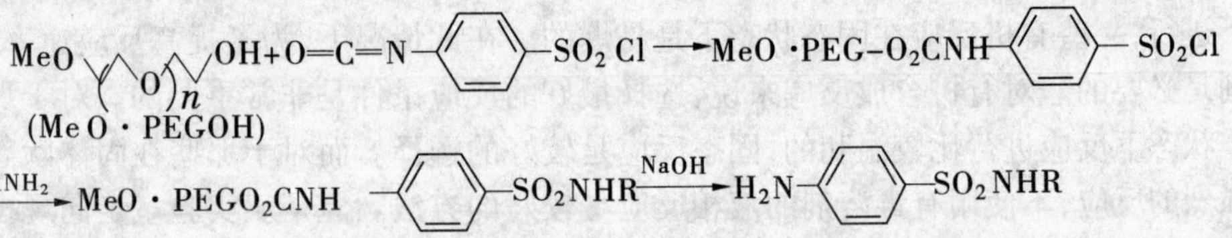

此外,树枝状分子也可以作为可溶性载体用于液相组合合成,由于树枝状分子比较大,合成过程中可以采用排阻色谱或超滤法来分离纯化,还可以用常规核磁的氢谱和碳谱以及质谱来鉴定中间产物,最后切割得到目标分子,如用下列树枝状分子为载体合成吲哚衍生物。(为了表达方便,反应式中树枝状分子的结构只用简单的键线来表示,并只画出了一个分支的反应。)

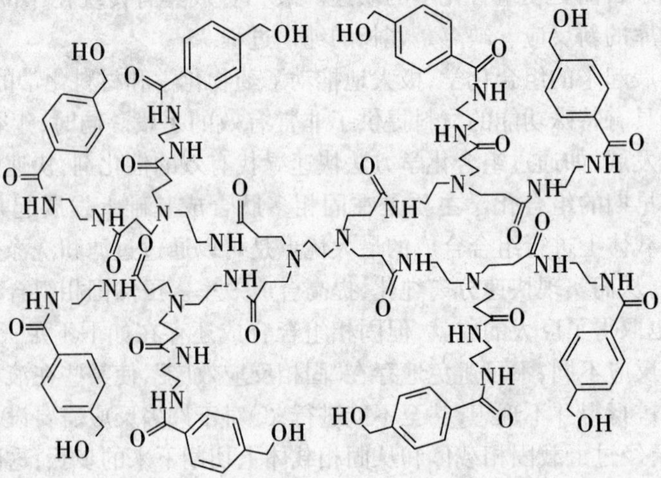

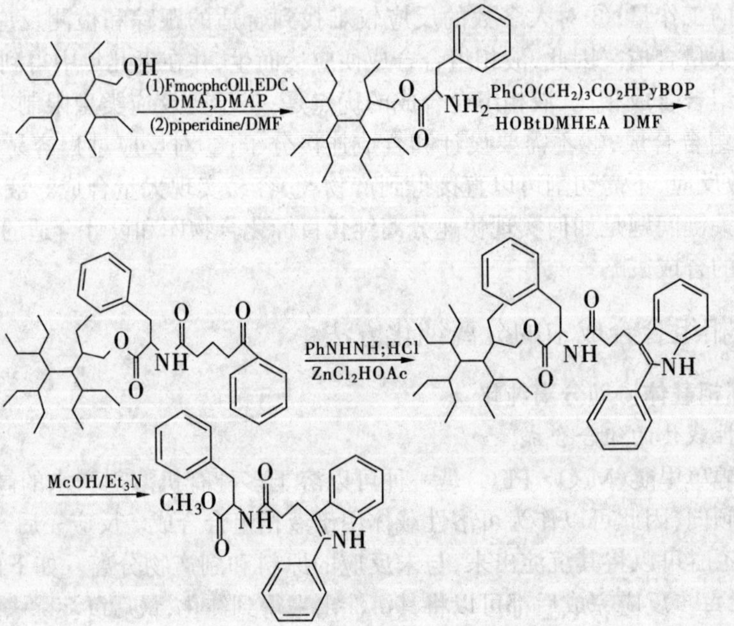

2)固相载体捕获产物的组合合成

Brown 等在用 Suzuki 偶联合成四取代烯烃时成功地用含有碘代苯甲酸的树脂捕获到了目标产物取代烯烃，而将另一个和过量 R^3X(1.5 倍量)同时发生两次 Suzuki 偶联得到的副产物四取代烯烃留在溶液中，这样很容易地将两种四取代烯烃分开。反应如下：

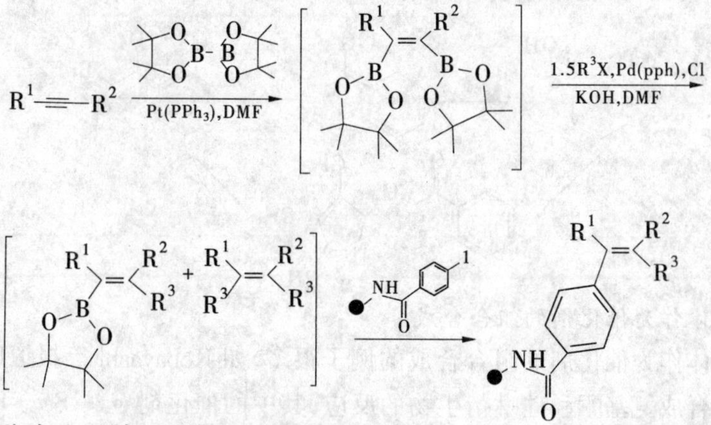

3)固相载体去除原料和副产物的组合合成

这类反应研究得最多，应用也最广泛，如最早应用阳离子交换树脂或羧基树脂除去反应产物中的胺和金属离子等，用阴离子交换树脂除去反应产物中的酸性物质。近年来，已发展了许多官能团化的树脂用来除去反应产物中的异氰酸酯、酰卤、胺等亲电和亲核试剂，还可以同时使用两种树脂以同时除去产物中过量的亲电和亲核试剂。常见的捕获树脂见表 4-2。

表 4-2 常见固相载体去除原料的组合合成

限量试剂	过量试剂	反应产物	捕获树脂
R^1R^2NH	R^3NCO R^3COCl R^3SO_2Cl	$R^1R^2NCONHR^3$ $R^3CONR^1R^2$ $R^3SO_2NR^1R^2$	● $-CH_2NH_2$
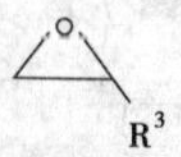	R^1R^2NH	$R^1R^2NCH_2CHOHR^3$	● $-NCO$
R^3X	R^1R^2NH	$R^1R^2NCONHR^3$	● $-NCO$
R^2COR^3	R^1NH_2	$R^2R^3CHNHR^1$	● $-CHO$
R^2COR^3	R^1R^4NH	$R^2R^3CHNR^4R^1$	● $-COCl$

4)固相载体作为反应试剂的组合合成

Parlow 报道的芳基烃基醚的液相组合合成中就应用了阴离子交换树脂作为固相试剂参与反应。反应如下：

Parlow 还报道了固相载体作为反应试剂参与的多步反应的组合合成，首先用连在聚乙烯树脂上的PCC(• －PCC,a) 将醇氧化成酮,然后用连在 Amberlyst A －26 树脂上的过溴化物(• －Br_3,b)将其转化成 α-溴代酮,再用连在 Amberlite IRA －900 树脂上的1－甲基－5－三氟甲基－4－氯－1H－吡咯－3－醇(c)反应得到目标产物,并且还发现可以将以上三种树脂反应物同时加入反应体系中,一步就可以得到目标分子的组合库。

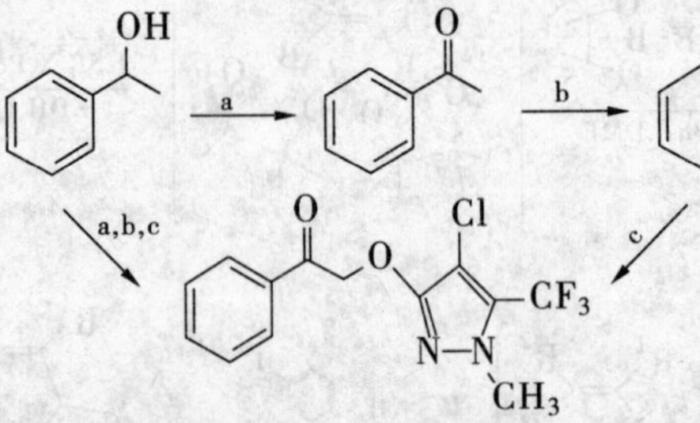

5)固相载体作为催化剂的组合合成

以固相载体作为催化剂的组合合成的例子很多,如 Kobayashi 等报道的钪催化的三组分缩合反应合成氨基酮和硅啉衍生物的反应,其中的催化剂 • －Sc－TAD 为连接在聚丙烯树脂上的三氟甲磺酰胺复合物(Scandium triflyamide ditriflate)。

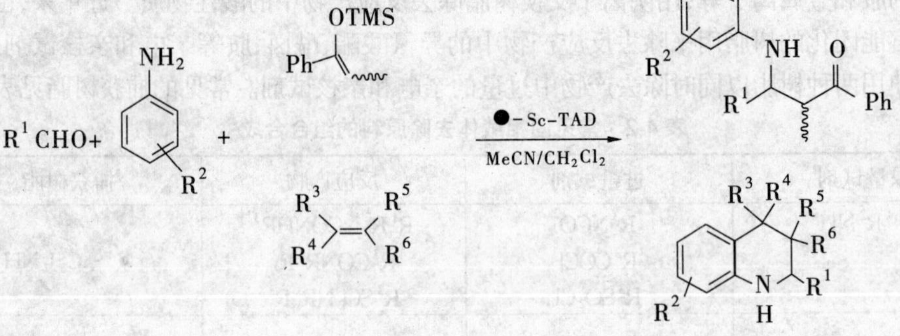

酶催化反应具有很高的专一性和区域选择性,因此酶催化反应常用于含有多个同种官能团底物的区域和立体专一性衍生物库的合成。利用酶催化反应的专一性可以避免许

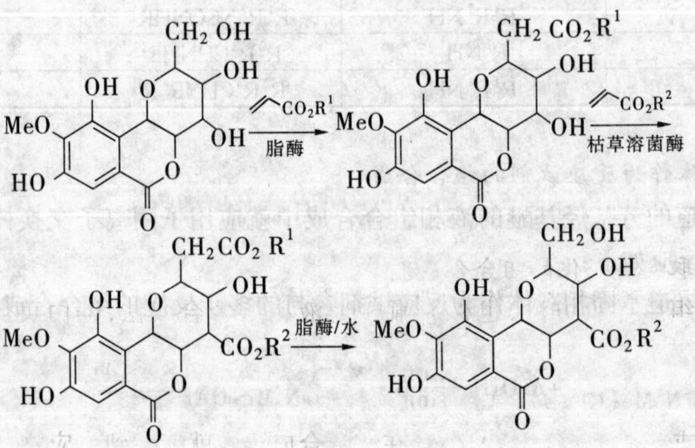

多副产物的生成,从而得到高纯度的目标产物库。利用固定化酶催化液相组合合成将更为方便,如 Enzy Med 小组报道的对多羟基黄酮衍生物进行选择性酰基化的化合物库合成,但能够被酶催化的反应种类有限。

4.3.1.2　**通过相萃取分离纯化**

1)通过水溶液洗涤纯化的组合合成

有机合成中常用的洗涤和萃取均可用于纯化液相组合合成的化合物库。一个较早的液相组合合成的例子是 Boger 等用平行合成法合成三酰胺分子库,反应如下所示,通过简单的酸碱溶液洗涤可以分别除去未反应的胺和酸,得到平均纯度为 95% 的目标产物。

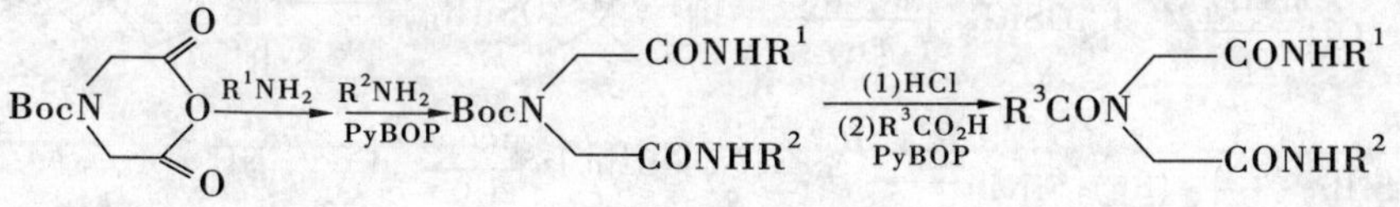

2)通过反应生成水溶性物质水洗纯化的组合合成

一些含有亲核性基团的水溶性小分子有机化合物,如 3－巯基丙磺酸钠和 N－甲基甘氨酸钾,可用于除去反应中过量的亲电试剂。在亲电试剂过量的组合合成中,反应完成后加入该类小分子,即可发生亲电取代反应,生成水溶性产物,水洗除去,使目标分子库得到纯化。如用胺与过量的卤代烷、异氰酸酯、酰卤和磺酰卤合成胺、脲、酰胺和磺酰胺衍生物库时就应用了该方法来纯化目标化合物库。

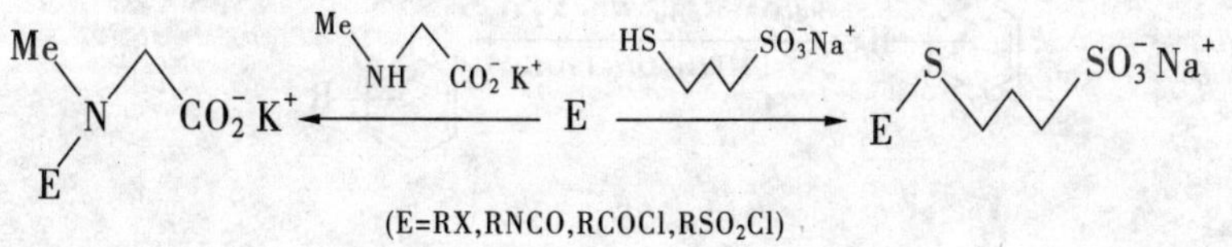

与亲核性物质反应的有机小分子可以用在组合合成中来清除过量的亲核试剂,如四氟邻苯二甲酸酐,可与胺、醇及硫醇等亲核性物质反应生成水溶性的四氟邻苯二甲酸的单酸衍生物,加入氨基树脂后就可以除去反应产物中过量的亲核性物质胺、醇及硫醇等。反应如下:

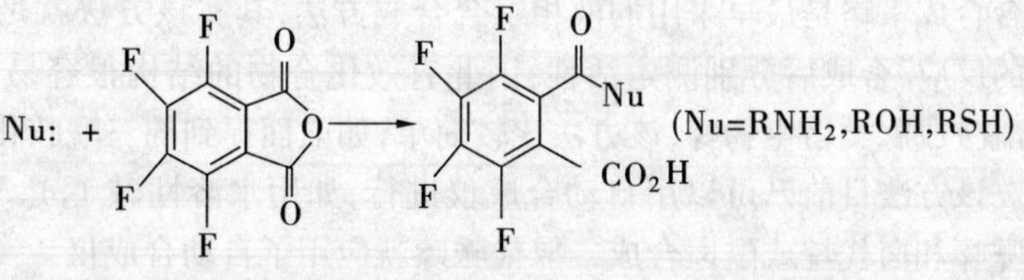

3)三相萃取分离纯化的组合合成

三相萃取组合合成方法,也称为氟标记液相组合合成法,是由美国匹兹堡大学的 Curran 研究小组发展起来的。他们利用全氟有机分子与水和大多数普通有机溶剂中均不互溶的特性,设计了一些多氟有机分子标记物 $BrSi(Rfh)_3$ 和 $BrSn(Rfh)_3$(其中 Rfh＝$CH_2CH_2C_6F_{13}$ 或 $CH_2CH_2C_{10}F_{21}$),使其在组合合成开始就结合到反应物上,这样在每步反应后的分离过程中,用全氟有机溶剂萃取就可以将该中间产物萃取到氟相,从反应混合物中分离出来,再进行一步反应,最后将该多氟分子去掉,使目标分子回到有机相得到目标化合物库。如他们用下列反应合成了异嗅唑啉和四唑衍生物库。该方法的缺点是有时有些含氟副产物易与中间产物一起被含氟溶剂萃取到氟相中,如由 $BrSi(R_{fh})_3$ 水解形成的副产物 $HOSi(R_{fh})_3$ 影响对中间产物的鉴定,但在最后一步由于该副产物易溶于氟相而很容易从产物中除去,对目标化合物库的纯度并无影响。该法的缺点是要应用特殊的含氟试剂。

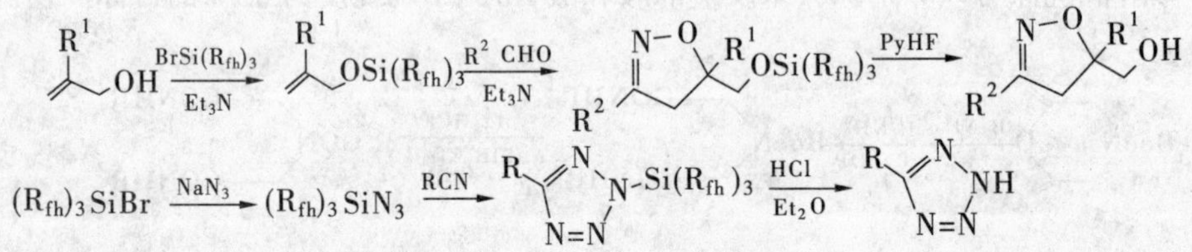

4)色谱分离纯化的组合合成

色谱分离纯化是常用的分离纯化方法,在液相组合合成中也得到了广泛的应用。如下图 Boger 等用钯催化卤代芳烃偶联合成了联二芳烃化合物库,并用排阻色谱法分离纯化了终产物。如前述的用树枝状分子做载体的组合合成也可以用排阻色谱法分离纯化。

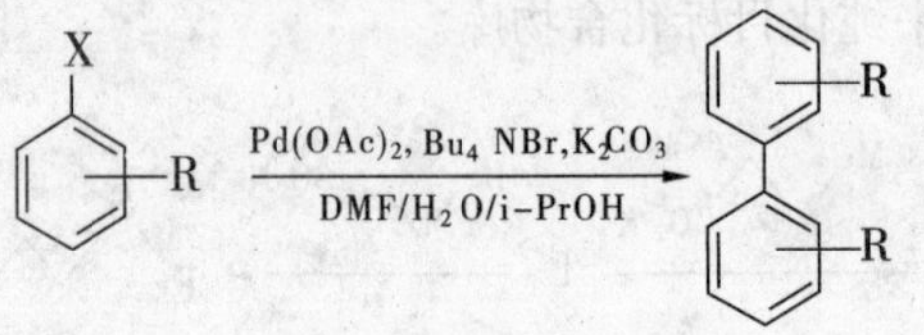

4.3.2 液相组合合成常用的合成策略

在液相组合合成中常用的可以方便地确定活性化合物的合成方法和策略远没有在固相合成中的多,常用的只有如下两种。

4.3.2.1 平行组合合成策略

平行组合合成策略是最早采用的液相组合合成方法,其实该方法就是同时并行地进行多个相似的反应,合成后分别测定活性,因此有效化合物的结构很容易确定。如在 96 孔板中合成酰胺或脲类衍生物等,该方法比较简单,如前面提到的三酰胺化合物库就是用该法合成的。该方法目前已可以用自动合成仪进行,如用水溶性碱 1,1,3,3-四甲基胍催化单取代哌嗪和卤代烷或酰卤合成二取代哌嗪就应用了自动合成仪。

4.3.2.2 索引组合合成策略(或称为位置扫描组合合成策略)

首先以由 m 个基元分子 A 和 n 个基元分子 B 合成 A_mB_n 化合物库来介绍索引组合合成策略。先将基元分子 $A_1 \sim A_m$ 分别与基元分子 $B_1 \sim B_n$ 的混合物反应可以依次得到第一组 m 个化合物库 $A_1B_{1\sim n}$,$A_2B_{1\sim n}$,……,$A_{(m-1)}B_{1\sim n}$,$A_mB_{1\sim n}$(每个库中含有 n 个化合物),再将 $B_1 \sim B_n$ 分别与 $A_1 \sim A_n$ 的混合物反应可以依次得到第二组 n 个化合物库

$A_{1\sim m}B_1, A_{1\sim m}B_2, \cdots\cdots, A_{1\sim m}B_{(n-1)}, A_{1\sim m}B_n$(每个库中含有 m 个化合物),再分别测定这两组化合物库的活性,从而确定出活性最好化合物的结构。假如第一组化合物库中 $A_4B_{1\sim n}$ 化合物库的活性最好,第二组化合物库中 $A_{1\sim m}B_7$ 化合物库的活性最好,这两个化合物库中的公共化合物是 A_4B_7,那么活性最好化合物的结构就应该是由基元分子 A_4 和 B_7 反应得到的化合物 A_4B_7。该方法是液相组合合成中确定活性化合物结构的最有效方法,但在该方法中找到的有效化合物也可能不是活性最好的化合物,其原因是该方法进行活性测定时测定的是一组化合物,得到的活性结果也是这一组化合物的总活性结果。因此,如果碰巧该组化合物中含有两个或多个活性较好的化合物,它们的活性之和可能会高于活性最高化合物的活性,从而造成有效结构误判。但通过将 $A_4B_1, A_4B_2, \cdots\cdots, A_4B_{(n-1)}, A_4B_4$ 和 $A_1B_7, A_2B_7, \cdots\cdots, A_{(m-1)}B_7, A_mB_7$ 这($m+n-1$)个化合物分别合成出来(这两组化合物中均含有化合物 A_4B_7,其只需合成 1 次,故只有 $m+n-1$ 个化合物),再分别测定活性就可以避免。Pirrung 等于 1995 年建立了该方法,并用该方法由 9 种羟基化合物和 6 种异氰酸酯合成了 9 个含有 6 种和 6 个含有 9 种氨基甲酸衍生物的组合化合物库,确定出了对乙酰胆碱酯酶抑制效果最好的化合物 6A,并随后分别合成与基元分子 6 和 A 相关的所有化合物(共 14 个),并分别测定了它们的活性,最后确定了化合物 6A 是该化合物库中最有效的乙酰胆碱酯酶抑制剂,如下图所示。

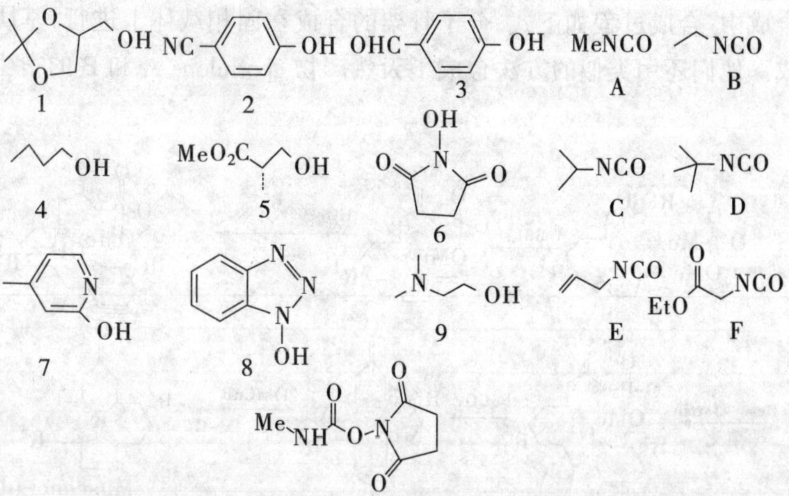

1999 年 Andrus 等用该法合成了(-)密挤青霉酰胺(stipiamide)和 6,7-去氢密挤青霉酰胺类似物库,并确定出了其中的活性化合物。

4.3.3 多官能团模板核心的复杂组合合成法

以多官能团有机分子为核心模板的合成方法也是近年来液相组合合成的一个重要分支,该合成法可以产生数目庞大的多样性分子库,但在快速分离纯化和结构确定上目前并未显示出任何优势。目前常用的模板分子主要有以下几类:立方烷四羧酸、官能团化的卟啉、官能团化的氧杂蒽(Xanthene)以及链状和环状多胺分子等。如下图所示立方烷四酰氯与 19 种氨基酸反应合成的化合物库已用于酶活性研究中。环状多胺分子与卤代烷组合合成的化合物库已用于抗菌活性研究。

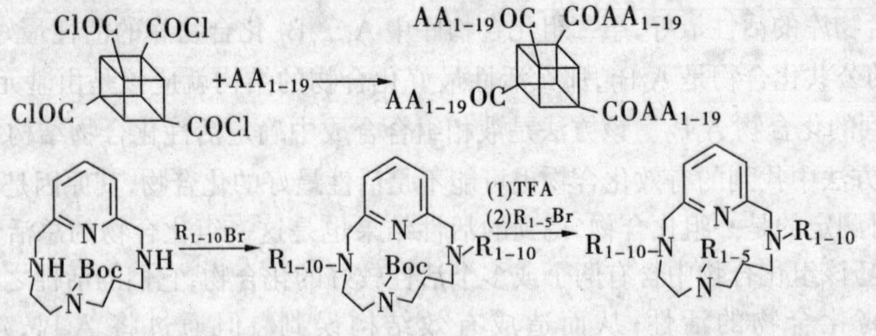

4.3.4 固相与液相结合的组合合成

固相合成与液相合成都有各自的优缺点，把二者巧妙地结合常常可以得到很好的效果，在合成过程中把适合于固相合成的步骤用固相合成，然后再将其切割到溶液中，进行适合于液相的步骤，最终得到目标化合物库。Teague 等用该法合成了二取代哌嗪衍生物库，他们首先用固相法合成了单取代哌嗪，然后切割到含有亲电试剂的 96 孔板中进行液相反应得到目标分子库。Nicolaou 等成功地将该法应用于天然产物 Muscone 衍生物库合成中，合成过程如下式，分子骨架的合成在固相载体上进行，基团的修饰在液相中完成。他们还用类似的方法合成了天然产物 epothilone A 和 B 的衍生物库。如下图所示。

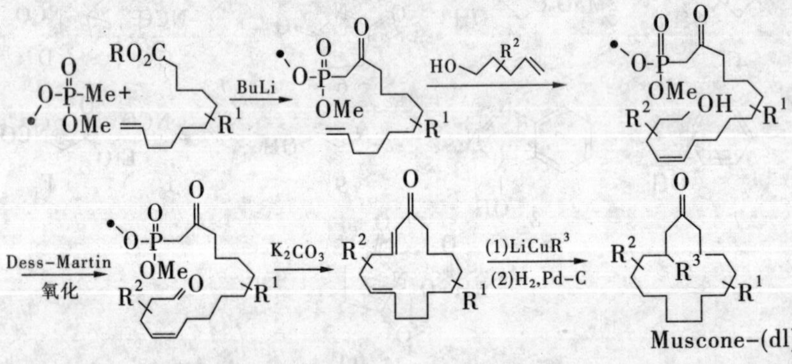

总之，液相组合化学在药物开发领域已取得了显著进展，平行单个化合物库合成策略与高通量筛选技术已可以实现自动化过程，并在优化先导化合物方面卓有成效，索引化合物库策略在发现新型药物分子及先导化合物方面也取得了长足进展，库化合物的分离纯化作为液相组合化学的关键步骤之一也取得了重要进展，发展了包括固相辅助、液相萃取及氟溶剂萃取等多种有效方法，并且不断有新的方法和应用产生。目前，液相组合合成的自动化程度还落后于固相方法，这可能成为液相组合化学今后发展的重点。

4.4 手性技术(Chirotechnology)

4.4.1 手性和手性分子

手性、手征性,来自希腊文的“手”。如同双手,只能对映,无法重叠。实物和镜像不能重合的现像称为手性,不能与其镜象叠合的分子称为手性分子。手性分子有旋光性。

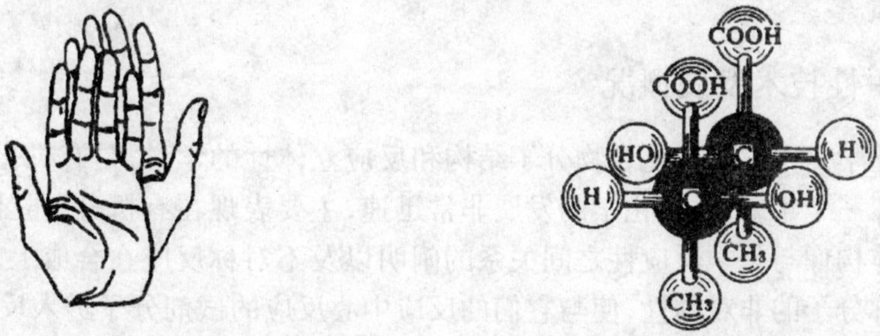

(a)左手和右手不能叠合　　(b)两个乳酸模型不能叠合

图 4-3

W. Gill 说:“一个化合物的药理性质,不仅依赖于分子各组成原子及基团的特性,而且也决定于它们在空间的排列”。光学活性不同带来强烈的生理活性差异。手性药物的不良异构体的毒副作用见表 4-3。

表 4-3　手性药物的不良异构体的毒副作用

药品名称	有效异构体	不良异构体
多巴(Dopa)	(S)－异构体,治疗帕金森症	(R)－异构体,严重副作用
氯胺酮(Ketamina)	(S)－异构体,麻醉剂	(R)－异构体,致幻剂
青霉素胺(Pexicillamine)	(S)－异构体,治疗关节炎	(R)－异构体,突变剂
心得安(Propanol)	(S)－异构体,治疗心脏病	(R)－异构体,致性欲下降
乙胺丁醇(Ethambutol)	(S,S)－异构体,治疗结核病	(R,R)－异构体,致盲

典型例子是 20 世纪 60 年代在欧洲出现的药物反应停事件,造成了的严重畸形儿出生,轰动了世界,现已绝对禁止使用。光学活性物质的制造与性质对于有机合成化学、生命科学、药理学、药物化学、天然有机化合物化学等学科的发展有极其深远的意义。由于使用了手性化合物(超高效、低能量),有效地减少了环境污染,取得了环保的社会效益以及巨大的经济效益。手性药物发展极快,在理论与应用上都取得了重大成果。瑞典皇家科学院于 2001 年 10 月 10 日将年度的诺贝尔化学奖授予了 3 位科学家,他们分别为曾在美国密苏里州圣路易斯市孟山都生物技术公司工作的威廉·诺尔斯(Williams Knowles)博

士、日本名古屋大学的野依良治教授及美国加利福尼亚州拉霍亚的斯克里普斯研究所的巴里·沙普利斯(K.Barry Sharpless)教授。诺尔斯博士与野依良治教授由于在催化手性氢化反应的开创性工作分享了一半的奖金,沙普利斯教授则对催化手性氧化反应的发展做出突出贡献而获得了另一半奖金。这3位化学家在催化手性/不对称合成领域所取得的原创性贡献和突破性成就,无论是对学术研究还是对新的医药、材料的合成与发展都是极其重要的,他们的成就已成功应用于许多药物比如抗生素、心脏病药以及治疗帕金森综合症的药物的工业合成。此外,此项技术也用于生产调味剂、甜味剂、杀虫剂以及其他生物活性物质。

4.4.2　手性技术发展概况

立体化学是探讨有机化合物分子结构和反应立体性的学科,是有机化学的基础理论之一。近二三十年来,立体化学的发展非常迅速,主要表现在有机分子立体结构的测定、分子的立体构像与化学反应性之间关系的阐明以及不对称反应在合成上的应用等方面。由于非对称分子的非对称性,使与它们的反应中心反应的试剂分子进入反应时,2种可能的反应方向呈几率不均等的状态。因此,在反应中形成新的一个不对称中心,其2种可能的构型在产物中的出现也常是不等量的。这即所谓的"不对称/手性反应",也称"不对称/手性合成"。

不对称合成也称手性合成,在手性条件下对原来无手性或称为潜手性的反应物转变为所需要的对映体,这种不经过拆分而通过反应直接获得旋光性产物的反应称为不对称合成。这是一种效率高经济合理的合成方法,是有机合成发展的一个重要方面。

自19世纪Fischer进行了氢氰酸和糖的反应,得到了不同比例的氰羟化物异构体,开创了不对称合成的研究领域以来,至今已有100多年的历史,不对称合成发展历史经历了4个阶段:

第一代不对称合成技术的特征是化学家们利用底物分子中的不对称因素去诱导新的不对称原子的构型。这一时期所合成的天然产物的路线很漫长,时间长,精力多。因为有许多步骤。

第二代不对称合成技术是运用手性辅助剂加到试剂中去诱导生成所需的构型,这种方式也需要有附加步骤以从产物中除去手性辅助剂。

第三代不对称合成技术的特征是以试剂来控制,例如手性硼烷用于硼氢化反应,Sharpless不对称环氧化反应。

第四代技术用手性催化剂来控制不对称诱导,如不对称氧化法合成L-多巴。在非手性底物进行不对称反应时加入少量的手性催化剂,使它与反应底物或试剂形成高反应活性的中间体,催化剂作为手性模板控制反应物的对映面,经不对称反应得到新的手性产物,而手性催化剂在反应中循环使用,达到手性增殖(chiralityincrement)或手性放大效应(chiralityamplification)的效果。

作为最具工业化应用前景的不对称催化方法,成功地应用于对映体纯手性药物工业化生产的路线只有有限的几种,更多的是采用传统的拆分方法。但是通过外消旋体拆分获得有药用价值对映体的效率最高只有50%,因此合理利用拆分得到的另一对映体不失为提高效率的一种可取的途径。美国 Sepracor 公司在开发酮洛芬的(S)-对映体作为非甾体抗炎药的同时,研究开发其(R)-对映体作为牙膏添加剂,用于防治牙周炎,为这一策略提供了一个实例。

催化不对称合成是以化学手段获得光学活性物质的方法之一,即合成具有手性的化合物,而分子的手性是指互为镜像关系的化合物在三维空间上的非重叠性。由于催化不对称合成是最有效的方法,它很容易实现不对称增殖,一个高效率的催化剂分子可以产生成百上千乃至上百万个光学活性产物分子,达到甚至超过酶催化的水平。因此,开发高效率、高选择性、高产出率的手性催化剂已经成为发展手性技术的核心问题。

手性配体与催化剂的设计与合成是不对称催化研究中永恒的主题,尽管已经有成百上千的优秀手性配体合成出来,但没有任何一种配体或催化剂是通用的,所以合成化学家还在不断地探索设计和合成性能更优异的新配体和催化剂。手性配体和催化剂的设计应遵循的原则是:催化效率和选择性高、适用范围广、结构简单、原料易得、合成方便和容易得到两种对映异构体。近年来,以不含金属的有机小分子作为催化剂的不对称反应取得了很大的进展,成为不对称催化研究的一个新热点。

在过去的几十年中,与催化不对称氢化和不对称氧化反应的成功相比,对于催化不对称碳-碳键和碳-杂原子键的形成反应的研究还存在很多挑战性的问题,一方面由于涉及的反应类型多种多样,另一方面催化反应的效率一般相对较低,因此近年来人们对于这方面的研究工作给予了极大的关注,特别是在发展新的不对称催化反应方面,并取得了一些重要进展。在不对称催化领域中,有机化学家在理论方面还应强化研究,争取提出更多有利手性催化剂设计的新概念。同时,在不对称催化反应的实用和高效方面也需要投入更多的研究资源。这是因为,虽然目前许多不对称催化反应的对映选择性都可以达到很高的水平(ee 值>95%),但是 1%～10%的催化剂用量通常情况下是没有实用价值的,因此催化剂的活性和效率是今后不对称催化研究中需要解决的关键问题之一。

手性科学的研究不仅为手性医药和农药的开发提供了科学基础和技术支撑,而且在包括材料科学和信息科学等在内的其他相关科学领域也显示出重要应用前景,如手性液晶显示、手性传感、手性分离等。更为重要的是,手性科学研究有助于人类进一步认识自然界中的若干基本问题,如生命过程中手性的起源、手性的传递与放大及手性分子相互作用的规律等。

4.4.3 重要的手性合成举例

4.4.3.1 甲基多巴(L-DOPA)的合成

此工作是 20 世纪 60 年代中期做的,到 80 年代末仍奉为里程碑式的合成,核心是从外消旋体中选择性的结晶出 L-对映体,而无效的 D-对映体则消旋化循环再用,此工作在当年曾显赫一时。诺尔斯发展了氨基酸 L-DOPA 的工业合成方法,这种氨基酸已被证明可用于帕金森综合症的治疗。在合成 L-DOPA 的关键步骤中,烯胺在催化量的[Rh(R,R) DiPAM PCOD]$^+$ BF_4^- 存在下氢化还原得到对映体过量率高达 95%的基团保护的氨基酸,再经过简单的酸催化水解便得到 L-DOPA。反应式如下:

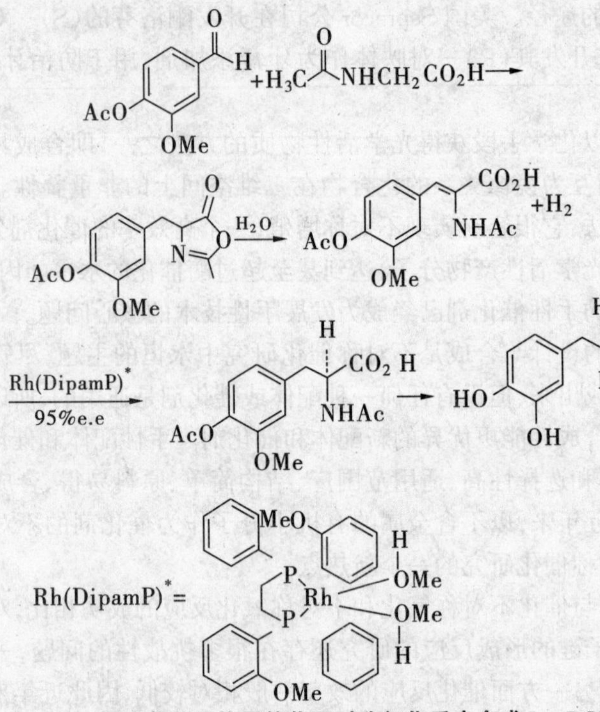

孟山都公司使用催化不对称氢化反应合成 L－DOPA

自1974年孟山都公司首次将手性过渡态金属络合物应用于商业化的催化不对称合成以来，该公司一直进行这种合成生产。L－DOPA合成的巨大成功，极有效地促进了关于其他催化不对称反应的发展与应用。

4.4.3.2　**心得安(S Propanol)的合成**

1989年，Sharpless K B通过不对称催化环氧化反应使烯丙醇环氧化，反应的立体选择性很好，生产手性缩水甘油，年产量约为10t。后者可转化为治疗心脏病和高血压的β肾上腺素能受体阻滞剂心得安(S Propanol)，而(R)对映体则具有避孕效果，Arco开发了工业生产工艺。合成反应式如下：

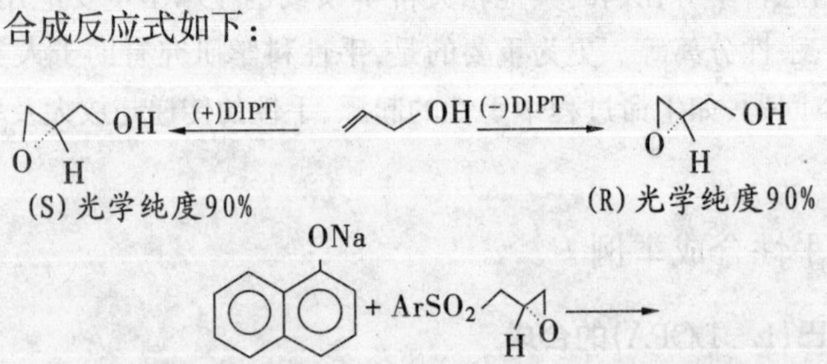

不对称合成(S)－心得安

4.4.3.3　**(S)－萘普生(Naproxen)的合成**

20世纪80年代，孟山都公司开发了一种非甾体高效消炎解热镇痛药(S)萘普生，目前年销售额达 10 亿美元，其关键步骤也是不对称催化氢化反应。反应式如下：

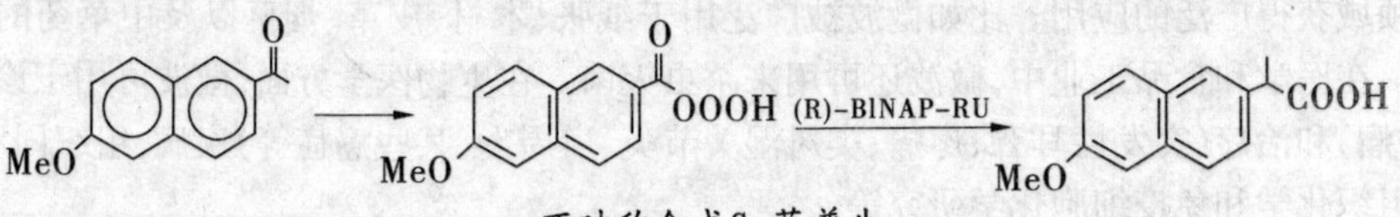

不对称合成S-萘普生

4.4.3.4　**食品甜味剂 Aspartame 的合成**

Anic S. P. A 公司及埃尼化学公司(Enichem)运用 Rh 手性双胺膦催化氢化生产苯丙氨酸，再与天冬氨酸反应制天冬氨酰苯丙氨酸甲酯，即阿斯巴甜 Aspartame。

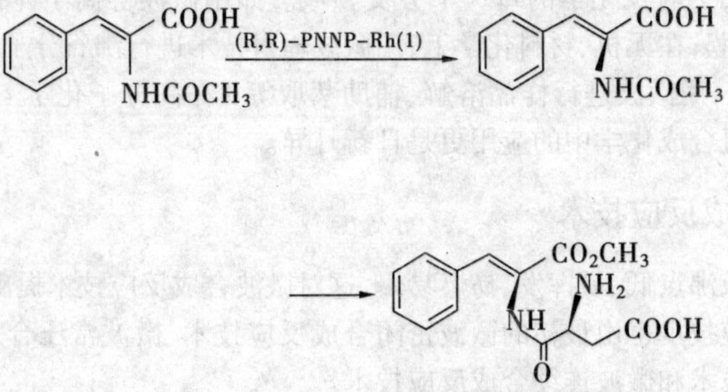

不对称合成阿斯巴甜

4.5　无溶剂反应

有机化学反应一般是在溶剂中进行的。在传统的有机合成中，有机溶剂是最常见的反应介质，因为这些溶剂可很好地溶解有机物、保证物料混合均匀和热量交换稳定，有时反应介质与反应物之间、反应介质与催化剂之间的相互作用还可以增强反应效果。但有机溶剂的毒性和难以回收又成为对环境污染的重要因素。如果不使用有机溶剂而进行有机化学反应，其环境友好的意义不言而喻。无溶剂反应大致可分为三类：①以试剂、原料作溶剂；②原料和试剂在熔融状态下充分混合；③固体表面的反应。其中采用无溶剂的固相反应是避免使用挥发性溶剂的一个研究动向。在固体中，反应物分子处于受限状态，分子构象相对稳定，可利用形成包结物、混晶、基激配合物、分子晶体等手段控制反应物的分子构型，尤其是通过与光学活性的主体化合物形成包结物控制反应物分子构型，实现对映选择性的不对称合成。另外，固态有机反应操作简单，加热、振荡、研磨、微波及超声、辐射等方法均可加速反应进行，是一种操作较为方便的合成方法。固态化学反应实际上是在无溶剂化作用的新颖化学环境下进行的反应，有时可比溶液反应更为有效并达到更好的选择性。

4.6　微波辐射技术

4.6.1　概述

微波是频率在 300 MHz～300 GHz，波长在 100 cm～1 mm 范围内的电磁波。微波在军事上广泛用于雷达、通信和电子战中。作为一种能源的微波在家用、工业、科研和其他许多领域获得广泛的应用。比如微波被广泛用于纸张、木材、皮革、烟草以及中草药的干燥等。在医学和食品工业中,微波还可用来杀虫灭菌。在生物医学方面,微波可用于诊断(如肿瘤)和治疗(突发性耳聋、疼痛、类风湿关节炎、肩周炎、某些癌症等)疾病,组织固定,免疫组织化学和免疫细胞化学研究等。

自从 1970 年 Harwell 实验室使用微波炉装置成功地处理了核废料以来,微波辐射技术扩展到了化学领域并逐渐形成了一门新的交叉学科——微波化学。这是化学领域中的一大进展,开辟了一种快速高效的新实验方法,向传统的加热方法提出了挑战。目前微波在化学中的应用几乎遍及化学的每一个分支领域。如用微波等离子体技术制备金刚石膜、钴薄膜等金属膜;在无机、材料化学上,用微波辐射技术进行沸石分子筛和水滑石的合成;在分析化学上,用微波进行样品溶解、辅助萃取等;在高分子化学上,用于制备聚合物等。微波在有机合成化学中的应用更是日新月异。

4.6.2 微波合成反应技术

有机物大多数沸点低、易挥发、易燃易爆,这对微波合成反应技术提出了更高的要求。微波有机合成反应技术也由最初的微波密闭合成反应技术、微波常压合成技术发展到微波干法合成反应技术和微波连续合成反应技术。

这里重点介绍一下微波干法合成反应技术。这是微波和无溶剂干反应结合的结果。所谓干法,是指以无机固体为载体的无溶剂有机反应。微波辐射下的干法有机反应是将反应物浸渍在氧化铝、硅胶、黏土、硅藻土或高岭石等无机载体上,干燥后放入微波炉内启动微波,反应结束后,产物用适当的溶剂萃取后再纯化。无机固体载体不吸收 2 450MHz 的微波,不成为传导微波的障碍,而吸附于固体介质表面的羟基、水以及极性有机物质都强烈地吸收微波,从而使这些吸附着的分子被激活,反应速率大大提高。这一方法的优点在于反应可以在敞口容器中进行,操作简单,避免使用有毒溶剂,有利于保护环境。

杨德红、陈振初等详细研究了微波促进的芳醛和 2,4-噻唑烷二酮的 Knoevenagel 缩和反应、卤代吡啶和胺的交叉偶联反应,反应时间短、收率良好、不需要贵重催化剂的使用、操作简便、后处理容易、不使用有毒溶剂、反应在敞口容器中进行。提供了一种快速、简便、经济实用、环境友好的微波干反应合成新方法。

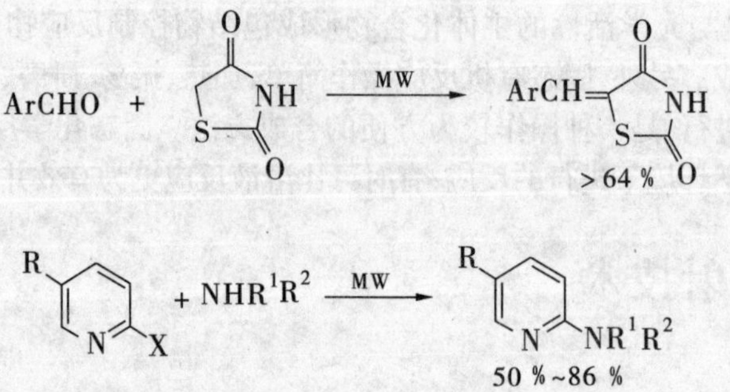

4.6.3 微波加速化学反应的机理

关于微波加速化学反应的机理,目前学术界有两种不同的观点。一种认为,虽然微波是一种内加热,具有加热速度快、加热均匀无温度梯度、无滞后效应等特点,但微波应用于化学反应仅仅是一种加热方式,和传统的加热方式一样。对某个特定的反应而言,在反应物、催化剂、产物不变的情况下,该反应的动力学不变,与加热方式无关。微波对化学反应的加速主要归结为对极性有机物的选择加热,即微波的致热效应。文献报道的许多实验结果支持了这一观点。

另一种观点认为,微波对化学反应作用是非常复杂的,一方面是反应物分子吸收了微波能量,提高了分子运动速度,致使分子运动杂乱无章,导致熵的增加;另一方面是微波对极性分子的作用,迫使其按电磁场作用方式运动,每秒变化 2.45×10^9 次,导致了熵的减少,因此微波对化学反应的作用机理是不能仅用微波致热效应来描述的。微波除了具有热效应外,还存在一种由温度引起的非热效应。微波作用下的有机反应,改变了反应动力学,降低了反应活化能。

4.6.4 微波技术在有机合成中的应用

微波应用于有机合成,由于能大大加快化学反应的速度,缩短反应的时间,特别是以无机固体物为载体的无溶剂的微波有机合成反应,操作简便,溶剂用量少,产物易于分离纯化,产率高,因此成为合成化学工作者的研究热点。已研究过的有机合成反应有烷基化反应、缩合反应、酯化反应、D－A 反应、Micheal 加成反应、重排反应、氧化反应、还原反应、杂环化合物的合成反应、有机金属反应、聚合反应等,取得了一系列有意义的研究成果,进一步丰富了有机合成化学。下面略举几例,可见一斑。

Diels－Alder 反应是一种 $4n+2$ 的环加成反应,在微波作用下可以明显地减少反应的时间和提高收率。例如,蒽与顺丁烯二酸酯在微波辐射下进行 Diels－Alder 反应,10 min 即得产率为 87%的环加成产物,而常规反应条件下需反应 72 h 才能达到相近的收率。过程如下:

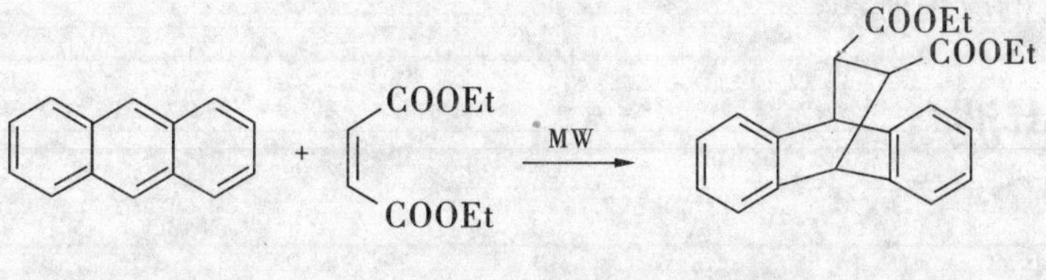

Banik 领导的研究小组利用微波技术,以甘露糖醇二丙酮化合物为原料,仅用数分钟即得到了抗菌素类的重要中间体:具有光学活性的 β－内酰胺,而且两步产率都很高,分别为 75%和 90%。

Petit 等在由四氢吡啶与苯甲醛合成具有人体生化意义的四苄基卟林、卟啉的实验中,采用了微波干反应技术,在 10 min 内合成了 9.5%的产品。虽产率没有明显提高,但这种技术极大地简化了产品的分离与提纯过程。

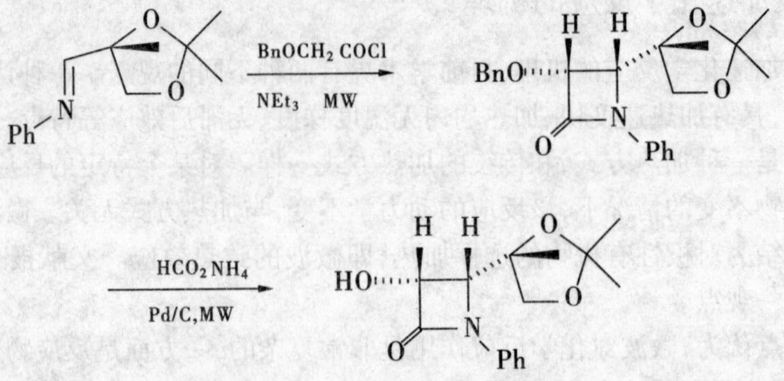

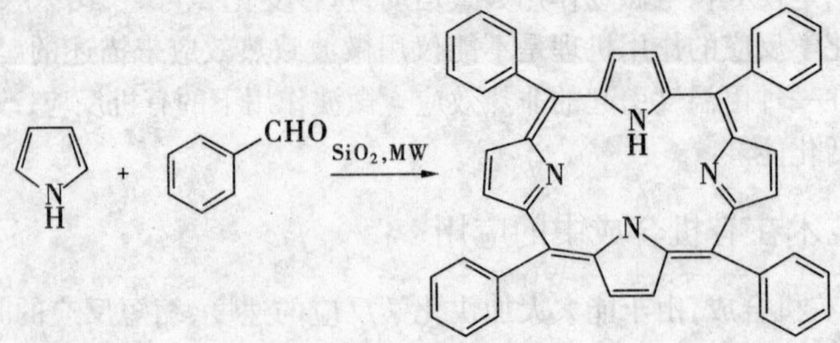

迄今研究过并取得了明显效果的有机合成反应还有重排反应、开环、水解、氧化、烯烃加成、消除反应、环反转、酯交换、酰胺化、脱羧、脱保护、聚合、糖类和某些有机金属反应等,几乎涉及了有机合成反应的各个主要领域,这里不再一一赘述。

微波作用下的有机反应的速率较传统的加热方法快数倍甚至上千倍,且具有操作方便、产率高、选择性好、产品易纯化及环境友好等优越性。微波有机合成发展迅速,已涉及到有机化学方方面面。但是,迄今为止这些研究还主要停留在实验事实的积累方面,对反应机理的研究进行得很少也不深入。此外,有些反应结果还需要更充分的实验数据来论证;微波实验技术还有待进一步完善。因而我们可以预测:微波在未来的化学、化工、医药领域有着广泛的应用前景。

4.7 超声波

4.7.1 概述

超声波在化学工业中的应用始于 1927 年,当时主要是采用高频声波处理各种固体、纯液体和溶液。直到 20 世纪 70 年代,超声清洗器的问世和普及并发现它可以用于有机合成,促使化学工作者利用声学技术进行广泛的化学研究,取得了不少可喜成果,促进了声学和化学的交叉渗透,即“声化学”。在化工生产中主要用于清洗工业设备、混合搅拌、溶剂脱气等。在合成方面的应用还处于初级阶段。

声化学使用的超声频率范围是 20 kHz～2 MHz。用千赫、兆赫频率内的超声波“辐照”溶液中的反应物，可使某些一般在高温、高压下才能发生的反应在常温、常压下就能进行。在某些情况下还能制得用其他方法不能制造的产品。

声化学的实质是空腔作用，它由成核、微泡生长和空腔向内塌陷三步组成。空腔作用十分复杂，按稳定性可以分为稳态空腔和瞬态空腔。前者在较低声强（1～3 W/cm²）时产生，生存期可达数个循环；后者在声强大于10 W/cm²时，生存期一个周期左右。影响空腔作用的因素有很多，如声波频率，本体溶液的温度、静压力，溶剂的性质和环境气体种类等都会对空腔作用产生影响。

4.7.2 超声波的应用

由于声化学效应能改变反应的进程，提高反应的选择性；增加化学反应的速率和产率，降低能耗和减少废物的排放，因此声化学技术是一种安全无害的“绿色技术”，在合成化学中具有广泛的应用。目前，超声波技术在有机合成、生物工艺、制药工业和高分子工艺方面都开展了研究，取得了大量的成果。例如：

（1）马来酸二甲酯的环丙烷化

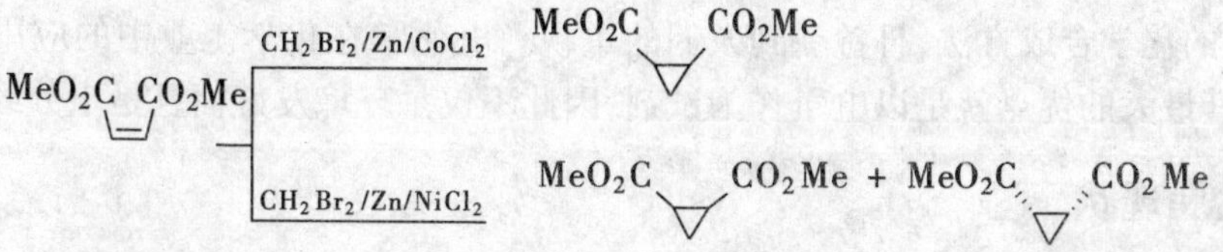

（2）Barbier 反应

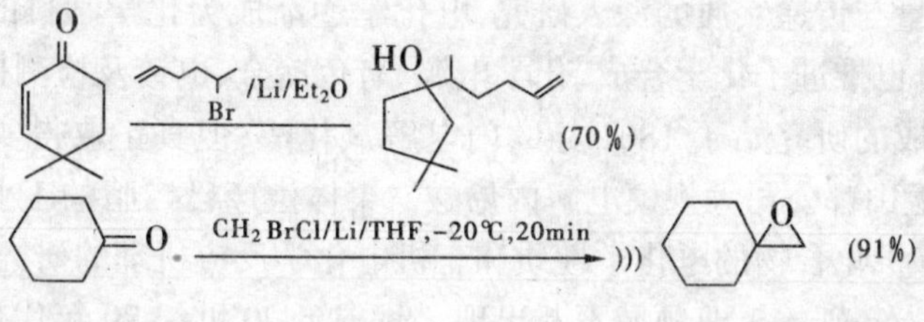

（3）还原反应

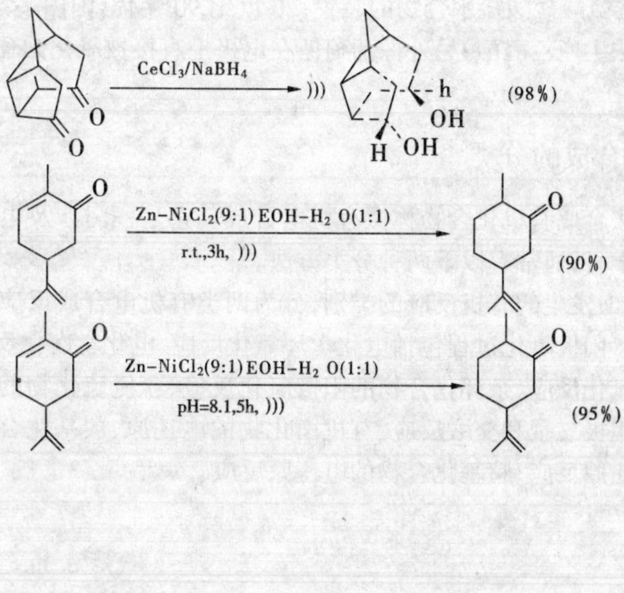

(4)超声波活化的 MnO_2 将伯醇氧化成醛,仲醇氧化成酮,其产率大大提高。

$$R_1CH_2OH \xrightarrow{MnO_2} R_1CHO(R_1 = Ph, PhCH = CH, n - C_7H_{15})$$

(5)萘被氧化成萘醌

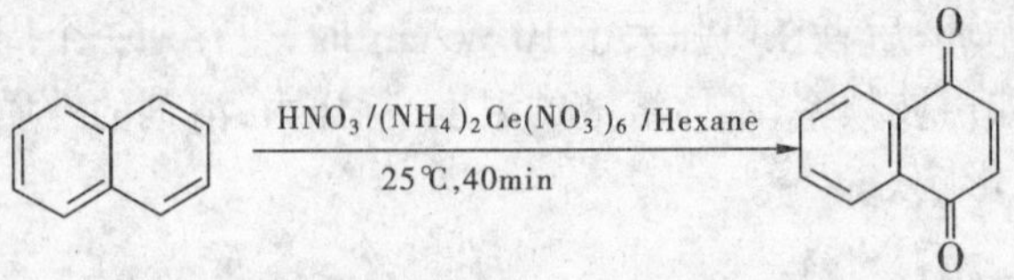

4.8 电合成

有机合成在整个化学工业中占有相当大的比重,但有机合成反应往往是副反应众多的化学反应,工艺流程复杂,环境污染严重,因而近年来绿色工艺、洁净技术、环境友好工艺成为化学工业发展的前沿,其中被称为"绿色合成"技术的有机电化学合成工艺作为一种崭新有效的化学合成方法,日益受到人们的重视。电化学在化学工业中的应用已有很长的历史,其最大的优点就是以电子作为试剂,因此不仅是环境友好而且是十分经济的。

4.8.1 发展现状

1791 年格而华那(Galvani)所做的有名的格艾尔实验奠定了电化学的基础。随着化学反应过程中能量与传递实质的深入研究,电化学逐渐成为化学学科的重要研究领域和综合性技术,同时也推进了化学合成、化学电源、有色冶金、电镀及检测控制等行业的飞速发展。有机电合成的研究始于 1801 年欧门电解氧化醇,但真正取得实质性进展却始于 1960 年,即美国孟山都公司大规模电解丙烯酸二聚体生产已二腈的工业化装置的正式运行。从此以后,有机化合物的电化学性质和有机电化学反应机理的研究得到了显著发展,且以有机电合成为基础的工业领域不断出现。我国于 20 世纪 80 年代初建立了第一套工业化生产 L-半胱氨酸盐酸盐水合物的装置;20 世纪 90 年代,国内多家化工厂成功地使用草酸电解还原法生产乙醛酸;另外像葡萄糖在电极上直接被氧化为葡萄糖酸,其文献报道也有许多。

4.8.2 有机电合成的分类

以电化学方法合成有机化合物称做有机电合成。它是一门涉及电化学、有机合成和化学工程的交叉学科,通常有以下两种分类方法。

(1)按电极表面发生的有机反应的类别,分为两类有机电合成反应,即阳极氧化过程和阴极还原过程。阳极氧化过程包括电化学环氧化反应、电化学卤化反应、苯环及苯环上侧链基团的阳极氧化反应、杂环化合物的阳极氧化反应、含氮硫化物的阳极氧化反应,阴极还原过程包括阴极二聚和交联反应、有机卤化物的电还原、羰基化合物的电还原反应、硝基化合物的电还原反应、腈基化合物的电还原反应。

(2)按电极反应在整个有机合成过程中的地位和作用,可将有机电合成分为两大类,即直接有机电合成反应、间接有机电合成反应。直接有机电合成反应是有机电合成反应直接在电极表面完成;间接有机电合成反应是有机物的氧化(还原)反应采用传统化学方法进行,但还原剂(氧化剂)在反应后可用电化学方法再生以后循环使用。间接电合成法可以槽内式和槽外式两种方式操作。

4.8.3 原理及应用

有机电合成是利用电解来合成有机化合物,电解时发生的合成反应通过在电极上发生的电子得失来完成,因此要有三个基本条件:①持续稳定的电源(直流);②满足"电子转移"的电极;③可完成电子转移的介质。

有机电合成具有广泛的应用领域和发展前景,主要表现如下:

(1) L-半胱氨酸、α-氨基酸、环氧化合物、染料中间体等有机化合物的合成;

(2)新型能源(生物电池、光化学电池、高能电池等方面)的应用;

(3)仿生合成;

(4)电合成特殊性能的高分子材料;

(5)生物活性物质;

(6)其他行业,如农药、医药、食品添加剂等精细化工产品。

有机电合成具有以下优点:

(1) 在许多场合具有选择性和特异性;

(2)不需要使用价格较贵的氧化剂和还原剂;

(3)反应可在温和的条件下进行;

(4)是节能的方法,其电费比许多氧化剂和还原剂经济得多;

(5)是无公害的清洁反应,且反应容易控制。

有机电合成不同于一般的催化反应,它既不需要额外添加催化剂,也不需引进氧化剂或还原剂,是一种基本无"三废"的环保合成方法。

4.8.4 有机电合成工艺最新进展

近二三十年来,有机电合成的研究进展十分迅速,包括直接电解、间接电解、界面修饰电极、反应性电极等领域发展速度很快,尤其是间接电合成,因不受电极的局限,氧化媒介及支持电解质可以循环使用,理论上讲没有三废排放,因此备受关注,其应用前景相当好,除此之外,在以下几个领域,有机电合成也取得了很大进展。

(1)金属有机物合成研究。通过电合成的金属有机物具有选择性高、产品纯度高、环境污染少等优点,因而其优势十分明显。Kharisov 等人以 Cu, Ni, Co, Pd, Zn 为金属阳极,合成了相应的金属有机化合物,这些金属有机化合物具有特殊的功能,可用做烯烃立体选择性聚合的催化剂、聚合材料的稳定剂和防霉剂等。

(2)SPE 在电化学中的应用。固体聚合物电解质是一种高分子离子交换膜,因其具有较好的化学和机械稳定性、优良的导电性等优点,目前逐渐应用于绿碱工业、电解水工业以及航空航天用燃料电池、核潜艇用氧气发生器等领域,并使得这些领域的技术水平取得了革命性的进步。

(3)碳载 Sb－Pb－Pt 电催化纳米材料。电极材料一直是电化学研究的重点,因此寻找和研制高选择性、高活性的新型电催化剂材料具有十分重要的意义。纳米材料同传统材料相比,具有十分独特的性能和一系列新的效应(小尺寸效应、界面效应、量子效应等)。近年来,人们十分关注在导电载体上沉积纳米材料制备高性能实用性电催化剂。实验表明,碳载 Sb－Pb－Pt 电催化纳米材料其催化活性和稳定性远高于常用的 Sb 和 Pb 等金属电极,应用前景非常好。

(4)超声在有机电合成中的应用。超声电化学已广泛应用于有机电合成中,具有潜在的应用前景。超声对电化学体系影响主要有以下几个方面:加快传质速率;持续清洁电极表面维持其电化学活性;改变电极表面微观结构,增大比表面积。

自 1965 年 Bard 等首次用电流分析法研究了超声水浴对传质的影响后,几十年来,超声对电化学过程的作用一直是电化学研究的前沿,超声的应用为解决电化学中的许多问题,特别是最佳的电化学反应条件提供了途径。除此以外,有机电合成还在仿生合成、医药、信息产品、食品添加剂等精细有机化工产品的合成方面取得了相当多的突破性进展,在整个化学合成中所占的比重也在逐渐增加,已经越来越受到各方面的重视与关注。

4.9 膜技术

4.9.1 概述

膜技术作为当代最有发展前景的高新技术之一,对 21 世纪许多相关行业的科技进步与发展将产生很大的推动作用,成为世界各国科技工作者的研究热点。膜技术通常包括膜分离技术和膜催化技术。有 3 个方面的内容:膜材料,制膜技术,组装膜构件。膜分离技术是利用膜对混合物中各组分的选择性渗透的差异来实现分离、提纯和浓缩的新型分离技术。目前已经成熟和不断研究开发出来的微滤、超滤、纳滤、反渗透、渗析、电渗析、气体分离、渗透汽化、膜蒸馏等技术,广泛应用于高纯水的制备、血液制品的精制、动物蛋白的提取、生物活性组分的分离和浓缩、海水的淡化、工业废水处理等,产生了显著的经济效益和社会效益。

膜催化技术是近 10 年来在多相催化领域中出现的一种新技术。该技术是将催化材料制成膜反应器或将催化剂置于膜反应器中操作,反应物可选择性地穿透膜并发生反应,产物可选择性地穿过膜而离开反应区域,有效的调节某一反应物或产物在反应器中的区域浓度,打破化学反应在热力学上的平衡状态,实现反应的高选择性和提高原料的利用率。膜催化技术在化学工业中已经有重要的应用,例如甲烷氧化偶联制烯烃、甲烷直接氧化制甲醇甲醛及其下游精细化学品、NO_x 的还原反应处理汽车尾气等,意义重大。

膜化学反应器,即膜与化学反应过程相结合构成的反应设备或系统,旨在利用膜的特殊功能,实现产物的原位分离、反应物的控制输入、反应与反应的耦合、相间传递的强化、反应分离过程集成等,达到提高反应转化率、改善反应选择性、提高反应速率、延长催化剂使用寿命和降低设备投资等目的。膜化学反应器种类非常繁多,目前尚无统一的分类方法。根据膜材料不同,可分为无机膜和有机膜化学反应器;按催化性能可分为催化膜反应器和惰性膜反应器;根据膜的渗透性能,可分为选择渗透性膜反应器和非选择渗透性膜反应器等。在膜分离过程中,膜的基本功能是选择透过性;在膜化学反应器中,膜的基本特征功能仍与其渗透性能相关,可以概括为选择分离、控制输入(或称为分布混合)、输入分离(或称为混合分离)和提供介观孔道反应环境,同时可兼具催化、载体和分隔等从属功能。据此,可将膜化学反应器分为膜反应分离器、膜混合反应器、膜混合反应分离器和膜介观孔道反应器。下面分别介绍各类反应器的特征、功能及其应用研究进展。

4.9.2 膜反应分离器

该类反应器利用膜的选择分离功能,将反应产物或副产物连续地从反应区移出。其主要作用如下:

(1)提高可逆反应转化率,依靠膜将可逆反应的产物或副产物从反应区移出,促使平衡向右移动,获得高于平衡转化的转化率,或在同样转化率下,降低反应温度和压力。

(2)提高复合反应选择性,对于连串反应,将中间目标产物不断移出,可降低其转化为副产物的速率,提高反应选择性。

(3)对于易受产物抑制或毒害的催化反应,及时分离产物,可提高催化剂表观活性,延长使用寿命。根据反应区和分离区的组合关系,该类反应器可分为一体式和分置式两类,已广泛应用于气相和液相反应中。

4.9.2.1 气相反应

气相反应主要用于脱氢、甲醇制氢和分解(如 HI,NH_3,H_2S)等催化反应,膜结构包括致密膜和多孔膜两大类。膜反应器的催化功能,可通过以下三种形式实现。

(1)利用膜本身的催化性能。例如,苯乙烯磺酸膜可催化酯化反应,钯膜可催化脱氢反应。

(2)多孔膜通过吸附、浸渍、复合包埋、化学键合等技术,引入催化剂或催化功能团,制成催化活性膜。

(3)膜管内装填催化剂,构成填充床式膜催化反应分离器,制作比较简单,催化剂易于更换。例如,Gobina 等采用多孔玻璃复合膜进行乙烷脱氢反应,原料气和吹扫气在膜两侧同向流动,390 ℃时乙烷转化率比平衡转化率高 7 倍,逆流操作时则高 8 倍。在 H_2S 分解为 H_2 和 S 的反应中,采用 $Pt-SiO_2-V-SiO_2-Pd$ 复合膜,反应温度大于 700 ℃时,转化率达 99.4%,远高于 13%的平衡转化率。

4.9.2.2 液相反应

对于缩合、缩聚、酯化等反应,通过膜渗透蒸发除去反应产生的水,可提高反应转化率。反应单元和膜渗透蒸发单元,通常采用分置式组合。在用 $AlCl_3$ 水解制备聚合氯化铝过程中,日本旭化成公司利用离子交换膜选择性地移出 $AlCl_3$ 水解产生的 H^+,促使反应向右移动,最终得到产品。其原理是将阴离子交换膜和只允许一价阳离子通过的阳离子交换膜,构成中间的 B 室,两侧是 A 室。B 室中通入三氯化铝或低碱化度聚合氯化铝溶液,A 室通入电解质溶液。通入电流后,Cl^- 透过阴离子交换膜进入 A 室,H^+ 透过阳离子交换膜进入A室，与Cl^-生成盐酸；Al^{3+}因离子较大，不能透过阳离子交换膜。这样，B室的OH^-与Al^{3+}结合，最后得到聚合氯化铝产品。采用该方法，盐酸可以回收，产品碱化度(OH/Al)可达到1.8以上。

4.9.3 膜混合反应器

分离的逆过程是混合。膜混合反应器可利用膜向反应区控制输入反应组分达到以下目的：

(1)提高平行反应选择性，当反应物B在主反应中的反应级数低于副反应中的反应级数时，依靠膜控制输入B，维持其在反应区的适宜浓度，可提高主反应选择性。

(2)提高反应安全性，对于反应物预混会引起爆炸、燃烧等的体系，通过膜控制输入反应物，维持其最佳浓度，可提高系统安全性。

(3)强化气液反应相间传质，膜作为反应气体分布器，可减小气泡直径，增大气液传质面积。

(4)控制液相复杂反应的产物分布。膜混合反应器已应用于气相、气液和液相反应中。

4.9.3.1 气相反应

对于烃类部分氧化、氧化脱氢、加氢等反应，如果副反应中某反应物的反应级数高于其在主反应中的反应级数，控制其浓度可提高反应选择性。如烃类部分氧化反应，在固定床反应器中，由于氧气入口处的分压较高，易造成彻底氧化；在流化床中，氧气分压虽较低，但也存在深度氧化等问题；而在膜反应器中，利用膜微孔沿反应器轴向均布或非均布氧气，进行反应。膜反应器有下列优点：反应始终在氧气浓度较低的条件下进行，选择性高；轴向温度和浓度分布平缓，热点温度低；利于维持催化剂还原和再氧化之间的平衡，减少结炭，提高催化剂活性和寿命；反应在高于爆炸上限的烃类浓度范围内进行，操作安全，易于控制。该类反应器的膜材料包括金属膜、固体电解质膜(包括氧导体膜和质子导体膜)和多孔膜等。例如，Omata－K。在多孔氧化铝无机膜外壁，涂以致密的MgO/PbO层，管外通过甲烷，管内通入氧气，通过加入惰性组分控制氧气的供给速率。MgO/PbO层既为氧离子导体，又是甲烷偶联催化剂，C_2烃类选择性可高达97%。

4.9.3.2 气液反应

在气液反应中，膜作为气体分布器，可以减小气泡直径，增大气液传质面积。丁富新等在鼓泡反应器中，分别采用筛网、筛板和镍膜作为气体分布器，发现镍膜分布器可使体积氧传递系数KLα(溶氧电极动态法测定)提高一倍以上；在以Co^{2+}为催化剂的亚硫酸钠氧化体系中，与普通喷嘴分布器相比，镍膜分布器可使氧消耗速率提高一个数量级。

4.9.3.3 液相反应

无机高分子絮凝剂合成，刘忠洲等提出利用膜反应器制备聚合氯化铝絮凝剂，有效降低反应物微团尺度和特征扩散时间，在反应物浓度较高和较快加碱速率下，最佳絮凝形态(Alb)的质量分数高达84%，具有很大的应用价值。

催化剂制备采用浸渍法制备Al_2O_3负载的铜催化剂时，技术关键是促进活性中心的形成。IoanBalint等在透析膜袋(MWCO12000～14000，孔径2.5 nm)内，装入球形γ－

Al_2O_3(粒径 13 nm)和 0.1 mol/L 的 K_2SO_4 溶液,膜外为 0.1 mol/L K_2SO_4 溶液。缓慢向膜外加入少量 $CuSO_4$ 溶液,并用 KOH 溶液调节膜外溶液 pH 值为 9。在 50 ℃条件下 240 h 后,发现膜外铜化物沉淀中 Cu/Al 摩尔比为 80.8,膜内 Al_2O_3 粒子上的 Cu 质量分数约为 0.1%,认为碱性铜化物扩散进入透析膜内,吸附在 Al_2O_3 表面,导致 Al_2O_3 溶解和渗出。据称该过程可诱导晶格缺陷,并可能促进活性中心的形成。

4.9.4 膜混合反应分离器

该类反应器,主要包括膜萃取反应器和膜电渗析反应器,膜兼具向反应区缓慢输入反应物和从反应区选择分离产物的功能。

4.9.4.1 膜萃取反应器

膜萃取反应器,适用于两个互不相溶的液相之间的反应,可降低液液相间阻力,避免产物分离时的破乳问题,已用于废水氧化处理、有机电化学合成等领域。

废水氧化处理采用 O_3 氧化处理难降解有机废水时,由于 O_3 浓度及其在水中溶解度较低,氧化效果不甚理想。通过加入不溶于水的第二液相(O_3 在其中的溶解度较大),如氟碳油(CF),可将氧化速率提高一个数量级以上。但在搅拌釜式反应器中,存在 CF 较难有效分散和易于挥发逸失等问题。Sim.A. 等将两束疏水性中空纤维微滤膜组成新型膜反应器,在第一束内通过废水,第二束内通过含 O_3 空气,两束之间的壳侧为静止的 CF 液体,其压力低于纤维束内压力。两束纤维膜微孔均为 CF 润湿,废水中有机污染物被膜孔内 CF 萃入壳侧的 CF 液膜中,然后被进入 CF 液膜内的 O_3 氧化,不挥发性的低分子降解产物被萃回废水中。为防止 CF 蒸气进入气流中造成损失,第二束膜材料可采用无孔和高 O_3 渗透性的硅橡胶毛细管。当废水中污染物分别为苯酚(150 μg/g)、硝基苯(120 μg/g)、甲苯(120 μg/g)和丙烯腈(150 μg/g)时,污染物的氧化转化率可达到 40%~80%。

在有机电化学合成中,经常采用 Ce^{4+},Co^{3+},Mn^{3+} 等作为氧化剂。由于有机物在电解液中溶解度很小,因此容易造成电极污染和氧化剂再生效率降低。Scott K 采用萃取膜将反应物甲基苯甲醚(有机相)与电解液隔开,甲基苯甲醚被膜萃入电解液中进行反应,反应产物对甲氧基苯甲醛再被膜萃回有机相,防止进一步氧化。由于反应在膜界面进行,可避免电极钝化。

4.9.4.2 膜电渗析反应器

在直流电场作用下,双极性膜可使水离解,在膜两侧分别得到氢离子和氢氧根离子。将双极性膜和阴、阳离子交换膜组合为双极性膜电渗析反应器,可将水溶液中的盐转化为酸和碱,具有过程简单、能效高和废物排放少等优点。例如,将不锈钢酸洗废液经中和处理去除重金属后,加至双极性膜电渗析反应器中,$NaNO_3$ 和 NaF 溶液在酸室转化为 4%~5%的 HNO_3 和 5%~8%的 HF,重新用于洗钢,碱室的 KOH 和 KF 可回用于中和工序。在 SO_2 废气处理中,利用双极性膜和阳膜,可使 $NaHSO_4$ 转化为 Na_2SO_4,重新用于 SO_2 吸收。利用双极性膜,也可实现由有机盐制备有机酸。曲久辉、路光杰等采用石墨电极为阳极,铁板为阴极,利用两张普通的阴离子交换膜分别构成阳极室、反应室和阴极室,在反应室中通入 $AlCl_3$ 溶液,阴极室通入 NaOH 溶液,阳极室通入 Na_2SO_4 溶液。在电场作用下，OH^- 通过阴离子交换膜进入反应室，与 $AlCl_3$ 反应生成聚合氯化铝，相当于缓慢加碱过程，可合成含铝 0.1～1.56 mol/L、碱化度 1.63～1.81 的聚合氯化铝，Alb 质量分数可达 55%～60%。

4.9.5 膜介观孔道反应器

多孔膜结构中的介观尺度孔道，可作为特殊的介观反应器。对于扩散控制的快速气相反应，当反应物分别从膜两侧向膜孔内部扩散时，将在孔内形成一定的反应面。如果一种反应物的透过量发生波动，反应面会自动调节到另一新位置，直至满足化学计量反应为止，可避免出现反应物未经反应就从膜一侧渗透到另一侧的问题，特别适用于反应物浓度较低、要求严格计量进料、高转化率的快速反应过程。例如，对于气体脱硫的 Claus 反应为：

$$SO_2 + 2H_2S = \frac{3}{8}S_8 + 2H_2O$$

由于气相中 SO_2 浓度的波动，该反应在常规反应器中很难控制。Sloot H. J. 等在微米级多孔 $\alpha-Al_2O_3$ 膜（平均孔径 350 nm，膜厚 4.5 mm，孔隙率 41%，浸渍以 $\gamma-Al_2O_3$ 催化剂）的两侧，分别引入 SO_2 和 H_2S，反应温度大于 150 ℃。反应物在膜孔内形成反应面，产物水和硫磺以气相形式扩散到膜的任何一侧，冷凝后收集。

膜化学反应器，极大地丰富了化学工程学的内容，其研究趋势可以概括为两个方面。

(1)膜化学反应器的优化。主要包括膜材料性能（分离系数、渗透速率、热稳定性、结构稳定性、催化性能等）的改进，反应器高温密封性和热量输运能力的提高，反应器模型建立和放大等。

(2)膜化学反应器耦合和新型膜反应器的开发及其应用。膜化学反应器耦合，包括热力学耦合、能量耦合和动力学耦合。例如，Itoh N. 等利用钯膜将反应室分为脱氢和加氢两个室。脱氢室由于氢的不断减少，化学平衡移动，产率提高；加氢室由于催化剂表层下大量活性氢的存在，使反应较快进行。另外，脱氢室产生的氢气，透过钯膜，可在另一室被空气氧化为水，氧化反应可降低氢的反渗透程度，提高脱氢产率；其产生的热量，经钯膜传导，还可成为脱氢反应的能量来源，从而构成能量耦合。

4.10 生物技术

生物技术是利用生物体或生物体的衍生物来制造人类所需要的各种产品的一门新型的跨学科的技术体系。生物技术是应用生物学、化学和工程学的基本原理，依靠生物催化剂的作用将物料进行加工，以生产有用物质或为社会服务的一门多学科综合性的科学技术。生物技术作为高新技术领域之一，它与新材料技术和电子信息技术成为现代科学技术的三大支柱。生物技术的最大特点在于能充分利用各种自然资源，节省能源，减少污染，易于实现清洁生产，而且可以生产出一般化工技术难以制备的产品。生物技术在化学工业中的应用简称为生物化工，被认为是 21 世纪最有发展潜力的产业之一。现代生物技术已经成为当代生物科学研究和开发的主流，通常认为生物技术主要包括基因工程、细胞工程、酶工程和微生物发酵工程等,它们彼此相互渗透、相互交融。基因工程是生物技术的主导技术;细胞工程是生物技术的基础;酶工程是生物技术的条件;微生物发酵工程和生物化学工程是生物技术实现工业化,获得最终产品转化为生产力的关键。目前利用基因重组技术主要是生产活性多肽药物和疫苗等,用于防治肿瘤、心脑血管疾病以及遗传性、免疫性和内分泌等疑难疾病,药效持久,副作用小。在细胞工程中,植物组织和细胞培养技术,不仅具有重要的现实意义,而且具有广阔的应用发展前景。自然界众多的植物不仅为人类提供粮食和油料外,还提供品种繁多的精细化学品,如有机酸、生物碱、萜类、香料、色素等,它们广泛用做药物、食品添加剂、化妆品、表面活性剂等。但是自然界植物资源有限,难于满足各种需求,而采用植物组织和细胞培养的大规模培养方法已能解决这一问题。例如日本宇都大学研究开发的紫草系,1984 年以"生物口红"的商品投放市场,成为植物细胞培养的第一个商品,因其无毒、无副作用,深受欢迎。酶是存在于生物体内具有催化功能的蛋白质,酶催化的反应具有效率高、选择性好、条件温和易于控制、副反应少,环境污染小等优点。微生物发酵技术在我国源远流长,例如古老的酿酒技术;目前绝大多数氨基酸和许多有机酸、大多数抗生素都可以用发酵法生产。

4.11 绿色反应技术的耦合

各种耦合技术对于开发的成功及工业化具有特别重要的作用。这些耦合技术包括各种反应与分离技术的耦合和反应与反应的耦合等,即反应与分离、反应与精馏、反应与吸附、反应与萃取、反应与膜分离、反应与反应的耦合技术。

综上所述,这些绿色反应技术大都能够提高反应效率和选择性,符合"绿色化学"的"从根本上消除污染、保护环境、实现可持续发展"的基本要求,但是这些绿色反应技术还存在着一些欠缺,发展不够全面,如有关规律、机理等还不是十分清楚等等。在保证反应具有高选择性、高收率的前提下,如何找到绿色环保、适用范围广、操作简单、成本低廉的合成方法,以及将这些技术应用于工业、为工业化实现提供理论和现实基础,仍是化学工作者们急需解决的问题。

第5章　绿色催化剂

催化剂是化学工艺的基础,是许多化学反应实现工业应用的关键。目前大多数化工产品的生产,均采用了催化反应技术,据统计,约有85%的化学品是通过催化工艺生产的;新的化工过程有80%以上是靠催化技术来完成的。可以说,现代化学工业中,最重要的成就都与催化剂的应用密切相关。1999年度美国"总统绿色化学挑战奖"的学术奖授予Carnegie Mellon大学的Collins教授,以表彰他在过氧化氢氧化催化剂上所做的工作。

凡是能显著改变化学反应的速率,而在反应前后自身的组成、数量和化学性质基本不变的物质统称为催化剂。催化作用通常分为化学催化和生物催化两大类。绿色化学要求化学品的生产最大限度地合理利用资源,最低限度地产生环境污染和最大限度地维护生态平衡。它对化学反应的要求是:采用无毒、无害的原料;在无毒无害及温和的条件下进行;反应必须具有高的选择性;产品应是环境友好的。这四点要求之中有两点涉及到催化剂,人们将这类催化反应称为绿色催化反应,其使用的催化剂也就称之为绿色催化剂。

5.1　固体酸催化剂

酸催化工艺在化学生产过程中占有重要地位。传统催化剂主要是硫酸、磷酸、氢氟酸及无水三氯化铝等,它们腐蚀性强,后处理复杂,污染严重,不能满足环保的要求。这就迫切需要研究固体酸取代它们。目前,研究较多的固体酸有沸石分子筛、杂多酸及盐(HPA)、超强酸、离子交换树脂等。它们都克服了传统催化剂的腐蚀性及污染严重等缺点。

5.1.1　沸石分子筛

20世纪90年代以来,随着石油化工、精细化工产业的发展和环保要求的日趋严格,对新催化剂材料的需求也不断增加。目前,国内外已开发出一批有发展前景的高功能化、多功能化、精密化的分子筛催化剂材料。

5.1.1.1　分子筛催化剂的特征

分子筛是具有均匀微孔,其孔径与一般分子大小相当的薄膜类物质,是由SiO_2、Al_2O_3和碱金属或碱土金属组成的无机微孔材料,其化学组成式通常表示为:$M_XO\cdot AlO_3\cdot YSiO_2\cdot ZH_2O$(M:K、Na、Ca、Mg)。1930年Panling提出分子筛的结构由SiO_4四面体和AlO_4四面体以O/(Al+Si)=2(原子比)的比例排列组成的骨架为基体。按照硅铝比(X)的不同,分子筛可分为低硅(A型)、中硅(X、Y型)、高硅(ZSM-5型)和全硅型(Silicalite)。分子筛的耐酸性、热稳定性及催化性能都随X值的不同而有所变化。1883年Eichhorn首先观察到沸石的离子交换性并进行了应用。1925年Weigel和Steinheff发现菱沸石脱水后,能强烈吸附H_2O和乙醇,而对乙醚、丙酮和苯等都完全不吸附。1945年

Barrer应用天然菱沸石分子筛进行气体分离。此后，随着硅酸盐X射线研究的进展，逐渐掌握了结晶构造和吸附分离性能的关系，相继阐明了各种无机和有机气体的选择性和吸附现象。1954年第一次人工合成沸石分子筛并作为吸附剂而商品化。1957～1959年先后合成了A型和X型分子筛以及与天然八面沸石结构相似的Y型分子筛。1960年Sand合成了Zeolon分子筛。60年代后期至70年代初期，Mobil公司积极开发高硅分子筛，合成了beta、ZSM系列高硅分子筛，硅铝比达到20～100，其中ZSM－5型分子筛作为催化剂，以甲醇为原料合成汽油的科研成果引起国际上高度关注。1977年Flanigen等在不加铝原料的条件下，合成了全硅型分子筛“Silicalite”。1978年又通过添加氟离子合成了“Fluocilde－Silicalite”分子筛，具有很强的疏水性。1979年Bibby用NH_4OH和四丁基氢氧化铵合成了晶型结构类似ZSM－11的分子筛“Silicalite－2”。近10多年来，由于对分子筛无机微孔材料不断提出新的性能和结构要求，在分子筛的研究和开发上取得了不少成果。1982年UCC(联合碳化公司)的Wilson和Flanigen等人首次合成20余种$AlPO_4$和$SAPO_4$分子筛，从而打破了沸石分子筛由硅氧四面体和铝氧四面体组成的传统观念，同时尝试在水热条件下制备含Fe、Cr、Ti等杂原子的分子筛。同年，在国际沸石分子筛会议上，Flanigen提出制备多元多组分金属磷酸盐分子筛的设想，但还是停留在TiO_4四面体晶体结构的基础上。1983年我国地质学家沈今川在美国发现了黄磷铁矿(Cacoxenite)的单晶结构，其孔道(14～20)由Fe－O八面体、Al－O三角双锥和P－O四面体单元组成。1986年吉林大学徐如人等发现在合成的$PO_4^-C_n$($n=1\sim12$)型分子筛中有TiO_4和BO_3型结构单元存在。90年代以来，国内外注重大孔分子筛的人工合成和分子筛孔道结构基本单元的多样化研究，但没有取得突出的成果。经过几十年的研究和应用实践，国内外学者总结分子筛的共同特征为：

(1)只吸附分子直径小且能通过均匀细孔的物质；

(2)优先吸附H_2O、H_2S、NH_3等极性物质，吸湿性好；

(3)对不饱和度高的物质，有选择性吸附；

(4)当被吸附物质的浓度(分压)很低时，仍显示足够大的吸附能力；

(5)通过阳离子交换，可以改善分子筛的性能。

沸石分子筛最突出的特点是它具有形状选择性，简称择形性，使之成为沸石分子筛的催化活性和选择性的控制因素。表现为对反应物、产物及过渡态的选择性。对反应物而言，不允许太大的分子扩散进入沸石分子筛的孔道，对产物而言，仅允许反应期间所生成的较小的分子扩散离开孔道。在反应过程中，如果过渡态活化所需的空间比可用的孔道还大，则该反应不能进行。

近年来，分子筛已逐渐形成一门独立的学科，但是它的结构、性质、合成及应用的研究，打破了传统的学科界限，它与无机化学、表面和胶体化学、有机化学、催化科学、生物化学和固体物理等领域密切相关。随着应用领域的不断扩大，迫切要求用简单的工艺、较低的成本配合先进的手段研制出高性能多功能的新型分子筛。

5.1.1.2 分子筛的合成

目前，分子筛的主要的合成方法有水热合成法和水热转化法两种。

1)水热合成法

早期的分子筛制备都是通过水热合成法。水热合成法是将合成分子筛所需的4种高活性物质原料(硅化合物、含铝化合物、碱和水)按一定比例配制成反应混合物,混合均匀后成为白色不透明的凝胶,置于反应器内,在一定温度(100~300 ℃)下进行晶化反应,再通过过滤、洗涤、离子交换、成型、活化等工序即可制得。这种方法虽然制得的产品纯度高,但由于需要消耗大量碱、水玻璃及 $Al(OH)_3$,对原料的性能要求很高,工艺复杂,生产成本高,并且制得的分子筛,强度、吸附性能和热稳定性较差。

2)水热转化法

水热转化法是以高纯高岭土、膨润土、硅藻土和火山玻璃为原料,经500~600 ℃温度焙烧,再用过量NaOH溶液处理,经晶化、成型后制得分子筛。用水热转化法可以制备A、X、Y型分子筛,但由于工艺本身的限制,不能制备高硅分子筛。并且受矿物本身纯度的限制,制得的分子筛纯度低,活性和结晶度较差。由于晶化时间长(3~4 d),能耗较大,用水热转化法制备分子筛难以形成生产规模。

3)其他方法

(1)用无机钛源合成 Ti-HMS 中孔分子筛。近年来,以表面活性剂作模板剂,合成MCM-41、HMS、MSU等中孔分子筛的研究十分活跃,这类新型材料具有较大的、可调变的孔径,较好的热稳定性,高表面积和大吸附容量,使其在吸附、分离和催化转化大分子等方面有着广泛的应用前景。向纯硅基的中孔材料骨架中引入具有氧化还原能力的过渡金属原子,得到的中孔催化剂能够在较温和的条件下实现对有机大分子底物的选择催化氧化,对于各种精细化学品和有机中间体的合成具有重要的意义。与以静电作用为主的M41S族中孔分子筛相比,以氢键作用为主形成的HMS中孔分子筛具有以下特点:合成条件温和;表面活性剂和硅源前体间以氢键作用结合,可以通过溶剂萃取的方法直接进行模板剂的脱除,有助于降低分子筛的制备成本和减少环境污染。

(2)新型纳米双孔硅铝分子筛的溶胶凝胶法合成。溶胶、凝胶法是合成纳米材料的有效途径,传统的MCM-41中孔分子筛的合成方法都是沿用Beck等人最初采用的“水热法”。将溶胶凝胶法引入到介孔硅铝分子筛的合成过程中,通过对体系溶胶、凝胶过程的控制,合成出具有双孔分布特征且为纳米尺寸的硅铝分子筛。通过选择适当的原料配比和对体系溶胶-凝胶过程的有效控制,可以在低温下合成具有双孔分布特征和纳米尺寸的硅铝分子筛,分子筛内的孔道有两种类型——呈有序排列的中孔和无序排列的颗粒间孔。前者是由表面活性剂胶束通过模板作用在颗粒内部形成的,孔径主要集中在2.4 nm左右;而后者则是在溶胶-凝胶过程中分子筛胶体颗粒之间发生相互聚集而形成的颗粒间孔,孔径主要集中在66 nm左右。

(3)微波技术在分子筛领域的应用。微波技术通过微波介电效应把某些固体或液体所具有的电磁能转变成热能,从而加速化学反应。微波技术应用于分子筛领域的研究起始于20世纪80年代,主要涉及分子筛粉末的合成、支撑分子筛膜的制备、分子筛表面负载活性组分、分子筛的改性等方面。微波在分子筛粉末合成中的应用微波加热合成分子筛与传统方法相比,具有反应速度快、反应条件温和、能耗低、分子筛粒度分布窄、合成液配比区间宽的特点,而且合成的分子筛具有较高的纯度、窄的粒径分布和均一的形态。

1993 年 Arafat 等报道应用微波技术合成出 Y 型和 ZSM－5 型分子筛，此后有了许多有关微波合成分子筛的报道，相继合成出 X 型、A 型、$AlPO_4$ 型、ANA 型、GIS 型、SAPO－5 型、全硅的 Silicalite 型以及中孔的 MCM－41、MCM－48 沸石分子筛。

(4)固态分散法制备 $ZnCl_2$ 介孔分子筛催化剂。用固态分散法可制备 $ZnCl_2$－HMS 和 $ZnCl_2$－MCM－41 两种不同负载型催化剂。XRD 的测定结果表明 HMS 和 MCM－41 均具有中孔孔道特征，用 FT－IR 对加热法和简单混合法制备的催化剂进行了表征，发现 $ZnCl_2$ 能够分散在分子筛表面并与分子筛表面羟基发生键合作用，且加热法制备催化剂使 $ZnCl_2$ 在分子筛表面分散得更加均匀。研究了所制备的催化剂在苯甲醚乙酰化反应中进行的催化性能，发现加热法制备的催化剂，其催化活性和对甲氧基苯乙酮的选择性均优于简单混合制备的催化剂，随着 $ZnCl_2$ 负载量增加，催化剂活性增加，随着反应时间的延长，对甲氧基苯乙酮的选择性下降。

5.1.1.3 分子筛的应用

分子筛具有均匀的微孔结构，比表面积为 200～900 m^2/g，孔容占分子筛晶体体积的 50%左右，随硅铝比的提高，分子筛的酸稳定性、热稳定性增强，高硅分子筛对烃类的裂解和转化催化反应表现出相当高的活性。自 1945 年 Barrer 研究分子筛进行混合物的选择分离以来，基于其良好的吸附、离子交换和催化性能，分子筛在气体和液体的干燥、混合气体的选择分离、石油混烃的分离、石油烃的催化裂化、污水、废气的处理、离子交换剂等许多领域得到了广泛的应用。1994 年世界分子筛销售额已超过 40 亿美元，主要生产国为欧美等国，多用于吸附剂、催化剂和洗涤剂。我国自 60 年代开始分子筛的研究，目前还没有形成生产规模，仅能制备 A、X、Y 型分子筛，用于石油化工、生物制品、气体分离等高技术领域的分子筛都依赖进口，严重制约了相关领域的发展。

从分子筛特征、合成、应用的研究现状中可了解到，分子筛已成为一门独立的学科，由于其特有的吸附分离、离子交换和催化性能，分子筛的应用已遍及石油化工、环保、生物工程、食品工业、医药化工等领域。随国民经济的发展，分子筛的应用前景日益广阔，同时也对分子筛的制备工艺、生产成本以及性能和功能提出了更高的要求。

5.1.1.4 钛硅分子筛催化剂的研究进展

含钛催化剂在有机化合物氧化反应中的作用是众所周知的。由于分子筛具有规整的孔道结构和较大的比表面积等特点，在分子筛骨架中引入具有氧化还原能力的杂原子，以制备新型的催化氧化催化剂，一直是人们比较感兴趣的课题。1983 年 ENI 的 Taramasso 及其合作者首次成功地合成了含钛的分子筛催化剂 TS－1。随后的研究发现，TS－1 在以 H_2O_2 水溶液为氧化剂的一系列有机化合物的氧化反应，如烯烃的环氧化、芳烃环的羟基化、酮的氨氧化、烷烃的氧化及醇的氧化等过程中有独特的择形催化功能。同其他类型的催化体系相比较，该体系有反应条件温和(常压，0～100 ℃)、独特的择形催化氧化功能、环境友好等优点。

TS－1 由于孔径只有 0.55 nm 左右，其应用范围受到了很大的限制，凡动力学直径大于 0.60 nm 的底物分子因不能进入其孔道内部而无反应活性。为了克服这一局限性，使该类催化剂能得到更为广泛的应用，广大科研工作者相继成功地合成了 TS－2、

Ti－Beta等一系列孔径较大的分子筛催化剂。

近年来，随着石油炼制及精细石油化工技术进行发展，要求对一些重组分油加以有效利用。M 41S、HMS 及 MSU 等系列中孔分子筛及其 Ti 杂原子衍生物 Ti－MCM－41、Ti－MCM－48、Ti－HMS 和 Ti－MSU 等应运而生，后者在有机化合物选择氧化中表现出较高的催化活性。

1)TS－1 的制备

制备分子筛催化剂的经典方法是水热合成法。在最早的专利文献中，Taram asso 等报道了两种制备 TS－1 的方法：一种是以四乙基正硅酸酯（TEOS）和四乙基正钛酸酯（TEOT）为硅源和钛源，以四丙基氢氧化铵（TPAOH）为模板剂；另一种是以硅溶胶为硅源，以溶解于 H_2O_2 中的钛酸酯为钛源，用 TPAOH 做模板剂。

除了水热合成法之外，TS－1 也可以通过二次合成的方法得到。以 $TiCl_4$ 和脱铝的 ZSM －5 进行气相反应，得到了与水热合成法类似的结构，但这种方法易于导致产生锐钛矿。高焕新等人以 $TiCl_3$ 为钛源，TEO S 为硅源，成功地合成了 TS－1，具有同前述文献报道同样的催化活性，并且该过程可以有效地防止锐钛矿的产生。Tuel 和 Taarit 连续报道了用磷正离子、1，6－己二铵离子（D i－TPA）、四乙基氢氧化铵（TEAOH）/T PAOH 及 TEAOH/四丁基氢氧化铵（TBAOH）为模板剂制备 TS－1 的过程。说明用不同的模板剂制备 TS－1 是可能的。在钛硅分子筛的制备中，试剂中 Na^+ 、K^+ 等碱金属离子的浓度应足够低，因为碱金属离子会阻碍钛原子在分子筛骨架中的嵌入；另一方面，要防止制备过程中产生难溶解的锐钛矿（锐钛矿的形成会导致后续反应中 H_2O_2 的分解而降低催化活性）。为了防止锐钛矿的产生，制备过程中应该激烈搅拌，使钛源在硅源中高度分散。另外，Thangaraj 等以水解速度较慢的四丁基正钛酸酯（TBOT）替代 TEOT，用无水异丙醇作为共溶剂，取得了较好的效果。

2)TS－1 的表征

TS－1 分子筛催化剂独特的择形催化氧化功能，无疑与骨架中的 Ti(Ⅳ) 有着直接的关系，因此该类分子筛表征的重点在于确定 Ti（Ⅳ）在分子筛中的存在方式及其配位环境。在 TS－1 的表征中，除了用于常规表征的 X 射线衍射（XRD）、N_2 吸附/脱附等方法外，傅里叶变换红外光谱（FT －IR）、Si 魔角旋转核磁共振谱（Si－MA S－NMR）、漫反射紫外－可见光谱（DRUV－V is）、X 光电子能谱（XPS）、扩展 X 射线吸收精细结构分析（EXAFS）及 X 射线吸收近边结构分析（XANES）等技术，为以四面体配位形式存在的 Ti（Ⅳ）提供了依据。

同相应的 Silicalite－1 相比，TS－1 的 FT－IR 谱在 960 cm^{-1} 处出现一吸收峰，峰的强度随着钛含量的增加而增强。当 TS－1 与 NH_3、H_2O、H_2O_2 等小分子作用后，该吸收峰消失；当催化剂加热脱附后，此峰又出现。处于 960 cm^{-1} 处的振动形式有：

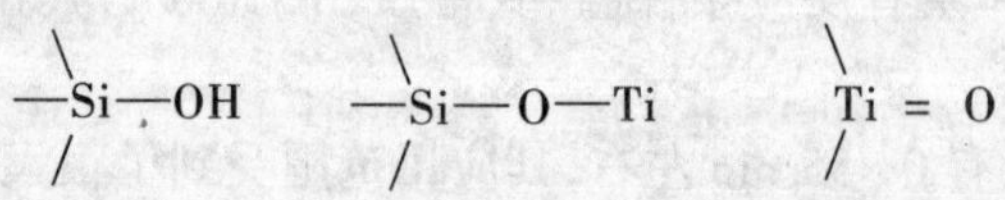

（Ⅰ）　（Ⅱ）　（Ⅲ）

Boccuti 等系统地研究了 TS－1 的光谱学特性，认为（Ⅲ）的存在是不可能的。因为在 TS－1 的 DRUV －Vis 谱中没有(Ⅲ)的吸收峰位(330 nm) 出现，而只在 220 nm 处出现一吸收峰这被认为是 Ti－ O 四面体的电荷转移谱带。用 D_2O 处理 TS－1 后，960 cm^{-1}处的吸收峰没有发生变化，因此将此吸收峰归属于(Ⅰ) 也是不合理的。FT －IR 960 cm^{-1}处的吸收峰应该归属于(Ⅱ)中 Si－O 的伸缩振动，亦即 Ti (Ⅳ) 是以四面体配位的形式存在于分子筛骨架中，通过 O 原子与 Si 相连。EXAFS 和 XANES 的结果也支持这一观点。

3)TS－1 的催化反应

TS－1 催化剂的成功合成和应用，被认为是分子筛领域中一个重要的里程碑，它使得分子筛催化剂从酸催化扩展到催化选择氧化领域。如前言中所说，TS－1 已经广泛地应用于各种有机化合物的选择氧化过程中，这一点可以从表 5-1 中得到反映。

表 5-1　TS－1 催化的反应类型

Reaction type	Reaction	H_2O_2 Conversion (%)	Selectivity (%)
Hydroxylation of Aromatics	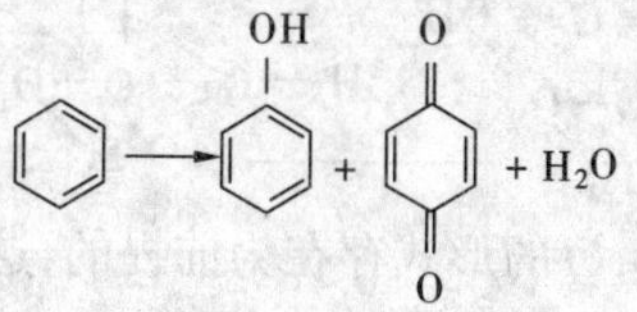	100	76+24
	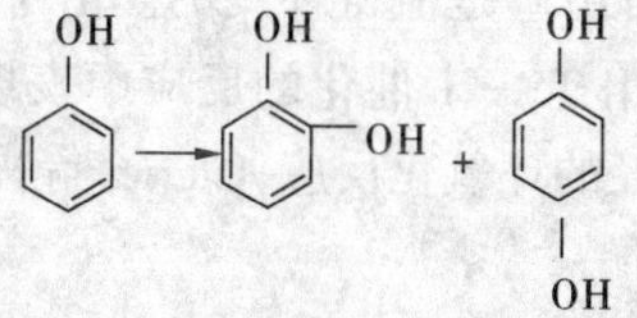	98	90+70
Epoxidation of Alkenes	$CH_2=CHCH_2 \rightarrow CH_3\overbrace{CH-CH_2}^{O}$	99	97.8
	$CH_2=CHCH_2Cl \rightarrow \overbrace{CH_2-CHCH_2}^{O}Cl$	98	92
	$CH_2=CHCH_2OH \rightarrow \overbrace{CH_2-CHCH_2}^{O}OH$	81	72
Ammoxidation of Ketones	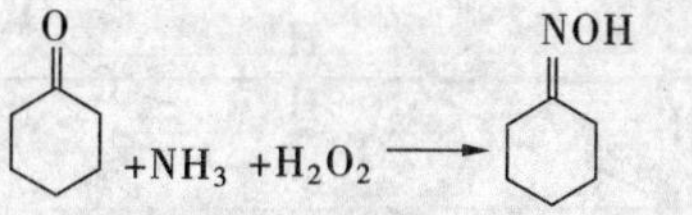	99.9	93.2~98.2
Oxidation of Alkanes	$CH_3(CH_2)_4CH_3 \rightarrow CH_3(CH_2)_3\overset{OH}{CH}CH_3 + CH_3(CH_2)_2\overset{OH}{CH}CH_2CH_3 + CH_3(CH_2)_3\overset{O}{\|}{C}CH_3 + CH_3(CH_2)_2\overset{O}{C}CH_2CH_3$	>90	—

现在普遍认为，TS－1 与 H_2O_2 作用后形成钛的过氧化物物种，此物种再进一步与底物分子反应，将氧转移到底物分子上以实现选择氧化。Ti（Ⅳ）的过氧化物物种可能有以下几种不同的形式：

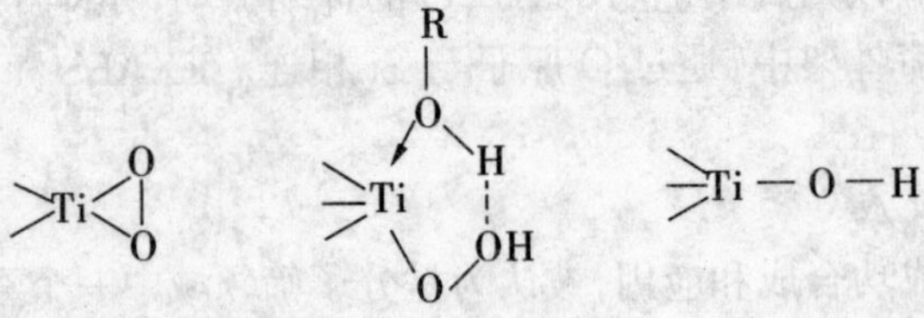

(A)　　(B)　　(C)

Huybrecht 等研究了烷烃的氧化反应，认为可能的机理是：

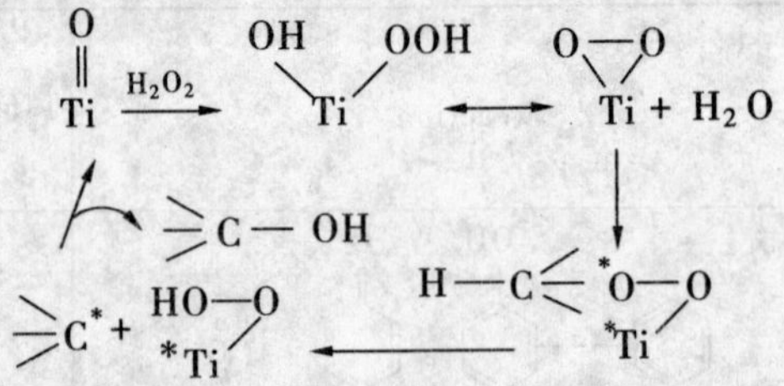

这一机理是基于 Ti(Ⅳ) 以 Ti＝O 的形式存在为前提的，这与 Boccuti 的结果相矛盾。另外，(A)中 Ti－O 键的均裂形成自由基是值得怀疑的。由于 TS－1 与 H_2O_2 作用后表现出比 TS－1 强的酸性，同时在使用 TS－1 催化的反应中表现出明显的溶剂效应，因此(B)的存在似乎是合理的。对于烯烃的环氧化反应，Clerici 等提出了如下机理：

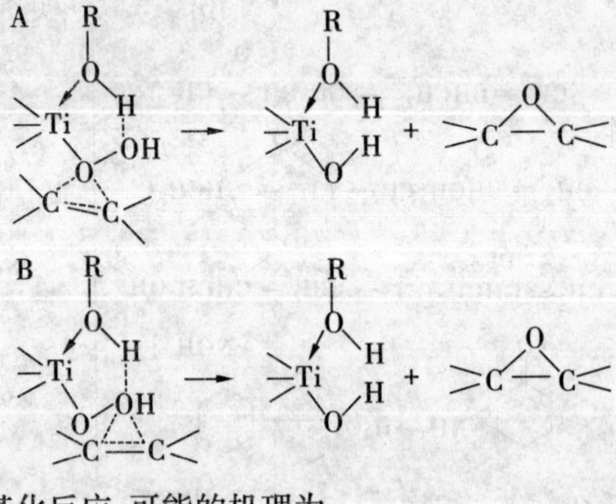

而对于苯环的羟基化反应，可能的机理为：

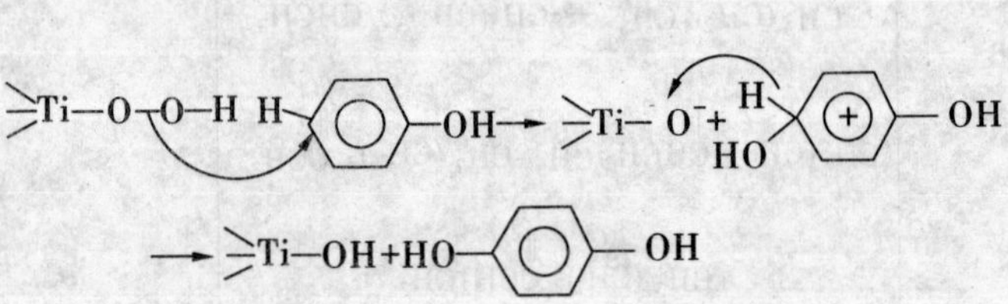

4) TS－2、Ti－Beta 及 Ti－ZSM－48

TS－2、Ti－Beta 和 Ti－ZSM－48 的制备方法和表征手段类似于 TS－1，只是所用模板剂略有不同，详见表 5-2。

表 5-2 模板剂与分子筛结构的关系

Zeolite	TD_2 Source	SiO_2 Source	Template	Structure
TS－1	TBOT	TEOS	TPAOH	MF1
TS－2	TBOT	TEOS	TBAOH	MEL
Ti－ZSM－48	TBOT	Silica	1,8－ODA	ZSM－48
Ti－Beta	TEOT	Aerosil	TEAOH	Beta

在 TS－2、Ti－Beta 及 Ti－ZSM－48 中，TS－2 能催化 TS－1 催化的所有反应，Ti－ZSM－48 则几乎没有催化活性。对于体积较小的分子，Ti－Beta 的活性低于 TS－1；但对于较大体积的分子，前者的活性要高于后者，这可能是空间位阻效应的影响。但因 Ti－Beta 中存在 Al^{3+} 而有一定的酸性，使得酸催化的开环反应就成为一个不可忽视的副反应。

5) 中孔钛硅分子筛

根据 IUPAC 的命名规则，孔径介于 2～50 nm 的分子筛为中孔分子筛。20 世纪 90 年代，该类分子筛成为无机材料、分离、离子交换及催化等学科领域的研究热点之一。以长链表面活性剂为模板剂，相继成功地合成了 M41S、HMS 和 MSU 等一系列中孔分子筛。关于中孔分子筛孔道结构形成机理的研究已有许多报道。与此同时，将 Ti、V、Zr、Mn 和 Cr 等具有氧化还原能力的过渡金属原子引入中孔分子筛的骨架结构中，得到了许多可用于制备精细化学品的新型催化剂，其中 Ti 原子同晶取代得到的中孔钛硅分子筛具有重要的理论研究意义和工业应用价值。

Corma 等首次制备得到了 Ti－MCM－41 分子筛催化剂，并研究了它在烯烃的环氧化反应中的活性，结果示于表 5-3。从表 5-3 可以看出，随着反应的进行，H_2O_2 的转化率和选择性均有所提高；但对环氧化合物的选择性则降低。用 TBHP 氧化降冰片烯，5 h 后 H_2O_2 的转化率达到 30％，环氧化合物的选择性为 90％。而在同样的反应中，用 Ti－Beta 时的转化率为 30％，TS－1 则无活性。

表 5-3 Ti－MCM－41 上 1－己烯的催化氧化

Time(h)	Conversion of H_2O_2	Selectivity(%)			
		H_2O_2	Epoxide	Glgcol	Ether
0.50	3.9	60	100	－	－
2.00	24.3	90	95.7	1.7	2.6
3.50	28.9	70	94.4	1.6	4.0
6.00	29.9	75	91.2	3.1	5.7

Reaction Conditions: hex－1－ene 2.83 g; methanol 23.57 g; H_2O_2(30%) 0.257g; catalyst 200 mg; 329 K

Tanev 等分别以十二胺(DDA)和十六烷基三甲基溴化铵(CTMAB)为模板剂,在室温、酸性介质中得到了 Ti-HMS 和 Ti-MCM-41。这两类催化剂在苯和 2,6-二叔丁基苯酚的羟基化反应中表现出较高的催化活性,见表 5-4。

表 5-4 中孔分子筛及相关物质的性质

Sample	Specific Surface area (m^2/g)	Conversion of 2,6-DTBP oxidation (%)	Selectivity to 2,6-DTBP oxidation quinone(%)	Conversion of Benzene oxidation (%)	Selectivity to Benzene oxidation phenol(%)
Ti-HMS	1 031	83	>95	37	>95
Ti-MCM-41	1 345	20	>98	68	>98
HMS	1 120	68	50	—	—
TS-1	398	65	>95	31	>95
TSG	7	12	67	0	0
TiO_2	20	145	>95	—	—

Reaction Conditions: 335 K; 2 h; catalyst 100 mg; 2,6-DTBP 5 mmol; benzene 10 mol; acetone 0.13 mol; H_2O_2 (30%) 29 mmol

Gontier 和 Tuel 也按 Tanev 的方法制得了 Ti-HMS,并对制备过程中的各种影响因素如 TiO_2/SiO_2 的比例、异丙醇的作用、表面活性剂链的长度、钛源的特性及 Surf/SiO_2 等做了系统的研究。发现在制备过程中,当两种试剂混合 15 min 后,所得产物就已具备 Hexagonal 的各种特性,Surf/SiO_2 的最佳比例为 0.3。增加此比例,尽管会增大孔径,但比表面积和吸附能力则大大降低。

Blasco 等用 IR、XRD、N_2 吸附/脱附、热分析及 DRUV-Vis 和 EXAFS-XANES 等技术,对 Ti-MCM-41 进行了全面表征,发现结晶度最好时,Surf/SiO_2 的摩尔比为 0.26。他们也考察了 Ti-MCM-41 的催化性能,发现在以 H_2O_2 为氧化剂的反应中,其活性要低于 TS-1 及 Ti-Beta;但当以叔丁基过氧化氢为氧化剂时,其活性接近于 Ti-Beta。当然,由于 Ti-MCM-41 分子筛的孔径很大,在较大有机分子的氧化反应中有很大的优势,结果见表 5-5。

最近,Koyano 等用 TEOS 和 TBOT 两步水解的方法得到了具有 Cubic 结构的 Ti-MCM-48,催化反应结果见表 5-6。从此实验结果可以看出,在较大体积烯烃的环氧化反应中,Ti-MCM-48 的活性要高于 Ti-MCM-41,这可能是由于前者具有三维的孔道结构。另外,从表中可以看出,H_2O_2 和 TBHP 两种氧化剂均有利于反式异构体的环氧化。

Zhang 等用 $S^+X^-I^+$ 和 S^0I^0 方法,制得了 Ti、V、Cr、Mo、Mn 等同晶取代的 MCM-41 和 HMS 系列分子筛,并考察了它们在苯的羟基化反应中的活性,结果见表 5-7。

表 5-5 烯烃环氧化反应中各类催化剂的活性

Catalyst Sample	Ti Content (TD$_2$ %)	Oxidant	Substrates	Alkenes Conv. (%)	Epoxide Sel. (%)
Euro TS－1[a]	3.8	H_2O_2	1－Hexene	48.8	96
Ti－Beta[a]	3.2	H_2O_2	1－Hexene	38.4	7
Ti－MCM－41[a]	2.5	H_2O_2	1－Hexene	9.1	96
Ti－Beta[b]	3.2	TBHP	1－Hexene	10.2	100
Ti－MCM－41[b]	2.5	TBHP	1－Hexene	6.3	100
Ti－Beta[c]	3.2	TBHP	α－Terpineol	24.1	10
Ti－MCM－41[c]	2.0	TBHP	α－Terpineol	44.6	21.5
Ti－MCM－41[d]	1.7	TBHP	Cyclohexene	14.1	93
Ti－MCM－41[d]	2.0	TBHP	Cyclohexene	13.5	90

Reaction Conditions: a. 323 K, 1 h, 0. 20 g for Euro TS－1 and Ti－Beta, 0. 60 g catalyst for T i－MCM 2－1;
b. 50 mmol alkene, 60 mmol TBHP, 333 K, 8 h, 0. 3 g T i－Beta, 0. 6 g T i－MCM －41;
c. 1. 00mmol A_2Terpineol, 1. 10mmol TBHP, 10 mL acetonitrile, 20% catalyst, 353 K, 9 h;
d. 56. 3 mmol alkene, 14. 0 mmol TBHP, 33 K, 5 h, 0. 3 g catalyst

表 5-6 环十二烯的环氧化反应

Catalyst	Si/Ti	Turnover number H_2O_2(mo1(molTi)$^{-1}$)	Turnover number TBHP(mol(molTi)$^{-1}$)
Ti－MCM－41(2)	71	0.73(54/46)[a]	—
Ti－MCM－48(1)	80	1.50(59/41)[a]	7.1(34/66)[a]
Ti－MCM－48(2)	83	1.61(58/42)[a]	—
TS－1	79	0	—
TiO_2－SiO_2	85	0.057(—)[a]	2.6(30/70)[a]

Reaction Conditions: 50 mg catalyst, 20 mmol cyclododecene (cis/trans＝ 75/25), 24 mmol oxidant, 323 K, 2 h, The reaction mixture were by use of a funnel into aqueous and organic phase, and both were analysed by gas chromatography.
a. cis/trans ratio of products

表 5-7 苯羟基化反应的转换数

Metal Substituted	MCM－41	HMS
none	0	6
Ti	189	15
V	148	202
Mn	>200	7.1
Cr	30	54
Mo	14	28

另外,Maschmeyer 等将二氯二茂钛直接接枝到 MCM-41 的内表面,得到了一类新颖的多相催化剂。同 Ti-MCM -41 相比,该催化剂具有较高浓度的、可以被反应物分子接触到的活性位,这为均相催化剂的多相化提供了一条极好的途径。在以 TBHP 为氧化剂的环己烯的环氧化反应中,60 min 后烯烃的转化率为 50% ,TBHP 的选择性为 95%,但此类催化剂易失活。Franke 等和 Alba 等均报道了 Ti-MCM -41 的合成,但无反应性能评价的结果报道。

同微孔钛硅分子筛的制备一样,在中孔分子筛的钛杂原子衍生物的制备中,也应避免锐钛矿的产生,同时碱金属离子的浓度应足够低。

钛硅分子筛作为一种新型的选择氧化催化剂,对需求量日益增加的精细化学品的制备是非常重要的。尤其是近几年一系列中孔分子筛的成功合成和应用,使得该领域的应用范围大大拓宽,已经引起越来越多的研究者的关注。但是我们还应看到,目前在该领域仍存在许多问题,如钛硅分子筛催化的反应机理、中孔分子筛的形成机理及骨架中 Ti(Ⅳ)的存在方式等。这些问题的进一步探索和研究将会成为今后一段时期内研究的热点。

5.1.2 杂多酸催化剂

杂多酸催化剂有两种存在形式即纯杂多酸和负载型性杂多酸。

5.1.2.1 杂多酸的结构、性能、制备及表征

1)杂多酸的结构特征

杂多酸是两种或两种以上无机含氧酸缩合而成的多元酸的总称,是一类含氧桥的多酸配位化合物。金属离子或有机胺类化合物部分或全部取代杂多酸中的氢,即得到杂多酸盐。固态杂多酸化合物由杂多阴离子、阳离子(质子、金属阳离子、有机阳离子)及水或有机分子组成。HPA 有确定的结构,杂多阴离子称为一级结构。已确定的有 5 种:Keggin 结构、Dawson 结构、Anderson 结构、Waugh 结构和 Silverton 结构。目前研究主要集中在 Keggin 结构,而对其他结构的研究很少。图 5-1 给出了 Keggin 型杂多酸阴离子结构。

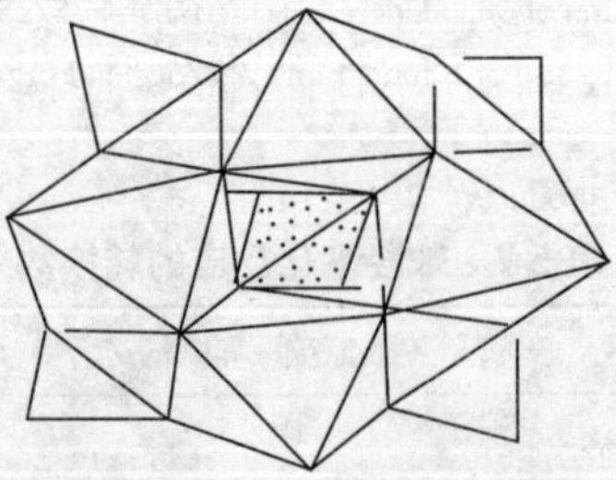

图 5-1 Keggin 型杂多酸阴离子结构

Keggin 型杂多酸阴离子与其他结构的杂多阴离子相比,其差别主要集中在中央离子的配位数和作为配体的八面体单元的聚集状态。Keggin 型杂多酸阴离子是由 12 个 MO_6 (M=Mo,W)八面体围成的一个 PO_4 四面体构成。由杂多阴离子、阳离子和水或有机分子等三维排列的结构称为二级结构。无论是 HPA 的水溶液还是固态物,均具有确定的分

子结构，它们是由中心配位杂原子形成的四面体和多酸配位基团所形成的八面体通过氧桥连接形成的笼状大分子，其具有类沸石的笼状结构。非极性分子仅能在表面反应；而极性分子不但在表面，还可以扩散进入晶格间体相中进行反应，这也称之为“假液相”反应。HPA 独特的“假液相”在催化反应中具有重要作用，应给予充分关注。

2）杂多酸的催化性能

随着人们环保意识的提高，HPA 作为环境友好催化剂越来越受到人们的重视。HPA 结构确定，一些性能可以在杂多阴离子分子水平上来表征。可以基于分子剪裁技术，根据需要调变杂原子或多原子，或引入含手性基团的配体及一些功能过渡金属以达到特殊的目的。

（1）HPA 的酸性。沸石分子筛因其环境友好，在工业上获得了广泛的应用。但其失去了液体酸的高活性，且孔径较小，限制了其在精细化学品合成中的应用。HPA 环境友好，并具有低温高活性、热稳定性好等优点及其独特的“假液相”行为，从而具有更强的生命力。由于 HPA 阴离子体积大，对称性好，电荷密度低的缘故，表现出比传统的无机含氧酸（硫酸、磷酸等）更强的 B 酸性。传统杂多酸的酸性顺序为：$H_3P_{12}O_{40}$（PW_{12}）>$H_4PW_{11}VO_{40}$>$H_3PMo_{12}O_{40}$（PMo_{12}）～$H_4SiW_{12}O_{40}$（SiW_{12}）>$H_4PMo_{11}VO_{40}$～$H_4SiMo_{12}O_{40}$（$SiMo_{12}$）>>HCl，HNO_3。

HPA 的酸性调变方法主要有 5 种：适当选择阴离子的组成元素；部分地中和（形成酸式盐）；形成不同金属离子的盐；用不同有机碱成盐；分散在载体上。

（2）杂多酸的氧化还原性。HPA 不仅具有超然的强酸性，还兼具有氧化还原性。其阴离子在获得 6 个或更多电子结构时不被破坏。其氧化能力强弱由杂原子和多原子共同决定，多原子的影响较大。可以引入过渡金属，以调变其氧化性。另外，一些杂多酸盐也具有微孔甚至超微孔结构可以采用功能金属修饰，以实现双功能性和择形性。引入有机金属可以显示很好的生物活性，引入含手性配体的过渡金属，在手性合成中也将发挥较大作用。基于剪裁技术，从分子水平研究杂多酸催化剂组成、结构与性能之间的关系，设计出满足需要的新型催化剂，将成为今后研究的重点。

3）杂多酸的制备

HPA 的发展有着悠久的历史，早在 1826 年，Berzelius 采用酸化钼酸盐和磷酸盐的混合液，制得 PMo_{12}。随后，经过广泛探索、完善和发展，形成了独特的制备杂多酸的方法，主要有酸化法、乙醚萃取法、离子交换法及降解法等。酸化法是制备杂多酸的经典方法，乙醚萃取法是利用杂多酸在酸性条件下，与乙醚形成油状物，乙醚挥发后即得杂多酸，人们不断探索、寻求新的萃取剂（大分子的脂肪胺等），以克服乙醚萃取的局限。离子交换法是萃取法的补充，对于那些不能很好被萃取的杂多酸，可以先得到其对应的铵盐，通过氢交换树脂即可得到杂多酸，酸化法和萃取法常结合使用。降解法是制备所谓“不饱和”杂多酸的方法，利用“饱和”杂多酸阴离子对 pH 的敏感性，调节 pH 使其部分降解，得到“不饱和”杂多酸。向杂多酸饱和溶液中滴加碱或碱土离子的饱和溶液，可以得到部分或全部取代氢的杂多酸盐。铁军等把钼钒砷杂多酸溶于水形成饱和溶液，滴加碱或碱土离子的饱和溶液，得到了钼钒砷杂多酸盐。它们均不溶于水，铯盐和钡盐也不溶于稀酸和稀碱。王炜等把含钨和锆的两种盐溶于水，滴加 Al^{3+} 或 Ga^{3+} 溶液，得到铝、镓 11－钨锆酸钾杂多酸盐。另外,秦玉楠提及一种全新的制备杂多酸的方法——电渗析法,多原子和杂原子含氧无机酸盐在阳极室中相互作用得到杂多酸盐。余新武等采用超声波法制备出了纳米杂多酸盐催化剂,通过已酸乙酯的合成来检测其催化性能,在 92～96 ℃反应 2 h,已酸乙酯产率达 92%,反应条件温和,无须带水剂,催化剂用量小,且易回收。杂多酸比表面积小(S.A.＜10 m/g),在一定程度上限制了其在有机合成中的应用。研究新的制备方法,合成纳米尺寸的催化剂将有效地克服这个局限。另外,把这些基本方法结合起来,合成一些新的杂多酸化合物,具有重要的现实意义。

4)杂多酸的表征

先进的表征手段在新型催化剂的开发及催化工艺的研究中具有极为重要的意义。杂多酸催化剂的表征包括:催化剂的结构表征和催化剂酸性表征两个方面。

(1)杂多酸的结构表征。IR 是表征杂多酸阴离子一级结构的重要手段。标准的 Keggin 结构的 $PW_{12}O_{403^-}$ 有 4 个特征振动吸收峰: 1 080 cm^{-1}(P－O); 980 cm^{-1}(W－O_t,O_t 为端氧); 887 cm^{-1}(W－O_e－W,O_e 为八面体中共边上的氧); 807 cm^{-1}(W－O_c－W,O_c 为 3 个 WO_6 八面体共角上的氧)。而 Dawson 结构的磷钨杂多酸除约在 1 015 cm^{-1}(P－O_f 振动产生)有一吸收峰外,其他峰与 Keggin 结构的杂多阴离子基本一致。IR 可以对阴离子的一级结构进行很好的表征,但无法表征有杂多阴离子、阳离子及水一级结构三维排列而成的二级结构,含有不同结晶水的 PWO_{12} 的 IR 谱图几乎相同。但这个缺陷可由 XRD 研究来表征。对于含不同结晶水的 $PW_{12}(W_{12}\cdot xH_2O, x=29,20,6,0)$,晶体结构明显不同。只有当 $x=6$ 时,其 XRD 衍射图才能表现出完整的 Keggin 结构的 XRD 衍射峰。此时的杂多化合物二级结构为最密堆积的体心立方晶系。采用扫描电镜(SEM),可以表征含不同结晶水的杂多化合物的形貌。

(2)杂多酸催化剂的酸性表征。无论是溶液还是固体,HPA 均有很强的 B 酸性,而它们的盐既有 B 酸中心,又有 L 酸中心。其酸性表征包括: 酸中心种类、酸中心强度及酸中心浓度。固体酸吸附吡啶红外光谱法,可以测定酸中心的种类。红外谱图中 1 540 cm^{-1} 为吸附在 B 酸中心上的吡啶特征峰;1 450 cm^{-1} 为吸附在 L 酸中心上的吡啶特征峰。另外,根据红外谱图峰面积,还可以给出酸中心浓度的信息。碱脱附 TPD 法是测定杂多化合物酸强度和酸浓度的有效手段。对于纯 HPA,仅检测到一种酸位;而对于负载型杂多酸,NH_3－TPD 曲线有双峰,即含有强弱两种酸性位。另外,还可以采用便捷的正丁胺滴定法和 Hammett 指示剂法来测定酸中心的浓度和强度。

5.1.2.2 负载型杂多酸的制备、性能及表征

环境友好的杂多酸催化剂以其组成简单、结构确定、组分易调、强酸性与氧化性兼具、独特的"准液相"性及低温高活性和热稳定性等优点而备受关注。但是,HPA 均相催化剂回收困难,造成一定的环境污染和昂贵的杂多酸催化剂的流失。比表面积小(＜10 m^2/g),虽极性分子可以进入体相反应,但非极性分子只能在表面,催化活性尚未得到很好的发挥。把杂多酸固载在多孔载体上,可大大提高比表面积,催化性能大大提高。进行非均相催化,催化剂易于回收和连续化生产,有利于提高产品质量和降低生产成本。这将为杂多酸催化工业化的实现发挥巨大的推动作用。

1)负载型杂多酸的制备及表征

目前,研究和应用的杂多酸主要集中于Keggin型结构,对Dawson等其他类型的研究很少。目前采用的载体主要是活性炭、二氧化硅、MCM－41、二氧化钛、硅藻土(DE)、离子交换树脂、分子筛、聚合物等大孔材料,主要的负载方法为浸渍法、溶胶 凝胶法、水热分散法及反应法等。最常用的是浸渍法,改变杂多酸溶液浓度及浸渍时间是调节浸渍量的主要手段。先进的表征手段是催化剂分子设计及性能研究的重要保证,通常采用N_2静态吸附容量法、IR、NH_3 TPD、XRD、DTA－TG、TPR等手段来表征负载前后杂多酸的变化以及催化剂与性能间的关系,从而可设计出所需的催化剂。N_2静态吸附容量法用以表征比表面积、孔径和孔容。PW_{12}负载在二氧化硅上,比表面积大大增加。金英杰研究发现,载量超过50%,比表面积、孔径、孔容均减小,这可能是杂多酸聚集堵塞了孔道所致。NH_3－TPD是表征负载型催化剂酸中心浓度、强度的重要手段,不同载量和焙烧温度对酸中心的性质均有很大影响。DTA－TG是研究其热稳定性的重要手段。金英杰等采用XRD对负载杂多酸晶体结构进行研究,发现载量超过50%,结构遭到严重破坏。可以根据IR谱图峰的变化间接表征杂多酸与载体间的相互作用。当载体碱性相对较强时,杂多酸的Keggin结构不能保留。其相互作用强弱关系到了负载牢固度和催化性能,下面对HPA与载体间的相互作用作一详细介绍。

2)HPA与载体间的相互作用

杂多酸与载体间的相互作用在本质上属于酸碱反应,载体的酸碱性对它们间的作用强弱有重要影响,从而影响负载催化剂的溶脱量和活性。在SiO_2、分子筛、膨润土、活性炭等载体表面,除了暴露的金属阳离子(包括C)、氧阴离子外,还有大量的羟基,这些羟基具有B酸和B碱的特性。当载体表面是碱性时,HPA与载体间的作用机理为:

$$M-OH(s)+H^{\oplus}(aq)\longrightarrow MOH_2^{\oplus}(s)$$

$$MOH_2^{\oplus}(s)+[HPAn]^{\ominus}(aq)\longrightarrow M(HPAn)(s)+H_2O$$

M—OH(s)为载体表面羟基,杂多阴离子被强烈地固定在载体上,丧失了催化能力。而表面羟基为酸性时,可能按另一机理作用:

$$MOH_2^{\oplus}(s)+[HPAn]^{\ominus}(aq)\longrightarrow MOH_2^{\oplus}(HPAn)^{\ominus}$$

羟基质子化后,与杂多阴离子形成外界表面配合物,从而使负载型催化剂具有良好的催化活性。随着载体表面羟基酸碱强度以及杂多酸酸强度的不同,两者相互作用将形成酸强度和负载牢度不同的负载型杂多酸催化剂。另外,催化剂活性组分的溶脱仍是一个亟待解决的问题。因此,研究负载型杂多酸催化剂的性能时,载体的选择是首当其冲的。杂多酸与载体间的相互作用也需要进一步深入研究。

3)负载杂多酸研究进展

Vazquez和温朗友研究了不同载体的负载杂多酸催化剂的热稳定性。认为热稳定性主要与载体与杂多酸间的相互作用强弱有关。负载量增大,所含的酸量增加,但并非对反应就有利。负载量增加,弱酸酸量增加,强酸酸量减少。低负载量时,杂多酸在载体上高度分散,表面酸性为其总酸量随着负载量的增大而增加;高负载量时,由于大的杂多酸晶粒的形成,表面质子浓度显著下降,催化活性反而有所下降。焙烧温度也是影响活性的重要因素，但对其原因有不同的解释。有人认为焙烧温度的升高，使杂多酸分子发生了迁移和聚集，减少了其在载体表面的分布。另一种解释是，杂多酸分子中结晶水个数是影响催化活性的重要因素，可以通过调节焙烧温度来调节水分子个数，从而改变催化剂性能来满足应用的需要。Vazquez 研究了 PMo_{12} 与不同载体间的相互作用，其强弱顺序为：$Al_2O_3 > C > SiO_2 > TiO_2$。负载型催化剂的热稳定性和酸性随其间的相互作用的增强而减弱。温朗友研究了不同二氧化硅负载 PW_{12} 杂多酸的表面性质、热稳定性、酸性及烷基化活性。结果表明，高比表面积的二氧化硅有利于杂多酸在其表面的分散，热稳定性和烷基化活性均较高。孙渝等认为，磷钨酸在 MCM－41 上高度分散，PW_{12} 与 MCM－41 的相互作用较与 SiO_2 强，使酸中心变弱，且分布不匀。金英杰等采用水热法制备了兼具中孔性和强酸性的 SiW_{12}/HAlMCM－41 催化剂，负载适量杂多酸对中孔分子筛晶体结构无破坏作用。负载条件和载体表面性质对牢固度存在较大影响。Satito 等研究了催化烷基化用负载型催化剂的寿命，认为分散度和酸量是影响催化剂寿命的关键因素。对于烷基化反应，应选择亲水性而无碱性的载体较为适宜。Hu 等研究了苯酚与烯烃的烷基化，催化活性为：$XW_{12}/SiO_2 > XW_{12}/Al_2O_3 > XW_{12}/DE$。Kozhvnikov 等发现 PW_{12}/MCM－41 杂多酸分散性好、活性高，并表现出了择形性。杂多酸铯盐具有优异的催化性能，但由于其不溶于水和一般的有机溶剂，浸渍法难以实现。Soled 采用便捷的两步法负载型磷钨铯盐。近年来，日本学者 Izumi 研究了一种杂多酸负载新方法，他们将正硅酸乙酯加入到 PW_{12} 和 Cs_2CO_3 形成的胶体中，经蒸发、焙烧也得到负载型磷钨酸铯盐 $Cs_{2.5}H_{0.5}PW_{12}O_{40}/SiO_2$ 催化剂，用于乙酸乙酯水解，其活性是 Amberlyst－15 的 5 倍，是 HZSM－5 的 2.5 倍。另外，他们采用类似方法，得到了 PW_{12}/SiO_2 催化剂，用于乙酸乙酯水解反应，也取得了良好效果。环境友好的负载型杂多酸催化剂既能保持传统酸催化剂低温高活性、高选择性的优点，又克服了其腐蚀性和污染严重的问题。将其载在适当的载体（如 HZSM－5）上，还会有很好的择形性。固载杂多酸催化剂和其他固体酸催化剂一样，也存在催化剂的积炭失活问题。将杂多酸固载在纳米分子筛上，可以有效地克服积炭失活问题。另外，活性成分流失也是我们面临的重要问题。进一步深入研究杂多酸与载体间的作用机制，以解决活性成分的溶脱问题也将是今后研究的重点。

5.1.2.3 杂多酸在精细化学品合成中的应用

精细化学品一般相对分子量大、官能团多、易受热分解，因此须在低温下合成。由于分子筛催化剂孔道尺寸小、活性相对较低，限制了其在精细化学品合成中的应用。而 HPA 具有低温高活性、高选择性及多功能性等优点决定其在精细化学品合成中具有广阔的前景。从 20 世纪 70 年代日本采用杂多酸催化丙烯水合实现工业化以来，HPA 作为环境友好的催化剂在有机合成和石油化工中得到了广泛关注。迄今为止，杂多酸催化实现工业化的过程有 8 种：丙烯水合；正丁烯水合；异丁烯水合；糖苷的合成；四氢呋喃的高分子聚合；甲基丙烯醛氧化成甲基丙烯酸；双酚 A 的合成；双酚 S 的合成。这些合成工艺工业化的实现，表明 HPA 作为环境友好的工业催化剂具有广阔的应用前景。

1)HPA 酸催化烷基化

烷基化是重要的精细化工单元操作，其传统工艺是采用浓硫酸、氢氟酸及无水三氯化铝催化,这些液体酸虽具有低温高活性的优点,但其有强腐蚀性、污染严重等缺点,是环境保护所不允许的,这成为制约精细化工发展的瓶颈。HPA 作为性能优良的环境友好的固体酸催化剂,用于烷基化取得了突出的效果。通过芳烃与氯化苄、苯甲醇等烷基化,可得到多种农药、医药、香料及生物活性物等中间体。Izumi 等对这类反应进行了研究,发现杂多酸的铯盐或铵盐具有较好的催化效果,活性均高于 HY、Nafian H 等固体酸催化剂。Hu 等研究了负载型杂多酸催化剂 $H_nXW_{12}O_{40}$/载体(X = Si,P;载体包括 SiO_2、$\gamma-Al_2O_3$、硅藻土 DE)催化烷基酚的连续合成,结果见表 5-8。从表中可以看出,载体的选择非常重要,SiO_2 作载体,PW_{12} 和 $PSiW_{12}$ 均具有高的活性、选择性和稳定性。Kozhevnikov 等采用

表 5-8 烯烃与苯酚在不同催化剂上烷基化的反应结果

catalyst	conversion of octene%		selectivity at 393 K%			Conversion of nonene%		selectivity at 393K%		
	353K	393K	oclylphenol	dioctylphenol	others	353K	393K	nonylphenol	dinonylphenol	others
HSiW/SiO_2	79	95	95	2	3	78	98	97	2.3	1.7
HSiW/$\gamma-Al_2O_3$	62	75	97	1	2	53	79	94	4	2
HSiW/DE	15	42	94	33	3	18	40	96	35	0.5
HPW/SiO_2	66	90	96	2	2	62	93	93	4	3
HPW/$\gamma-Al_2O_3$	53	80	95	3	2	51	86	95	3.4	1.6
HPW/DW	5	18	98	0.8	1.2	8	19	97	2	1
SiO_2	30	40	97	2	3	28	41	94	3.8	0.2
$\gamma-Al_2O_3$	17	26	95	3.6	1.4	12	28	96	1.6	2.4
DE*	2	5	98	1.1	0.9	2	6	98	1.5	0.5

* DE: diatomaceous earth。

负载型催化剂 PW_{12}/MCM - 41 合成了抗氧化剂 2,4 - 二叔丁基苯酚,在 343K 下反应,选择性达 91%,催化剂表现出良好的择形性。苯与直链烯烃烷基化生产线性烷基苯(LAB)是合成易生物降解阴离子表面活性剂的中间体,在精细化学品的生产中占据很大比重。传统工艺是采用氢氟酸催化,由于其具有强的腐蚀性和毒性,难以适应环保的要求和实现连续化生产。因此,对环境友好的固体酸催化剂取代氢氟酸的研究引起了人们的极大关注。金英杰等合成纯硅及含铝的中孔分子筛 MCM - 41 负载型 PW_{12}、SiW_{12}、PMo_{12} 杂多酸,在苯烯摩尔比 10:1,温度 408~443 K,压力 1.5~2.5 MPa,空速 2.25 h^{-1} 催化连续烷基化。结果表明,PW_{12}/HAlMCM - 41、SiW_{12}/HAlMCM - 41 均具有良好的活性和选择性,其性能优于 HY、Hβ 等沸石分子筛。随后,他们又进一步考察了 SiW_{12}/HAlMCM - 41 催化苯与十二烯烷基化反应条件对反应性能的影响,并对比 HM、HY 研究了杂多酸催化烷基化产物分布。结果表明,随质量空速的提高和温度的下降,线性烷基苯的选择性和线性度不断提高,烷基苯异构体分布得到了改善。苯烯摩尔比的提高对烯烃转化率、线性烷基苯选择性和其线性度有利。烯烃转化率和烷基苯选择性均优于 HM、HY;异构体分布

优于 HY 而不及 HM。邓威等在温度 393～433 K、压力 15～20 MPa、苯烯摩尔比 10∶1、质量空速 5.5～15.0 h^{-1}条件下采用负载杂多酸催化苯与十二烯烃的长链烷基化，他们对负载量和催化剂预处理温度对催化性能的影响进行研究。结果表明，在载量不超过 50%时，PW/MCM－41 兼具强酸性和单一中孔结构，在载量低于 50%范围内，烯烃转化率、LAB 选择性均随载量增加而提高。随活化温度的升高烯烃转化率先升高，在 420 K 达最大值，之后又降低。另外，他们认为烯烃参与的烷基化和聚合生焦反应是一个竞争过程。加强反应条件，将加速烯烃聚合及多烷基苯和重烷基苯的生成。由于该负载型催化剂具有直孔道、孔径大的特点，这些作为焦炭前驱体的副产物易于从催化剂孔道扩散出去。因此，该杂多酸催化剂的稳定性强于 HY 沸石分子筛。温朗友等也对比研究了 PW_{12}/SiO_2、HY、Hβ 催化苯与十二烯烷基化的催化性能，表明杂多酸具有低温高活性、高 2－LAB 选择性的优点。PW_{12}负载后活性和稳定性均大大提高。金英杰等研究了烷基化反应催化剂的稳定性和再生性能，结果显示，负载杂多酸 SiW_{12}/HAlMCM－41 的活性、稳定性和产物分布均优于 HY 沸石分子筛。催化剂在烧焦再生和反应温度下苯抽提，其活性均能得到部分恢复。赵永刚等对反应进行深入研究，建立了线性烷基苯生成反应的动力学模型。任杰等把催化剂活性和扩散系数与进料时间进行关联，建立了考虑内扩散、结焦失活影响的烷基化反应动力学模型方程。利用实验数据和稳态时的反应动力学参数进行参数估值，建立了烷基化催化剂失活动力学模型。这些研究为合成线性长链烷基苯的环境友好工艺工业化起到巨大的推动作用。烷基苯磺酸盐作为一类重要的阴离子表面活性剂，其侧链长度对其表面活性具有决定作用，侧链长度增加，表面活性增强。刘亚杰等研究了负载杂多酸催化剂 HRP－24 催化二十四烷基苯的合成，在较低温度(120 ℃)和压力(0.1～0.2 MPa)下，烯烃转化率和长链烷基苯选择性均接近 100%。乙苯是重要的化工原料，采用改性 ZSM－5 分子筛催化下苯与乙烯气相烷基化合成工艺在国内已经实现工业化。分子筛催化剂克服了传统酸催化剂的腐蚀性及环境污染问题，但反应温度、压力、苯烯摩尔比都比较高，副产物焦油量大，因此必须开发活性更高、选择性更好的绿色催化剂。张永强等研究了负载磷钨酸催化苯与乙烯的液相烷基化工艺，优化反应条件，乙烯转化率达 100%，乙苯选择性大于 90%。杂多酸和其他固体酸一样存在失活问题。在烷基化反应过程中，烯烃聚合衍生的胶质沉积在催化剂表面，导致催化剂失活。

2)HPA 酸催化酯化

酯广泛应用在香料、溶剂、增韧剂、化妆品、医药、染料等工业。长期以来，其主要由酸和醇在硫酸催化下得到。这种方法存在腐蚀性强、污染严重、后处理复杂及产品级别不高等不足。人们长期致力于新型催化剂的研究，HPA 作为环境友好的低温高活性催化剂而备受关注。表 5-9 列出了最近几年杂多酸催化酯化研究取得重要成果。负载型杂多酸对酯化反应表现出高活性、高选择性、产品纯度高、催化剂可重复使用、工艺简单，易于连续化生产等优点，从而具有较大的工业化前景。

3)HPA 酸催化缩合

在 HPA 催化下，丙酮缩合得到异亚丙基丙酮，丙酮与苯酚缩合得到双酚 A，苯酚与浓硫酸在 HPA－6 催化下合成双酚 S。Kozhevnikov 等采用 PW_{12}和 SiW_{12}催化 2,3,5－三甲基对苯二酚与异植醇发生缩合，得到 α－生育酚，再经乙酰化得到维生素 E，产率达 90%。

表 5-9 环境友好的杂多酸催化酯化研究成果

entry	esterification	catalysts	optimal conditions and result					
			W(%)	N	T(℃)	t(h)	C(%)	S(%)
1	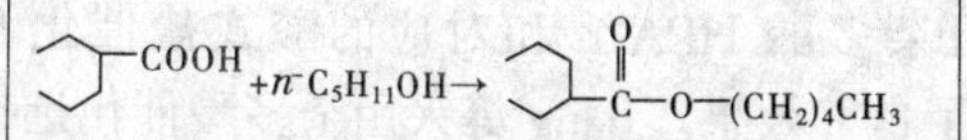	$TiSiW_{12}O_{40}/TiO_2$	1.5	4	140~150	2.5	96.7	—
2	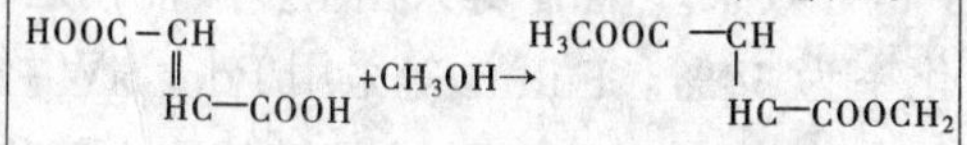	SiW_{12}/C	2.5	6	RT	7.0	90.7	—
3	$HOOC(CH_2)_4COOH+n$- $C_8H_{17}OH \rightarrow CH_3(CH_2)_7OOC(CH_2)_4COO(CH_2)_7CH_3$	PW_{12}及PW_{12}/C	1.4	2.4	125~135	3.5	99.1	—
4	$CH_3COOH+n$- $C_4H_9OH \rightarrow CH_3COO(CH_2)_3CH_3$	$TiSiW_{12}O_{40}/TiO_2$	1.0	1.2	RT	2.0	87.8	—
5	$CH_3(CH_2)_4C(CH_2OH)_3+CH_3(CH_2)_5COOH \rightarrow CH_3(CH_2)_4C(CH_2OOC(CH_2)_5CH_3)_3$	PW_{12}/C	1.8	0.27	220	2.5	96.0	—
6	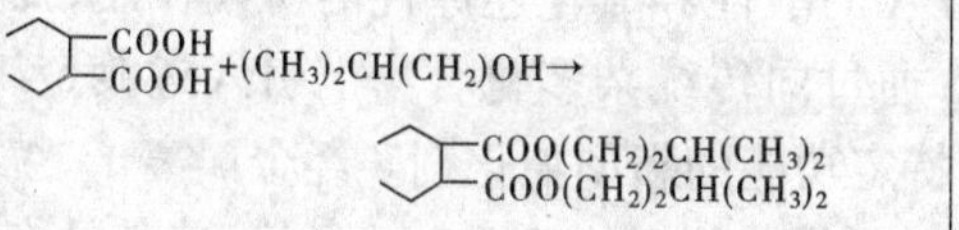	PW_{12}/SiO_2	3.0	2.5	RT	2.0	96.0	—
7	$CH_3COOH+CH_2OHCHOHCH_2OH \rightarrow CH_3COOCH_2CH\cdot(OCCH_3)CH_2OOCCH_3$	PW_{12}及PW_{12}/C	2.5	0.25	RT	4.5	98.5	99.5
8	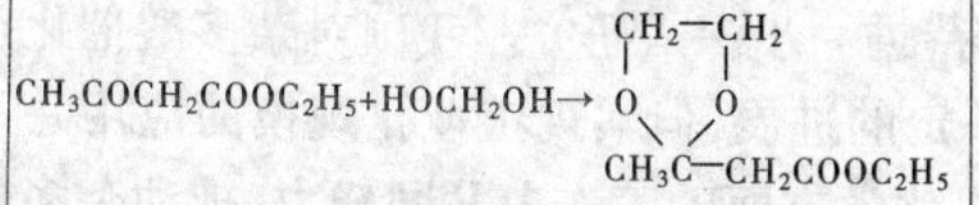	PW_{12}/C	1.5	2*	120~130	1	86.1	98.6
9	$CH_3COOH+(CH_3)_2CH(CH_2)_2OH \rightarrow CH_3COO(CH_2)_2CH(CH_3)_2$	PMo_{12}/silica	—	0.7	RT	1	81.2	—

二苯基甲烷(DPM)是香料的化学材料和药物中间体,Hou 等采用 PW_{12} 催化合成了 DPM,产率 35.3%。张敏采用 PW_{12}/C 催化合成了一种重要的香料环己酮缩乙二醇,催化剂活性高,可重复使用,在较佳条件下,产物收率 94.6%,纯度高达 99.07%。

4)HPA 酸催化硝化

芳烃硝化是重要的精细化工单元,被广泛应用在染料、医药、农药等精细化学品的合成。杂多酸以其强酸性、性能易于调变等优点而备受关注。杂多酸及其盐在苯的气相硝化中显示出良好的催化活性。在 270 ℃时,$H_3PW_{12}O_{40}/SiO_2-Al_2O_3$ 可催化苯与 NO_2 的气相硝化反应,产物中没有二硝基苯生成,且反应速率随 $H_3PW_{12}O_{40}$ 负载量的增加而增大;当磷钨酸含量达 30%时,硝基苯的产率达 56%,水蒸气的存在可以稳定杂多酸的结构。与杂多酸和负载杂多酸相比,部分 H 离子被置换的酸式杂多酸盐具有较高的催化活性。如 $H_{1.5}Cs_{1.5}PMo_{12}O_{40}$、$H_{1.5}Tl_{1.5}PMo_{12}O_{40}$、$H_{1.5}Cs_{1.5}PMo_9W_3O_{40}$ 作催化剂时,硝酸的转化率均大于 90%;而同样条件下,磷钼杂多酸催化时硝酸的转化率仅为 46.2%。Ono 也发现杂多酸是性能良好的苯气相硝化催化剂,并指出杂多酸的银、铜盐要比相应的母体酸的催化性能更好。陈景林等研究了 SiO_2 负载的杂多酸及盐催化苯的连续硝化反应,也取得了良好的效果：20% $H_3PW_{12}O_{40}/SiO_2$ 作催化剂，硝基苯的产率达 90.6%。

5)HPA 催化氧化

杂多酸既可作酸催化剂，也可作氧化还原催化剂。目前，有关其作为氧化还原催化剂在精细化学品合成中的应用方面的综述较多，本文仅就近期研究进展作一简单介绍。Matveev 等采用具有 Keggin 结构的磷钼钒杂多酸 HPA n 和对应的酸式盐催化氧化 2－甲基－1－萘酚，得到了维生素 K，取得了良好效果。Jiang 等采用杂多酸催化选择氧化丙烷得到了丙烯酸和丙烯醛，丙烷最大转化率为 38%。Furuta 等采用 Pd－SiW_{12} 催化剂催化乙烯，一步合成了乙酸乙酯，催化剂表现出良好的双功能性，合成路线大大简化。

近年来，随着人类环保意识的提高，环境友好的 HPA 催化剂的研究和应用得到了广泛关注，在精细化学品合成中的应用具有广阔的前景。杂多化合物的性能与其组成及其一维、二维结构密切相关。可以利用现代分析表征手段，通过分子剪裁技术，从分子、原子水平上设计催化剂分子，将杂多阴离子独立单元组装成一维、二维甚至三维空间伸展的开放有序体，以拓宽其应用领域。通过调节 HPA 的酸性和氧化还原性的协同作用，提高其对底物的专一性也是重要的研究方向之一。通过向传统杂多化合物上引入过渡金属、有机金属、含手性配体的金属及有机分子得到特定功能的新型催化剂。经金属离子、烷基铵等有机离子部分或全部取代杂多酸中的氢，可调节催化剂的酸性和孔径等，使其具有强的耐水性和优良的择形性，也应引起关注。另外，负载杂多酸与传统的催化剂相比，具有低温高活性、可重复使用及易于实现连续化生产等优点，具有很好的工业化前景。但也存在活性组分溶脱损失及积炭失活等问题，这有待进一步深入研究。我国对杂多酸催化剂及其性能的研究已做了大量的工作，取得了一定的进展，但实现工业化规模的应用并不多见，这有待于结构、动力学、催化、有机及无机化学方面的工作者共同努力，推动杂多化学的研究和发展，以加速我国化学工业工艺过程的绿色化进程。

5.1.3 超强酸

在酸碱催化作用的研究中，超强酸以其不同寻常的酸强度使许多难以进行的化学反应在很温和的条件下进行而受到各国的高度重视，成为催化领域研究的热点，有的人甚至称之为魔酸，比如它能在较低的温度下使烷烃活化形成稳定的正碳离子中间体。超强酸催化剂一般有液体和固体两种形式，分别称做液体超强酸和固体超强酸。在化学工业的许多酸催化过程中，或从减少腐蚀、消除污染出发，或从改进工艺、提高产品质量出发，都可以使用超强酸催化剂，例如由 C_3/C_4 烯烃的烷基化制烷基化汽油，由芳烃及衍生物和烯烃制备烷基芳香族衍生物等过程，使用固体超强酸不仅可以改善产品质量，而且也可以减少对环境的危害。因此，超强酸的研究具有十分重大的现实意义。

5.1.3.1 超强酸的酸强度

在酸催化剂的研究中，通常是用哈梅特(Hammett)酸度函数 H_O 来定量描述一种酸的酸强度大小的。H_O 的定义成为：

$$H_O = PK_{BH^+} - \lg([BH^+]/[B])$$

式中：[B]是指示剂 B 的浓度，$[BH^+]$是形成的配位酸的浓度，$PK_{BH^+} = -\lg(K_{BH^+})$，

K_{BH^+} 是化学反应

$$BH^+ \longrightarrow B + H^+$$

的平衡常数。$[BH^+]/[B]$可以用光谱测定,也可以用滴定方法通过观察指示剂颜色的变换点粗略的判断。H_O 酸强度函数既可用以描述液体酸的酸强度,也可用以描述固体酸的酸强度大小。H_O 愈小,表明酸强度愈强。100% H_2SO_4 酸强度为 $H_O = -11.94$,在酸催化剂中,把酸强度 $H_O < -11.94$ 的酸称之为超强酸。表 5-10 列出了一些典型的超强酸和酸强度范围。

表 5-10　典型超强酸的酸强度范围

类别	超强酸种类	酸强度范围,H_O
液体	HF(强酸)	−10～−10.40
	100% H_2SO_4(强酸)	−11.94～−12.0
	CF_3SO_3H	−13～−13.20
	HSO_3Cl	−13.70～−13.80
	$H_2S_2O_7$	−14.44
	FSO_3H	−15.00～−15.10
	FSO_3H-SO_3(1:0.1)	−15.57
	$HF-SbF_5$(1:0.14)	−15.00～−15.40
	FSO_3H-AsF_5(1:0.05)	−16.61
	FSO_3H-TaF_5(1:0.20)	−16.50～−16.80
	FSO_3H-SbF_3(1:0.2)	<−20.00
	$HF-SbF_5$(1:1)	<−20.00
固体	Nafion	−12.00～−12.10
	$H_3PW_{12}O_{40}$	−13.00～−13.20
	$Cs_{2.5}H_{0.5}PW_{12}O_{40}$	−13.00～−13.30
	SbF_5/TiO_2-SiO_2	−13.16
	$SbF_5/SiO_2-Al_2O_3$	−13.50～−13.80
	$AlCl_3-CuSO_4$	−13.50～−13.80
	$AlCl_3-CuCl_2$	−13.50～−13.80
	SO_4^{2-}/TiO_2	−14.50
	$SO_4^{2-}/ZrO_2-TiO_2-SnO_2$	−14.50
	SO_4^{2-}/Fe_2O_3	−14.52
	SO_4^{2-}/ZrO_2	−16.04

各种用超强酸催化的化学过程见表 5-11。液体超强酸,尽管酸强度大,作催化剂活

性也高,但和其他液体酸催化剂类似,对设备腐蚀性强,不能回收重复使用,或者对环境造成污染,例如 HF 的使用,对环境造成潜在破坏,$AlCl_3$ 使用又会引起非常棘手的废物处理问题。因此,近年来固体超强酸的研究尤为引人注目。

表 5-11 超强酸催化的化学过程

超强酸种类		*Ho*	化学反应
液体	HSO_3F-SbF_5	< -20	丁烷异构化
	HSO_3F-SbF_5	< -20	丁烷+丙烯→己烷
	$HF-TaF_5$	< -20	乙烷+乙烯→正丁烷
	HSO_3F-SbF_5	< -20	甲烷→支链烃
	$HF-TaF_5$	< -20	烷烃+CO→酮
固体	$SbF_5/SiO_2-Al_2O_3$	-13.75	丁烷异构化,戊烷异构化
	$AlCl_3-CuCl_2$	-13.75	戊烷异构化 苯+乙烯→乙苯
	Nafion	-12.00	丙烯水合制异丙醇, 苯硝化制硝基苯
	SO_4^{2-}/ZrO_2	-16.04	丁烷异构化 甲苯+乙酸→甲基乙酰基苯酮 氯代苯甲酰氯+氯苯→二氯代苯酮
	SO_4^{2-}/TiO_2	-14.50	邻苯二甲酸二丁酯
	SO_4^{2-}/ZrO_2-NiO	—	戊烷异构化

5.1.3.2 固体超强酸及分类

相对于液体超强酸来讲,固体超强酸具有与产品分离容易,无腐蚀性,对环境危害小,可重复利用的诸多优点,广泛应用于烷基化、异构化、酯化、酰基化、聚合以及氧化等过程,而且许多使用 H_2SO_4、HF、$AlCl_3$、BF_3 等的催化反应过程也逐步向采用固体酸作催化剂的过程发展(见表 5-12)。

表 5-12 液体酸催化过程向固体酸催化过程转化的典型例子

反应类别	反应过程	液体酸	固体酸
烷基化	苯+乙烯→乙苯	$AlCl_3$,BF_3,HF	掺 P 的 ZSM-5、
	苯的烷基化	$AlCl_3$,BF_3,HF	ZSM-12 等分子筛
异构化	邻(间)二甲苯→对二甲苯	$HF-BF_3$	ZSM-5
酯化	马来酸酯	H_2SO_4 对甲基苯磺酸	离子交换树脂 SO_4^{2-}/M_XO_Y
	水杨酸酯	H_2SO_4 对甲基苯磺酸	离了交换树脂
	邻苯二甲酸酯	H_2SO_4 对甲基苯磺酸	离子交换树脂 SO_4^{2-}/M_XO_Y

过去，一般都把固体超强酸分成两大类，含或不含卤素的固体超强酸。后者主要指金属氧化物或复合金属氧化物类超强酸如：SO_4^{2-}/TiO_2，SO_4^{2-}/ZrO_2，SO_4^{2-}/TiO_2-ZrO_2，$SO_4^{2-}/TiO_2-Al_2O_3$，SO_4^{2-}/Fe_2O_3，$SO_4^{2-}/TiO_2-Fe_2O_3$，等等。近年来，随着固体酸催化剂研究的不断深入，又进一步把固体超强酸细分为六大类型：①负载型固体超强酸，主要是指把液体超强酸负载于金属氧化物等载体上的一类；②无机盐复配而成的固体超强酸，如 $AlCl_3-CuCl_2$ 等；③硫酸根离子改性金属氧化物，如前已提及的 SO_4^{2-}/TiO_2、SO_4^{2-}/ZrO_2 等；④氟代磺酸化离子交换树脂（Nafion－H）；⑤杂多酸催化剂，主要指具有 Keggin 结构（$H_{8-n}X_nM_{12}O_{40}$）的固体杂多酸和负载型杂多酸催化剂，Keggin 结构中 X 为中心原子（如 P，Si 等），M 为 Mo 或 W 等金属原子；⑥$AlCl_3$ 与磺酸型离子交换树脂形成的络合物固体超强酸。在以上这些固体超强酸中研究最多的，还是③、⑤、⑥三大类，其研究主要内容在后面将进一步介绍。

5.1.3.3 固体超强酸的研究状况

由于固体超强酸催化剂的诸多优点以及在有机合成中良好的应用前景，世界各国投入了大量的人力、财力进行开发研究，主要表现在以下几个方面。

1)固体超强酸制备技术的深入研究

自从 Hino M 等在 1979 年首次报道用硫酸处理 TiO_2、ZrO_2，再活化而制成的催化剂 SO_4^{2-}/TiO_2、SO_4^{2-}/ZrO_2，具有极强的酸强度（比 100% H_2SO_4 强一万倍），且对烷烃骨架异构化有催化作用以来，固体超强酸的研究开发仅有几十年的历史。在相当一段时间内，人们集中精力对固体超强酸的合成技术进行了研究。例如合成 SO_4^{2-}/M_XO_Y 型超强酸时，一般是采用先沉淀，后浸渍，再燃烧的方法，可简示为：

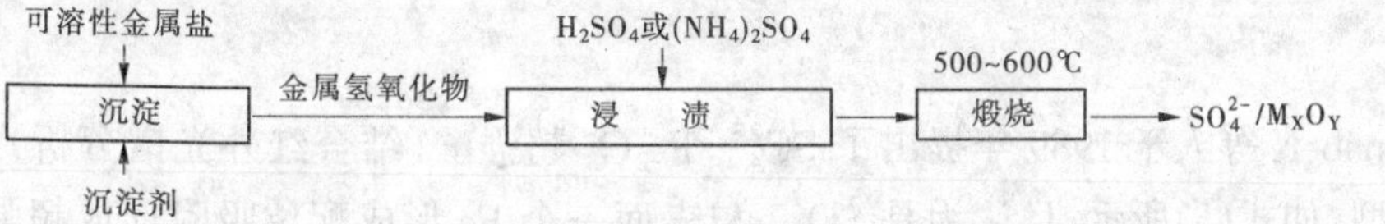

但是人们发现沉淀剂（如 NaOH、碳酸盐、尿素、氨水）的选择、沉淀方式、浸渍用 H_2SO_4 的浓度以及浸渍方式（浸泡或喷淋）、煅烧温度等，对催化剂的活性、酸强度影响很大。使用 ZrO_2、TiO_2、Fe_2O_3 等氧化物制 SO_4^{2-}/M_XO_Y 催化剂酸强度大，活性高，用 Al_2O_3、SnO_2 等制成的只能是强固体酸，而不能视为超强酸，而使用 SiO_2、Bi_2O_3、MgO、CaO、CuO、ZnO、CdO、La_2O_3、MnO_2 等氧化物制成的催化剂酸强度很弱。用氨水作沉淀剂比用尿素作沉淀剂制得的催化剂活性高，用 H_2SO_4 或 $(NH_4)_2SO_4$ 处理金属氢氧化物时浸泡比喷淋效果好，对每一类氧化物 H_2SO_4 的浓度均有一个最佳范围，如对 Fe_2O_3、H_2SO_4 的适宜浓度为 0.25～0.5 mol/L，对 TiO_2、H_2SO_4 的浓度宜为 0.5～1.0 mol/L。煅烧温度随金属氧化物的种类、来源的不同而不同，是影响 SO_4^{2-}/M_XO_Y 催化剂酸强度和活性的重要因素。

2)固体超强酸的化学本质及表面酸中心模型

固体酸催化剂，其活性中心是 B 酸中心（质子酸中心）和 L 酸中心（路易斯酸中心），只不过是在某些化学过程或是对 B 酸中心起主导作用，或是对 L 酸中心起主要作用，或是对二者起协同作用。超强酸按其化学本质而言，就是 B 酸和 L 酸按某方式复合作用而形成的一种新型酸。结合一些具体的化学反应，借助于现代分析测试技术对催化剂宏观及微观性质进行分析，建立了许多固体超强酸的酸中心模型。如用 SbF_5 处理 $SiO_2-Al_2O_3$ 制得 $SbF_5/Al_2O_3-SiO_2$ 超强酸，其表面酸中心结构为：

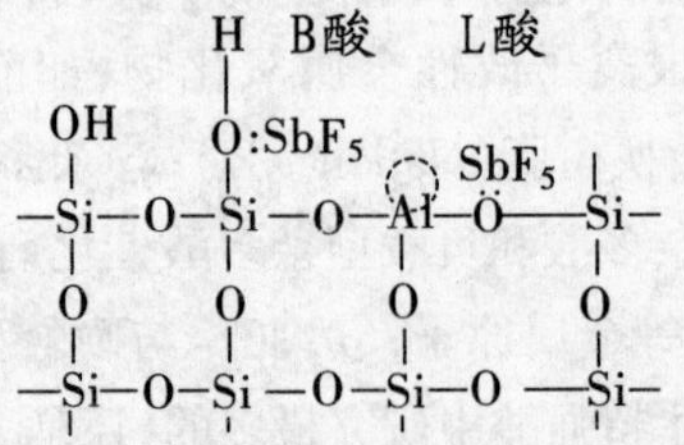

表面的 Al 原子是 $SiO_2-Al_2O_3$ 的酸点，当 SbF_5 与邻位的氧原子上形成配位时，氧上电子被强烈吸向 SbF_5，使 Al 上的 L 酸性强化了，从而对丁烷异构化显示高活性。对于 SO_4^{2-}/M_XO_Y 型固体酸研究表明，SO_4^{2-}/M_XO_Y 催化剂超强酸中心的形成主要是源于 SO_4^{2-} 在表面配位吸附，使 M—O 键上电子云强烈偏移，强化 L 酸中心，同时更易使 H_2O 发生解离吸附产生质子酸中心。这种吸附有两种形式，其结构如下：

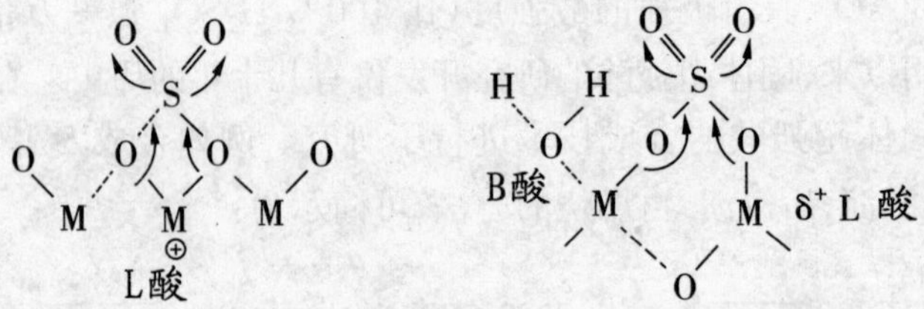

TanabeK 等人于 1989 年提出了 SO_4^{2-}/Fe_2O_3 超强酸（结合红外光谱分析）的表面酸中心模型，如式(a)所示，且认为是 SO_4^{2-} 与表面一个 Fe 形成配位吸附形成超强酸中心，日本田部等人通过研究 SO_4^{2-}/Fe_2O_3 的制备方法及表面性质，也提出了如式(b)所示的双齿配位的超强酸中心模型。

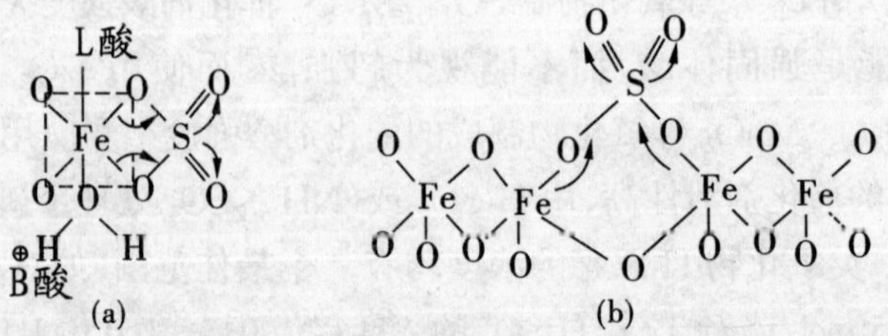

人们对 $AlCl_3$ 与磺酸化树脂络合而制成的固体超强酸进行了广泛的研制，一般认为其表面酸中心模型有以下三种形式：

其中(c)、(d)处于平衡状态，(e)是强的质子给予体，在该种固体超强酸中需加入 HCl 稳定其催化活性。

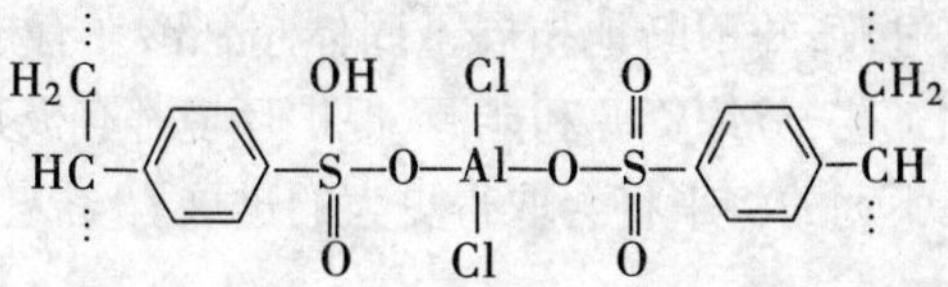

(c)

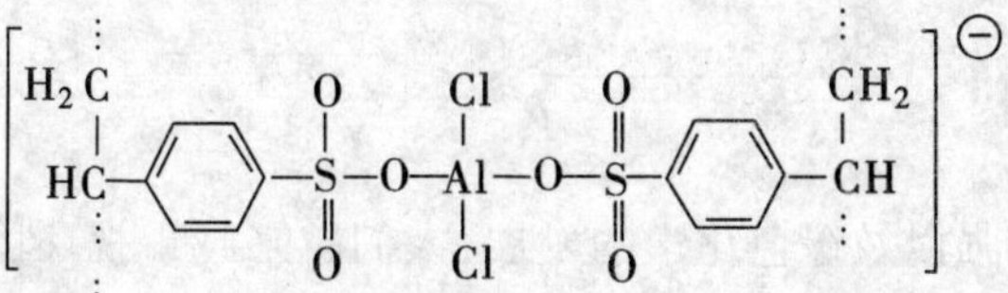

(d)

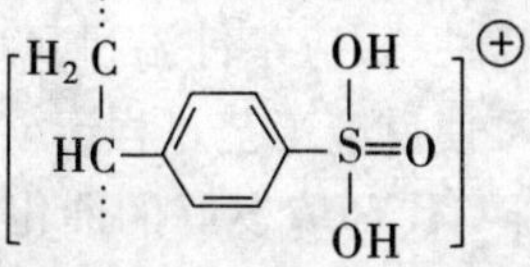

(e)

3)用做超强酸的杂多酸催化剂的研究

在固体超强酸的研究领域中,杂多酸的研究在近年来也十分引人注目,它们是各种氧化物的高度缩合物,亦称之为"金属氧化物簇"。具有 Keggin 型结构的杂多酸(如 $PW_{12}O_{40}^{3-}$)及盐由于在液相和固相均十分稳定,可用做酸催化剂。理想的 Keggin 型阴离子结构是以三个 MO_6(M=Mo,W)八面体相互共边形成四个 M_3O_{13} 结构单元,中心杂原子 X(X=P,Si,As 等)与周围氧相连形成四面体形。对杂多酸 $H_3PW_{12}O_{40}$(无水)研究表明,其酸强度为 $H_O < -13.16$,形成强酸中心的原因是体积庞大的杂多阴离子表面具有较低的非定域电荷密度,杂多阴离子和质子作用较弱。用杂多酸作催化剂的主要优点是:可以通过改变杂多酸的组成元素,调节酸强度(氧化还原性能);可以从分子水平描述催化过程;可以制成金属—酸双功能催化剂;由于其拟液相特征可作相转移催化剂;其杂多阴离子的弱碱性可以进一步稳定反应中间体。目前,用固体杂多酸催化剂的过程见表 5-13。

表 5-13 固体杂多酸催化反应过程

催化剂	化学反应过程	速度比	温度(K)
$H_3PW_{12}O_{40}$	2-丙醇→丙烯+水	100	350
	乙醇→乙烯+水	300	403
	苯+甲醇→甲苯+水	∞	573
$Cs_{2.5}H_{0.5}PW_{12}O_{40}$	醋酸环已酯→环已烯+醋酸	200	373
	三甲苯+环已烯→环已基三甲苯	50	343
$H_3PMo_{12}O_{40}/SiO_2$	异丁烯+甲醇→甲基异丁基醚	300	363

表 5-12 中的速度比是杂多酸作催化剂时反应速度与用 H_2SO_4 或用 $SiO_2-Al_2O_3$ 作催化剂时反应速度比。近来,有关杂多酸类超强酸催化剂的最新应用还包括糖类衍生物的合成和四氢呋喃(THF)的聚合过程,同时杂多酸也是乙酰基化合物与高级醇发生亲核取代反应制备生物降解表面活性剂的有效催化剂。

超强酸的研究自 70 年代以来已有几十年历史,制备的超强酸催化剂亦很多,尤其 SO_4^{2-}/M_XO_Y 和杂多酸类固体超强酸,并且人们也逐步由超强酸的制备技术的研究向超强酸表面结构、催化作用机理研究过渡,并不断地拓展了固体超强酸在有机合成,特别是精细合成中的应用范围,这对优化工艺、节约资源和能源、保护环境都有极其重大的意义。我们相信,超强酸催化剂的研究在不远的将来将会取得更大的进展。

5.2 固体碱催化剂

随着世界环保意识的加强以及绿色化学的发展,人们越来越重视环境友好的催化新工艺过程。以固体碱作为催化剂具有高活性、高选择性、反应条件温和、产物易于分离、可循环使用等诸多优点,尤其在精细化学品合成方面可使反应工艺过程连续化,增强了设备的生产能力,发挥着越来越明显的优势,可望成为新一代环境友好的催化材料。然而,相对固体酸催化剂而言,对固体碱催化剂的研究起步较晚,发展也比较缓慢,主要原因在于固体碱,尤其是超强固体碱催化剂制备复杂、成本昂贵、强度较差、极易被大气中的 CO_2 等杂质污染,而且比表面积都比较小。因此,各国都处在积极研制开发阶段。自 20 世纪 50 年代固体碱催化剂引起科学家们的重视以来,已经发展了多种类型的固体碱催化体系,按照载体和活性位的性质不同,固体碱大体可分为有机固体碱、有机无机复合固体碱以及无机固体碱,其中无机固体碱又可分为金属氧化物型和负载型。但总的来看,固体碱催化剂的研究尚缺乏系统性。

5.2.1 有机固体碱

通常有机固体碱主要是指端基为叔胺或叔膦基团的碱性树脂类固体碱,例如端基为三苯基膦的苯乙烯和对苯乙烯共聚物。氮和磷的最外层分别有两个成对的 s 电子和三个未成对的 p 电子。在胺或膦分子中,氮或磷原子是 sp^3 杂化的,其中三个未成对电子分别占据三个 sp^3 轨道,每一个轨道和其他碳原子或氢原子的轨道成键,第四个 sp^3 轨道含有一对孤对电子,在棱锥形胺或膦分子的顶点。就是这一对孤对电子使有机胺或有机膦呈不同强度的碱性。这种有机固体碱的优点是碱强度均一,但是它热稳定性不好,只能适用于低温反应,且制备复杂,成本较高。

5.2.2 有机无机复合固体碱

目前所研制的有机无机复合固体碱主要为负载有机胺或季铵碱的分子筛。负载有机胺分子筛的碱活性位主要是能提供孤对电子的氮原子,而负载季铵碱分子筛的碱活性位主要是氢氧根离子。由于这类固体碱的活性位是以化学键和分子筛锚接的有机碱,所以反应过程中活性组分不会流失,而且碱强度均匀。同时也是由于其活性位为有机碱,故而不能适用于高温反应,且无法制备出强碱性的固体碱。

5.2.3 无机固体碱

无机固体碱催化剂因其制备简单、碱强度分布范围宽、热稳定性好而成为固体碱发展的主要方向。无机固体碱主要包括金属氧化物、水合滑石类阴离子黏土和负载型固体碱。

5.2.3.1 金属氧化物型

金属氧化物固体碱主要包括碱金属和碱土金属氧化物。这一类金属氧化物的碱性位主要来源于表面吸附水后产生的羟基和带负电的晶格氧。以氧化镁为例，低温处理时，其表面的碱性位主要为弱碱性的羟基；而高温处理时，其表面产生面、线、点等缺陷，使原来六配位的氧变成五配位、四配位或者三配位，增加了氧原子的电荷密度，从而使氧化镁表面带上不同程度的强碱性位。一般而言，碱金属和碱土金属氧化物催化剂的碱性强度随碱金属和碱土金属的原子序数的增加而增加，其顺序为 $Cs_2O>Rb_2O>K_2O>Na_2O$；$BaO>SrO>CaO>MgO$。另外煅烧温度和前驱体的种类也显著影响碱金属及碱土金属氧化物的碱强度，通常煅烧温度高有利于得到强的碱性位，而不同前驱体煅烧所得碱土金属氧化物的碱强度顺序为碳酸盐＞氢氧化物＞醋酸盐。总之，通过改变制备条件或选择不同的前驱体，可以制备出具有强碱位甚至超强碱位的碱金属及碱土金属氧化物，但是这些固体碱均为粉状，没有机械强度，不易从产物中分离，而且其比表面积小（除 MgO 外均小于 70 m^2/g）。此外，其比表面积随碱性位增强而显著降低。例如对于碱土金属氧化物而言，其比表面积的大小顺序为 $MgO>>CaO>SrO>BaO$。这些都限制了它们在工业催化中的应用。

5.2.3.2 水合滑石类固体碱催化剂

水合滑石类材料是层柱双氢氧化物，其结构式为 $[M_1^{2+}M_2^{3+}(OH)_{2(x+1)}](A^{m-1/m})\cdot nH_2O$，其中 $M_1=Mg$、Zn 或 Ni，$M_2=Al$、Cr 或 Fe，A^{m-} 可以是 Cl^-、CO_3^{2-} 等。通常以 M^{2+} 和 M^{3+} 为中心的 $M(OH)_6$ 八面体单元通过共边形成带有正电荷的层板，而 A^{m-} 和 H_2O 分别是位于层板间的各种阴离子和水分子，A^{n-} 起平衡层板正电荷的作用。当 M_1 为 Mg、M_2 为 Al 时，这种水滑石类催化剂表面同时具有酸碱活性位，适当地改变镁铝比以及起中和作用的阴离子可以改变层板氧原子的电荷密度，从而调变这类催化剂表面酸碱活性位的比例。Dumitriu 等制备了一系列不同镁铝比以及中和阴离子的镁铝水滑石类催化剂，通过研究发现，当镁铝比为 3，中和阴离子为碳酸根时其碱性最强，催化环己醇脱氢生成环己酮的选择性可达到 86.9%。另外由于具有独特的层柱状结构，水滑石类催化剂的比表面积通常比较大，可达到 200 m^2/g。由上述可知，通过改变制备条件和选择不同的前驱体，可以制备具有强碱位甚至超强碱位的碱金属及碱土金属氧化物，但是这一类催化剂的比表面积都很小；水合滑石类催化剂虽然具有较大的比表面积，但其表面同时具有酸碱活性位，而且很难得到强的碱性位（相对于 MgO）。为此，人们提出了将碱金属和碱土金属氧化物及其盐类负载到多孔材料上的负载型无机固体碱。

5.2.3.3 负载型无机固体碱

目前负载型固体碱的载体主要有三氧化铝和分子筛两种，此外也有用活性炭、氧化镁、氧化钙、二氧化锆、二氧化钛等作为载体的。负载的前驱体物种主要为碱金属、碱金属氢氧化物、碳酸盐、氟化物、硝酸盐、醋酸盐、氨化物和叠氮化物。由于碱土金属的氢氧化物和碳酸盐均为难溶物，而其硝酸盐分解温度普遍较高，所以也有少量报道用碱土金属醋酸盐作为前驱体的。至于负载型无机固体碱的活性位主要是碱金属、碱金属氨化物、碱金属或碱土金属氧化物、氢氧化物和碳酸盐，也有前驱体经高温煅烧后和载体反应生成的活性位。下面将结合负载前驱体和碱活性位的种类详细介绍不同载体的负载型固体碱催化剂。

1)三氧化铝为载体的无机固体碱

三氧化铝表面同时具有酸碱活性位,其哈密特常数 H_- 最高可以达到15。同时,其机械强度高、热稳定性好,是工业催化剂常用的载体。将上述的碱金属和碱土金属前驱体负载到三氧化铝表面,经高温焙烧可以得到不同碱强度的负载型固体碱。由于氢氧化钾的碱性较强($H_-=18.4$),且钾的氢氧化物及盐类价格便宜、易得,因此以钾的氢氧化物或盐为前驱体的负载型固体碱成为人们研究热点。KOH 和 K_2CO_3 自身具有碱性,将其负载到 Al_2O_3 表面,这些前驱体本身就会产生碱性位,但是将中性盐 KF 和 KNO_3 负载到 Al_2O_3 表面,其碱性位必须通过高温焙烧,使前驱体和载体发生反应或者自身分解而产生。例如 KF 在高温焙烧过程中会和 Al_2O_3 表面作用而产生 KOH 和 $KAlO_2$ 类的碱物种:

$$12KF + Al_2O_3 + 3H_2O \longrightarrow 2K_3AlF_6 + 6KOH$$

$$6KF + 2Al_2O_3 \longrightarrow K_5A1F_6 + KAlO_2$$

KNO_3 和 K_2CO_3 的分解温度都比较高,分别为 943 K 和 1 273 K,但是当其负载在 Al_2O_3 表面时,在 873 K 就可以和表面的羟基作用而产生 AlOK 活性位:

$$KNO_3 + Al—OH \longrightarrow Al—OK$$

$$K_2CO_3 + 2Al—OH \longrightarrow CO_2 + H_2O + 2Al—OK$$

表 5-14 列出了氢氧化钾、碳酸钾以及一些钾盐负载三氧化铝后经高温煅烧所得固体碱的碱强度。由表 5-14 可知,负载钾盐或氢氧化物的三氧化铝经高温焙烧后其碱强度顺序为 $KNO_3/Al_2O_3 = K_2CO_3/Al_2O_3 > KF/Al_2O_3 > KOH/Al_2O_3$。此外,将强碱性的金属钠、氨基钾或者 CsOH 等负载到 Al_2O_3 表面,经高温焙烧可以得到 $H_- > 30$ 的固体超强碱。但是这些固体超强碱的前驱体碱性极强,很容易被空气中的氧气、水等污染,并且制备条件苛刻。采用弱碱性的 Cs 的碳酸盐或者醋酸盐为前驱体通过浸渍法负载到三氧化铝表面,高温分解后可以产生 $H_- > 35$ 的超强碱位,如表 5-15 所示。

表 5-14　钾盐和碱以及负载在 Al_2O_3 上钾盐和碱的碱强度

固体碱	处理温度(K)	H_-
K_2CO_3	—	15.0
KOH	—	18.4
13% KOH/Al_2O_3	773	18.4
16% KF/Al_2O_3	773	>18.4
20% K_2CO_3/Al_2O_3	873	27
26% KNO_3/Al_2O_3	873	27

表 5-15　一些固体超强碱的碱强度

固体碱	前驱体和制备方法	处理温度(K)	H_-
Na/Al_2O_3	Na 气相沉积	823	35
$Na/NaOH/Al_2O_3$	Na,NaOH 浸渍	773	35
Cs_xO/Al_2O_3	CsOAc 浸渍	973	≥37

由上述可知,以三氧化铝为载体制备固体碱的优点是:碱强度高(H_-最高可达 37),机械强度和热稳定性好。其主要缺点是:比表面积低,比表面为 219 m^2/g 的 $\gamma-Al_2O_3$ 负载 2 mmol/g CsOAc,经 973 K 抽真空后比表面积降到 129 m^2/g;此外,三氧化铝的孔径分布较宽,分子择形性较差。

2)分子筛为载体的固体碱

沸石分子筛因其高比表面积和独特的择形性,而被广泛用做负载型固体碱的载体。按制备方法和碱活性位的种类来分,固体碱分子筛可以分为碱金属离子交换分子筛,通过物理或化学方法将碱金属或稀土金属以金属态或金属氨化物形态分散到分子筛所得的固体碱(在此称为金属活性位固体碱分子筛),以及将弱碱性化合物作为碱位前躯体负载在高比表面沸石上再通过适当处理而产生强碱位所得的固体碱(在此称为弱碱位前躯体负载固体碱分子筛)。

(1)碱金属离子交换分子筛:硅铝分子筛中,以 Si 和 Al 为中心的 SiO_4 和 AlO_4 四面体通过共点、共边或共面构成具有一定孔结构的分子筛三维骨架。由于四配位的 Al 带有部分正电荷使得与其相邻的骨架氧因具有负电荷而呈碱性,这种骨架氧的碱强度主要取决于其所处的微环境。将分子筛与碱金属阳离子进行离子交换,可以使碱金属阳离子进入分子筛的笼中,导致骨架氧的电负性增强并最终使分子筛呈不同强度的碱性。Barthomeuf等研究发现,碱金属交换所得的分子筛其碱性随着硅铝比的减小以及交换碱金属离子半径的增大而增加。但是通过碱金属离子交换制备的固体碱分子筛所产生的只有弱碱位,即使是硅铝比最低、骨架氧电负性最强的 X 型分子筛经过 Cs 交换,在 423 K 催化环氧乙烷和二氧化碳环加成反应中碳酸乙烯的收率只有 10.5%。

(2)金属活性位固体碱分子筛:通过碱金属气相沉积、负载碱金属重氮盐、有机碱金属溶液以及钠液氨浸渍等方法可以在沸石表面形成类似 Na_4^{3+} 的碱金属簇活性位,从而制备固体超强碱。此外,Baba 等将镧系金属 Yb 或 Eu 溶于液氨后,负载在 NaY、NaX、NaM、NaA、NaZSM-5 沸石上形成了 $EuNH_x$($x=1,2$)物类和金属微粒,制备了强碱性沸石催化剂,在需要强碱位催化的丁烯异构化反应中具有较高活性。但由于这些固体超强碱的活性位主要为金属簇或金属氨化物,很容易被空气中水、氧气和二氧化碳中毒而难以工业化应用。

(3)弱碱位或中性前躯体负载固体碱分子筛:在沸石分子筛表面引入碱性客体,使其在高温活化过程中产生类似于碱金属氢氧化物或氧化物的活性位也可以制备强碱性沸石分子筛。但是如果在沸石上直接负载具有强碱性的碱金属氧化物或氢氧化物,固然形成了强的碱性位,可是在催化剂的高温活化过程中这些碱金属氧化物或氢氧化物,会和分子筛中的硅组分反应,侵蚀分子筛的骨架而造成分子筛的结构坍塌。将弱碱性或中性化合物作为碱位前驱体负载在高比表面沸石上再通过适当处理而产生强碱位,能避免对于沸石结构的破坏,从而成为制备强碱性沸石的另一重要途径。目前常用Cs盐和钾盐水溶液浸渍沸石,然后加热分解而生成碱金属氧化物簇,在需要弱碱位或中强碱位催化的的异丙醇脱氢和需要强碱位催化的丁烯异构化反应中都具有较高活性。由于在碱金属元素中以Cs的碱性最强,并且用CsOAc改性Al_2O_3可以制备出H_-高于30的固体超强碱,Cs盐被尝试着用来改性分子筛从而制备强碱性固体碱分子筛。Meyer等用CsOAc改性的CsX分子筛催化苯甲酸甲酯和乙二醇的酯交换反应中,其转化率和选择性分别达到了82.0%和90.7%。随着MCM－41中孔分子筛的出现,碱性分子筛的种类又有所增加。Kloestra等将CsOAc负载在MCM－41,得到孔径约为3 nm的强碱性中孔分子筛;在423 K的丙二酸二乙酯Michael加成反应中,其转化率和选择性分别达到了87%和92%。然而CsOAc分解产生的CsO会和分子筛载体骨架反应生成弱碱性硅酸盐,这一方面降低了其表面碱性,例如CsOCsX的碱强度为($17.2 \leqslant H_- \leqslant 18.4$);另一方面使分子筛的比表面积急剧减小,以CsOAc改性MCM－41时,当Cs负载量高于22(wt)%之后,样品比表面积由1 69 m^2/g降到176 m^2/g。此外,由于用KF、KNO_3、K_2CO_3改性Al_2O_3可以得到$H_-=18.4 \sim 27$的固体碱,而且弱碱性或中性的钾盐负载在分子筛表面,不会侵蚀分子筛的骨架,因此钾盐改性的分子筛成为固体碱分子筛研究领域的热点。将KF负载在NaY分子筛上,KF会和沸石中的硅铝组分发生类似于和Al_2O_3、SiO_2的相互作用而产生KOH类的碱物种。但是KF－NaY的碱强度却很低($H_- < 9.3$)。

$$12KF + 3H_2O + Al_2O_3 \longrightarrow 6KOH + 2K_3AlF_6$$

$$6KF + SiO_2 + 2H_2O \longrightarrow K_2SiF_6 + 4KOH$$

将KNO_3负载在Al_2O_3表面873 K就能分解产生Al－OK超强碱位,但是将其负载在NaY分子筛上却很难分解,21(wt)%KNO_3/NaY经过873 K抽空后只产生0.16 mmol/g的碱量,用异丙醇、丙酮、乙醇等还原剂在673 K处理21(wt)%KNO_3/NaY,则可以通过氧化还原过程分解KNO_3而产生0.95 mmol/g的碱量,碱强度达到$H_-=15.0$。由上述可知,在NaY分子筛上用KF和KNO_3改性都得不到类似于三氧化铝改性的固体强碱。这主要是因为NaY分子筛含有硅组分,氧化硅很容易和钾化物生成碱强度低的硅钾化合物,同时这种相互作用也导致了改性分子筛高温活化后结构的坍塌,例如16(wt)%KF/NaY经923 K抽空后结构完全塌陷。将NaY分子筛用Al_2O_3表面镀饰后再进行改性,一方面可以避免硅钾化合物的生成而提高其碱强度,另一方面可以防止氧化硅和钾化物作用导致的分子筛结构坍塌。Al_2O_3可以通过化学沉积和微波辐射两种方法镀饰到分子筛表面。用KF改性的Al_2O_3/NaY碱强度可以达到$H_-=17.2$,而用KNO_3改性的Al_2O_3/NaY,在873 K就可以使KNO_3分解,并且产生较高的碱强度($H_-=17.2 \sim 18.4$)。除了对分子筛进行表面镀饰外,选择适当结构的分子筛进行钾盐改性也能得到强碱性分子筛,例如将KF负载在与NaY分子筛结构不同但硅铝比相近的KL分子筛上其碱强度能达到$H_-=15.0$;将KNO_3和K_2CO_3负载在KL上,873 K抽空KNO_3和K_2CO_3就会分解而产生具有超强碱位的KO微粒($H_-=27.0$)。然而除了KL之外的各种沸石如 NaY、KY 和 KX 负载了 KNO_3 后都没有超强碱位。此外 KL 沸石的比表面积较小(246 m^2/g)而且 KL 沸石改性需要负载 10%～20% 的 KNO_3 或 K_2CO_3 才能出现超强碱位，其孔道被严重阻塞以至于正己烷吸附量(298 K，$p/ps=0.5$)减少 50%～80%。由于碱土金属碳酸盐难溶于水，而且其硝酸盐分解温度高，所以很难将碱土金属以盐的形式负载到分子筛表面。朱建华等将 $Mg(OH)_2$ 高温煅烧所得 MgO 经微波辐射法负载在 NaY 和 KL 分子筛上得到了碱强度高于 MgO($H_- \leqslant 18.4$)的碱性位($H_-=22.5$)。与 KF 或 KNO_3 改性法相比，MgO 在微波辐射条件下既不会破坏沸石结构，也不产生 $MgAl_2O_4$ 之类的新物象，此外该方法对沸石孔结构的影响较小。KL 沸石负载 10(wt)% 的 MgO 后，其苯吸附量仅仅减少 12%。使用微波辐射在沸石上负载 MgO 还具有耗时少、操作简单等特点，为研制强碱性分子筛开辟了新途径。

3)其他载体的固体碱

除了被广泛使用的 Al_2O_3 和分子筛外，活性炭、ZrO_2、TiO_2、MgO、CaO 也可以作为负载型固体碱的载体。相同的前驱体负载在不同载体上其碱强度随载体碱强度的增大而增大。此外，将氢氧化钠负载在强碱性的 MgO 或 CaO 上 823 K 煅烧甚至可以制备 $H_- > 26.5$ 的固体超强碱。但是这些载体除活性炭外，比表面积都比较小且机械强度低。总而言之，将碱金属或碱金属、碱土金属氧化物及其盐和碱负载到多孔载体上，不仅可以得到超强碱位的固体碱还可以显著提高催化剂的比表面积，是制备固体碱催化剂的主要研究方向。

综上所述，固体碱种类繁多，覆盖的碱强度范围宽，因此固体碱的选择和研究方向应视其所应用的化学反应而定，总结如下：

(1)对于需要弱碱位催化的反应，例如 Knoevenagel 和羟醛缩合反应，可以选用有机碱负载的分子筛以及碱金属离子交换的分子筛。这一类固体碱催化剂的优点是比表面积大、分子择形性好、选择不同的分子筛还可以控制载体的孔径。此外，有机碱负载的分子筛碱强度均匀，且活性组分不流失；而碱金属交换分子筛制备简单，适用于高温反应。这一类固体碱需要提高的是其机械强度，尤其在用于液相反应的时候。

(2)对于需要中强碱和强碱位催化的反应，例如异丙醇脱氢和丁烯异构，可以选用钾盐改性的三氧化铝和分子筛。这一类催化剂具有较高的碱强度；且三氧化铝改性的固体碱碱强度高，热稳定性好；而分子筛改性的催化剂比表面积高，分子择形性好。这一类催化剂需要改进的是在保证碱强度的同时，提高其比表面积和机械强度。

(3)对于需要超强碱位催化的反应，例如 1－炔和醛、酮的缩合反应，可以选用 Cs 改性的三氧化铝。这一类催化剂碱强度高，但是成本高，比表面积低，因此在研制开发时应主要从提高比表面积和降低成本入手。

(4)不同载体的负载型固体碱催化剂，其未来研究的侧重点也应有所不同。对于高比表面积、分子择形性好的改性分子筛固体碱，应重视其碱强度、结构稳定性和机械强度的提高；而对于碱强度较高的改性三氧化铝应重视载体比表面积的提高和孔径分布的控制；此外也可以考虑用高比表面积的活性炭作为载体，其研究的重点应为机械强度、碱强度以及孔径分布的控制；而其他载体由于比表面积低且机械强度差，所以工业应用价值较小。

5.2.4 固体碱催化剂在有机合成反应中的应用

5.2.4.1 异构化反应

烯的异构化反应,如:1－丁烯异构化生成2－丁烯的反应通常被用来研究反应机理和表征催化剂的性能。Al_2O_3、CaO和MgO对此反应有较好的催化活性。反应开始于催化剂的碱中心吸附烯丙基的氢,从而形成顺式和反式烯丙基阴离子,由于顺式比反式烯丙基阴离子稳定,因此最终主要生成顺式异构化产物。固体碱催化剂对含有氮或氧等杂原子的烯烃化合物异构化反应有独特的催化优势。酸性催化剂容易与此类化合物中的杂原子强烈相互作用致使催化剂中毒失去活性,而固体碱催化剂避免了这种相互影响,相比酸性催化剂效果显著。

炔的异构化反应以Cs_2CO_3/Al_2O_3为催化剂,3－羟基－1,3－二苯丙炔发生如下异构化反应:

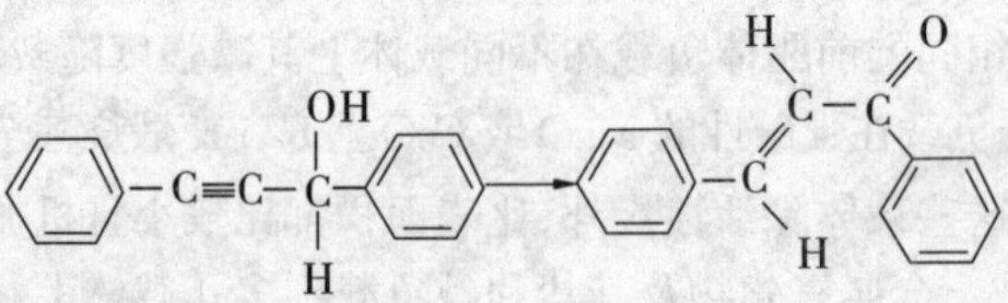

其中Cs_2CO_3为催化剂的前躯体,在温度为303 K下持续20 h,产率可达到97%,表明催化剂的催化活性很好。

5.2.4.2 氧化反应

不饱和烯烃的环氧化作用是在固体碱催化剂作用的同时伴有过氧化氢物的加入,例如,H_2O_2、ROOH、H_2O_2和ROOH分别在催化剂的作用下放出质子,形成HOO－和ROO－作为亲核试剂与不饱和烯烃发生环氧化作用。Yadav和Kapoor首次报导了在环氧化反应中使用TBHP—KF/Al_2O_3作为催化剂,其中TBHP全称为叔丁基过氧化氢。在环戊烯酮氧化反应中该催化剂表现了很好的催化性能,反应式如下:

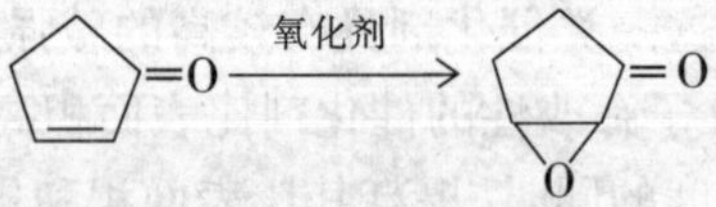

5.2.4.3 氨化反应

在固体碱催化剂作用下伯胺和仲胺能够与共轭双烯发生加成反应。碱土金属氧化物、La_2O_3、ThO_2等固体碱催化剂在反应中表现了较高的活性,反应通式为:

$$CH_2 = CH-CH = CH_2 + R_1(R_2)NH \longrightarrow R_1(R_2)N-CH_2-CH = CH-CH_3$$

在催化剂存在的条件下,单烯不易发生该反应,原因是其低的氢化作用。胺在反应过程中分解为$R_1(R_2)N-$和H^+,碱中心的作用是吸收反应物释放的H^+。

5.2.4.4 氢化反应

通常氢分子在固体碱催化剂被吸附并形成H^+和H^-起到氢化作用。如以MgO作为催化剂在温度为 273 K 发生反应：

$$CH_2 = CH - CH = CH_2 + H_2 \longrightarrow CH_3 - CH = CH - CH_3$$

此温度下 1,3－丁二烯在气相中的组成有顺反异构体，反应首先是 H_2 被吸附形成 H^+ 和 H^- 在固体碱催化剂的活性中心上，接着 H^- 进攻 1,3－丁二烯形成烯丙基阴离子，此过程中伴有顺反烯丙基阴离子的相互转变，最后 H^+ 加成到烯丙基阴离子上形成顺反两种产物。由于烯丙基阴离子的末端碳原子电子密度最高，H^+ 首先选择加成到末端碳原子上得到最终产物。就氢化反应而言，反应物单烯与二烯的区别在于形成各自的烷基阴离子和烯基阴离子的难易。烯基阴离子比烷基阴离子稳定，因此形成烷基阴离子需要更高的温度。氢化反应与氨化反应，Michael 加成反应有着共同的特征。催化剂的碱中心吸收反应物的 H^+，反应物形成带负电荷的离子，H^+ 和带负电荷的离子即顺利的加成到共轭双键上。

5.2.4.5 C—C 键合成反应

醇醛缩合反应

丙酮自身缩合反应：

$$2CH_3-\underset{\underset{O}{\|}}{C}-CH_3 \longrightarrow CH_3-\underset{\underset{O}{\|}}{C}-CH_2-\overset{\overset{CH_3}{|}}{\underset{\underset{CH_3}{|}}{C}}-OH$$

固体碱催化剂如碱土金属氧化物、La_2O_3、ZnO_2、$Ba(OH)_2$ 对该反应表现突出。碱土金属氧化物活性顺序为 BaO＞SrO＞CaO＞MgO。以 MgO 为催化剂，添加少量的水可以提高活性，说明活性中心是 OH^- 和 O^{2-}。以含重氢的丙酮来做跟踪实验，发现该反应的慢步骤是反应物失去一个 H^+ 后形成的阴离子对另一个反应物分子的进攻过程。近来也有人把 Pd 和 Na 一同负载在 SiO_2 上作为催化剂，以正丁醛自身缩合反应作为探针反应，表现很好的催化活性。

温度控制在 333 K 时，丙酮与苯甲醛发生缩合反应：

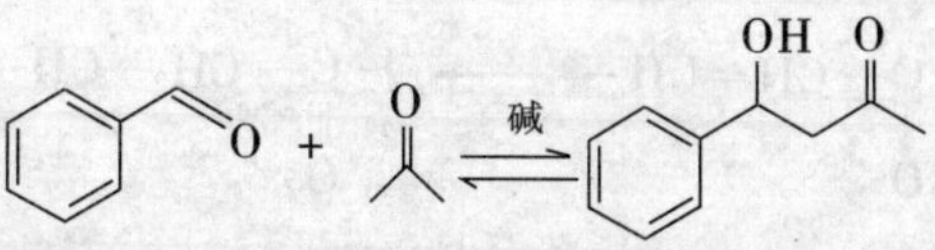

此反应以水滑石作为催化剂，水滑石在反应过程中生成 OH^-。

Knoevenagel 缩合反应发生在酮和含活性亚甲基的化合物之间，常用的固体碱催化剂有碱性离子交换的沸石、海泡石和氮氧化物、改性水滑石。也有报道一类新型固体碱二甲胺乙基磷酸钡，碱强度为 9.3～15.0，热稳定性好，催化苯甲酸与丙二酸二乙酯的缩合反应，收率高，可重复再生，属于环境友好催化剂。催化剂氮化磷酸铝(AlPON)对以下反应有独特的催化活性。

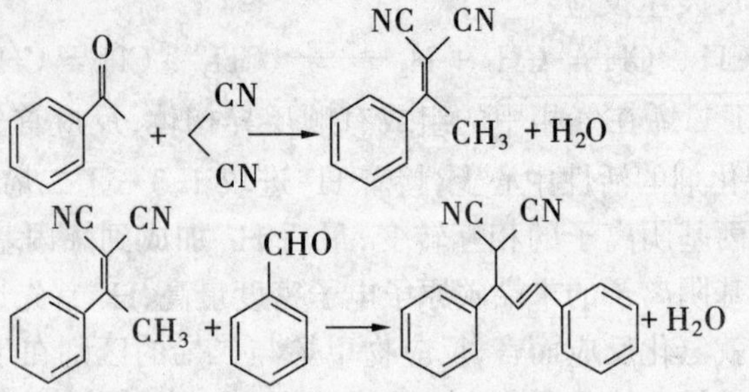

第一步反应可用 MgO、水滑石或 AlPON 作为催化剂,而第二步反应仅仅只有AlPON显示了催化性能,因此选用 AlPON 作为催化剂可使这两步反应发生在一套装置中。近来有报道,将 KF 负载在天然的磷酸盐上对 Knoevenagel 反应表现出高的催化活性,反应条件温和,具有容易分离及再循环等优势。

Nitroaldol 反应即是含羰基的化合物与含硝基的烷烃发生加成反应反应通式:

$$R^1CHO + R^2CH_2NO_2 \longrightarrow R^1CH(OH)CH(NO_2)R^2$$

以硝基甲烷与丙醛生成 1-硝基-2-丁醇为例,碱性氧化物、氢氧化物、KF/Al_2O_3都对此反应有催化活性。碱性氧化物催化活性排序:MgO>CaO>SrO>BaO。MgO 和 CaO 的活性高于其各自的氢氧化物,而 SrO 和 BaO 的活性则低于各自的氢氧化物。反应中强碱中心并不需要。反应开始于硝基甲烷失去 H^+ 变成阴离子,失去的 H^+ 吸附在催化剂的碱中心上,同时阴离子进攻丙醛中羰基上的碳原子,形成新的 C—C 键,最后与催化剂的表面上的 H^+ 作用得到产物。固体碱催化剂 MgO、CaO、KF/Al_2O_3 在温度为 473 K 时催化效果显著。一般来说,碱性催化剂易受空气中 CO_2 影响而失去活性,但该类催化剂并不受到空气的影响,原因在于硝基甲烷强吸附在催化剂的表面并且吸附了的 CO_2 可以被硝基甲烷取代。

Michael 加成反应多发生在含有活性亚甲基的化合物与含有 α、β 不饱和羰基化合物之间。例如下述反应:

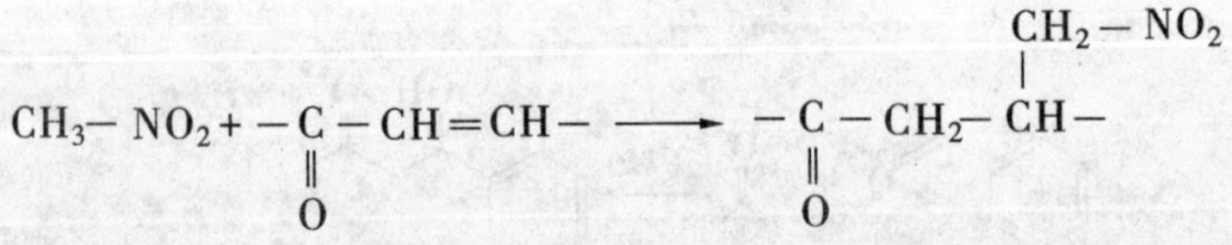

以 KF/Al_2O_3 和 KOH/Al_2O_3 作为催化剂有高活性,而 MgO 和 CaO 活性较低。也有科研人员首次尝试以改性镁铝水滑石来催化 Michael 加成反应,发现对于选择性的 1,4-加成反应,副反应发生的可能性很低,同时表现出高的催化活性。这种新的催化剂相比于液态的碱性催化剂将是更佳的选择。

醇与不饱和酮加成反应通常选用碱土金属氧化物,KF/Al_2O_3,KOH/Al_2O_3 作为催化剂,都有较高的活性。反应式:

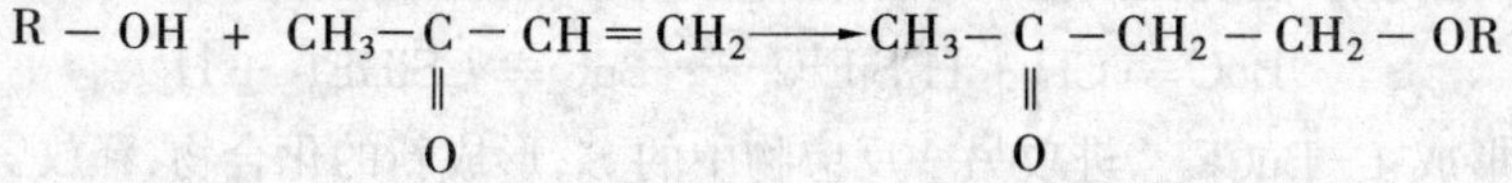

对于甲醇的加成反应，MgO 和 CaO 作为催化剂显示了高活性，弱的碱中心作为反应的活性中心。相比于 Nitroaldol 反应，催化剂暴露在空气中或在 CO_2 的气氛中也不会中毒，原因在于甲醇在催化剂上的强吸附作用。

苯基炔烃亲核加成反应指的是苯基炔烃的自身加成反应，如以 KNH_2/Al_2O_3 作为催化剂，催化苯基乙炔的自身加成反应：

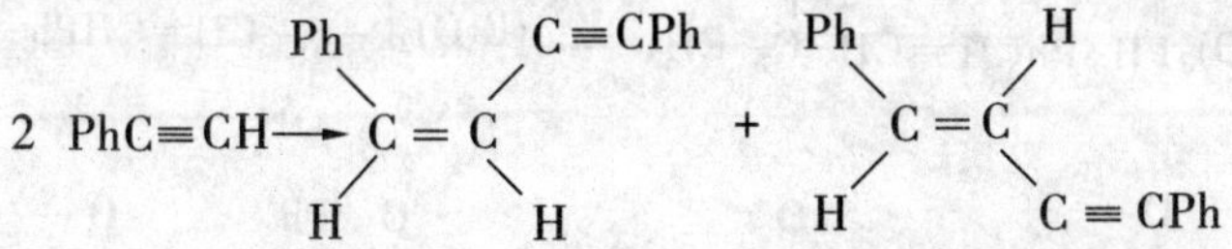

在温度为 363 K 时持续 20 h，可达到 97% 的产率。且顺反异构体之比为 96:4。反应过程可能是苯基乙炔被催化剂吸附失去一个氢，生成带负电荷的阴离子，再进攻另一个反应物，最终得到产物。苯基乙炔与环己酮的加成反应：

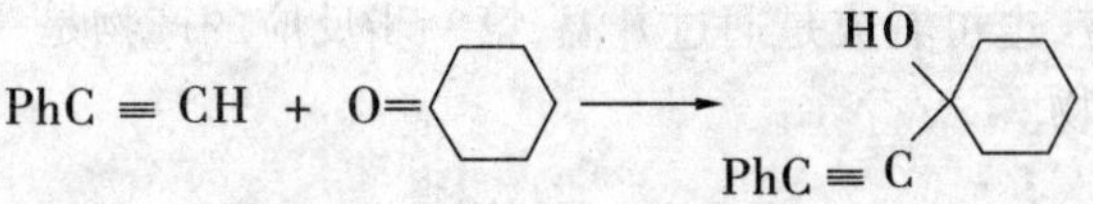

该反应同样以 KNH_2/Al_2O_3 作为催化剂，在温度为 363 K 时持续 20 h，产率达到 67%。

Wadsworth—Emmons 反应过去都是采用液体碱来催化该反应的发生。虽然也有报道 KF/Al_2O_3、MgO 和 ZnO 固体催化剂，但催化性能一般。近年来首次报道了以 Mg—Al—水滑石—O^tBu 作为以下反应的催化剂，改变镁铝比将产生不同的催化性能且活性很好。

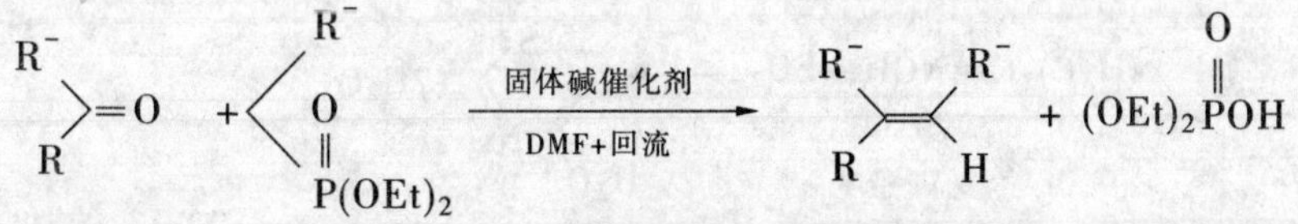

5.2.4.6 Si—C 键合成反应

当一个阴离子进攻 Si 时将发生亲核取代并形成 Si—C 键。在以 KNH_2/Al_2O_3 或 KF/Al_2O_3 作为催化剂时，发生下面反应：

$$Me_3SiC \equiv CH \longrightarrow Me_3SiC \equiv CSiMe_3 + HC \equiv CH$$

反应机理是催化剂的碱中心吸收一个 Me_3SiCCH 释放的质子，Me_3SiCCH 转变成 Me_3SiCC^-，进攻另一个反应物分子中的 Si，从而形成新的含有 Si—C 键的化合物。以

KF/Al_2O_3 作催化剂，温度控制在 303 K，发生反应：

$$^tBuC \equiv CH + H_2SiEt_2 \longrightarrow {}^tBuC \equiv CSiHEt_2 + H_2$$

反应先形成 t－$BuCC^-$，进攻另一反应物中的 Si，形成新的化合物，释放氢负离子。

5.2.4.7　P—C 键合成反应

Pudovik 反应是含有一个不稳定的 P—H 键化合物与另一不饱和化合物之间的加成反应，也是最重要的形成 P—C 键合成反应之一。Semenzin 和他的同事们报导了对于该反应 KOH/Al_2O_3 是一个有效的催化剂。如：磷酸二乙酯和 4－苯基－3－丁烯酮的加成反应如下所示。

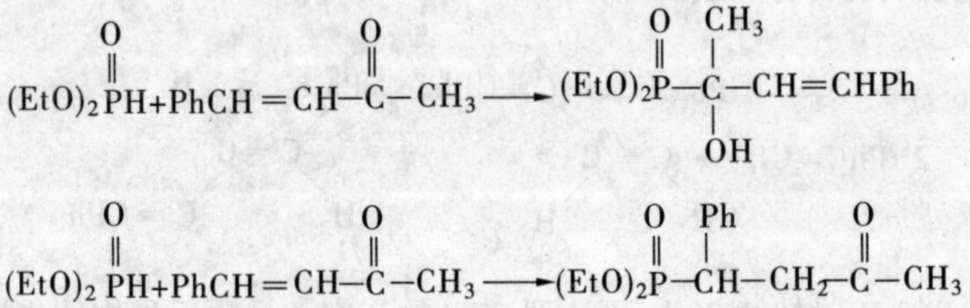

当反应温度为 293 K 时，发生第一步反应，且产物的产率达到 100%。随着温度的升高，将发生第二步反应，也可看成是通过升温，第一步反应的产物是一个中间产物，第二步反应产物才是最终产物。

5.2.4.8　环的反应

开环反应最典型的是脱水甘油与脂肪酸反应生成甘油酸酯。这在食品工业上广泛应用，作为食品添加剂，甘油酸酯有乳化剂和杀菌剂的作用。Cauvel 等人发现中孔分子筛 MCM－41 能够有效催化该反应。近来报道了 MAF 固体碱催化剂，即经过水热处理的镁铝复合氧化物浸渍适量的 KF，在甲醇与环氧丙烷非均相合成丙二醇甲醚的反应中表现出选择性高、稳定性好，使用后无须任何处理，可重复使用等特性。

杂环合成反应 4－甲基噻唑的合成反应如下：

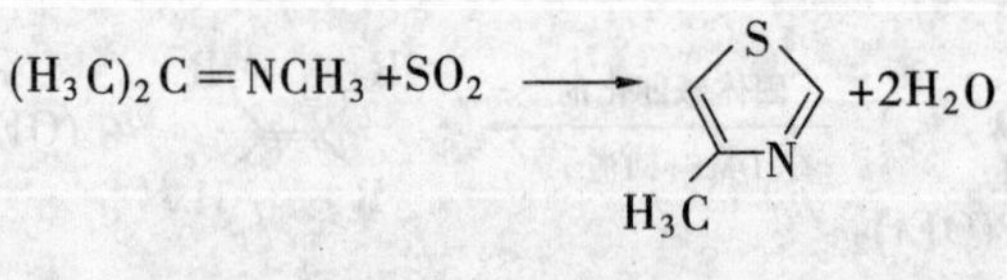

Cs 负载在 ZSM—5 沸石上作为该反应的催化剂，活性、选择性和寿命都不错。该反应在温度为 700 K 水气存在的条件下进行，产物是一种杀菌剂。

5.2.4.9　活性中心的讨论

固体碱催化属于多相催化的领域。固体碱催化剂表面往往不均匀，表面上不但可有不同强度的碱中心，有时还同时有酸中心和碱中心。不同的固体碱催化剂由于结构不同，表现出不同的碱性，具有不同的催化活性。通常所说碱金属和碱土金属氧化物的碱中心是其表面吸附水后形成的羟基和带负电荷的晶格氧。例如催化剂 MgO,低温时碱中心是羟基,高温处理时,氧分子中的电子运动加速,从而氧原子的电荷密度发生变化,致使 MgO 碱中心的强度有一定程度的提高。Dumitriu 和他的科研同伴们制备了不同镁铝比及中和阴离子的水合滑石类催化剂。研究表明,该种催化剂表面有酸碱两种活性中心,其酸碱中心的数量取决于镁铝比和起中和作用的阴离子。以 Al_2O_3 为载体是科研工作者感兴趣的课题,Al_2O_3 表层同时产生酸碱活性中心。将中性盐 KF 负载在 Al_2O_3 上,高温焙烧后,其与载体发生反应,产生碱性中心。而将 KNO_3 负载在 Al_2O_3 表面,在未达到分解温度时,其前躯体就可以和载体表面的羟基作用产生活性中心。

将 MgO 适当处理后作为载体也时有报道。采用浸渍的方法负载上活性组分酞菁钴化合物(CoPc),制成 CoPc/MgO 催化剂,该催化剂在催化硫醇氧化时表现出较高的催化活性,但活性中心易吸附空气中的 CO_2、H_2O 等杂质而失活。加入 Al_2O_3 制备成混合载体,Mg 和 Al 物质的量比越高,反应初活性越高,但易失活,加入 NiO 后,稳定性有所提高。以分子筛作为固体碱催化剂载体的研究进展也非常迅速,将负载有机胺或季铵碱在分子筛上而制成固体碱催化剂的研究已有报道。有机胺分子筛和季铵碱分子筛各自的活性中心是能提供孤对电子的氮原子和氢氧根离子,其活性中心均为有机碱。Barthomeuf 等人研究了通过碱金属离子制备的分子筛,只能产生弱碱中心。通过碱金属气相沉积、负载碱金属重氮盐等在沸石上形成的固体碱催化剂其表面可以形成碱金属簇活性中心。用铯盐和钾盐水溶液浸渍沸石后加热,表面能生成碱金属氧化物簇,产生弱碱中心和中强碱中心。对于 Si—Al 分子筛应用吡咯(C_4H_4NH)作为探针分子研究分子筛表面碱中心,原理在于吡咯分子上的 NH 基团上的 H 可与分子筛$[AlO_4]^-$骨架上具有碱性氧作用生成 NH—O 键。当分子筛吸附吡咯分子后,$[AlO_4]^-$骨架上(L 碱中心)的电子向吡咯分子上的氮转移,削弱吡咯分子上 N—H 键。近年来,科研工作者对固体碱催化剂改性研究越来越感兴趣。通过改性能够得到所预想的碱中心强度,从而提高催化剂的活性和选择性。例如用 CsOAc 改性 Al_2O_3 可以制备固体超强碱,科研工作者也尝试用铯盐改性的分子筛来制备强碱性分子筛。Meyer 和他的同事用 CsOAc 改性 CsX 的分子筛应用于苯甲酸甲酯和乙二醇的酯交换反应。

尽管研究进展迅速,但也有一些问题尚有待探索和解决。固体碱催化剂的碱中心应该进一步阐明,许多反应中无法定义碱中心的数量和强度。同样,澄清在固体碱催化剂表面上碱中心的作用和酸中心的变化也是一个有待开发的课题。对催化剂性能上的描述也有待发展,虽然已有了一些方法,比如说催化剂活性的好坏、选择性的高低,但有时对于特殊反应目的总找不到合适的方法和语言来说明。计算化学是这几年热门研究的领域,通过理论计算能够对催化剂活性中心的理解有一定的帮助,但还需要进一步地深入下去。最后,固体碱催化剂在有机反应中的作用应该继续探索,有些反应过去采用酸性催化剂或其他种类的催化剂,固体碱催化剂是否可行,是否能够产生更好的催化效果,这些都有待于科研工作者的大胆尝试。

5.3 固载化均相催化剂

近年来,人们逐步认识到均相催化剂与产品的分离问题是阻碍不对称催化的重要因素。利用物理或化学的方法,将均相催化剂与载体相结合,以制备固相化均相催化剂,载体一般为无机氧化物和有机高分子化合物。无机氧化物多采用硅胶、三氧化二铝、活性碳等。通过载体表面羟基等功能团与配体活性功能团发生反应,形成化学键合固相化。催化技术作为现代化学工业的基础,正日益广泛和深入地渗透于石油炼制、化学、高分子材料、医药等工业以及环境保护产业中,起着举足轻重的作用。长期以来,工业上使用的传统催化剂往往存在着活性低、选择性差等缺点,同时常需要高温、高压等苛刻的反应条件,且能耗大,效率低,不少还对环境造成污染。为此,人们在不断努力探索和研究新的、高效的、环境友好的绿色催化剂。由于金属有机化学的迅速发展,出现了很多可作为均相催化剂的有机金属络合物,虽然其活性和选择性较高,但由于此类催化剂对金属反应器有腐蚀作用,在空气和水中稳定性差,以及催化剂的分离和回收困难,使其应用受到一定的限制。在上述背景下,于 20 世纪 60 年代末、70 年代初,人们提出把有机金属络合物固定在高分子化合物上面,转化均相催化剂为多相催化剂,使之兼具二者的优点和同时避免它们的缺点。随后,这一领域的研究得到广泛开展,到 70 年代中期许多已知的均相配合物催化剂都进行了相应的负载化研究。负载金属催化剂通常由载体和金属化合物配合构成,载体由其骨架和配位基组成。负载型金属催化剂也相应的有:负载型金属化合物催化剂、负载型单金属络合物催化剂、负载型金属簇络合物催化剂、负载型双金属络合物催化剂等。近年来的研究表明,负载型金属催化剂基本上兼具无机物非均相催化剂与金属有机配合物均相催化剂的优点,它不但具有较高的活性和选择性,腐蚀性小,而且容易回收重复利用,且稳定性好。对于负载型金属催化剂,每个过渡金属原子都是活性中心,催化剂活性非常高,可以达到上亿倍。1995 年 Brookhart 等发现含 α－二亚胺配体的 Ni(Ⅱ)和 Pd(Ⅱ)络合物可以在常压下使乙烯聚合成高分子量聚合物。这种催化剂不仅具有相当高的活性,而且可以通过改变外界参数,比如压力和温度,从而制得性能不同的树脂材料。在此基础上,1998 年,Brookhart 和 Gibson 各自独立发现了由一类常见化合物和二亚胺吡啶配体的铁、钴反应合成的催化剂,在助催化剂 MAO 的作用下引发烯烃齐聚或聚合反应,尤其在极性单体的聚合方面引起了极大的关注。普通的烷基铝化合物,如三异丁基铝、三乙基铝也可用做烯烃聚合的引发剂或活化剂。载体在通常情况下都是多孔物质,如硅胶、氧化铝和 $MgCl_2$ 等。而对于过渡金属而言,金属的 d 电子对反应体系的催化活性起决定性作用,高的分散度也利于其催化活性的提高。

5.3.1 Ni(Ⅱ)、Pd(Ⅱ)配合物均相催化剂的负载

Brookhart 型的 Ni、Pd 催化剂是首例能够使 α－烯烃聚合成较大分子量的后过渡金属催化剂。并且可以通过改变催化剂配体的结构和外界条件(温度和压力等)合成齐聚物、线形或支化聚合物。为了将此催化剂体系直接应用于现有的淤浆和气相聚合工艺,需要将均相催化剂体系负载于优选的无机或高聚物载体上,研究初期用于负载 Ni－二亚胺

配合物的方法是基于MAO的“桥梁”作用使其负载于载体上，也可以先使MAO和Ni－二亚胺配合物预混，然后与硅胶接触而实现负载的目的。尽管这种技术常用于前过渡金属，比如茂金属的负载，然而用此方法也可以实现对Ni系催化剂的负载，但所得负载型催化剂的活性较低（尤其在较高的温度条件下）。此外，烷基铝对于后过渡金属配合物的作用既是活化剂，又可以使催化剂失活，因此对于助催化剂的选择显得非常重要。除MAO外，用一系列其他类型的活化剂使Ni系催化剂牢固地结合在载体上是一类有效的负载方法。此外，Ni系催化剂负载于高聚物上也有文献报道。Brookhart等提出了一类新的负载方法，在制备Ni系配合物的过程中引入功能基团，使功能基团与载体表面的官能团发生反应，从而借助强的化学键作用实现负载的目的。这种利用配体上功能基团与载体反应所制备的负载型催化剂，与文献报道的MAO负载的催化体系比较，催化活性高出10倍，并且由于载体和催化剂之间是化学键的作用，因此结合的强度较大。这样能有效地避免在聚合过程中活性中心脱落而影响树脂的颗粒形态。载体对均相催化剂的负载影响很大，因此不同类型的载体负载同一均相催化剂，得到的载体型催化剂的性能可能有很大不同，包括烯烃聚合的活性和树脂的性能等。除了最常用的球形多孔材料（硅胶、氧化铝和$MgCl_2$）外，文献报道利用具有纳米管孔结构的平行六方形的中孔颗粒材料（MCM－41和MSF）作载体对Ni（Ⅱ）二亚胺配合物进行负载。所用的载体中MCM－1、MCM－2和MCM－3表示不同结构的中孔材料。用这种材料制得的负载型催化剂用于乙烯聚合时，在相同的聚合条件下，其催化活性与其均相体系相比有显著的降低，负载型催化剂的催化活性一般为均相催化剂体系的10%～30%，并且在聚合过程中观察到活性点从载体中抽提出来的现象。未被抽提出的活性点显示出较低的链行走能力，生成具有较少短支链的聚合物。文献报道这种活性点被抽提的现象与中孔颗粒材料的结构和聚合条件有关。均相催化剂的负载造成活性降低的现象，在其他类型的催化剂负载时也同样发生。在获得较好的聚合物颗粒形态的情况下，如何保持或提高均相催化剂聚合的活性；如何在负载的过程中避免活性点的脱落、失活以及使活性点在载体上有效地分散是目前研究的热点。负载型Ni系催化剂的制备多为在聚合前实现，然后在助催化剂的作用下引发烯烃聚合。Jurkiewicz等对Ni－二亚胺体系负载于MAO改性的硅胶（SMAO）上所得催化剂进行了考察，以异丁烷为溶剂的淤浆工艺中研究了聚乙烯支化的分布情况。在负载茂金属催化剂的相关文献中，原位负载方法的应用，可以免去聚合前均相催化剂负载的过程。Ni(Ⅱ)二亚胺催化剂的负载也采用了这项技术，即在乙烯存在的情况下，混合Ni（Ⅱ）－二亚胺配合物和SMAO，原位生成非均相催化剂。这种利用原位负载的方法制备的催化剂体系，在聚合过程中无需额外加入助催化剂就可以在乙烯存在的情况下进行聚合。用这种原位负载的技术合成的Ni－二亚胺/SMAO催化剂体系，在合适的条件下能够生成流动性较好的聚乙烯粉料，并且可以通过改变外界聚合参数控制聚乙烯的支化度，减少甚至消除在聚合过程中的黏结现象。尽管这种原位负载技术所得的催化剂的催化活性比其均相体系的催化活性低，但能够生成颗粒形态理想的树脂，在工业化应用的道路上迈出了重要的一步。Alobaid将Ni（Ⅱ）－二亚胺配合物负载于经改性的硅胶（SMMAO）上，用于乙烯聚合。这类负载型催化剂与其均相催化剂体系相比，其催化活性显著降低。此外，这类负载型催化剂体系与其均相体系相比有较低的链行走速率，短支链的成分较少，因此有较高的熔点。在外界聚合条件的影响下，用负载型催化剂制得的聚乙烯出现熔融双峰的特征，他们认为存在两种活性中心，并且两种活性中心有不同的链行走速率。但是，在分子量分布上并没有发现这种熔融双峰的特征，表明两种活性中心的链终止相对于链增长速率有一定的相似性。与均相催化剂相比，负载型催化剂制备的聚乙烯有较宽的分子量分布。

5.3.2 Fe(Ⅱ)、Co(Ⅱ)配合物均相催化剂的负载

Fe(Ⅱ)、Co(Ⅱ)配合物均相催化剂的研究已得到人们广泛的重视。活性中心的形成及其聚合过程中的失活以及链引发、增长、终止和转移机理在理论研究中也有了重大进展。研究结果表明，使用普通的烷基铝替代昂贵的 MAO 作为活化剂或助催化剂，其催化烯烃聚合的活性更高，从而加速了工业化的进程。尽管这类催化剂体系有着非常高的催化活性，由于在聚合过程存在严重的粘釜和放热现象，使得其工业化的前景不甚乐观(尤其对目前的淤浆和气相工艺)。克服这一弊端的方法之一是使均相催化体系非均相化，也就是使此类催化剂体系负载于合适的载体上，从而改善聚合物的颗粒形态，消除黏结等不利因素。上述 Ni、Pd 催化体系的负载方法，对于 Fe、Co 催化体系的负载具有一定的指导意义。由于两类均相催化体系之间存在许多不同之处，寻求适合 Fe、Co 催化体系的负载方法还处于研究的初期。目前只有少量的文献报道了这类催化剂体系的负载，而且所用的方法基本上是借鉴茂金属负载的方法，所用载体多为无机载体(硅胶或改性硅胶、氧化铝、硅胶－氧化铝衍生物等)和有机载体(聚苯乙烯和淀粉)，负载的效果不太理想。对于 Fe(Ⅱ)、Co(Ⅱ)配合物均相催化剂的负载，GRACE 公司最早拥有负载专利技术，并且所开发的负载型后过渡金属(Fe、Co)催化剂体系具有优异的性能：如高的催化剂效率和催化活性、较长的催化剂寿命、理想的颗粒形态和堆密度等。此外，文献报道的数据还显示，H_2 和 1－已烯能够使催化剂的催化活性提高 90%，并且使聚合物的相对分子质量分布指数(PDI)下降 30%。负载的方法与传统的茂金属负载相似。此外，专利中还给出了一种新的负载方法，即省去负载过程中烷基化的步骤，使 IOSA(一种新型的负载型无机氧化物活化剂，实质是硅胶－氧化铝的衍生物)与 Fe(Ⅱ)均相催化剂体系直接接触，反应合成负载型催化剂。文献报道了用这种催化体系进行烯烃聚合的结果，表明用这种新的负载方法所得到的催化剂，其催化剂活性和效率都有很大提高。通过凝胶渗透色谱(GPC)和扫描电子显微镜(SEM)的分析，表明所制备树脂的性能和颗粒形态都有很大改进。硅胶作为最为常用的载体也被用于负载 Fe(Ⅱ)、Co(Ⅱ)均相催化剂体系。具体的实施方法是：使 Fe(Ⅱ)、Co(Ⅱ)均相体系与硅胶或 MAO 改性的硅胶(SMAO)接触反应，从而制备负载型催化体系。用 MAO 改性硅胶，使其表面产生能与均相催化剂反应的基团，从而以 MAO 为“桥梁”实现均相催化剂体系的负载。为了进一步证实这种负载机理，Ma 等采用了多种分析手段进行了分析。从聚合的结果及树脂和催化剂的 SEM 图可以看出，这种负载方法所制备的非均相催化剂体系与均相催化剂体系相比，其催化活性下降至原来的 1/7～1/8，并且制备的催化剂和树脂颗粒形态之间的“复制效应”并不明显，因而所制备的树脂材料的颗粒形态不太理想。为了克服催化剂的负载而使活性降低的不利因素，Schmidt 等提出：采用部分水解的三甲基铝(PHT)制备的负载型 Fe(Ⅱ)催化剂，可以克服其不利影响。采用这种方法制备的催化剂体系不仅具有非常高的催化剂效率和催化活

性，同时可以通过改变催化剂制备的条件和外界聚合参数，实现对树脂性能的调节和控制。此外，文献还提出了一种新的载体的制备方法，并且采用这种材料作为载体负载Fe(Ⅱ)均相催化剂体系。这种PHT双壳结构的催化剂体系的催化活性比普通PHT型催化剂高35%左右。以上的负载方法都需要借助无机或有机载体材料作为承载物，有时需要用MAO或烷基铝改性载体表面，形成“桥梁”，然后负载均相催化剂。然而，如果在负载过程中有目的地引入功能基团，可以不依赖载体或“桥梁”的作用实现负载的目的。比如，引入链烯烃基团实现在聚合的同时达到负载的目的。采用这种方法合成的非均相催化剂，乙烯聚合活性比均相体系下降一个数量级左右，但是在聚合过程可以避免粘釜问题。然而，这种非均相催化剂体系对丙烯聚合无活性，从而限制了其应用的范围。Kim等采用功能化的配合物基团与活化硅胶反应，从而实现催化剂的负载。这种负载方式在催化剂和载体之间形成较强的化学键作用，从而在聚合过程中避免活性中心从载体上脱落。但是用这种负载型催化剂进行乙烯聚合，其活性比均相催化体系下降100倍左右。此外，与均相催化体系相比，树脂的相对分子质量没有时间依赖性，并具有较高的相对分子质量、结晶度和熔点。胡锦民等用后过渡金属催化剂铁、钴的二亚胺配合物与高效Z-N催化剂结合，用$MgCl_2-SiO_2$为复合载体，制备负载型后过渡金属配合物/$TiCl_4$复合体系，以烷基铝为助催化剂用于乙烯/1-丁烯共聚合制备高支化聚乙烯，产物的物理性能和加工性能均十分优良。

5.3.3 钼基催化剂的负载

MoO_3具有升华性、在水中溶解度小等特点，利用这些特点可以制备担载钼氧化物催化剂。李正平等利用MoO_3的升华性，用热分散法，将MoO_3与MCM-41研磨混合，机械混合，将机械混合物置于燃烧炉中热处理，以10 K/min的速率升温至773 K，并保温24 h，制备出了担载量为20%和40%的MoO_3/MCM-41催化剂。MoO_3在介孔分子筛MCM-41上的分散良好。这种催化剂的制备方法类似于化学气相沉积法，可将其称为升华沉积法。Rzhevskii等用热处理法制备MoO_3/H-ZMS-5担载钼催化剂，并进行原位紫外-朗曼光谱研究。显示MoO_3在热处理过程中分布于沸石表面，形成钼氧化物物种。600 ℃以O_2处理后，出现三个峰，962 cm^{-1}、868 cm^{-1}、815 cm^{-1}，815 cm^{-1}为沸石载体的吸收峰，962 cm^{-1}的强峰为Mo=O的吸收峰，868 cm^{-1}为Mo-O-Mo物种的吸收峰。Zdrazil用悬浮浸渍法制备了不同来源及粒径的炭担载钼催化剂(15% MoO_3)。将MoO_3-水的悬浮液加载体回流，低水溶性MoO_3有效转移至载体表面，革除了焙烧过程。催化剂预硫化，用于加氢脱硫，活性与传统钼酸铵法相同。Kurets等则以不同pH值的仲钼酸铵溶液浸渍，研究了钼酸根在$\gamma-Al_2O_3$、水合TiO_2和黏土矿上的吸附，发现不同载体吸附容量不同，pH值对吸附量也有影响。Kurets等还对其还原性能、配位态及非水溶钼的量进行了研究。Mendez-Vivar等用溶胶-凝胶法制备了钼掺杂的(0.1%~1%)硅胶。用FT-IR、紫外、XRD法进行了表征。在溶胶-凝胶法制备过程中用HCl催化会影响其表面酸性。Zeng用化学蚀刻法控制MoO_3催化剂的结构。在固态化学-物理及其基础材料研究中，常用化学蚀刻法研究结晶材料的缺陷。他们用该技术研究了催化材料的构成。

先用气相沉积法制备了正交相 MoO_3 结晶性催化剂，并用 XRD、FTIR 确定了其晶相结构，再用化学蚀刻法对这些热合成催化剂的结构进行了重构。用 0.1 M 的 NaOH 作蚀刻剂，{001}和{100}面和面积显著增加，表面台阶(steps)、凸突(ledges)和平台(terrace)产生，且{100}与{010}晶面交替及{001}与{010}晶面交替出现在边缘。在{010}基面产生蚀刻坑。Kumar 等用 TPR 和 LTOC 确定了担载 MoO_3 的单层覆盖量(单层担载阈值)。Lopez 等用 TPR、XRD 和 ξ－势能测定(zetapotentialmeasurement)法研究了浸渍 pH 值(2～11)和钼含量(6～18wt%MoO_3)对 MoO_3/Al_2O_3 和 MoO_3/SiO_2 表面结构的影响。氧化钼在 Al_2O_3 上的分散性相对良好。在酸性条件下制备的催化剂分散度比碱性的要差，只有在 pH＝2 并且 MoO_3 担载量大于 14wt%时才能观察到晶相的形成。然而，不管制备条件如何，在 SiO_2 载体上仅发现 MoO_3 结晶物种。TPR 显示 MoO_3 有两个相，这可能是由于晶粒大小不同，且这两种相态的比例随浸渍溶液的 pH 值变化而不同。Oades 等研究了 Mo/C 或 Mo－K/C 或 Al_2O_3 不同条件下对 C_2-C_4 烷基的活性。用 TPR 表征，活性与担载量，载体比表面积及载体类型有关，这归因于在载体上形成了不同的钼物种，活性炭是最好的载体。Martin－Gullon 等研究炭的特性对 MoS/C 的制备和催化活性的影响。他们用五种不同来源的活性炭作如下处理：①以 HCl 洗涤以除去灰分；②高温下用氢气处理消除载体表面含氧基团；③用双氧水氧化以增加新的表面氧基。这些处理后，载体孔结构保持不变。催化剂前驱体为仲钼酸铵。

载体特性对催化剂制备的作用如下：

(1)增加比表面积和多孔性有利于对钼的担载；

(2)灰分含量对前驱体的吸附作用负面影响较小(但还是有明显影响)；

(3)表面氧能增加载体对前驱体的吸附。

对加氢脱硫活性的影响如下：

(1)比表面积达到 1 000 m^2/g 以上后，随比表面积增加，活性增加，1 000 m^2/g 以下，活性无变化。

(2)灰分对活性有负面影响。

(3)表面氧对催化活性有负面影响。Puente 等用热处理改性活性炭从而得到表面织构特性相同而表面化学特性不同的活性炭样品，对表面含氧基的分布进行了分析，XPS 分析和化学分析(%O－surface～%O－bulk)显示表面氧含量不同，零负荷点和等电点也不同，且趋势相同，可以作为说明炭表面含氧基团径向分布的参数。这些样品用等体积浸渍法担载钼。氧功能化的炭亲水性增加，从而促进前驱体在炭表面形成分散良好的小晶粒，似乎可以说明表面含氧基团是钼复合物的锚合中心。最强酸性炭载体制备的活性催化剂，其钼担载量比其他炭载体担载量高，这可能是由于金属硫化物与载体表面氧基结合引起的。

负载化是对配位催化剂进行修饰的重要手段之一，可以改善均相催化剂的某些缺陷。目前对单中心催化剂负载的研究虽然有了重大进展，但是对基本反应的理解需要进一步深入，比如单中心催化剂和不同的载体间的化学和物理作用、负载机理等。此外，对于茂金属催化剂的负载还存在着诸如负载工艺复杂以及存在无规聚丙烯等问题，对于后过渡金属催化剂的负载存在共聚和氢调性能较差等问题，对这些问题的解决将促进其在工业上的应用进程。

目前，聚烯烃催化剂的常规钛系和铬系催化剂仍然占有绝对优势。然而近年来逐渐发展起来的单活性中心催化剂体系，由于其树脂产品结构可控，将有很大的发展。应开发具有或高于均相催化剂体系的催化剂，其高催化活性、理想的树脂颗粒形态和堆密度、较好的共聚性能(极性和非极性单体)、合适的相对分子质量和相对分子质量分布以及树脂的支化和支化分布可控等，是负载型催化剂的研究开发重点。

5.4 生物催化剂

生物催化剂是指游离或固定化的活细胞或酶，微生物是最常用的活细胞催化剂，酶催化剂则是从细胞中提取出来的，只在经济合理时才被应用。目前，人们已有可能用重组DNA技术及细胞融合技术来改造或组建新的生物催化剂。固定化酶或固定化细胞的出现，使生物催化剂能较长时期地反复使用。与传统化学催化剂相比，生物催化剂具有高效率地进行区域或立体专一选择性催化的特点。在相同的条件下，有酶参加的反应速率要比没有酶时快100万倍或数百万倍。由于具有反应条件温和、催化效率高和专一性强的优点，利用生物催化或生物转化等生物方法来生产药物组分已成为当今生物技术研究的热点课题。

5.4.1 生物催化剂的应用

目前，生物催化工艺对化学工业已产生重大影响，全球酶市场规模约10亿美元。在传统方面，微生物和酶工艺已被用于生物衍生原料，现在开始扩展到石油衍生材料领域，且手性酶在有机药品合成及柴油微生物脱硫中得到广泛应用，在反应中作歧化剂。在生产小分子的药物及中间体时，生物转化和传统的化学方法最显著的区别就是能非常有效地不对称合成手性化合物。由于生物催化剂是一类以蛋白质为主体的催化剂，其催化活性易受温度及pH值的影响。随着温度的上升，反应速度加快，但达到某一温度(一般45～50 ℃)以上，蛋白质就会变性失活，其反应速度就会急速下降；同样它也只在有限的pH值范围内起反应，故每种酶都有其最佳温度和pH值。而有些工业生产过程需在一定的温度、压力、pH值或有机溶剂条件下进行，因此要求所用生物催化剂具有较高的耐受力，以适应工业化生产需要。目前，生物催化技术的应用主要局限于有无合适的生物催化剂，应用现代筛选技术可获得理想的生物催化剂。

5.4.2 生物催化剂的筛选

生物催化剂的广泛应用有赖于对大量生物分子的有效筛选和检验。不同菌株和不同酶的催化专一性、活力及稳定性有很大差异，因此有关菌种分离、筛选、选育等工作不可缺少。在实际工作中，要扩大生物催化剂的应用必须解决生物催化中的一些典型困难和操作上的限制，如温度、pH值、产物抑制、反应速度及处理的物料浓度等。要解决这些问题必须以保持催化剂的高效选择性和特异性为前提。在生物催化剂的筛选中已打破传统方法，当前，将生物诱变技术和高通量筛选技术相结合是获得理想生物催化剂的有效方法。

5.4.2.1 **生物催化剂的来源**

目前微生物培养，少数生物催化剂是从动物肝脏或植物中提取的，多数来自于微生物细胞。除真核生物和单细胞酵母（如从南极假丝酵母中得到了高效脂肪酶 CalB）外，原核微生物是生物催化剂的主要来源。由于原核微生物（细菌和古生菌）是地球上出现最早和数量最多的生命形态，经历了漫长的演变后，许多微生物为适应“恶劣”环境而具有了非常高的耐受性，从而可从中得到大量高性能的生物催化剂。现在，虽然微生物培养也有其局限性，如很多生物体用当前技术还无法进行培养，但通过微生物培养来获得生物催化剂仍是最普通和最有效的方法。这是因为微生物培养能加速生物体的新陈代谢而增加其数量，为以后的高通量筛选提供了有利条件。另外，为了筛选具有所需酶活力的微生物或克隆生物体，可在培养过程中抑制杂菌生长或将杂菌杀死，这样便可从存活的生物体中获取所要的酶。部分微生物能存活是因为受到培养基的活化作用而产生了重要的生长因子，或具有了抗抑制剂的特性。此筛选方法的主要优点是不需对微生物或克隆细胞进行纯化处理，故该法不仅可提高酶产量，还可直接对野生微生物进行筛选。

5.4.2.2 **源基因体技术**

目前，一般可通过两条途径获得具有新功能和特性的酶：一是改造现有已知的酶；二是从大量未知的生物种系中寻找。定点突变技术主要用于对现有酶的改造。目前已利用定点突变技术对天然酶蛋白的催化活性、抗氧化性、底物特异性及热稳定性进行改造，也在拓宽酶反应的底物范围与改进酶的异构效应等方面进行了应用。但是，定点突变技术只能对天然酶蛋白中少数的氨基酸残基进行替换、删除或插入，不能改变酶蛋白的高级结构，因而对酶功能的改造较有限。同时，该法仅适用于三维结构清楚、结构和功能的相互关系也较清楚的酶；若对酶结构不甚了解，定点突变就无能为力了。多源基因体技术是指直接从大量野生微生物中获取生物体，对其进行克隆并重组，以表达染色体 DNA，应用范围更广。该法不仅可得到许多新的微生物，还可得知生物体内酶的组成成分。一般的微生物细胞会在培养基中或经物理分离后而自溶，产生大量的 DNA，在进行克隆和重组前必须把这些 DNA 纯化。最终，多源基因体 DNA 可能会在较易培养的宿主（如大肠杆菌）内得到繁殖。在抗菌素和细菌蛋白质或肽链的重组方面，当抗菌素或细菌与细胞间质接触并发生作用后，便会得到用转基因信息编码的新微粒和细胞。重组时肽链仍在染色体组上，仍带有编码单一的 mRNA，检验时不用破坏肽链核糖体 mRNA 的整体性，肽链核糖体 mRNA 的复杂结构为遗传信息及其功能提供了一种物理连接。目前，多源基因体技术正应用于分离野生微生物上，必将为酶的研发带来重大突破。现已取得了一些令人瞩目的成就。

5.4.2.3 **酶活检验**

生物催化剂大多是从大量生物体或克隆体中筛选得到的，现正朝着规模化发展，通过自动化设备和检测设备的联合应用以设计出灵敏而有效的检验方法。现在酶活检验既可直接检测底物被转化了多少，也可通过检测反应生成了多少产物来判断（具有代表性的检测方法有 HPLC，GC，MS 及 NMR）。主要方法有：①检测标记底物（一般包括光谱法和荧光法），底物标记主要用在化学拆分方面。立体化学和手性化学在精细化工和医药方面具有重要地位，酶在动力学拆分或对映选择性方面的应用已取得了很大的成果。此外，在聚合物（蛋白质）片段的荧光检测中引入了荧光标记，荧光测定法是采用简单的荧光标记直接与催化过程关联，无需高级试剂，检测简单、可靠。②检测化学指示剂，如间接用NADH/NADPH + 2检测氧化还原反应的发色团或用荧光底物法检测水解酶（糖苷酶、脂肪酶、酯酶、蛋白酶）。③检测反应焓或伴随反应的副产物。分析检测技术的巨大进步为生物催化剂在工业上的应用作了良好的铺垫。

5.4.2.4 优化处理

随着对生物催化剂的筛选，其在微生物基因组库和多种诱变基因组库中，可以很容易地得到数千种筛选方法，因此减少处理量是必要的。但酶立体选择性是一个较难处理的参数，要确定酶在反应中的立体选择性，需要测定对映体过剩e e值，如何快速测定e e值也是手性技术领域的研究热点。常规e e值是通过手性HPLC或GC分离对映体并测定对映体的量来决定的，其局限性为筛选量低而成本较高。圆二色和旋光法可直接测得手性化合物的旋光能力，被用做HPLC的检测器测定对映体过剩e e值。减少筛选工作量的有效方法是设计不同的方案，包括从最初检测到底物（如酯酶中的三酪酯）适于某一特定化学反应的活性基团，然后继续对底物和反应物用更复杂但相对少的办法处理，这样可大量减少筛选方案。当生物体数量达到每盘105个时，便可用灵敏度高的荧光分析法来检测。当监控细胞内累积物或微球时，每天可用荧光反应产物FACS检测109个结果。但液体检测只能提供一定数量酶的动力学数据，除非较好的分离筛选结果，否则很容易在固相琼脂平板上复制克隆体，最终产生大量的生物体而影响检测，因此该法一般只用于测定生物体的数量。如今所采用的分光光度测定法可克服以上缺陷，同时可测定数千个在琼脂平板上排成行的克隆体，大大提高了筛选效率。

近年来，重组DNA技术的发展和高通量筛选技术的应用，极大地推动了新的生物催化剂及催化工艺的研发。目前世界生物催化剂市场发展前景看好，我国在生物催化剂生产领域仅处于初始阶段。有关专家指出，在当前的条件下，除了配合我国制药工业发展的具体情况研制开发相关产品外，还应跟踪或引进国际先进技术，增强我国生物催化剂产业实力，在这一新兴领域中有所作为。

5.4.3 酶催化剂

5.4.3.1 酶的分类

酶是生物体产生的具有特定功能的蛋白质。根据蛋白质的组成，酶可分成两类，即单纯酶和结合酶。单纯酶水解后只得到氨基酸，也就是说单纯酶是由若干种氨基酸按照特定的序列，通过肽键结合而成的。结合酶是由蛋白质部分（酶蛋白）和非蛋白部分（辅酶）结合而成的。辅酶可以是有机物（大多数是B族维生素的衍生物），也可以是金属离子。单独的酶蛋白和辅酶都没有催化功能，只有当它们结合起来之后才具有催化功能。根据酶所进行的催化反应，可分为氧化还原酶、转移酶、水解酶、裂合酶、异构酶和连接酶等六大类。酶是一种水溶性催化剂，如以溶液形态使用，在反应完成、产物被分离出来以后，作为催化剂的酶随废水一起排放，不仅造成浪费，而且污染环境。如果将酶固态化，就可以避免上述不良后果。酶的固化主要有载体结合、包埋及交联等三种方法。其中以载体结合法和包埋法最常用。

5.4.3.2 酶催化剂的特点

酶作为生物催化剂,具备以下优点：反应条件温和,可节省能源,减少设备费用；可以利用酶通过有限的步骤实现许多化学方法难以完成的反应；酶催化效率高,专一性强,可减少或避免副反应；酶来自生物体,是生物可降解的无环境毒害性物质,符合将废弃物控制在最小限度,实现原子经济的绿色化学要求。尽管酶催化反应具有如此多的优点,目前酶作为生物催化剂在工业生产中的应用并不十分普遍,主要存在以下几方面原因：

(1)酶本身是生物大分子,许多酶是胞内酶,细胞内部环境通常比较稳定,但是催化反应环境中存在的热、酸、碱、氧化剂、重金属离子等因素都可能导致酶分子失活,破坏了酶的稳定性。

(2)一些酶对辅酶具有强烈依赖性,而辅酶的价格通常较昂贵,因此需要解决辅酶的来源或探索辅酶替代物的生化代谢途径。

(3)在化学反应体系中应用酶作催化剂,酶的催化活性和选择性往往并不十分理想,还有待进一步提高。

(4)酶的来源及成本问题。许多工业用酶成本较高,而且种类有限,目前已鉴定的酶有 3 000 多种,工业上生产的酶有 60 多种,真正达到工业规模的只有 20 多种。

找到成本合适的酶源和发现具有应用潜力的新型酶源是实现酶工业化应用的重要前提。现代生物技术和分子生物学的发展,为解决上述问题提供了可能性。

5.4.3.3 酶催化剂的应用

酶的应用甚广,发展十分迅速。几个酶产量较大的国家年产量都以万吨计。目前应用最多的是蛋白酶,其中用量最大的是作为添加剂用于生产可以有效去除蛋白质污渍的洗涤剂;其次是皮革工业中用于脱毛、软化;纺织业中用于生丝的脱胶、软化;食品工业中用于嫩化肉类、软化肠衣、提高面团延伸性等。近年来蛋白酶在医药方面也有较多的应用,如用于治疗动脉硬化、高血压、血栓性静脉炎、蛇毒伤以及消炎、止血、退肿等。用量次于蛋白酶的是以碳水化合物为底物的水解酶,如糖化酶、淀粉酶、葡萄糖异构酶、纤维素酶等。

5.4.3.4 酶催化已用于商业化生产的工艺

荷兰 DSM 公司酶法合成氨苄头孢工艺:其工艺特点是采用 D－苯甘氨酸酰胺或甲酯与 7－氨基－3－脱乙酰氧基头孢霉烷酸(7－ADCA)在固定化的青霉素酰化酶催化下,水相中,接近室温条件下合成氨苄头孢。去掉了化学合成工艺中需保护氨基成邓盐或酰氯的步骤,以及低温有机相反应条件。终产品中无有机残留,是一条无污染、低能耗、有竞争力的绿色酶催化新工艺。已运行的装置规模为 100 t/a。

荷兰 DSM 与日本 TOSOH 公司酶法生产阿斯巴甜(Aspartame)工艺:荷兰 DSM 与日本 TOSOH 公司共同投资在荷兰建成 2 500 t/a 阿斯巴甜的酶法合成工艺装置,其工艺特点是采用混旋苯丙氨酸甲酯,用嗜热蛋白酶催化,在水溶液中进行选择性合成,未反应的 D－苯丙氨酸甲酯分离后,经消旋后再用于合成,产品易分离,纯度好,反应条件温和,污染小。由于采用混旋苯丙氨酸甲酯,成本低,步骤少,是非常具有竞争力的绿色工艺。

BASF 公司酶法拆分生产手性胺工艺光学活性的手性胺作为手性药物的中间体,手性合成砌块和手性试剂,在手性药物的生产和光学活性化合物的制备中有重要的应用,BASF公司采用脂肪酶拆分生产几十种不同的手性胺,目前年产已达1 000 t/a,二期工程将扩产至1 500 t/a,其产品是通过以多品种的混旋手性胺为原料,经脂肪酶催化,选择性酰化拆分来进行生产的。其工艺特点是可以不用溶剂,通过脂肪酶柱子进行反应,采用蒸馏分离,操作和分离简单,步骤少。其他用于药物及精细化学品生产的酶催化工艺见表5-16。从表5-16中我们可以看出,酶催化经过几十年的研究和发展已经在药品和精细化学品的生产中发挥越来越重要的作用。

表5-16 已商业化生产的酶催化工艺

公司	方法	产品	底物	催化剂	特点	规模(年产)
Avecia	动力学拆分	(S)-2-氯丙酸	混旋2-氯丙酸	全细胞S-脱氯酸	去除R-脱氯酶	几千吨
BASF	发酵法	L-赖氨酸	葡萄糖	谷氨酸棒杆菌	—	>100 t
	动力学拆分	手性醇	混旋醇	脂肪酶	选择性乙酰化	几百吨
	动力学拆分	R-扁桃酸	混旋氨醇	氰基水解酶	通过平衡消旋	几吨
Chirotech	动力学拆分	各种氨基酸	混旋N-乙酰氨基酸	D-氨基酰化酶	选择性水解化	1 kg~1 t
Lonza	氧化	L-肉毒碱	4-三甲基丁酸	全细胞,脱氢酶	生产规模大	千吨
	水解	尼可酰胺	尼可氰	固定化细胞,氰解酶	不用酸碱	3 kt
DSM	水解合成	6-APA,7-ADCA	青霉素G/V	青霉素酰化酶	生产规模大	kt
	动力学拆分	(2R,3S)-3-对甲氧基苯基缩甘甲酯	混旋体	脂肪酶	光学纯度高	几百吨
	动态拆分	D-对羟基苯甘酸	混旋苯海因	海因酶脱羰酰胺酶	同时消旋	几千吨
	选择性合成	L-天冬氨酸	富马酸	氨基裂解酶	生产规模大	1 kt
Roche	发酵法	维生素B_2	葡萄糖	枯草芽孢杆菌	生产规模大	2 kt
Degussa	发酵法	L-苏氨酸	葡萄糖	全细胞	生产规模大	几千吨
	动态拆分	L-氨基酸	混旋N-乙酰氨基酸	L-酰化酶	化学或酶消旋	0.1 kt
	选择性合成	L-叔亮氨酸	三甲基丙酮酸	亮氨酸脱氢酶	—	几吨
Ajinomoto	选择性合成	L-多巴	邻苯二酚,丙酮酸	酪氨酸-酚裂解酶	—	0.25 kt

综上所述,酶催化已经成为有机合成和制药工业的重要手段。随着酶催化工程方面的发展以及可用酶的增加,将会有更多的工艺用于精细化学品和制药工业。酶催化仅仅是一个年轻的科学,发展的空间很大。正如 Frances Arnold 教授在 21 世纪化学的挑战研讨会上所说的那样“酶催化的未来只会被我们想象力所限制”。

5.5 膜催化剂

5.5.1 概述

化学工业中的许多重要反应都是高温下的平衡反应,使用普通反应器无法突破化学平衡的限制,必须对未反应的反应物进行分离回收,循环使用。这样,势必要对大量反应物进行反复冷却、加热,能量消耗很大。又如许多重要的工业化催化脱氢反应,其转化率常由生成的氢量控制,生产中多采用通入空气氧化法,但由此产生的热量将造成体系温度升高,有可能导致反应物的分解和催化剂的失活。此外,对于平行反应或连串反应,如何抑制副反应,获得更多的目的产物。对这些问题,使用膜催化反应器可得到一定程度的解决。膜催化反应技术是近二三十年才发展起来的一项新技术,膜催化反应是催化转化和产品分离组合起来的过程,它在催化反应发生的同时,选择性地脱除产物,以加速反应且突破反应平衡的限制,提高反应的产率、转化率和选择性。它是当代催化学科的前沿研究领域之一,近年来其发展势头十分迅猛。膜催化剂是将催化剂制成膜反应器,反应物可选择性地穿越催化膜并发生反应,产物也可以选择性地穿过膜而离开反应区域,从而有效地调节反应区域内的反应物和产物的浓度。这也是将膜技术和催化综合的一种催化工艺。例如,用 Pd - Ru 合金作为氢选择性渗透膜和催化剂,进行硝基苯加氢还原制苯胺的反应。氢气在 101 kPa 下,以 3 mL/min 的流速连续通入膜的一侧,硝基苯蒸气以 39 mL/min 的流速通入膜的另一侧,氢气在透过 Pd - Ru 合金膜的同时被活化,并与吸附的硝基苯进行选择性加氢生成苯胺,反应温度保持在 170 ℃,3 h 内,反应的转化率和选择性均达到 100%。这一过程不需要进行产物的分离和提纯,反应条件也比传统的催化加氢工艺温和。

5.5.2 膜的功能和特点

在膜催化反应器中,膜的功能主要有以下两种:

(1)膜是反应区的一个分离元件,仅有分离功能。

(2)膜具有催化活性,膜本身是催化剂或是用催化活性物质进行处理而具有催化功能,同时又有选择性透过的功能。这种膜催化剂有着常规催化剂难以比拟的优点:扩散阻力小,温度极易控制,选择性高,能进行不产生副反应产物的连串反应等。

5.5.3 膜催化反应的应用

目前,膜催化反应的应用研究主要有以下三个方面。

5.5.3.1 烃类加氢反应

可用于不饱和烯烃、环多烯烃和芳烃的加氢；石油化工中 C_2、C_3 馏分选择性加氢和精细化工合成中的加氢反应。

5.5.3.2 烃类脱氢反应

有实用价值的是 C_2～C_5 低级烷烃脱氢制烯烃、长链烷烃（如庚烷）脱氢环化制芳烃、丙烷脱氢环化二聚制芳烃、异丙醇或环己醇脱氢制丙酮或环己酮、环己烷脱氢制苯乙烯、丁烷或丁烯脱氢合成丁二烯或 2－甲基丁烯－1 脱氢制异戊二烯等反应。

5.5.3.3 烃类催化氧化

值得探索的有作为 C_1 化学中的甲烷氧化偶联制烯烃、甲烷直接氧化制烯烃、甲烷直接氧化制甲醇、甲醇氧化制甲醛以及乙醇氧化制乙醛、丙烯氧化制丙烯醛和 C_2、C_3 环烯烃氧化制环状氧化物等反应。

上述催化反应大多还处于实验室研究阶段，表 5-17、表 5-18 归纳总结了这方面的研究情况。

表 5-17　作为加氢、氧化和其他反应类型的膜催化反应器

<table>
<tr><th>膜反应器系统</th><th>反应</th><th>操作条件及结果</th></tr>
<tr><td>多孔氧化铝平板反应器，膜的平均孔径 80～250 mm，反应物从膜的支撑侧进反应区</td><td>CO 的氧化、乙烷的脱氢、乙烷的氢解、乙烯加氢</td><td>反应温度 200 ℃</td></tr>
<tr><td>多孔 Al_2O_3 膜反应器（平板），膜厚 3 mm，平均孔径 1 μm，反应物从膜的支撑侧进反应区</td><td>作为气体脱硫的克劳斯（二段脱硫）过程</td><td>反应温度 250 ℃，进料侧压力 10^5 Pa 在膜反应器中的转化率达 100%（快反应）</td></tr>
<tr><td>多孔 $\gamma-Al_2O_3$ 支撑膜（平板）反应器，膜厚 5～8 μm，平均孔径 4～5 nm，反应物从膜的支撑侧进反应区</td><td>甲醇的氧化脱氢</td><td>反应温度 250～400 ℃，进料侧压力 10^5 Pa，渗透侧 10^5 Pa 在 300 ℃和 10% 的总转化率时，对甲醛的选择性是 36%</td></tr>
<tr><td rowspan="5">采用 ECVD 技术将合金（Zr∶Y∶T＝87∶12∶1mol%）浇铸在氧化钙（或三氧化钇、氧化镁、氧化锆）膜管的外侧（双管结构）。膜厚 2～10 μm，膜管厚 2 mm，内径 1 cm，膜管长 15 cm
原料气从膜管侧进反应区，氧从管壳侧进反应区</td><td>乙烯氧化制环氧乙烷</td><td>反应温度 250～400 ℃，进料侧压力 1×10^5～2×10^5 Pa，渗透侧 1×10^5～2×10^5 Pa，乙烯转化率为 10%，膜对环氧乙烷的选择性为 30%</td></tr>
<tr><td>丙烯氧化制氧丙烷</td><td>反应温度 300～500 ℃，进料侧压力 1×10^5～2×10^5 Pa渗透侧 1×10^5～2×10^5 Pa，丙烯转化率为 15%，膜对环氧丙烷的选择性为 30%</td></tr>
<tr><td>1－丁烯脱氢制丁二烯</td><td>反应温度为 462 ℃时，转化率为 30%，选择性为 92%；反应温度为 506 ℃时，转化率为 51%，选择性为 88%</td></tr>
<tr><td>甲烷偶联氧化</td><td>反应温度为 850 ℃时，转化率为 30%，对 C_2 产品的选择性为 60%</td></tr>
<tr><td>用甲烷合成乙烯和乙烷</td><td>反应温度为 700～750 ℃时，转化率为 40%，对 C_2 产品的选择性为 55%</td></tr>
</table>

续表 5-17

膜反应器系统	反应	操作条件及结果
在多孔的氧化铝管外侧浇铸 MgO/PbO 致密层(双管结构),管厚 2.5 mm,外径 4 mm,管长 30 mm,反应物从管壳侧进反应区,氧从管侧进反应区	甲烷偶联氧化	反应温度 750 ℃,进料侧压力 1×10^5 Pa,渗透侧 1×10^5 Pa 甲烷转化率小于 2%,C_2 产品的选择性大于 97%
无孔 Ag 管膜(99.99Wt% Ag)(双管结构),膜厚 2.5 mm,外径 4 mm,管长 30 mm,反应物从管壳侧进反应区,氧从管侧进反应区	NH_3 的氧化	反应温度为 250~380 ℃,氨的产率为 40%,NO 的产率为 25%
	乙醇氧化制乙醛	反应温度为 250~380 ℃,乙醛的产率为 83%。若采用粉末 Ag 催化剂乙醛的产率是 56%

表 5-18 应用脱氢反应的膜反应器

膜反应器系统	反应	操作条件及结果
多孔硼硅酸盐耐热玻璃管(双管结构),管厚 2.4 mm,内径 4.4 mm,长 95 mm,平均孔径 40×10^{-10} m,材料气从管侧进反应区,渗透气从壳侧流出	环已烷脱氢	T~270 ℃,$P_{feed}\sim1.9\times10^5$ Pa,$P_{perm}\sim0.9\times10^5$ Pa 环已烷转化率 40%~56%,而在 270 ℃时,环已烷的平衡转化率为 26%
多孔硼硅酸盐耐热玻璃管反应器(双管结构),管厚 1.4 mm,内径 15.9 mm,长 140 mm,平均孔径 40×10^{-10} m,原料气从管侧进反应区,渗透气从壳侧流出	环已烷脱氢	T~215 ℃,$P_{feed}\sim1\times10^5$ Pa,$P_{perm}\sim1\times10^5$ Pa 环已烷转化率 80%,而在 215 ℃时,环已烷的平衡转化率为 35%
多孔硼硅酸盐耐热玻璃管反应器(双管结构),管厚 2.7 mm,内径 14.4 mm,长 319 mm 平均孔径 40×10^{-10} m,原料气从管侧进反应区,渗透气从壳侧流出	环已烷脱氢	T~180 ℃,$P_{feed}\sim1\times10^5$ Pa,$P_{perm}\sim1\times10^5$ Pa 环已烷转化率 24%,而在 180 ℃时,环已烷的平衡转化率为 10%
多孔支撑氧化铝膜管(双管结构),平均孔径 40×10^{-10}m,原料气从管侧进反应区,渗透气从壳侧流出	环已烷脱氢	T~200~350 ℃,$P_{feed}\sim1\times10^5$Pa,$P\sim1\times10^5$Pa 环已烷转化率 80%~100%,而在 200 ℃时,环已烷的平衡转化率低于 20%
多孔支撑多层 Al_2O_3 膜管(双管结构)内径 0.635 mm,长 250 mm 第一层(内侧),厚 5 μm,平均孔径 40×10^{-10} m,孔隙率 50% 第二层,厚 30 μm,平均孔径 0.2 μm,孔隙率 35% 第三层,厚 50 μm,平均孔径 0.8 μm,孔隙率 40% 第四层,厚 1.5~2 μm 平均孔径 10~15 μm 孔隙率 40%~45%	乙苯脱氢制苯乙烯	T~600~660 ℃,$P_{feed}\sim1.1\sim1.2\times10^5$ Pa,$P_{perm}\sim1\sim1.1\times10^5$Pa 乙苯转化率 60%,而在普通反应器中乙苯转化率 45%,提高了 15%,同时苯乙烯的选择性也提高了 3%~4%

续表 5-18

膜反应器系统	反应	操作条件及结果
多孔支撑 $\gamma-Al_2O_3$ 管(多管结构),膜厚 4~10 μm,平均孔径 0.01 μm,原料气从壳侧进反应区,渗透气从管侧流出	乙苯脱氢制苯乙烯	$T \sim 625$ ℃,$P_{feed} \sim 4 \times 10^5$ Pa,$P_{perm} \sim 1 \times 10^5$ Pa 乙苯转化率 65.2%,对苯乙烯的选择性为 94%。而在普通反应器中乙苯转化率50.7%
	乙烷脱氢制苯乙烯	$T \sim 575$ ℃,$P_{feed} \sim 1 \times 10^5$ Pa,$P_{perm} \sim 0.25 \times 10^5$ Pa 乙烷转化率 58.7%,对乙烯的选择性为 90%。而在普通反应器中乙烷转化率40.1%
	甲基-1-丁烯脱氢制异戊二烯	$T \sim 550$ ℃,$P_{feed} \sim 4 \times 10^5$ Pa,$P_{perm} \sim 1 \times 10^5$ Pa C_5H_{10} 的转化率为 37.3%,对 C_5H_8 的选择性为 85%。而在普通反应器中转化率仅为 27.3%
致密的钯管膜(双管结构)管厚 200 μm,外径 17 mm,长 140 mm 原料气从管侧进反应区	环已烷的脱氢	$T \sim 200$ ℃,$P_{feed} \sim 1 \times 10^5$ Pa,$P_{perm} \sim 1 \times 10^5$ Pa C_6H_{12} 的转化率达 99.7%,而在 200℃ 的平衡转化率为 18.7%
微孔玻璃管(双管结构),管厚 0.8 mm,外径 10 mm,平均孔径 300 nm,原料气从管侧进反应区,渗透气从壳侧流出	水煤汽变换反应	$T \sim 400$ ℃,$P_{feed} \sim 5 \times 10^5$ Pa,$P_{perm} \sim 1 \times 10^5$ Pa CO 的转化率达 100%,而在 400℃ 的平衡转化率为 60%

5.5.4 工业发展过程中的问题

许多基础研究结果均表明膜催化反应技术具有广阔的工业应用前景,但在向工业化发展的过程中,尚存在一些问题:

(1)膜的制备。与实验室制膜有很大的不同,工业用膜必须是大面积的,这就要求成本低,制膜重复性好,对支撑体要求也更严格。

(2)高温下设备的密封问题。聚合物密封圈只能用于 300 ℃以下;石墨密封圈在氧化气氛中能耐 450 ℃,但有一定的泄漏;最近发展的多孔陶瓷和致密陶瓷烧结,然后在致密陶瓷管上密封,或将致密陶瓷管与金属管烧结等技术,成本均很高,难以工业化。

(3)膜的污染与稳定性。高温结碳对膜的污染特别严重,Gallaher 等在乙苯脱氢反应观察到所用 $\gamma-Al_2O_3$ 膜渗透速率很快从 0.69 $m^3/(m^3 \cdot h \cdot kPa)$ 降至 0.02 $m^3/(m^2 \cdot h \cdot kPa)$。降低结碳的常用方法是通入蒸汽作为反应物的稀释剂。另一个可能的方法是形成氧化气氛,将形成的碳除去,但这方面的工作有待深入。

(4)膜催化反应过程的模拟技术。影响膜反应器性能的因素很多，如物料流动方式、速率、反应物组成，膜的选择性与渗透性，催化剂活性、比表面积，操作温度、压力等。虽然有些学者已开始进行这方面的研究，但建立较全面的膜反应器模拟方法仍是一个极富挑战性的任务。

膜催化反应技术属于高新技术范畴，已成为当今催化学科的前沿，具有十分重要的工业应用价值，它可能引起化学工业的某些工艺技术变革和突破性进展。世界各国都集中精尖人才和可观的经费，把它列入了化工重点开发的研究领域。

随着催化技术和新颖膜材料的发展，相信不久以后，膜催化技术的应用领域会出现惊人的技术突破和重大的科研成果，开创化学工业的新时代。

绿色催化剂的研制与开发，是化学工作者的重大课题，也是化学工业摆脱排污量对环境伤害严重局面的希望所在。催化科学发展到今天已经成为化学品、燃料生产和环境保护的支柱技术。过去在研制催化剂时只考虑其催化活性、寿命、成本及制造工艺，极少顾及环境因素。近年来以清洁生产为目的的绿色催化工艺及催化剂的开发，已成为21世纪的热点，因为只有采用这种工艺及新催化剂才能实现科技创新与绿色环保相结合，才能带来企业的高效益和社会高效益的同步增长。与此同时，将昭示一种新资源观念和环保观念：即人类对自然资源可以进行重复多次的利用，从而使有限的资源构成一个多次生成过程，这种既能多次重复利用资源又能保护环境的绿色科技产业，将使我国传统化工产业完成由夕阳产业到绿色产业的革命性转变。

第6章 绿色氧化剂和还原剂

近年来,氧化反应的研究取得了显著的进展。氧化反应既是最基本的化工技术之一,又是污染最严重的技术之一。氧化反应之所以成为基本的技术是因为它是很多基本的化学结构单元进行官能化的基础。现代化学工业大部分依赖于石油产品,这些产品几乎完全是不含氧的,而氧化反应可以使这些产品最后变成可应用的化工产品。历史上,很多氧化剂和催化剂都含有毒性物质。如重金属(铬、锰等),这些物质被大量应用于转化数十亿镑的石化产品,因此有相当量的残留金属被释放到环境中。为了解决氧化过程给环境带来的危害,使用各类绿色氧化剂如氧气、过氧化氢、臭氧、固定化的氧化物、生物氧化酶等,替代传统的使用各类计量氧化剂,是实现环境友好的关键技术。

与氧化反应相对应,还原反应也是导致污染较为严重的反应之一。如广泛使用的计量还原剂铁、钠、锌及硼氢化物等。为了替换这些还原剂而使用清洁的还原剂,氢气是最好的选择。

6.1 空气/氧气

利用空气、氧气作为绿色氧化剂,纪红兵等开发了一个常温下即可活化空气的催化剂,通过设计 Mn－Fe－Cu－Ru 氧化物体系,构筑了钌的高活性位,可在常温下实现对空气的活化,具有氧化各类液相醇的氧化性能,评论为一种仅以空气和催化剂在室温下即能实现醇氧化的反应。

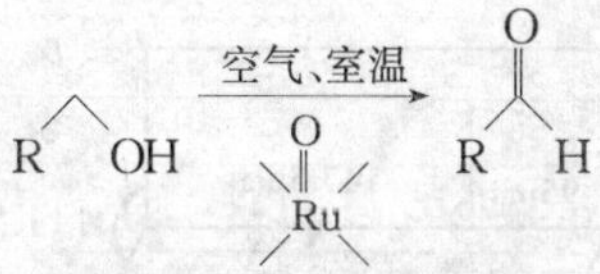

在水中对于氧气的活化也是可行的,通过将纳米级的金属钯均匀分散在 PS－PEG 两性高分子树脂中,成功地构筑出以水为溶剂,用于液相醇氧化的催化剂。

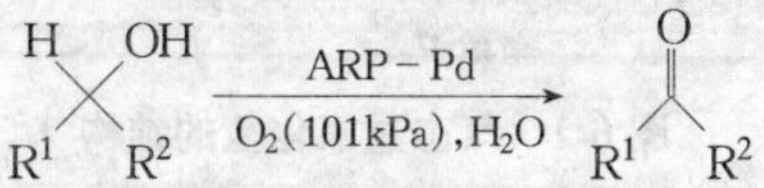

6.2 臭氧

臭氧是构成地球大圈数十种气体中的一种痕量气体。臭氧(又名三子氧)分子式 O_3,分子量 48.00,是氧的同素异形体,由三个氧原子构成。臭氧是一种强氧化剂,其氧化还原电位仅次于氟,居第二位。臭氧广泛存在于自然界中。雷雨过后的空气有一种"清新"的感觉便是因为雷电作用于空气中的氧气产生臭氧。臭氧有很高的能量,所以很不稳定，在常温、常压下分子结构易变，很快自行分解为氧(O_2)和单个氧原子(O)。后者具有很强的活性，对细菌、病毒等微生物有极强的氧化作用。臭氧的半衰期为20～25 min。现代生活中臭氧常用于消毒、洗涤。利用臭氧可消毒饮用水,杀菌作用快,效果好,而且方便。在工业废水处理中,臭氧可用来降低水的生化需氧量和耗氧量,破坏有毒化合物,如酚、氰化物、硫化物和油类化合物等。

臭氧由于其氧化性强,不产生二次污染,一直在污水处理、环境治理等方面得到广泛使用,而在化学品的制备中使用相对较少。例如臭氧氧化烷烃,锰置换的多元多金属含氧簇合物可在温和的条件下,活化臭氧进行各类烷烃的氧化。典型的反应式如下：

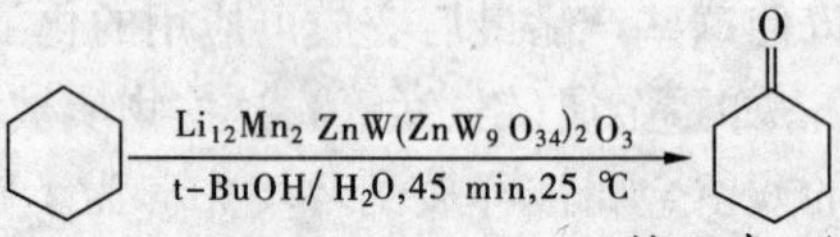

转化率：41%
选择性：95%

6.3 过氧化氢(双氧水)

过氧化氢是廉价且安全的氧原子的来源。由于 H_2O_2 活性氧含量高，反应副产物只有水,氧化性较分子氧高，所以它在绿色氧化中,是对分子氧作为氧化剂的一个重要补充，它是一种理想的氧化性较强的氧化剂。

6.3.1 过氧化氢的结构、性质和氧化机理

气态过氧化氢的构型如图6-1,在分子绕着O—O键内旋转时，势垒较低。液态的过氧化氢通过氢键进行缔合的现象比 H_2O 更强。晶体过氧化氢的二面角小于111.5°而略大于90°。

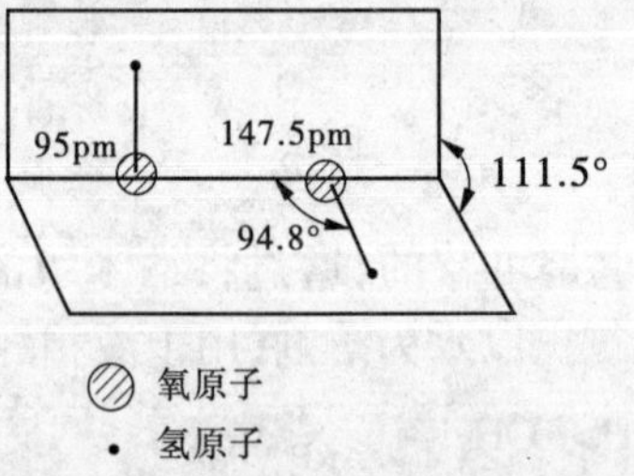

图6-1 气态过氧化氢的结构

纯过氧化氢是一种蓝色的黏稠液体，沸点152.1 ℃，冰点-0.89 ℃，它比水重得多(-4.16 ℃时1.643 g/cm^3)，它的许多物理性质和水相似，可与水以任意比例混合，是离子化溶剂，但因它具有强的氧化性，作为溶剂其实用价值不大。过氧化氢在水溶液中的氧化还原性由下列电势决定：

$$H_2O_2 + 2H^+ + 2e = 2H_2O \qquad E = 1.77\ V$$

$$O_2 + 2H^+ + 2e = H_2O_2 \qquad E = 0.68\ V$$

$$HO_2^- + H_2O + 2e = 3OH^- \qquad E = 0.87\ V$$

所以在酸性溶液和碱性溶液中它都是强的氧化剂。只有与更强的氧化剂如 MnO_4^- 反应时，它才表现出还原性而被氧化。H_2O_2 的分解反应也就是它的歧化反应：

$$2H_2O_2 = 2H_2O + O_2$$

分解机理是复杂的，已提出了游离基学说、电离学说等多种解释，按照电离学说，H_2O_2 为极弱酸，电离步骤为：

$$H_2O_2 \rightleftharpoons H^+ + O_2H^-$$

$$O_2H^- \rightleftharpoons H^+ + O_2^-$$

O_2H^- 不稳定，易分解，在碱性溶液中第二个 H^+ 也能分解出来：

$$O_2H^- + OH^- \longrightarrow O_2^- + H_2O$$

在 pH＝2～5 的弱酸性介质中 H_2O_2 较稳定。H_2O_2 分解活化能为 217.7 kJ/mol，加入重金属离子便会降低，例如 H_2O_2—Fe^{2+} 体系为 39.3 kJ/mol，因此 Fe^{2+}、Fe^{3+}、Cu^{2+}、Ag^+ 等重金属离子的存在会加速 H_2O_2 的分解。而且即便是在低温下，H_2O_2 仍能分解。温度对 H_2O_2 分解率的影响如下：

(*T*) ℃	30	66	100	140
分解率	1%/年	1%周	2%/天	沸腾

此外，光照、贮存容器表面粗糙(具有催化活性)都会使 H_2O_2 分解。无论是用 Cl_2、MnO_4^-、Ce^{4+} 等氧化水溶液中的 H_2O_2，还是用 Fe^{3+}、MnO_2、I_2 等引起 H_2O_2 的催化分解，所有释放出来的氧分子，全部来自 H_2O_2 而不是来自水分子，实验证明如下：

$$Cl_2 + H_2^{18}O_2 \longrightarrow H^+ + Cl^- + H^{18}O^{18}OCl$$

$$H^{18}O^{18}OCl \longrightarrow H^+ + Cl^- + {}^{18}O_2$$

所以反应中 H_2O_2 的 O—O 键没有被破坏，只是发生电子转移而已。

在酸性溶液中 H_2O_2 能使重铬酸盐生成过氧化铬：

$$4H_2O_2 + H_2Cr_2O_7 = 2CrO(O_2)_2 + 5H_2O$$

就是 H_2O_2 的过氧团转移而形成的产物。过氧化氢还有一重要性质，即很多溶液中的 H_2O_2 反应都是游离基反应。

6.3.2 过氧化氢的应用

过氧化氢是一种强氧化剂，广泛应用于化工、医药、食品、电子、环保等领域，近年来，随着环保要求的提高，作为一种“清洁氧化剂”越来越受到人们的关注。过氧化氢的需求量不断增大，世界产量每年以 10%～15%递增，目前产量估计约 300 万 t/a，我国生产能力约 50 多万吨，主要用于漂白剂及合成化工。其中化工合成的应用前景非常广阔。从原子经济上讲，H_2O_2 几乎是一种理想的氧化剂，提供一个氧，自身变为水，用它可一步制取许多化合物，使现代生产工艺大大简化。

H_2O_2 作为氧化剂用于有机反应一般需要催化剂，催化剂多为均相的过渡金属配合物。由于均相催化剂的诸多缺点，促使了固相催化剂的快速发展。通过在分子水平上构筑高活性、高选择性的固体催化剂，不仅可解决催化剂的循环回收、反复使用等问题，而且对资源的有效利用和环境的保护起着积极的作用。另外，由于固体催化剂的易修饰性，经常可调制出高选择性的催化体系从而高效地制备化学品。尤其是钛硅分子筛催化剂的开发成功，使其参与的选择性氧化过程选择性高、无污染且不会深度氧化。目前 H_2O_2 参与的反应主要有环氧化、羟基化、肟化等，在替代原有工艺上表现出越来越大的优越性，其中苯酚羟基化制苯二酚和环己酮氨氧化制环己酮肟已有工业化生产。TS-1 钛硅分子筛催化的主要 H_2O_2 氧化反应：苯酚氧化法、环己酮肟的合成、丙烯环氧化反应、其他氧化反应通过原位方法在反应时现场生成过氧化氢，直接应用到氧化反应中，也是很好的耦合手段，它可以大大减少在运输、储存等过程中过氧化氢的分解。

利用 H_2O_2 作为氧化剂，实现绿色氧化最近颇受关注。2001 年 Nobel 化学奖得主之一的 Noyori 教授，最近介绍了他们研究小组利用 H_2O_2 为氧化剂，W 的配合物作为均相催化剂，在相转移催化剂季铵亚硫酸盐存在下实现氧化反应的情况；Grigoropoulou 等回顾了使用多金属氧酸盐、金属卟啉和金属 salen 配合物等作为催化剂，用于烯烃环氧化的最新研究进展。

Hancu 等采用一种 Pd 的配合物 $Pd_2(DBA)_3$ 和 TS-1 为共催化剂，获得了从 O_2 和 H_2 出发原位生成 H_2O_2 的高效方法，并直接应用于以超临界 CO_2 和 H_2O 为两相体系的烯烃环氧化反应中。反应式如下：

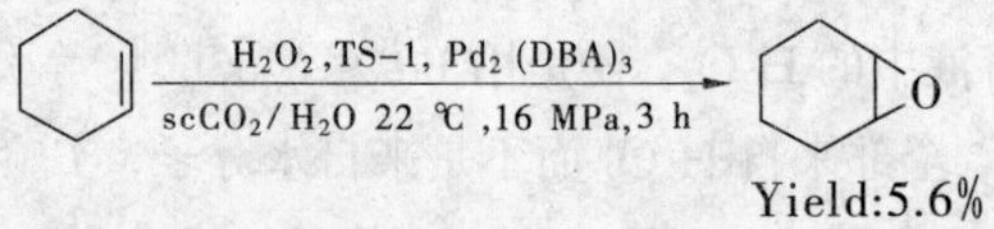

由于受到原位生成 H_2O_2 量的限制，环氧化物的收率不高，如何提高超临界条件下 H_2O_2 的收率和低 H_2O_2 浓度下反应物的有效转化，需继续研究。

除了环氧化外，还可应用于杂环氮的氧化。通过钛硅分子筛作为催化剂、H_2O_2 为氧化剂可对杂环氮进行高选择性氧化，典型的反应如下：

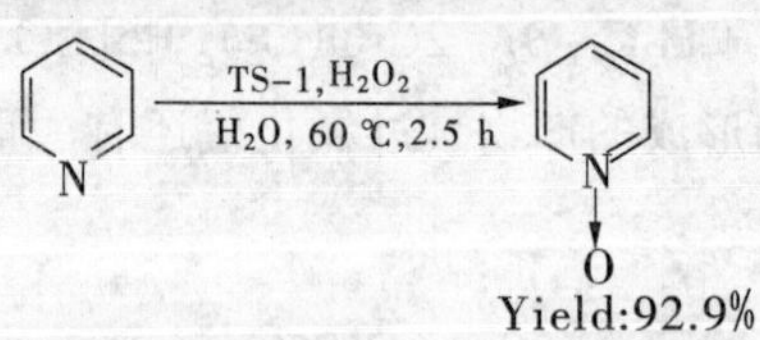

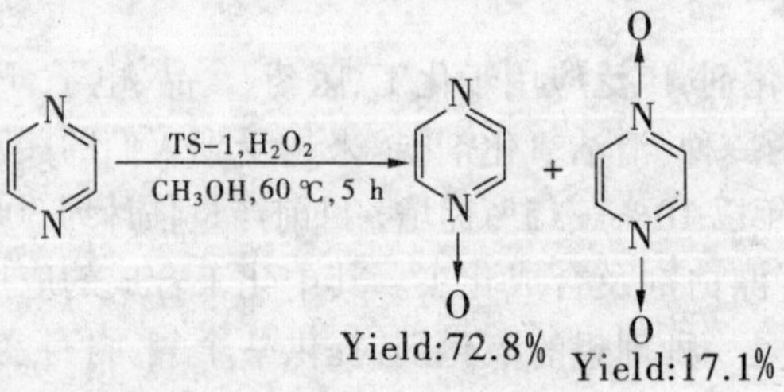

己二酸是合成尼龙-66 的主要原料，同时在低温润滑油、合成纤维、油漆、聚亚胺酯树脂及食品添加剂的制备等方面也有重要用途，目前己二酸的世界年产量估计已达 220 万 t。己二酸的工业生产主要是环己烷经过两步氧化合成，第一步为环己烷在过渡金属

离子催化下用氧气氧化为环己醇、环己酮，第二步用浓 HNO_3 氧化环己醇、环己酮制得己二酸。在第二步氧化中产生大量的 CO、NO_x、N_2O 等有毒气体，其中 N_2O 是比 CO_2 温室效应还强 310 倍的温室气体。国内外一些学者对环己酮绿色氧化制己二酸也有报道，但得率均很低，最高为 51%。张敏等探索了一种环境友好、高效和实用的催化氧化合成己二酸的催化体系及其最佳反应条件，反应收率达到 86%；并根据对氧化过程的跟踪，提出了其主要氧化机理。如下图所示：

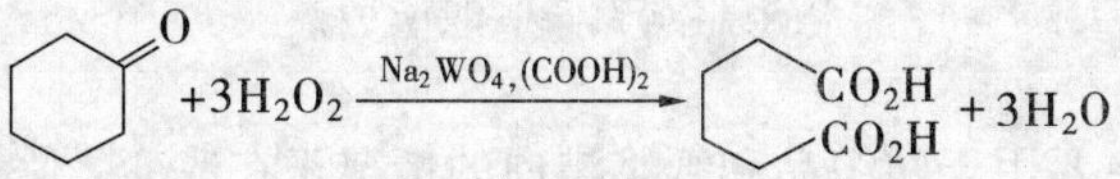

采用均相催化反应体系、H_2O_2 为氧化剂的己二酸制备方法，由获得 Nobel 奖的 Noyori等进行了系统的研究；Raja 等则用 $Fe_{0.10}Al_{0.90}PO_{4.5}$ 作为固相催化剂，25% 的 H_2O_2 作氧化剂，80 ℃下将环己烯氧化成己二酸。

Yield: > 75%

环己烷的氧化物环己酮和环己醇是脂肪酸和几内酰胺的原料。Pillai 等用煅烧过的钒磷氧化物(VPO)作催化剂，乙腈作溶剂，65 ℃时，在氮气中用 H_2O_2 催化氧化环己烷。反应所得环己烷的转化率比以往文献报道的都要高。

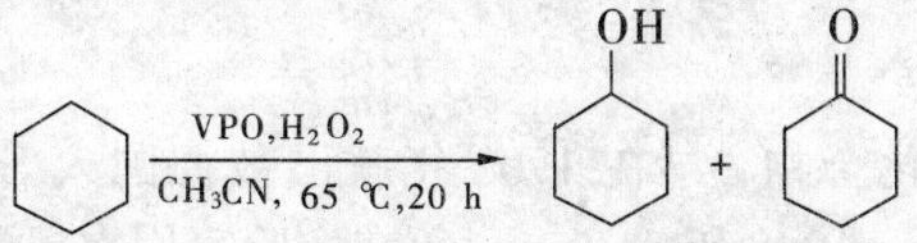

Conv: 95%

Selectivity:42% Selectivity:58%

Fujishima 等将 Ru 的二吡啶配合物[Ru(bpy)$_3$]Cl_2 锚定在中孔分子筛 FSM-16 的孔道中，在以 H_2O_2 为氧化剂，紫外线照射下，催化氧化苯生成苯酚。典型反应结果如下：

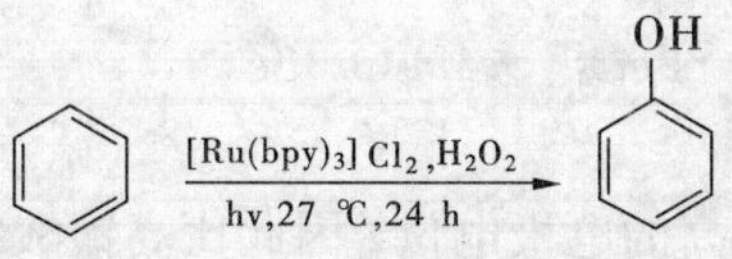

TON:430,Selectivity:98%

Raghavan 等用金属 Mo 与硅源形成钼硅分子筛 MoS-1，利用 H_2O_2 为氧化剂，实现了各种硫醚氧化至相应的亚砜。典型反应如下：

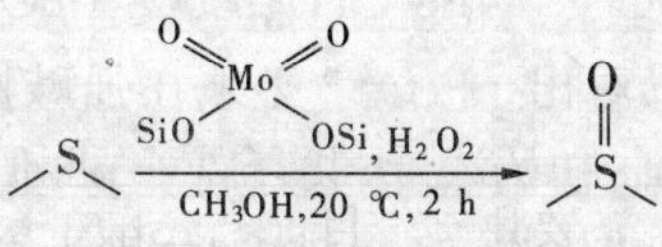

Conv:96%, Selectivity: 94%

以 H_2O_2 为氧化剂，不使用催化剂就能完成反应物的有效氧化无疑是最令人兴奋的。Wahlen 等则以苯酚作为溶剂，利用苯酚与 H_2O_2 和烯烃双键的独特活化性能，高效地完成了各类烯烃的环氧化过程，反应式如下：

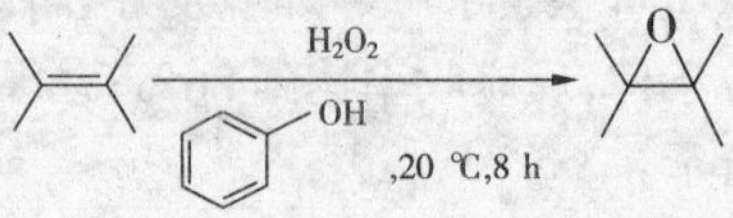

Conv:99%, Selectivity: 97%

在我国，H_2O_2 主要用于纺织品和纸浆漂白的情况正在改变。除了化工合成以外，其他方面的应用也在不断扩大。例如工业和生活废水的处理，H_2O_2 将逐渐取代氯制漂白粉，因为加氯会促进致癌物三卤甲烷和强致突变物的形成。而 H_2O_2 对含酚、重金属、有机物和有气味化合物的废水处理有奇特效果。在湿法冶金中，随着 H_2O_2 已成为工业试剂，多种氧化剂如 MnO_2、Fe^{3+} 等均可被 H_2O_2 取代。最近 H_2O_2 还用于治疗因输卵管不通而导致的不孕，在宫腔内注入 3% H_2O_2 20 mL，即可使细菌正常代谢发生障碍而死亡，而它分解产生的大量气泡使输卵管的坏死组织、粘连节和假膜等发生松懈剥离，输卵管功能便得以重新恢复。

6.4 高铁酸盐

6.4.1 概述

高铁酸盐是铁的 +6 价化合物，早在 1702 年就已被德国人 Stahl 发现，Fremy 在 1841 年首先合成出了 K_2FeO_4，1948 年 Schreyer 等在实验室用次氯酸钠溶液氧化三价的铁盐制备出了高纯度的 K_2FeO_4 晶体。1958 年 Robert 等计算出了酸性和碱性条件下的高铁酸盐中 Fe(Ⅵ)/Fe(Ⅲ)电对的标准电极电位。

酸性条件：$Fe^{3+} + 4H_2O \longrightarrow FeO_4^{2-} + 8H^+ + 3e$

$E^0 = 2.20\ V$

碱性条件：$Fe(OH)_3 + 5OH^- \longrightarrow FeO_4^{2-} + 4H_2O + 3e$

$E^0 = 0.72\ V$

高铁酸盐在酸性条件下具有很高的电极电位，因此比高锰酸钾、臭氧和重铬酸钾等常用氧化剂具有更强的氧化性，这是高铁酸盐具有重要应用价值的根本原因。在常温和密闭干燥的条件下，纯净的高铁酸钾和高铁酸钡晶体可以稳定存在。一般说来，液态的高铁酸盐是不稳定的，高铁酸盐发生分解反应，释放出氧气。

$$4FeO_4^{2-} + 10H_2O \longrightarrow 4Fe(OH)_3 + 3O_2 + 8OH^-$$

从铁的 Pourbaix 图(图 6-2)可以看出，FeO_4^{2-} 必须在强碱性区域内方才稳定存在。影响高铁酸盐稳定性的主要因素包括：初始浓度、共存离子 pH 值和温度等。

高铁酸盐的定量分析方法有：砷酸盐法、铬酸盐法、分光光度法。其中铬酸盐法既适用于测定固样，又适用于溶液，且反应灵敏，准确性好，因此被广泛采用。

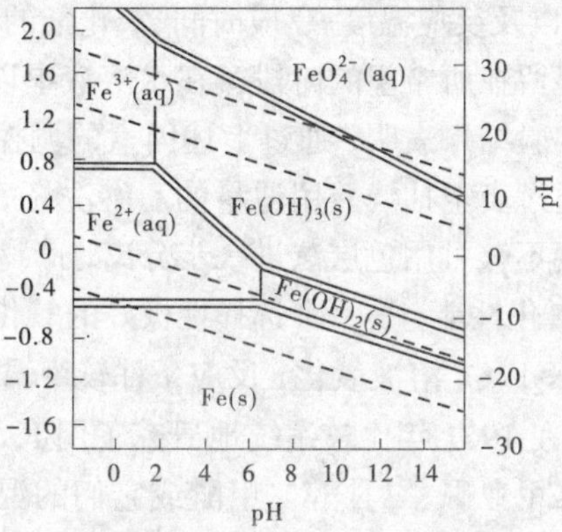

图 6-2　铁系统的 Pourbaix 图

高铁酸盐的制备方法主要有:高温熔融氧化法、次氯酸盐氧化法、电解法。

由于集氧化、絮凝、杀毒等效能于一身, 且无毒副作用, 因此高铁酸盐的主要用途是作为水处理药剂。近年来,人们发现高铁酸盐还可做有机合成中的氧化剂、绿色电源的正极活性材料等, 这些领域的研究目前都很活跃。

6.4.2　高铁酸盐在有机物氧化合成方面的研究

铁的一般价态为Ⅱ和Ⅲ价; 而高价铁基复合物的价态为Ⅳ～Ⅵ价, 主要特点是极高的氧化性。Fe 不同于 Cr 和 Mn, 它是无毒无害的, 因为其副产物铁锈不会对人和环境有任何不良影响。高铁酸盐用做选择性氧化剂,相对于常见的 MnO_2、$KMnO_4$、CrO_3、K_2CrO_4、$K_2Cr_2O_7$ 等氧化剂而言, 它是一种高选择性、高活性、无毒、无污染、无刺激性的绿色有机合成氧化剂。它可以选择性地氧化醇类、含氮化合物、含硫化合物甚至烃类等大部分有机物,而且反应条件温和。因此, 高铁酸盐在有机物的氧化合成方面具有十分重要的应用潜力。例如,高铁酸盐氧化醇和胺的情况可从表 6-1 得到说明。

表 6-1　高铁酸盐氧化醇和胺

原料	产物	K_2FeO_4(室温)						Ag_2FeO_4		$BaFeO_4·H_2O$	
		水作溶剂		相转移剂		K_{10}黏土		苯作溶剂*		苯作溶剂*	
		时间(h)	产率%	时间(h)	产率%	时间(h)	产率%	时间(h)	产率%	时间(h)	产率%
苯甲醇	苯甲醛	0.07	80	0.1	96	3	100	0.8	98	0.8	95
3-苯基-2-丙烯1-醇	3-苯基-2-丙烯醛	0.12	75	–	–	2 100	1	98	2	100	
二苯甲醇	二苯甲酮	–	–	0.1	9.6	2	100	0.8	97	0.5	100
环己醇	环己酮	1.5	30	–	–	24	51	2	15	15	30
苯甲胺	苯甲醛	0.02	70	–	–	3	55	–	–	1	95
对硝基苯甲醇	对硝基苯甲醛	–	–	0.02	60	–	–	6	95	5	70
正庚醇	正庚醛	1.15	30	–	–	–	–	2	12	48	60

注: * 在回流下反应。

由表 6-1 可以看出铁酸盐具有良好的选择性和氧化活性。高铁酸盐作氧化剂合成有机物时，可以通过调节 pH 以及反应温度、反应时间、氧化剂的阳离子、氧化剂与反应原料的配比等来调控，使反应停留在所希望的阶段。在水溶液中以醇类和胺类为原料，以高铁酸钾为氧化剂，进行的实验结果表明，通过上述因素的调控后可使反应停留在所希望的阶段；反应得到的产物通过真空抽滤并用适量的乙醚洗涤后，将收集到的滤液减压下浓缩即可得到产品，如纯度不够可用色层法进一步分离，产物的分离较简单。

高铁酸钾具有很强的氧化性能，是一个选择性极好的氧化剂。早在 1897 年，Moeser 就观察到在室温下氨能被 K_2FeO_4 溶液氧化，反应条件较为温和，而用 $KMnO_4$ 做氧化剂时则需要加热。Audette 等在 1971 年比较系统地研究了用 K_2FeO_4 作为氧化剂氧化有机物质的反应，在纯水、水/二甲亚砜、二甘醇二甲醚或它们的混合物介质中氧化伯醇和伯胺，制备其相应的醛或酮，选择性和产率均很高，Schiopescu 等给出了此过程的反应机理。Kim 等使用相转移催化剂拓展了高铁酸盐的使用范围，如使用固体复合物 $K_2FeO_4Al_2O_3CuSO_4 \cdot 5H_2O$ 选择性氧化丙烯醇、苄醇和饱和仲醇成相应的醛和酮，得到了较好的效果，产率大多达到 95% 以上。1996 年 Lionel 等在室温下用多孔性的固体催化剂氧化醇类、硫醇、含氮化合物和烃类，结果表明 K_{10} 黏土的催化效果最好，且 K_{10} 黏土中所含的少量水分对反应有明显的催化作用。2000 年 ChiMingHo 等报道了室温下在存在少量金属氯化物时 $BaFeO_4$ 氧化烷烃的效果，根据金属氯化物的不同，环烷烃的氧化速率依次为：$AlCl_3 > FeCl_3 > MgCl_2 > LiCl > ZnCl_2$。催化剂的制备和选取、反应溶剂的选择、反应条件的控制等是该领域研究的重点。

高铁酸盐是绿色、无污染、高选择性和高活性的强氧化剂。从环保角度看，高铁酸钾的用途是引人注目的，随着对其性质的进一步认识和制备工艺的成熟，其在有机物的氧化合成方面的应用范围将不断拓宽，将引起越来越多的学者的重视。

6.5 有机高价碘试剂

有机高价碘化合物具有良好的化学反应活性和广泛的应用前景，且无毒、无污染，因此受到人们的关注。在各种类型的有机高价碘试剂中，最早研究并在合成中广泛应用的是有机高价碘盐。有机高价碘盐主要包括二芳基碘盐、炔基芳基碘盐和烯基芳基碘盐，它们可用一个通式表示：$ArRI^+X^-$。在有机合成中高价碘盐多用做亲电芳基化试剂，与各种亲核试剂反应。由于它们在反应中离去一个 ArI，所以其反应活性比相应的卤化物高得多，为合成有机化合物提供了许多简便方法。

近年来，关于有机高价碘化学中的研究热点主要集中在 Dess－Martin 试剂和它的前体 IBX 以及其他五价碘试剂在有机合成中的应用研究、亚碘酰苯在过渡金属催化的仿生氧化中的应用研究、PhI＝NR 试剂在催化亚胺化及氮杂环丙烷化中的应用研究、炔基碘盐和烯基碘盐得救合成及反应机理研究以及羟基对甲苯磺酰氧基碘苯（Koser's 试剂）在有机合成中的应用研究等方向。

在国内，浙江大学陈振初教授领导的研究小组，近些年在有机高价碘试剂的合成和应用研究方面作了很多工作，取得了不凡的成果。这里不再赘述。

6.6 固载氧化剂

还有一种方法可以减少或消除传统计量氧化反应给环境带来的污染。该方法是通过将传统的氧化剂负载在载体上,可将原来的铬(六价)、锰(七价)等难以控制的廉价试剂,改善为选择性好、可控的氧化剂,而且由于形成固载氧化剂,大大有利于反应后氧化剂的分离和回收,并可实现氧化剂的再生。

例如,将铬酸钾与铵盐配位,制成配体铬氧化剂,再将配体铬氧化剂负载到二氧化硅、氧化铝等无机载体上,可以得到结构稳定的负载的配体铬氧化剂。该氧化剂已经广泛的应用于醇、醚、肟、腙和半卡巴腙等有机化合物的氧化反应中,条件温和,选择性好,产物分离简单。而且使用后的氧化剂可以很容易的转化成其他有用的物质,解决了氧化剂的分离和回收问题。这些工作为解决铬污染提供了一条很好的思路和方法。河南师范大学的张贵生教授、陈密锋教授、蔡昆教授在这方面的工作是引人注目的。杨德红在硕士阶段所从事的肟和腙的氧化反应研究工作是其中之一。

再如,将高锰酸钾固定在碳纳米管上,所制得的氧化剂远较高锰酸钾温和,在使用该固载氧化剂参加氧化反应时,在反应物上可较容易引入羟基、羰基或羧酸等基团。

此外,氧化剂之间的组合及在反应过程中原位生成氧化剂,应用于氧化反应也是重要的绿色氧化剂之一。特别是氧化反应用于废液处理过程时,臭氧与氧气或空气组合,可以使废液被处理得更有效、更有层次。原位生成过氧化氢也可应用到氧化过程,实现反应之间的组装及耦合。

6.7 绿色还原剂——氢气

与绿色氧化剂相比,绿色还原剂的选择就少了很多。可以实现还原反应的除了计量还原反应之外,还可以采用催化氢转移还原法及催化加氢法等。催化氢转移还原法由于一般使用醇作为氢转移试剂,而本身被氧化为酮,因此从环境友好这一角度来看该过程并不友好;采用氢气作为还原剂的催化加氢法通常原子利用率为 100%,反应过程环境友好。从另一个角度来看,由于氢气的活化较难,为了有效的利用氢气,需要精心设计催化体系,有时甚至需要较高的温度和压力,特别是较高的压力对于多类还原反应是必需的。因此与氧化反应相比,绿色还原反应不仅仅表现在绿色还原剂的使用,更多的表现在其他方面,如固相催化体系、绿色溶剂体系等的使用。

第 7 章　绿色溶剂

在化学反应的实施过程中，溶剂不仅用做化学介质，而且在产物分离、提纯及部分产品配方中都是不可或缺的重要组分。然而多数传统的有机溶剂都是造成环境污染的有害物质。目前在世界范围内溶剂型胶粘剂仍占胶粘剂总量的约 15%，它们是通过溶剂挥发而固化成膜的。据不完全统计，全世界每年向大气排放有机溶剂 3 500 万 t，其中大部分源自涂料和胶粘剂。尤其是苯类溶剂进入大气后极易形成光化学烟雾，可引发多种疾病，危害人类健康、破坏生态环境。为此，各国政府已制定了许多法规予以控制，一方面努力开发水基产品以取代溶剂型产品，另一方面则以溶度参数及氢键指数为依据寻求苯类溶剂的无毒、低毒代用品。溶剂型氯丁胶在欧美技术先进国家已被明令禁止，但在我国包括台湾省以及东南亚各国在制鞋、建筑等行业仍在广泛应用。我国制鞋厂家约 4 万家，每年用氯丁胶约 10 万 t，若以溶剂含量 80%计，每年就有 8 万 t 有机溶剂挥发到大气中，其危害可想而知。近年来出现了许多低毒、无毒混合溶剂，对于缓和这一危害起到了一定作用。为了从源头遏制污染，“绿色化学”研究已成为新世纪的前沿课题。

挥发性的有机溶剂通常作为化学品工业合成过程中的介质，这些溶剂对环境所造成的负面影响是不容忽视的。Montreal 协议的签署导致迫切需要对化学过程进行重新评价。一个典型的例子是最近荷兰的 DuPont Hypalon 工厂由于使用氟代烃溶剂而被关闭。为解决这一问题，目前有 4 种可供选择的方案：①无溶剂合成；②采用水作溶剂；③使用超临界流体作溶剂；④采用离子液体(ionic liquid)作溶剂。

7.1　水

7.1.1　概述

水能溶解许多物质，是最重要的溶剂。能与钠、钙等活泼金属起作用而放出氢，也能与氟、氯、溴等活泼非金属起作用。与金属氧化物化合成碱，与非金属氧化物化合成酸，又与许多物质化合成水合物。水由于价格低廉，无毒，不易燃烧，不易爆炸，在有机合成反应中，可以省略许多诸如官能团的保护和保护基团等的合成步骤，是取代传统挥发性有机溶剂和助剂的理想替代品。中国留美学者李朝军教授用金属铟在水相反应方面做了大量工作，因而获得了 2001 年美国总统绿色化学奖，这也表明水相有机反应的研究正在受到越来越多的关注。作为环境友好、对人无害的优良的绿色溶剂，水已经应用在化学工业、生物制药、天然植物提取、纳米材料制备等各个领域。这里主要介绍水在有机化学反应中的应用。

7.1.2　水相反应

水相有机反应的研究已涉及多个反应类型，如：周环反应；亲核加成和取代反应；金属参与的有机反应;路易酸和过渡金属试剂催化的有机反应;聚合反应;氧化和还原反应,加氢反应;水相中的自由基反应等。

7.1.2.1 **水相中的自由基反应**

水相反应的研究具有相当的吸引力,由于水的极性使许多反应在水相中进行时显示非常独特的活性及选择性。Fujimoto 等发现化合物(1)在 Et_3B 及微量 O_2 引发的自由基环化中,若以己烷或苯作溶剂,则没有生成相应的产物,但当反应在水相中进行时产率即可达到 67%~78%。

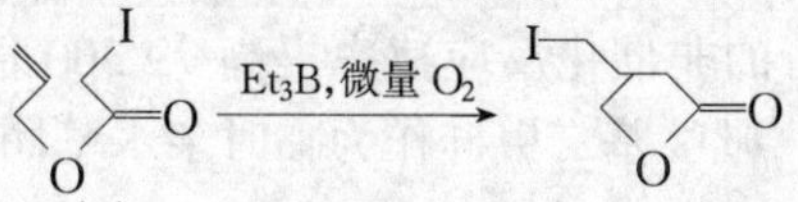

7.1.2.2 **水相中环加成反应**

1980 年 Breslow 发现水可作为有益的溶剂,环戊二烯与甲基乙烯酮的环加成反应见下式,以水为溶剂较异丙烷为溶剂反应快 700 倍。随后 Grieco 对水相环加成反应也做了许多开创性工作。水相反应可同时提高反应速率和选择性。值得一提的是,这个反应只得到四种可能立体异构体中的两种,主要异构体是合成目标分子所需要的,若用常规的有机溶剂苯则产生无用的立体异构体。

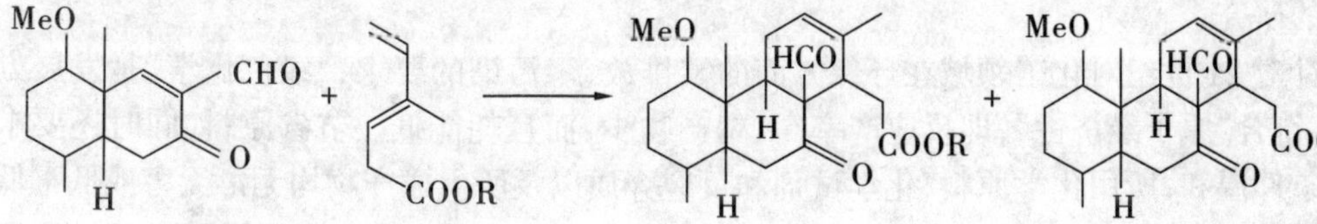

7.1.2.3 **水相中有机金属类反应**

水相有机合成的一个重要进展是应用于有机金属类反应,其中有机铟试剂是成功的实例之一。Chan 等通过甘露糖与 α-溴甲基丙烯酸甲酯的偶联非常简捷地合成了(+)-KDN。如下式所示:

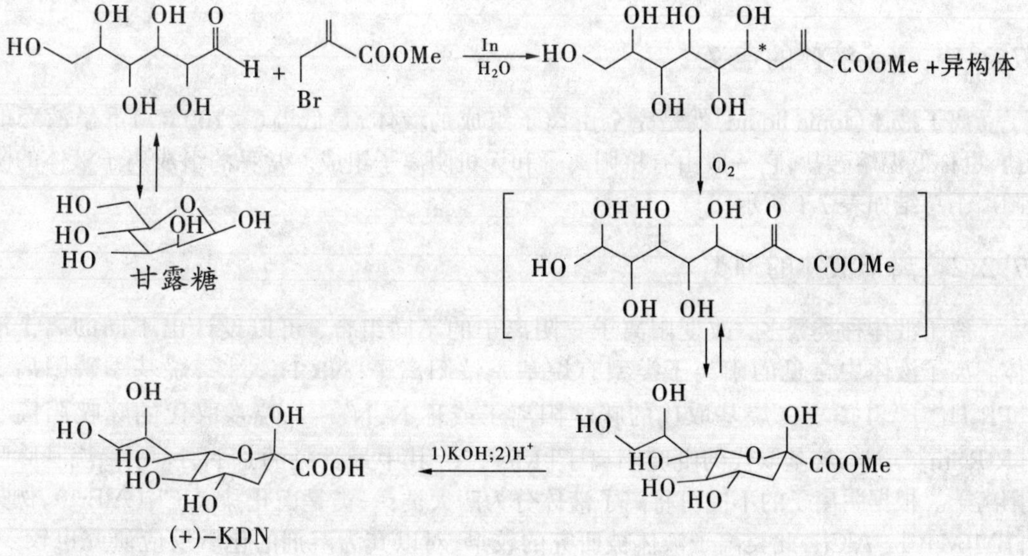

此类反应的另一优点是碳水化合物的多个羟基官能团在碳－碳键形成步骤中无需保护,而在合成中保护基的使用是一种为了达到选择性所作的无奈的选择。因为需要使用化学计量的保护试剂进行保护,最后还得除去保护基,这不但增加反应步骤,多消耗能量和原料,还增加了废物排放。

7.1.2.4 水相 Lewis 酸催化反应

水相有机合成的另一重要进展是水相 Lewis 酸催化反应。许多常规的 Lewis 酸催化反应必须在无水的有机溶剂中进行,但环戊二烯与双烯体 0.01 mol/L 硝酸铜催化下水相中环加成较之在乙腈中进行的非催化反应速率提高 79 300 倍。为了解决有机物不溶于水的问题,最近有人提出 2－吡啶基二甲硅作为临时亲水基团,采用类似肥皂去污的原理进行水相 Diels－Alder 反应。

7.1.3 研究动态

目前,人们所关注的水相有机反应有以下几个方面:①水相有机反应的特点和反应机理;②水对反应的特殊作用以及相关的理论问题,研究有机金属试剂或 Lewis 酸催化的水相反应,特别是相应的水相不对称反应;③探索将水相有机反应和生物转化反应相结合的新合成方法;④实现水相中的"原子经济性"反应;⑤加强对水相有机反应工业应用中基本问题的研究。

针对 21 世纪对化工领域在环保方面的零排放、零污染的要求,"绿色化学"是发展方向,它符合"原子经济性",即反应产率高、副产物少,而且耗能低。节省原料,同时还要求反应条件温和,所用化学原料、化学试剂和反应介质以及所生成产物均无毒无害或低毒低害,与环境友善。因此,研发水这一绿色物质作为在化工领域的介质具有重要的意义和广阔的发展前景。

7.2 离子液体

7.2.1 离子液体的定义

离子液体(Ionic liquid)就是完全由离子组成的液体,是低温(＜100 ℃)下呈液态的盐,也称低温熔融盐,它一般由有机阳离子和无机阴离子组成。常见的组成离子液体的阴阳离子总结如表 7-1 所示。

7.2.2 离子液体的种类

离子液体种类繁多,改变阳离子－阴离子的不同组合,可以设计出不同的离子液体。离子液体中常见的阳离子类型有烷基季铵阳离子$[NR_xH_{4-x}]^+$、烷基季磷阳离子$[PR_xH_{4-x}]^+$、1,3－二烷基取代的咪唑阳离子或称 N,N′－二烷基取代的咪唑阳离子$[R^1R^3im]^+$、N－烷基取代的吡啶阳离子$[RPy]^+$。其中最常见的是 N,N′－二烷基咪唑阳离子。根据阴离子的不同可将离子液体分为两大类:一类是卤化盐 $AlCl_3$($AlBr_3$),例如$[BMIM]Cl-AlCl_3$,此类离子液体被研究的较早,对以其为溶剂的化学反应研究也较多,现仍有研究报道。此类离子液体虽然具有离子液体的许多优点，但其缺点是对水极其敏感，见水易分解以及在空气中不稳定，要完全在真空或惰性气氛下进行处理和应用，质子和氧化物杂质的存在对在该类离子液体中的化学反应有决定性的影响。此外，$AlCl_3$ 遇水会放出 HCl，对皮肤有刺激作用。另一类与 Wikes 等人的工作有关，他们发现一些离子液体如[EMIM]BF_4 类离子液体，具有不同于 $AlCl_3$ 类离子液体的性质，这类离子液体也被称为新离子液体。其组成固定，而且其中许多品种对水和空气是稳定的。其阳离子多为烷基取代的咪唑离子 $[R^1R^3im]^+$，阴离子多用 BF_4^-、PF_6^-，也有用 $CF_3SO_3^-$、$(CF_3SO_2)_2N^-$、$C_3F_7COO^-$、$C_4F_9SO_3^{2-}$、CF_3COO^-、$(CF_3SO_2)_3C^-$、$(C_2F_5SO_2)_3C^-$、$(C_2F_5SO_2)_2N^-$、SbF_6^-、AsF_6^-、$CB_{11}H_{12}^-$及其取代物、NO_2^- 等，其中在制备以 NO_3^-、ClO_4^- 等为阴离子的离子液体时要小心爆炸，尤其在干燥过程中更是如此。

表 7-1　阴阳离子组成

阳离子	阴离子
 咪唑环还可取代在2、4、5位  吡啶环还可取代在3、4位 PR_4^+ NR_4^+	$[CuCl_2^-]$、$[Cu_2Cl_3]^-$、$[Al_2Cl_7]^-$、$[Al_3Cl_{10}]^-$、$[AlCl_4]^-$、$[AlBr_4]^-$、$[AlI_4]^-$、$[AlCl_3Et]^-$、Cl^-、$[BF_4]^-$、$[PF_6]^-$、$[NO_3]^-$、$[SbFB_6]^-$、$[SO_4]^{2-}$、$[NO_2]^-$、$[PMo_{12}O]_{40}^{2-}$、$[CH_3COO]^-$、$[CF_3SO_3]^-$、$[CF_3(SO_2)_2N]^-$、$[C_4F_9SO_3]^-$、$[N(C_2F_5SO_2)]^{2-}$

注：R 代表 C_nH_{2n+1}，其中 1 - methyl - 3-ethylmidazolium，$n=1$，可简写为[meim]；

若 1 - butyl - 3 - ethylmidazolium，$n=4$ 以下简写为[beim]。

7.2.3　离子液体的特点

离子液体是近年来绿色化学的研究热点之一，因为离子液体在工业有机化学的清洁合成方面显示出潜在的应用前景。例如，传统的 Friedel - Crafts 烷基化反应在 80 ℃下反应 8 h，得到产率为 80％的异构体混合物，采用离子液体，同样的反应在 0 ℃下反应 30s 得到产率为 98％的单一异构体。除了它们所表现出的高活性、高选择性外，离子液体还具有如下优点：

(1)离子液体具有非挥发特性，几乎没有蒸汽压，因此它们可用在高真空体系中，同时可减少因挥发而产生的环境污染问题。

(2)具有较宽的稳定温度范围。通常在 300 ℃范围内为液体，有利于动力学控制；在高于 200 ℃时具有良好的热稳定性和化学稳定性。

(3)具有良好的溶解性能。它们对无机和有机材料表现出良好的溶解能力。对反应还有促进作用，为化学反应提供新的反应环境。

(4)通过对阴、阳离子的合理设计可调节其对无机物、水、有机物及聚合物的溶解性，并且其酸度可调，可表现出 L 酸、B 酸、Franklin 酸及超强酸的酸性。

(5)有憎水和亲水之分，和一些有机溶剂不互溶，因而可以根据需要构建两相体系，易与其他物质分离,可以循环利用。

(6)稳定、不易燃、可传热、可流动。

(7)制备简单。如[BMIM]Cl/$AlCl_3$,可由商业成品甲基咪唑和卤代烷直接合成中间产物,再与含有目标阴离子的无机盐反应生成相应的离子液体。

(8)具有较弱的配位趋势。

(9)具有高的离子导电性和较宽的分解电压窗口(>4.5)。

鉴于此,离子液体引起了人们极大的兴趣,离子液体的性能、制备和应用等方面得到了空前的发展。

7.2.4 离子液体的理化性质

7.2.4.1 熔点

通常被称为离子液体的物质常温下为液体,即熔点低于常温,少数有用的品种熔点可以高一些,离子液体的熔点并无严格的界限。影响离子液体熔点的主要因素有:①离子的电荷分布;②离子的对称性等。物质的熔点与其晶体结构有关,无机物的离子晶体均有较高的熔点,这是因为离子间有较强的静电相互作用。若能降低离子间的静电相互作用则可大大降低熔点,这对无机物的离子难以实现,而现在已发现的离子液体实为有机离子液体,其正、负离子中至少有一种离子具有有机基团。离子液体在离子间静电相互作用方面有如下特点:离子液体的价型多为 1-1 价型;离子电荷因非定域化而分散,或离子电荷得到屏蔽;至少一种离子是体积很大的非对称有机离子。特例有文献报道的碱金属离子液体[bmim]MSO_4(1-2 价型,M 为 H、Li、Na、K 离子),由于两种阳离子大小相差很多,难以密堆集形成晶体。

随着离子液体中阳离子和阴离子的不同组合,离子液体的物理和化学特性可以在很大范围内变化。评价离子液体特性的一个关键参数就是其熔点,一般来说,其熔点随阳离子不对称程度提高和阴离子尺寸增加而下降。

7.2.4.2 酸性

离子液体酸碱性由阴离子本质决定。如将 L 酸 $AlCl_3$ 加入到离子液体[BMIM]Cl 中,当 $AlCl_3$ 的摩尔分数 $x(AlCl_3)<0.5$ 时,离子液体中的阴离子以 Cl^- 和$[AlCl_4]^-$的形式存在,离子液体呈碱性;当 $x(AlCl_3)=0.5$ 时,阴离子仅为$[AlCl_4]^-$,离子液体为中性;当 $x(AlCl_3)>0.5$ 时,离子液体中的阴离子以$[AlCl_4]^-$和$[Al_2Cl_7]^-$形式存在,离子液体表现为酸性。

7.2.4.3 黏度

多数离子液体是黏稠的,比油的黏度大,比传统有机溶剂大 2~3 个数量级,这是离子液体的缺点之一。因黏度大使传递速率变慢,离子电导率变小。$[C_n mim]PF_6$ 的 $n=4\rightarrow 8$,黏度为 430→682 mPa·s,$[C_n mim]BF_4$ 的 $n=2\rightarrow 6$,黏度为 66.5→314 mPa·s,而 $[C_n mim]NTf_2$ 的 $n=1\rightarrow 4$ 黏度为先增后减。$[C_n mim]$[F-23HF]的 $n=0\rightarrow 6$ 黏度为先减后增。可见正离子上的烷基链加长通常黏度增大,但不总是这样。目前黏度最小的离子液体负离子为$[N(CN)_2]$和[F-23HF]的离子液体,如 25 ℃下,[emim]$[N(CN)_2]$的黏度 21 mPa·s,[emim][F-23HF]的黏度 4.87 mPa·s。但对这两类离子液体的稳定性和毒性还未见报道，后者不可在玻璃容器中用，因有 HF；前者会不会也有 CN^-？文献测定了 298、303、308 K[bmim]PF_6 + 水(2) + 乙醇或丙酮(3)两个三元系($x2 + x3 \leqslant 0.48$)的黏度，温度升高，溶剂含量增大，黏度减小，可减小到几十 mPa·s。

一般而言，当 N,N′-二烷基取代的咪唑阳离子侧链短小时，由其组成的离子液体黏度相应较低或传导性较大，而含更长烷基链或氟化烷基链的离子液体黏度较大，这是因为更强的范德华力和氢键作用的结果，烷基基团的衍生物也增大了其黏度。

7.2.4.4 溶解性

离子液体的溶解性与其阳离子和阴离子的特性密切相关。阳离子对离子液体溶解性的影响可由正辛烯在含相同甲苯磺酸根阴离子季铵盐离子液体中的溶解性看出，随着离子液体的季铵阳离子侧链变大，即非极性特征增加，正辛烯的溶解性随之增大。由此可见，改变阳离子的烷基可以调整离子液体的溶解性。

7.2.4.5 热稳定性

离子液体的热稳定性分别受杂原子-碳原子之间作用力和杂原子-氢键之间作用力的限制，因此与组成的阳离子和阴离子的结构和性质密切相关。

7.2.4.6 密度

离子液体的密度与阴离子和阳离子有很大关系。比较含不同取代基咪唑阳离子的氯铝酸盐的密度发现，密度与咪唑阳离子上 N-烷基链长度呈线性关系，随着有机阳离子变大，离子液体的密度变小。这样，可以通过阳离子结构的轻微调整来调节离子液体的密度。阴离子对密度的影响更加明显，通常是阴离子越大，离子液体的密度也越大。已知的绝大多数离子液体常压下的密度比水大，在 1～16 g/cm^3 范围。[Rmim]PF_6 的密度随 R 链长的增长而下降。

7.2.4.7 导电位和电位窗

离子液体的离子导电性是电化学应用的基础。其室温离子电导率一般在 0.1 $\Omega^{-1}m^{-1}$ 左右，其大小与离子液体的黏度、分子量、密度以及离子的大小有关。黏度越大，离子导电性越差。密度越大，导电性越好。离子小且分子量大其导电性能更好些。电位窗是离子液体开始发生氧化反应的电位和开始发生还原反应的电位的差值。多数稳定在 4 V 左右，比一般有机溶剂要宽。离子液体的氧化电位与阴离子有关，一般在 2 V 左右；还原电位因阳离子的不同而有差异，如 1,3-二烷基咪唑的还原电位与其 2 位上的 H 的酸性有关。

7.2.4.8 表面张力和热容

测定离子液体的表面张力和热容的文献还不多。有文献测定了 8 种咪唑离子液体的表面张力，见表 7-2。杂质水的存在对表面张力的影响不大。可见离子液体的表面张力比水(20 ℃下为 72.7 mN/m)的小，比正构烷烃(20 ℃下庚烷为 16.0 mN/m，十二烷为 25.6 mN/m)的大。离子液体正离子中的烷基链加长使表面张力减小。

还有文献测定了 13 种咪唑离子液体 25 ℃、50 ℃的热容 $C_{p,m}$ 值，一般为 300～800 J/(mol·K)，温度升高稍有增大，随原子数增大而有所增大，并关联得到热容与温度的关系。因这些离子液体的摩尔质量较大，换算为比热值约为 1.2～1.9 J/(g·K)，比水的比热值 4.18 J/(g·K)要小，比乙醇的比热值也小。

表 7-2　8 种咪唑离子液体的表面张力 σ(336 K)及回归公式 $\sigma = a - bT$ 中参数

离子液体	σ (mN/m)	a (mN/m)	$b \times 10^2$ (mN/(m·k))	熔点 (℃)
[bmim]PF_6	42.9	69.2	7.83	-61
[bmim]BF_4	38.4	57.6	5.72	-81
[omim]PF_6	32.8	54.2	6.34	-70
[omim]BF_4	29.8	47.9	5.51	-80
[omim]Br	32.0	60.7	8.53	-82
[omim]Cl	30.5	50.4	5.92	无
[C_{12}mim]PF_6	23.6	40.0	5.52	50
[C_{12}mim]BF_4	25.2	39.8	4.33	39

7.2.5　离子液体的合成方法

离子液体不是一种新颖的反应介质,而是对一些试剂的修饰,是一种低熔点的有机盐。传统的离子液体的合成基本上有 2 种方法:直接合成法和 2 步合成法。直接合成法就是通过酸碱中和反应或季胺化反应一步合成离子液体。其优点是操作简便而且经济,没有副产物,产品易纯化,如硝基乙胺离子液体就是由乙胺的水溶液与硝酸中和反应制备。如果难以直接得到目标离子液体,就须用 2 步合成法。首先,通过季胺化反应制备出含目标阳离子的卤盐([阳离子]X 型离子液体);然后用目标阴离子 Y^- 置换出 X^- 离子或加入 L 酸 MXy 来得到目标离子液体,通常将一些离子液体混合是开发具有更好性能以及低共熔点的新型离子液体的一种方法。合成离子液体的典型反应步骤如图 7-1 所示。

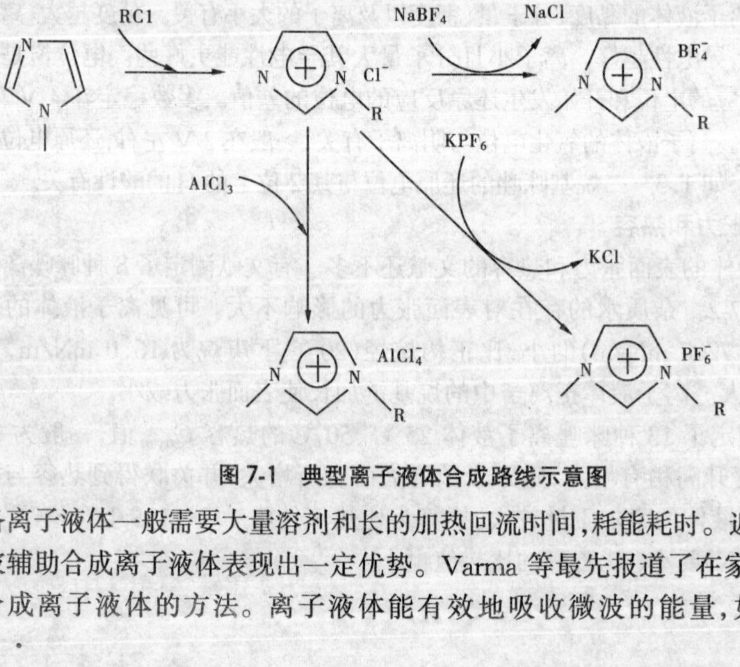

图 7-1　典型离子液体合成路线示意图

制备离子液体一般需要大量溶剂和长的加热回流时间,耗能耗时。近两年,运用微波和超声波辅助合成离子液体表现出一定优势。Varma 等最先报道了在家用微波炉中,不用溶剂合成离子液体的方法。离子液体能有效地吸收微波的能量,如 20 g 的 [1 -

butyl－3－methylimidazolium]BF_4([bmim]BF_4)在 300 W 的微波照射下 55 s 即可升温 100 ℃,400 W 照射只需 35 s。在制备过程中,微波提供了反应分子所需的活化能,但随着离子液体的生成,吸收能量增多,反应体系很容易过热和失控,造成卤代烃的气化和产物的分解。为了解决这一问题,Varma 等采用微波间歇辐射并且间歇混合反应物的操作,快速地合成了离子液体。Law 等在微波炉中用升温慢的水浴来转移反应体系吸收的过多热量,也有效地控制了反应。Khadilkar 等通过温度来控制微波照射的时间,进行了密闭体系中离子液体的微波辅助合成,这在防止反应过热的同时,避免了开放体系中反应物与产物的气化和腐蚀性。后两种改进方法虽然操作复杂了,但提高了反应的安全性与稳定性,更为重要的是实现了大量离子液体的一次性制备。

Varma 等还采用超声波作为能量源,进行密闭体系中非溶剂条件下离子液体的合成。他们发现卤代物与甲基咪唑的反应活性不同:I＞Br＞Cl。溴和碘的卤代物在室温下 0.5～2 h 即可完成反应,收率都高于 90%,氯化物反应则需要加热和较长时间的超声波作用。超声波能减小液体中悬浮粒子的尺寸,提高异相反应速率,Leveque 等利用这一特点,研究了 [bmim]Cl 与 NH_4BF_4、$NH_4CF_3SO_3$、NH_4PF_6 等盐的离子交换反应。磁力搅拌一般需要 5～8 h,而超声作用只需 1 h,大大缩短了反应时间。表 7-3 说明在微波和超声波条件下反应高产率的同时可快速完成,避免了长时间的加热,节约了能耗;另外合成中减少有机溶剂的使用,降低了成本。微波和超声波辅助合成离子液体有普遍的适用性,吡啶盐、双咪唑盐和一些在加热回馏条件下难以获得的离子液体也得到了很好的制备。

表 7-3 微波和超声波优化离子液体的合成条件

反应物的量(mmol)		反应条件与作用时间	产率(%)	产率[a](%)
1－BuBr 2.2	Mim 2	微波间歇辐射 240 W(30 s＋15 s×3)	86	76(5 h)
1－chlorohexane 2.2	Mim 2	微波间歇辐射 240 W(30 s＋15 s×4)	81	53(5 h)
1－BuBr 1200	Mim 1000	微波间歇辐射 110 W(1 min)＋330 W(3 min)×3	100	
1－BuBr 550	Pyridine 500	微波间歇辐射 330 W(1 min)×18	93	
1－BuCl 155	Mim 155	微波升温至 150 ℃(2 min),恒温辐射 22 min	91	
1－PrBr 300	Pyridine 300	微波升温至 120 ℃(1 min),恒温辐射 2 min	86	
1－BuI 11	Mim 10	超声波作用 0.5 h	94	31(0.5 h)
1,4－diiodobutane 5	Mim 11	超声波作用 2 h	94	89(3 h)

注:Mim 表示甲基咪唑,240 W(30 s＋15 s×3)表示 240 W 微波辐射 30 s 一次和 15 s 三次;产率[a] 表示油浴条件下的收率,括号中为油浴加热时间。

离子液体合成中,季铵化反应可在咪唑基上连接不同的取代基,包括带有特定功能的基团,复分解反应可完成阴阳离子之间多种组合。根据这一特点可以很方便地改变离子液体的结构,调节它的性质,所以离子液体是一种可设计的物质,这也使离子液体的功能化设计成为可能。例如,设计可聚合的离子液体:离子液体在电化学方面导电性高、电化学窗口宽(>4 V),对热稳定,其聚合的设计正是想综合离子液体这一良好的电化学性质和聚合物电解质不泄漏、不挥发的优点,以获得导电性高、安全稳定的导电聚合物,用在Li电池、太阳能电池、电容器中,提高电化学器件的电容量并延长使用寿命。目前,这一方面的研究主要是由日本人 Hiroyuki Ohno 及其同事进行,他们设计了多种阳离子上带有乙烯基的离子液体。结构如下:

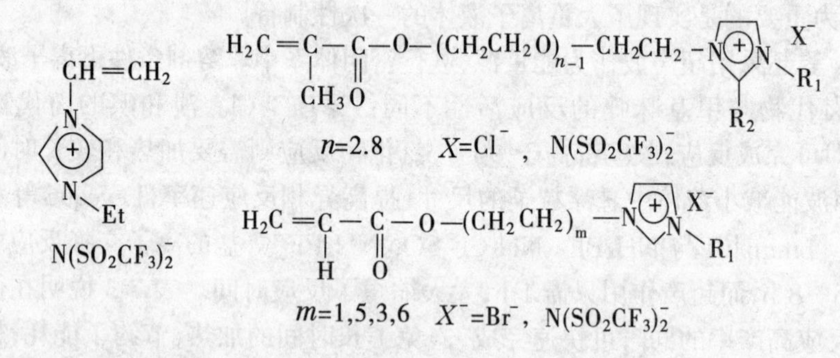

离子液体的功能化设计作为离子液体发展的一个新方向,目前的研究相对较少,已出现的功能化类型也很有限。随着研究的深入,充分发挥离子液体结构、性质可调节的特点,并进行功能化的设计,将会出现更多性质理想、有实用价值的离子液体。

7.2.6 离子液体的应用

7.2.6.1 在化学反应中的应用

离子液体作为反应溶剂可以有几种相态的反应系统:将催化剂和反应基质溶解于离子液体中形成单相反应系统;既作为溶剂又作为催化剂的单相反应系统;催化剂溶解于离子液体、反应基质和产物在另一相中的两相反应系统;离子液体的负离子作为均相催化的配体而形成的单相或两相反应系统;由离子液体、水、有机溶剂组成的三相系统;固定化离子液体催化技术。近年应用离子液体作为反应溶剂(及催化剂)研究的反应很多,每年有数百篇论文发表。所用 $AlCl_3$ 型离子液体以[emim]Cl - $AlCl_3$ 应用最多,非 $AlCl_3$ 型离子液体中应用最多的为[bmim]PF_6、[bmim]BF_4、[emim]BF_4 等。根据反应的关键步骤,可将这些反应划分为3类:①加氢和重排反应,包括烯烃、芳烃等的加氢和 Beckmann 重排。②C—C 、C—O 键的断裂反应,如聚乙烯裂解、醚和环醚的酰化开裂、油页岩和重油的溶解以及环氧化物的不对称开环。③ C—C 、杂原子键的偶合反应,包括 Friedel - Crafts 烷基化、酰基化反应,Diels - Alder 反应,二聚、齐聚、聚合反应,烷基化如线性烷基苯的合成,烯丙基化,Heck 反应,Suzuki 交叉偶合反应,Throst - Tsuji C - C 偶合反应,氢甲酰化反应,氧化反应,亲核取代反应,芳烃的亲电硝化反应,自由基反应,芳卤化物的羰基化反应,醛还原反应,Zn 试剂的合成及反应,Claisen 重排与环化反应,丙烯氧化物与 CO_2 环加成反应,Witting 反应,Sttile 偶合反应,杂环化合物的还原反应,醇解、胺解、氧化氢解反应，酯交换反应，Baylis－Hillman 反应以及不对称合成和生化反应等。

7.2.6.2 在分离过程中的应用

Zhang Shuguang 等证明了两类离子液体 1－烷基－3－甲基咪唑烷鎓[amim] 四氟硼酸盐和六氟磷酸盐以及氢氧化三乙胺($AlCl_3$－TMAC) 对燃料中脱硫有很大的应用潜力。离子液体通过蒸馏或水取代被吸收的分子可循环使用。可定量回收被吸收的芳香族含硫化合物，并可有利吸收具有高芳香性 π 电子密度的有机化合物。且发现由于立体效应，芳香环上的烷基取代物可明显降低吸收容量。离子液体中阳离子和阴离子的结构与大小都是影响芳香族化合物吸收容量的重要参数。在低浓度时，含氮化合物和含硫化合物可从燃料中被萃取出且无相互干扰。此外还发现 $AlCl_3$－TMAC 离子液体对芳香族化合物有显著的高吸收容量。Milan 等报道了在接近室温和环境大气压下用含游离卤素的离子液体来提取硫化合物，从而节省了大量的能源。离子液体可有效去除像二苯并噻吩衍生物的化合物，而这类化合物用加氢脱硫法很难从柴油中去除。Khachatryan 等利用室温离子液体进行溶剂萃取和萃取－伏安法测定苯酚类。在 pH 小于或等于 PKa 时，苯酚类化合物 4－硝基苯酚、2, 4－ 二硝基苯酚、2, 6－ 二硝基苯酚、1－萘酚、2－萘酚和 4－氯苯酚几乎定量地以分子形式从水溶液中被萃取到室温离子液体 1－丁基－3－甲基烷鎓六氟磷酸盐($BMIMPF_6$)中，苦味酸以阴离子形式被有效地萃取出。邻苯二酚和间苯二酚的回收率相当低。离子液体 $BMIMPF_6$ 适合用于苯酚类的萃取－伏安法测定，且不用进行反萃取或添加辅助的电解液。LIU Jing－Fu 等报道了用离子液体并采用液相微萃法可萃取出一些典型的环境污染物。证明了 1－烷基－3－甲基咪唑烷鎓六氟磷酸盐($CnMIMPF_6$, $n=4, 8$)两种典型的离子液体可有效地萃取 45 种典型的环境污染物，包括 BTEX(苯、甲苯、乙苯和二甲苯)、多环芳香族碳氢化合物、邻苯二甲酸盐、苯酚、芳胺、除草剂、有机锡、有机汞。

7.2.6.3 在电化学中的应用

1)高压电导率电池

Kanakubo 等报道了离子液体用于高压电导率电池的情况。高压电导率电池是新近发展用于多相溶液体系中的原位探察。他们发现，40 ℃时检测 1－丁基－3－甲基咪唑烷鎓六氟磷酸盐离子液体和 CO_2 接触后的导电率达到或近于 40 MPa。这是由于离子液体溶解了 0.1～1 MPa 的 CO_2 而使其导电率呈现显著的增长。

2)太阳能电池

Kang 等报道了合成出一种新型离子液体碘化 1－乙烯基－3－庚基甲基咪唑鎓盐(VHpII) 并将其用做染料敏感化太阳能电池的氧化还原电解液。他们研究了涉及碘化锂添加物的 VHpII 型染料敏感化太阳能电池的能量转化率。结果表明，含有 VHpII 和碘的氧化还原对的太阳能电池展现了 AM1.5 时在太阳光强度下转化率为 2.63%。添加 0.4 M 的 Li 使转化率达到 3.63%，这大约有 4%的提高。且转化率的增加是由于外部量子效应的增加。Mikoshiba 等报道了当将少量的水添加到含锂和叔丁基吡啶的碘化甲基丙基咪唑鎓盐离子液体中时，检测到染料敏感化太阳能电池的光的性能增加了，且实验结果可用 I_3^- 的扩散系数、反电极上的电荷转移抑制、TiO_2 的平谱带电势、I^-/I_3^- 的氧化还原电势、电子扩散常数、电子寿命和 TiO_2 层的扩散长度来表明。

3)燃料电池

Hagiwara 等用室温离子液体 1－乙基－3－甲基咪唑鎓氟代氢盐 $EMI_m(HF)_nF$ 构造燃料电池，这种电池在无增湿作用下工作且由氟代氢阴离子$(HF)_nF^-$中氢转移来驱动。在 298K 下通入 H_2和 O_2 时，开路电压近于 1.1 V。在 $EMIm(HF)_{2.3}F$ 中 H_2 阳极和 O_2 阴极的可极化行为显示了其作为燃料电池电解液有很好的性能。$EMIm(HF)_{1.3}F$ 比 $EMIm(HF)_{2.3}F$ 热力学上更稳定且在 373 K 时不释放 HF。通过提高工作温度，$EMIm(HF)_{1.3}F$ 有明显改进的可极化行为。

4)双电层电容器

Sato 等研究将一种新型离子液体——N,N－二乙基－N－甲基－N－(2－甲氧基乙基) 四氟硼酸季铵盐($DEME-BF_4$) 用于电化学电容器，它有较宽的电位窗(6.0 V)和高离子导电率(25 ℃时为 4.8 mS/cm)。制备了含一对活性炭电极的双层电容器(EDLC) 并以 $DEME—BF_4$ 作电解液。和以往用有机液作电解液的 EDLC 相比，此 EDLC(工作电压近于 2.5 V)在室温附近有更高的电容量且在 100 ℃时有较好的充放电循环的耐用性。Balducci 等报道了用 N－丁基－N－甲基吡啶烷鎓盐双(三氟甲基磺酰基) 酰亚胺离子液体作电解液的一种杂化的活性炭 /聚 3－甲基噻吩超电容器的循环稳定性。

5)传感器

Buzzeo 等研究用室温离子液体设计气体传感器。他们设计了一种新的含游离膜电极且用一薄层室温离子液体对此电极进行改性。用离子液体做电解液不需要膜和添加辅助的电解液。在更具黏性的媒介中,分析物因其更低的扩散而有更低的响应时间。此外,这类传感器在更加苛刻的操作条件如高温高压下以及传统溶剂挥发的地方都有很大的应用潜力。Lee 等用具有不同分子量的聚丙二醇－嵌－乙二醇－嵌－丙二醇－双(2－氨丙基酯)为母体来制备含锂的甲基磺酰基离子液体,并检测其用于乙醇传感器的可行性。

6)金属电沉积及电抛光

目前，室温离子液体中的金属电镀大多使用氯铝酸室温离子液体,它已进行了多种碱金属(Li, Na)、碱土金属(Al)和过渡金属(Fe,Ni,Cu,Ag,Zn,W,Sb 等) 以及多种金属合金(Ni－Al,Co－Al,Ga－As,Co－Zn 等)的电镀和电沉积。Hsiu 等研究了氯化 1－乙基－3－甲基咪唑烷鎓/四氟硼酸盐中碲化镉的电沉积行为,结果发现,碲的沉积发生在 Te(4＋)被还原为 Te,且可进一步被还原为 Te(2－)。在已被沉积的 Te 上利用 Cd 的低电位沉积可得到 Cd－Te 电化学沉积。Cd 在 Te 上的低电位沉积则由低电荷转移速率所控制。且提高沉积温度可增加 Cd 的低电位沉积速率，并加快聚晶体 Cd－Fe 的形成。Sell 等报道了基于胆碱盐酸盐离子液体的电抛光技术,且还说明离子液体技术产生的效率为 90%,而普通的电镀技术仅为 20%。Abbott 等报道了不锈钢在由乙烯、乙二醇和胆碱盐酸盐合成出的离子液体($HOC_2H_4N(CH_3)_3^+Cl^-$)中具有高效的电抛光性。

7)抗静电剂

LinXin 等将枫树和松树的表皮浸润或涂刷上 5 种离子液体,分别是 1－丁基－3－甲基咪唑烷鎓四氟硼酸盐、1－丁基－3－甲基咪唑烷鎓六氟磷酸盐、氯化 1－丁基－3－甲基咪唑鎓盐、1－乙基－3－甲基咪唑烷鎓四氟硼酸盐和 1－乙基－3－甲基咪唑烷鎓六氟磷酸盐。检测发现经离子液体处理过的木材样品的表面电阻和体积电阻都符合 ASTM 标准。且所有研究的离子液体都可作为枫树和松树有效的抗静电剂,并发现松树比枫树有更低的电阻和更高的抗静电能力。

7.2.6.4 其他应用

Arenz 等研究了将无水碘化钕和碘化铒溶解在经严格干处理后的离子液体 1-十二烷基-3-甲基烷鎓二(三氟甲基磺酰基)酰亚胺[C_{12}min][Tf_2N]中,可观察到三价钕离子和三价铒离子强烈的近红外放射现象。并检测了三价钕离子样品的发光寿命和量子数量。而且吸湿性的样品暴露在潮湿大气的环境中会引起其发光强度迅速减弱。Gorman-Lewis 等研究在微生物和矿物表面吸附离子液体的情况，他们检测了在呈格兰氏阳性的土壤微生物群 Bacillus subtilis、三水铝矿、石英、钠变的蒙脱石表面吸附氯化 1-丁基-3-甲基咪唑鎓盐(BMIMCl)并测定了 pH、固液比、时间和离子强度。结果表明，这类离子液体对地质的阻滞作用如果表现为地下呈溶解态的污染物，当污染物在黏土夹层中占大部分时，阻滞作用将会很明显。然而，在其他普通地质和微生物表面的吸附量却很低，离子液体可畅通无阻地穿行在这些表面占主体的地下水体系中。Pernak 等报道了离子液体(3-烷氧基-1-甲基咪唑烷鎓四氟硼酸盐和六氟磷酸盐)可成功地用于木材的保存。这些离子液体既是新型溶剂又是新型杀虫剂,可很好地浸透木材。此外,离子液体还可溶解纤维素;生产有生物活性的可再生纤维素膜;用做聚甲基丙烯酸甲酯的增塑剂;用于气相色谱的固定相、毛细管电泳流动相的添加剂、荧光分析及质谱；还可极大地提高人造肌肉的功能(如肌肉的伸缩力量)以及生物催化等。

离子液体的研究是国际上新近发展起来的热门课题。近年来，随着研究的日益深入，离子液体已经被开发和应用到诸多领域,例如,有机反应的介质、催化、生物化学、萃取和电化学等。可见，它在不同领域都具有潜在的应用价值。同时其种类繁多，可以根据不同需要改变阴阳离子,来调节其物理化学性质，达到不同的目的。因此，离子液体的研究与开发必将为“绿色化学”和“绿色工艺”开辟新的道路。

7.3 超临界流体

7.3.1 概述

处于临界温度和临界压力以上的流体称为超临界流体(supercriticalfluid，简称 SCF)。将物质的温度和压力达到其临界点以上,就获得了超临界流体。图 7-2 是一常见纯物质的相平衡图,图中 S、L、V 和 SF 分别代表纯物质的固相、液相、(蒸)气相和超临界流体相,T_c 和 p_c 则分别代表临界温度和临界压力。温度高于 T_c、压力高于 p_c 以上的流体就是超临界流体即图中的 SF。对

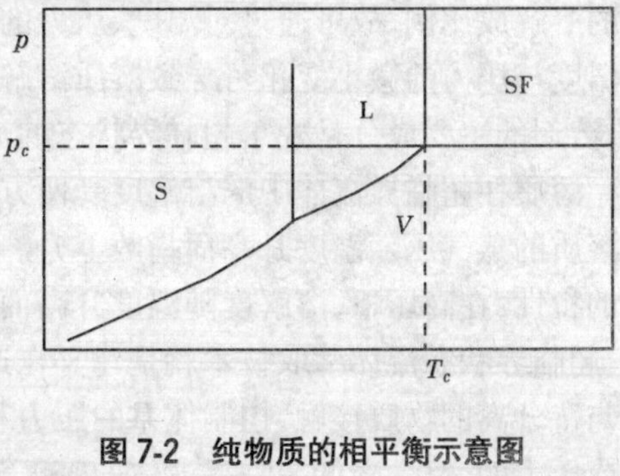

图 7-2 纯物质的相平衡示意图

于混合物，只有当混合物的状态条件（温度、压力和组成）超过体系的临界点时，才处于临界状态。

处于超临界的流体具有许多特性，如密度和溶剂化能力接近液体，而黏度、扩散系数等性质又接近气体；在临界点附近，流体的物理化学性质（如密度、价电常数等）随温度、压力的变化十分敏感，即在不改变化学组成的条件下，可以用压力调节流体的性质，少量共溶剂（夹带剂）可以大幅度改变流体的性质等。由于超临界流体的这些良好的性能，被广泛应用于节能、天然物萃取、聚合反应、微细颗粒和纤维的生产、喷料和涂料、催化过程和超临界色谱等领域。

7.3.2 超临界流体理论研究

人们对超临界流体的研究十分重视。VanKonynenburg 和 Scott 利用 vanderwaals 状态方程预测了高压下二元混合物的临界线和相平衡。Hong 等采用 Peng Robinson 状态方程预测了二氧化碳－正十六烷烃，二氧化碳－萘、乙烯－萘等体系的临界区附近的相图。Lucas 完成了包括超临界流体状态在内的气体黏度的通用相图。Takahashi 用对应状态方法关联了超临界流体扩散系数随对比温度和对比压力变化的关系。Brenneck 用光谱法证实了溶质－溶质间的相互作用。Brunner 用筛板塔研究了超临界二氧化碳中乙醇水溶液的分离并进行了咖啡因和菜子油的超临界二氧化碳固－液萃取试验。Lahiere 对比了超临界流体萃取和液－液萃取的区别。随着理论研究的深入，超临界流体的许多特殊性质，如临界点、超临界流体的传递性质等已为人们所了解。并且应用多种理论来解释这些超临界现象，其中比较有代表性的理论有微扰理论、晶格理论、对应状态理论等。这些理论能部分解释超临界现象，但不能准确说明超临界环境下的溶质溶剂之间的相互作用，以及它们之间的传递关系。

7.3.3 超临界流体的应用

在应用研究方面，开展了超临界萃取，将超临界流体应用于化学反应和制备超细颗粒，以及超临界色谱技术等方面的研究。目前超临界流体应用较多的有两个方面：超临界流体萃取技术和超临界水氧化技术。

7.3.3.1 超临界流体萃取（SCFE）

超临界流体的密度仅是温度和压力的函数，而其溶解能力在一定压力范围内与其密度的溶解成比例，故可通过对温度、压力的控制而改变物质的溶解度，特别是在临界点附近温度与压力的微小变化可导致溶质溶解度发生几个数量级的突变。在超临界萃取体系中，溶剂的主要成分是处于超临界状态的流体，其性质可以通过添加其他物质（夹带剂）改进。溶质在超临界流体中的溶解度受两方面影响：①溶剂的溶解能力随密度增大而增强。②溶质的蒸气压随温度升高而指数上升。低挥发性物质在超临界流体中的溶解度具有这样的特性：在高压下，溶解度随温度升高而增大；在低压下溶解度随温度升高而降低。因此，超临界状态流体萃取技术就是建立在这个基础之上，即在超临界状态下，将超临界流体与待分离的物质接触，控制体系的压力和温度使其选择地萃取其中某组分，然后通过温度或压力的变化，降低超临界流体的密度，对所萃取的物质进行分离，并让超临界流体循环使用。超临界流体萃取通过调节超临界流体的压力和温度来控制溶解度和蒸汽压这两个参数,从而达到使物质分离的目的。超临界 CO_2 萃取是通过调节 CO_2 的压力和温度来控制溶解度和蒸汽压这两个参数进行分离的。图 7-3 是分批式操作的超临界流体萃取的流程示意图。萃取操作时,将欲进行萃取分离的混合物装入萃取器,排出所有杂质气体后。注入超临界流体,并使其在压缩机的驱动下,在萃取器和分离器之间循环。萃取器顶部离开的溶有萃取质的高压气体经节流阀节流,使其降压将溶质析出,并进入分离器,溶质自分离器低部排出,超临界流体则进入压缩机,经压缩后进入萃取器循环使用。

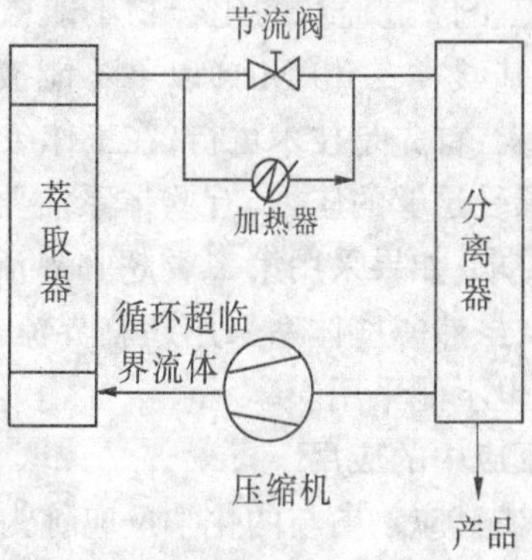

图 7-3　分批操作的超临界流体萃取流程示意图

超临界流体萃取(SCFE)用途广泛,如油品的分离和精炼、植物及种子有效成分的提取、有机水溶液的分离和废水处理等。与传统的化学萃取相比,超临界流体萃取(SCFE)有许多优势,流程简单,操作方便,萃取效率高,产品质量好,能耗少。详情见表 7-4 和表 7-5 所示。

表 7-4　ROSE 法与常规丙烷脱沥青法能耗比较(每立方米进料)

能源	以丙烷为溶剂		以丁烷为溶剂	
	常规法	ROSE 法	常规法	ROSE 法
电(kW/h)	13.2	12.6	12.6	12.6
蒸汽(kg)	329	15.4	172	20.6
燃粒(kJ)	571	836	591	703

表 7-5　超临界二氧化碳萃取与传统法萃取的比较

项目	形状	得率(%)	环境污染情况
超临界 CO_2 法	黄绿色	35	基本无
有机溶剂法	黄褐色	20～26	污染大
EGB761 标准提取物	黄棕色	30	污染小

超临界流体萃取(SCFE)已有许多成功的工业化例子,如:超临界丁烷精炼渣油,从咖啡豆中提取咖啡因,啤酒花的二氧化碳超临界提取等。另外,利用超临界流体萃取技术进

行油品的分离和精炼、植物及种子有效成分的提取、有机水溶液的分离和废水处理的研究也在进行中。

正是由于超临界流体萃取(SCFE)的许多优点,被冠以"神奇的超临界流体","起飞的气体溶剂","节能者","不亚于一种新的单元操作"等。但是实际上,超临界流体萃取是有条件的。如超临界二氧化碳萃取,Stahl 通过实验得出以下几条规律:①极性较小的碳氢化合物和酯类,如酯、醚、内酯类、环氧化合物等可在 7~10 MPa 的压力范围内萃取出来。②强的极性基团,如—OH,—COOH 等,以及具有一个羧基和两个羟基的化合物也可以被萃取出来,而具有一个羧基和三个以上羟基的化合物不能被超临界二氧化碳萃取出来。③更强的极性物质,如糖类、氨基酸类在 40 MPa 以下不能被萃取出来。因此,采用超临界流体萃取应考虑以下几个因素:首先是技术可行,在工作条件下能满足溶质在流体中足够的溶解度;其次是设备能够承受足够的压力,有些体系需要很高的压力,对设备要求很高,因此应考虑压力对设备的要求;如果采用第二类超临界流体萃取,要选择好适当的夹带剂;另外,要考虑到经济效益,虽然一些体系采用超临界流体萃取可以得到很好的实验结果,但如果经济上并不划算,也不能采用。

7.3.3.2 超临界流体在化学反应中的应用

超临界流体作为反应介质或反应物参与的化学反应称为超临界化学反应。目前的研究还处于初级阶段。超临界流体具有独特的性质,可以通过微调温度或压力来控制密度、黏度、比热容、介电常数和溶解力等特性的变化。人们对超临界流体中的化学反应研究日趋深入,尤其是超临界水和超临界二氧化碳中的反应研究取得了很大的成功。

超临界流体具有高扩散系数,低黏度和高溶解强度等优点,用于化学反应可以加快反应速率、克服界面阻力、延长催化剂的寿命,增加酶的效果等。其具体应用见表 7-6。

表 7-6 超临界流体在化学反应中的应用

序号	应用	原理	实例
1	加快反应速率	扩散系数小,黏度小,加快传质过程	二苯甲酮与三乙基胺 35 ℃下在超临界二氧化碳中的反应速率常数比在常压下提高 2.5 倍以上
2	克服界面阻力,增加溶解度	氧在常温常压下在水中溶解度很小,在超临界状态下可无限制溶解,有利于反应进行	污水处理中的超临界水氧化法(SCWO)
3	控制高分子	溶质在超临界流体中的溶解度随压力变化很大,改变压力可以控制所需分子量的高分子单体	高压下乙烯的合成
4	延长固体催化剂的寿命,保持催化剂的活性	超临界流体对许多重质有机化合物有较大的溶解度,因此一旦有焦化前期的重质有机化合物吸附在催化剂上,超临界流体能及时溶解,避免催化剂中毒	
5	特殊的化学反应		水热火焰,超临界水中的离子反应和自由基反应等

7.3.3.3 在超细颗粒制备方面的应用

利用固体溶质在超临界流体中因流体降压而析出制备超细颗粒，是超临界流体的另一用途。超临界制备超细颗粒原理与溶质从过饱和溶液中析出相同，只是从液体中析出固体靠取出热量使溶液降温，而超临界流体制备超细颗粒靠系统降压。与前一种情况相比，采用超临界流体制备超细颗粒所得的晶粒尺寸小，分布窄，具有更广泛的用途。其流程示意见图 7-4。利用超临界流体制备超细颗粒的方法有超临界流体快速溶胀过程(RESS)和压缩流体逆溶剂沉淀法(CFAE)两种。目前，采用超临界流体已成功研制出超细 GeO_2 颗粒、超细 SiO_2 颗粒，TiO_2 颗粒、聚丙烯颗粒、聚碳硅烷颗粒等，其最小直径达纳米级。另外，采用超临界流体迅速膨胀还能制备多种物质的混合颗粒，如医药上多种药物成分的混合造粒。

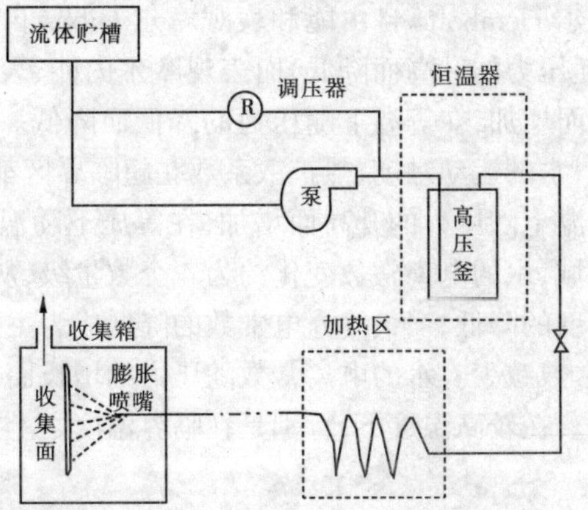

图 7-4 用 $SC-H_2O$ 介质造粒的示意流程

7.3.4 超临界色谱

近年来，超临界色谱(SFC)成为超临界流体应用研究的特点，它是超临界流体技术与色谱技术相结合的产物。对于高沸点和难挥发物质，普通的气相色谱(GC)和液相色谱(HPLC)是无能为力的，但如果将超临界二氧化碳作为填充剂，可以提高各组分的溶解度，从而加快分析速度和提高分辨率。目前，SFC 已广泛应用到医药，高分子材料复杂样品的分离和分析，如暨南大学正在进行茶多酚的 SFC 研究；银杏黄酮的 SFC 分离和分析；相平衡研究中的在线分析也采用了 SFC 技术。

超临界流体由于具有独特的优点，它与常用的有机溶剂相比，特别是超临界二氧化碳和超临界水是一种环境友好的溶剂，因而得到科研工作者的关注和青睐，以期望用超临界技术解决更多具有更高价值的问题。在中草药提取方面，由于超临界萃取的操作温度低、提取时间快，一般 15～20 min 中内完成，抗氧化物质、药用有效成分集中，无残留溶剂等，因此在祖国传统中药的应用发展上将会具有更广阔的应用前景。在环境方面，超临界流体技术有效解决废水及城市污泥中难分解的有机物，不会对环境带来二次污染。

采用超临界流体有许多技术优势和潜在的经济优势。但目前由于设备一次投资大，对复杂体系的基础研究不足，一直没有大规模的工业应用。因此，寻求技术可靠、经济效益好的应用领域是超临界流体继续发展的关键。

7.4 超临界水

7.4.1 超临界水的物理性质

水的临界温度是 373.91 ℃，临界压力是 22.05 MPa。在临界点附近，水的物理化学性质会发生极大的变化，如水的大多数标准偏摩尔性质在临界点附近趋向正的或负的无穷大。在临界点，水的等温压缩系数为无穷大，且低密度区($\leqslant \rho_c$)的等温压缩系数要比高密度区的大好几倍。等压膨胀系数与之类似。

超临界水的表观摩尔 Hemholtz 自由能和表观摩尔 Gibbs 自由能在等压下随温度的降低而降低，在等温下随压力的升高而降低，而表观摩尔内能、表观摩尔焓和表观摩尔熵在等压下随温度的增加而增加，在等温下随压力的降低而降低。等压热容和等容热容在临界点会发散到无穷大，水的运动黏度、热扩散系数在超临界区都有最小值。

水的介电常数在等温下随压力的升高而增加，在等压下随温度的升高而降低。在相图的近临界和超临界区域，水的电离常数变化约为 4 个数量级，从 10^{-13}到 10^{-9}。这种变化最初是由于氢键键合度的降低，当最终介电常数的降低成为主要因素时，溶液开始大规模缔合，导致水的介电常数减少。水的电离常数随压力的增长而呈单变增长，是由于围绕离子的静电坍塌造成的。在较高温度下，特别是在临界温度之上，压力的增长对水的电离常数的影响是主要的。

从总体来看，水在超临界区的行为更像一个中等极性的有机溶剂，许多在常温常压下不溶的有机物和气体在超临界水中都有较好的溶解度，有的可增加几个数量级，像氧气等甚至可与超临界水无限混溶，这就为超临界水的应用开辟了广阔的道路。

7.4.2 超临界水的应用

按照对超临界水的应用，可分为超临界反应、超临界溶剂，或两者兼而有之。水的临界温度和压力都比较高，因此不适宜用于超临界萃取。

7.4.2.1 纤维素超临界水解反应

纤维素水解工艺是化工行业的一个难点。传统上是使用强质子酸(如硫酸)作水解催化剂。这种工艺费时费力，催化效果较差，且会对环境产生严重的污染。有人采用纤维素酶技术来催化水解，效果较好，但条件比较苛刻，时间也较长。超临界水在一定压力和温度下，离子积会比常温常压下更大，且随压力和温度的变化可表现出一定的酸或碱的性质，而纤维素在超临界水中的溶解度又大大增加。超临界水的这种特殊性质促进了纤维素无催化剂水解新工艺的研究。20 世纪 90 年代初有一些学者发现，纤维素在热水(190～225 ℃)中以及较低的压力和酸浓度下水解的效果较好。此后又有人发现，在近临界水和超临界水中酯类物质可快速水解，从而引发了对纤维素在超临界水中水解反应的研究。日本学者对纤维素在亚临界水和超临界水中的水解进行了系统的研究，并将 2 种水解的效果进行了对比。根据他们的研究，纤维素的水解在亚临界条件下需 10 min 才能达到水解完全，产物主要是葡萄糖等的水解产物，这可能与此条件下糖类的水解速度大于纤维素的水解速度有关。在超临界条件下，水解反应只需 0.05 s 即可完成，产物主要是纤维素的水解产物，这与在超临界水中，纤维素的溶解度大大增加，从而使纤维素的水解速度超过了糖类的水解速度有关。以纤维素二聚糖这种水解产物为目标产物，水解反应基本上是一级反应，在 200～400 ℃之间直线下降，在临界点附近只有微小的偏离。与传统的水解工艺相比，超临界水水解的优势是明显的。它反应彻底，速度极快，不需用任何催化剂，避免了催化剂特别是强酸对环境的污染，在对生产工艺环保性要求日益提高的今天，显然是大有前途的。

7.4.2.2 **超临界水氧化反应**

这是对超临界水研究最多的领域，也是目前国内外研究的热点。随着人们对生活质量要求的日益提高，生活和生产污水，特别是含有机物的污水处理问题越来越得到人们的重视。传统的化学氧化和湿式氧化法在处理含有机物污水上的不足之处表现得越来越明显。它们处理污水的时间要求较长，氧化不彻底，容易引起二次污染，而且能处理的污染物浓度要求较低，处理能力有限。现在新兴的光催化氧化还处于研究阶段，催化剂的固定化及再生，以及生产的连续性等还没有得到很好解决。在这种情况下，超临界水氧化作为一种很有前途的污水处理方法引起了学者广泛的重视。在超临界条件下，水的介电常数与标准状态下一般有机物的介电常数大致相当。此时水更像一个非极性有机溶剂，对有机物和氧气的溶解性骤增。超临界水氧化由于有机物与氧之间不存在界面，再加上高温高压的环境，使得反应速度非常快，而且反应彻底，对环境没有污染，是一种绿色的废水处理工艺。1995 年，美国的 Austin 城建成 1 套商业性的超临界水氧化装置，此后在德国和日本相继有装置投入使用，发达国家已把超临界水氧化作为超临界技术研究的重点来对待。

1)含芳香族有机物废水的超临界氧化

化工生产中会遇到大量含芳香族有机物的废水。这些有机物属于有毒有害的化合物，如不加控制，会对环境造成严重的污染，因此国家对这类有机物的排放浓度有严格的要求。由于这类有机物非常稳定，一般的物理化学方法难以有效去除或降解，工业上多采用生化方法进行处理，但一般微生物对此类有机物耐受力较低，需用大量水将其浓度降到一定限度以下，这样就耗费了大量生产用水，且最后处理效果往往不尽如人意。超临界水氧化技术出现以后，其氧化速度快、处理能力高、氧化完全彻底的特点立即引起了人们的注意。许多研究人员对芳香族有机物在超临界水中的氧化行为进行了研究。芳香族有机物在超临界水中极易被氧化，反应一般为一级，而氧因大大过量，一般为零级。反应的压力、温度、有机物的初始浓度对有机物的氧化分解率影响较大。压力的增大相应增加了溶液的密度，在其他条件不变的条件下相当于增加了溶液的停留时间，故可提高转化率；但压力过高会增加设备的投资，并降低生产的安全性，应给予综合考虑。提高温度可大大提高反应速率，减少所需的停留时间，所以可与压力条件一并考虑。有机物的初始浓度与反应转化率大致呈线形关系，这说明超临界水氧化特别适用于高浓度有机物的氧化分解。反应中有机物分解的不完全产物浓度极低，可以忽略不计，与传统的生物降解法相比有较大优势。总的来看，超临界水氧化法在处理芳香族有机物污水中有着明显的优点，如能在设备投资、工艺参数控制方面加以研究，将可能取代现有污水处理方法。

2)乙醇发酵废水的超临界氧化

由于石油是一种不可再生资源，石油储量的日益减少给人们提出了一个寻找石油替代品的问题。石油中的燃料汽油占石油消耗的很大成分，因此寻找替代燃料也就成为人们关心的一个课题。现在燃料乙醇的出现有望解决这一难题。乙醇燃烧后不会产生不完全燃烧产物，可大大减少对环境的污染。乙醇生产中发酵法是最有前途的。它的原料来源于自然界，便宜易得，乙醇燃烧后产生的二氧化碳又被植物吸收，这样就形成了真正的可再生能源。发酵法生产工艺中乙醇提取后的废水处理是一大难点。由于废水中含有的成分极其复杂，单用一种处理方法难以达到满意的效果。国外一般采用湿式氧化法处理。这种方法对乙醇含量较少的废水效果较好，但乙醇含量较多时则处理比较困难。因此，国内外都有人研究利用超临界水特殊的溶解能力和氧化能力来氧化降解发酵废水。乙醇超临界氧化反应对乙醇是一级反应，对氧是零级反应，主要产物是一氧化碳和二氧化碳，另外还有少量乙醛。经过实验，在 500 ℃左右时，乙醇的氧化转化率很高，可达 99%以上，相应的湿式氧化(280 ℃左右)的转化率在 60%以下，由此可见超临界氧化处理发酵废水的效果是令人满意的。反应时间一般在 15 s 以下，延长时间可使乙醇完全转化为二氧化碳。提高温度可大幅提高乙醇的转化率，而压力则对反应影响不大，应根据反应器的设计能力和经济效益而定。

3)其他超临界水氧化的应用

超临界水对有机物和一些气体的超强的溶解能力可以应用在很多有机物的氧化分解上。像一些残留农药的分解(如有机氮、有机磷等)，以及难氧化有机物的氧化分解(如乙酸等)，都可以达到比较好的效果。相对于前述的有机物分解反应，这些污染物的分解反应对温度和压力要求更高，效果也略差一些，一般为 95%左右。这些反应对有机物都是一级反应，对氧则为零级反应，甚至级数可能为负。反应比较彻底，产物为水、二氧化碳、氮气等。

7.4.2.3 高分子材料的降解

随着经济的发展，以塑料为代表的高分子材料得到广泛的应用，它们质量小、坚固耐用，成为日常生活中不可缺少的化工产品。但高分子材料的大量使用也带来了很多问题。由于这些高分子材料都不是天然产生的，因此在自然界无法降解，由此带来了所谓“白色污染”，成为人们头疼的问题。现在处理的方法主要是焚烧或深埋，但这会给大气和土壤带来二次污染。超临界水的溶解和氧化能力为难降解高分子材料的降解带来了希望。高分子材料在水中的降解产物不尽相同。聚酯、聚氨酯等塑料产品降解产物主要是聚合单体，树脂类材料的降解产物则主要是苯、苯酚、甲苯等小分子有机物，应进一步去除这些分解产物，以免产生二次污染。由于水在超临界条件下随压力的变化显示出一定的酸或碱的特性，对高分子材料的聚合键破坏能力较大，因此在超临界区材料的降解较好。但即使这样，高分子材料的降解效率仍不太高，如到 450 ℃时，酚醛树脂的分解率仍只有 38.7%，因此添加合适的酸或碱是必要的。分子量的降低在刚开始反应的一段时间内最快，此后趋于平缓，因此停留时间不宜过长，以免增加能量消耗。从经济效益来看，超临界降解要比传统的处理回收方法更迅速、简便,其生产成本更低。

7.4.2.4 超临界水造粒技术

纳米技术是近几年来兴起的一门高新材料科学,在许多领域得到了广泛的研究。纳米固体晶粒间界面原子既非长程有序亦非短程有序,其独特的表面特性使其在新型材料领域大显身手。制备纳米级超细粒子的方法有很多,传统上把它们按气相法、液相法和固相法分类。对于液相法而言,由于溶剂水表面张力和毛细管作用力的存在,去除溶剂水时会产生结构塌陷和凝聚,使超细粒子的产生很困难,纳米级超细粒子就更难了。超临界水的表面张力为零,传质速率又很高,这就为超细粒子的制备开辟了新的途径。国内外在这方面的研究很多,在纳米级二氧化锆、氧化铝、铁氧体等方面有很多报道。用超临界干燥法制备的粒子粒径很小,通常在 10 nm 以下,比表面积很大,且不需再次结晶,1 次干燥即可达到完全结晶,这应当与超临界水无表面张力,不会引起因凝胶体破裂而导致的颗粒长大有关。如在溶液中添加适量的醇,则效果更好,可能因为醇分子阻止了凝胶的碰撞。控制溶液的 pH 值可控制粒子的粒径,从而获得所需要的粒子。

水的临界温度和临界压力都比较高,这样就带来一个反应容器的耐压和耐温的问题,这也正是超临界水技术不易推广的原因。与此同时,整个生产装置的密封性与安全性也是需要特别注意的地方。对于超临界水氧化来说,还有一个需要考虑的问题。由于氧和许多有机物在超临界水中的溶解度较大,再加上高温高压的环境,对反应器的腐蚀将会非常严重。国内外在这方面有所研究。超临界氧化中的腐蚀主要有均匀腐蚀、局部腐蚀和冲刷腐蚀 3 种,其中局部腐蚀对反应器的危害最大,在临界温度时尤其严重。国内外对许多种合金进行了测试,发现一般化工用的合金包括陶瓷材料等的耐腐蚀性都较差,因此寻找合适的合金以延长反应器的工作寿命是超临界氧化能够工业化的关键。最后,许多超临界水中的反应需要催化剂,但研究者对这方面的研究还不够,反应用的还是亚临界条件下的催化剂,开发出适合超临界条件的催化剂并对其作出评价和理论解释也是十分必要的。

7.5 超临界二氧化碳

7.5.1 超临界二氧化碳的特性

超临界二氧化碳具有临界温度和压力较低($T_c = 304$ K,$p_c = 7.4$ MPa)、无毒、价廉等优点而迅速发展为常用的超临界流体。用超临界二氧化碳作为反应介质有许多优点:

(1)与水相比,脂溶性反应物和产物可溶于其中而保持反应的均相性,对于酶催化反应,酶不溶于 $SCCO_2$ 中,有利于二者的分离。

(2)与有机溶剂体系相比,它无毒、阻燃、无溶剂残余、廉价易得、使用安全、不会污染环境。以 $SCCO_2$ 代替传统的有机溶剂作为反应介质是对环境保护具有重大意义的可行性途径。

(3)它的溶剂性质:如密度、黏度、介电常数、电导率和溶解能力等可以简单地通过温度和压力来调节,也就是说,它具有通过改变单一超临界流体溶剂就能适用于多种反应条件的潜力。

(4)它用做反应介质的同时又是萃取剂,通过萃取分离反应产物有可能将反应和分离耦合起来。

(5)二氧化碳不但为反应提供了惰性环境,而且可以循环使用,节约能源和资源。

7.5.2 超临界二氧化碳在有机化学反应中的应用

7.5.2.1 加氢反应

超临界 CO_2 可溶解大量的 H_2,并形成均相体系。Noyori 和魏伟等用 $SCCO_2$(超临界 CO_2)作溶剂,研究了以钌膦配合物 $Ruh_2[P(CH_3)_3]_4$ 或 $Ru\ Cl_2[P(CH_3)_3]_4$ 为催化剂,在三乙氨存在下制备甲酸,此时超临界 CO_2 既作溶剂又是反应物。在超临界状态下溶剂和氢气完全互溶,反应起始生成速率达 1 400 h^{-1}(每 h,每 mol 催化剂反应生成物的摩尔数),是普通溶剂如四氢呋喃的 18 倍。在加氢反应时发现,临界 CO_2 非常高效地被加氢生成甲醇,催化剂活性在 SCF 中比在相同反应条件下的溶液中高得多。在甲醇共存下进行超临界 CO_2 的加氢反应可得到甲酸甲酯,催化剂活性比液相反应时提高 1 个数量级,1 mol 催化的甲酸甲酯收率达到 3 500 mol,而在甲胺存在下进行超临界 CO_2 的加氢时,可高效地合成二甲基甲酰胺,催化剂效率比在液相反应中高 2 个数量级,1 mol 催化的二甲基甲酰胺收率达到 370 kmol。

7.5.2.2 超临界 CO_2 中的醛反应

经典的方法是使用液体溶剂,气体反应物(H_2 和 CO)和固体催化剂存在相际混合问题,相应的转化率和反应速度受到限制,使用 SCF 可以解决相际混合问题。用氟代烷基的苯基膦配合物催化剂,辛烯-1 在 $SCCO_2$ 中于 60 ℃、22 MPa 压力下转化率为 26%。若在液体 CO_2 中反应,转化率仅 5%。

7.5.2.3 超临界 CO_2 中的酯化反应

利用超临界 CO_2 作介质,对甲基苯磺酸(PTAS)和离子交换树脂 K2411 作为油酸和甲醇酯化反应的催化剂,发现催化效果良好。这是由于在 PTAS 作催化剂时,CO_2 对催化剂和反应物有良好的溶解性,克服了扩散和传质的影响,使反应在均相中进行,而且甲酯在 CO_2 中的溶解度比油酸大。用离子交换树脂 K2411 作催化剂时,由于在超临界 CO_2 中的扩散系数大,对产物的溶解度大,因而使反应加快。

7.5.2.4 超临界 CO_2 中的氧化反应

用氯化钯、氯化铜和氯化亚铜作复合催化剂,在过量甲醇存在下,用氧气氧化丙烯酸甲酯得二甲氧基丙烯酸甲酯,同时副产甲氧基丙烯酸甲酯和甲氧基丙酸甲酯。在 $SCCO_2$ 中于 40 ℃反应、氧气压力 0.1 MPa 时转化率为 93%,主产物二甲氧基丙烯酸甲酯的含量大于 93%,当氧气压力增至 1 MPa(分压)时转化率增至 99.4%,主产物含量增至 99.6%。同样的反应如在二甲基甲酰胺中进行,转化率仅为 46%。对于要适当控制氧化程度的部分氧化反应,超临界流体的优越性尤为突出。

7.5.3 超临界二氧化碳在化学工业中的应用

在化学工业中,SFE(超临界流体萃取)技术已在石油化工、煤化工、精细化工领域中应用,已用来分离精制石蜡族、芳香族的同系物;己内酰胺、己二酸、DMT(二甲基色胺)等水溶液脱水,回收有机物,分离醇水共沸物;从油渣中脱除沥青和重金属,分离纯油,萃取煤中的石蜡、煤焦油等,以及废油回收利用、三次采油等许多领域。溶剂在许多化学反应过程中起了重要作用,但也有一些缺点,所以寻找新的、污染小的或无污染的清洁物质,取代常规溶剂系统是当今世界化学工业的方向之一。超临界 CO_2 流体是较理想的反应介质之一。

7.5.3.1 异丙醇胺新工艺

异丙醇胺系列产品,包含一异丙醇胺、二异丙醇胺、三异丙醇胺 3 种产品。一异丙醇胺可用做表面活性剂,去垢剂、纺织助剂,香料、染料助剂,医药、农药中间体,分散剂等;二异丙醇胺可用做去垢剂、脱硫剂,医药、农药中间体;三异丙醇胺可作水泥助磨剂,橡胶、塑料、聚氨酯加工的交联剂和助剂等。

氨和环氧丙烷反应生成一、二、三异丙醇胺,这是一个 3 级串联反应。以任何比例的氨和环氧丙烷反应,产物中都有不同比例的一、二、三异丙醇胺生成。只不过随着氨和环氧丙烷摩尔比不同,三者的比例会有所不同。采用超临界法合成新工艺克服了现有工艺的不足,采用 2 个措施:一是加大氨环比,控制三异丙醇胺在产物中的质量比<5%;二是降低水的用量,将水用量控制在氨投入量的 5%以下。采用超临界反应条件,即反应温度和压力均超过物料的临界参数下进行反应;采用静态混合器和另一种先进的混合方法相结合的技术解决了物料充分混合的问题。已证明,在超临界条件下大大提高了反应效率,缩短了反应时间,在相同氨环比下,三异丙醇胺的比例得到了较大程度的降低。三异丙醇胺产量最终控制在产品总量的 5%~8%。该超临界合成工艺,目前已在南京红宝丽公司运用到具有生产能力 1 000 t/a 的生产装置上。采用超临界法连续精馏生产的产品纯度已达到 99%以上。

7.5.3.2 合成碳酸酯新工艺

TNRI(日本东北国立研究所)用超临界 CO_2,开发了从环氧物有效合成碳酸酯的无催化剂工艺。在合成中,CO_2 既是参与反应的原料,也是反应用的溶剂。由于没有有害的催化剂,这种对环境友好的工艺已受到有关方面极大的关注。因为,一般从环氧化合物合成碳酸酯用的 CO_2 是惰性气体,因此需要用催化剂激活 CO_2。相反,超临界 CO_2 可起到原料和活性溶剂的双重作用,不需要用催化剂即可进行上述反应。据 TNRI 报道,他们采用超临界 CO_2 从苯乙烯环氧物成功地合成了苯乙烯碳酸酯,产率达到 96%。采用超临界 CO_2 作溶剂和碳源,反应在 120 ℃和 7.5~8.5 MPa 压力下进行。

7.5.3.3 在烯烃聚合方面

超临界合成技术,在烯烃聚合方面已呈现出良好的应用前景,并取得了令人瞩目的成果,该技术对聚烯烃工业具有重要意义。2000 年投产的北欧的 BortarPP(聚丙烯)工艺,是用超临界丙烷作稀释剂的 PE 工艺技术的延伸,该工艺使用串联的浆液反应器的气相反应器。Bortar 工艺是在超临界条件下,可以在比较高的温度下操作,环管反应器的保留时间为 1 h,气相反应物为 2 h。20 世纪 90 年代超临界 CO_2 技术就大量应用于高分子合成工业,1999 年美国杜邦公司称,已建成 1 套用超临界 CO_2 作介质生产特氟隆的装置。

7.5.3.4 PE超细粉体的制备

利用超临界流体制备PE(聚乙烯)细粉的最大优点是产品纯度高,几何形状均匀,尺寸分布范围窄,制造工艺简单,操作温度比较低,适用材料范围广。其中超临界溶液快速膨胀法,被认为是最具发展潜力的方法之一。系统流程为物料定量地加入双螺杆挤压机,在挤压机第1段将物料熔融成130 ℃左右的黏弹性物;推动物料继续向前流动,在挤压机第2段,通过高压泵,定量地加入相同温度下的超临界CO_2,然后将聚乙烯(PE)熔体与超临界CO_2在温度保持恒定下,溶成均相流体流入高压泵,加压至一定压力,高压流体在喷雾塔内,通过喷嘴喷成细的雾滴,这时流体高速泄压,超临界CO_2膨胀成低密度气体,溶解度急剧减小,PE微粒析出。采用超临界CO_2快速膨胀法技术生产出微粒径为20 μm以下和5 μm以下两个系列PE微粉产品。已证明,超临界CO_2流体喷雾干燥技术制备的粉体超细颗粒光泽度好,形状规则,应用效果好。

超临界流体(SCF)应用于制备超微粉体是近十几年发展起来的。超微粉体是指粒径为1 nm～100 nm的颗粒,可表现出表面效应、体积效应、量子效应和宏观隧道效应。超微粉的研制是高新技术中的一个热门领域。超微粉不仅本身为一种功能材料,而且为新的功能材料复合与开发展现出了广阔的应用前景,在材料、化工、轻工、冶金、电子、生物、医学、基因工程、传感器制造、保健品,以及军事、航空、航天等领域得到了广泛应用。超临界流体重结晶技术利用SCF的特点,实现气相或液相重结晶,使物质颗粒微粒化,颗粒粒径分布均匀。此技术开辟了制备超微粉体的新途径。Ptersen和Matson等研究了PS在苯或戊烷、聚苯甲砜在丙烯、聚丙烯在戊烷、聚甲基丙烯酸甲酯(PMMA)在丙烯中的RESS(SCF快速膨胀法)过程及KI与PE在乙醇中的共沉积。Mawson等在超临界CO_2中制备了含氟聚合物纤维和微粒,还可将聚乳酸制成生物可降解的聚合物微球。

7.5.3.5 超临界流体中的酶催化

酶是一类由生物细胞产生并具有催化活性的特殊蛋白质,具有专一性(酶催化具有区域选择性和立体选择性强),催化效率高,在常温、常压和等温条件下能进行操作等优点,因此它有着化学催化剂无可比拟的优越性,现在已经成功地应用在$SCCO_2$中。用酶催化进行氧化、酯化、酯交换等反应,且选择性和转化率都很高,已经广泛应用于食品工业、药物工业和洗涤剂工业。然而酶在实际应用中也存在一些问题。酶在水性介质中通常十分娇嫩,不稳定,在热、酸和碱条件下容易变性失活,传统上一直认为酶只能在水相中进行催化,这就极大地限制了酶的应用。

作为酶的反应介质,超临界流体正受到极大关注,它有明显优点:①有似液体的高密度,似气体的高扩散系数、低黏度和低表面张力,因此显示出较大的溶解能力和较高的传递特性,从而大大降低了酶反应的传质阻力,提高酶的反应速率;②反应底物的溶解性对超临界条件(温度、压力)特别敏感,通过简单地改变操作条件或附加其他设备,就可以达到反应物和底物的分离目的;③无毒。近年来基于超临界CO_2的优点,在极性与环己烷等非极性溶剂相近的特点,开展了超临界CO_2介质中酶催化反应的研究,并取得了令人鼓舞的成绩。例如超临界CO_2中脂肪酶催化乙酸乙酯和异戊醇的醇解反应,用超临界CO_2代替庚烷作反应介质,可使反应速度提高1～3倍。超临界流体中酶催化反应的研究,其中一个重要的应用是醇解鱼肝油制备不饱和脂肪酸,不久即可实现工业化。另一个领域是药物手性合成，目前手性药物的研究已成为国内外研究的新方向之一。利用酶高效性。立体选择性合成和制备手性化合物是超临界流体中酶催化的新应用，它将成为超临界流体中催化最具潜力和发展前景的领域之一。

7.6 其他绿色溶剂

氟碳相溶剂和碳酸二甲酯(DMC)也是近年来发展比较快的绿色溶剂。

由于含氟或全氟的流体如全氟烷烃、全氟烷基醚、全氟烷基胺等氟相溶剂具有良好的化学稳定性、热稳定性、极性小、密度大以及水活性差和有机溶剂相溶性差等特点，近年来发展了氟两相体系反应和可重复使用的三氟磺酸稀土路易斯酸催化剂以及含氟的离子液体反应，为合成有机化学品提供清洁技术，在反应过程中随着反应温度的变化氟相成为均相，而反应结束时随着反应温度的变化氟碳相又成为非均相的反应体系。从而使催化剂和反应产物分别存在于氟相和有机层中，达到反应产物易于分离和催化剂的回收利用，如在以下反应中氟碳相催化剂溶液几乎不损失，可多次循环使用。

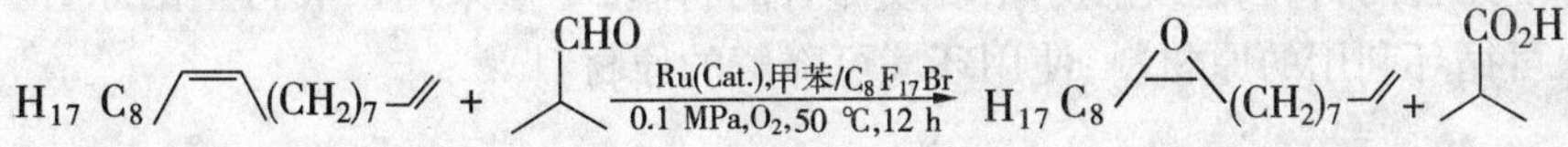

碳酸二甲酯(DMC)是一种在常温下无色透明的液体，有一种芳香气味，能与酸、碱及多数有机溶剂混溶，与其他溶剂相比，具有闪点高、蒸汽压低、空气中爆炸下限高等特点，毒性数据优于其他溶剂，对人体的危害远远小于其他溶剂，作为溶剂的清洁性较好。因此，DMC在清洗和特殊领域内(特种油漆、医药品制造介质等)用做溶剂和溶媒，可以取代丙酮、三氯甲烷和其他代用品。

总之，离子液体、水、超临界流体、碳酸二甲酯等被称为绿色溶剂、绿色介质。进一步扩大绿色溶剂的应用，取代传统的有毒有害的溶剂进而发展高效、安全的绿色反应过程是目前乃至今后一段时间各国科学家研究的重点。

第 8 章　绿色化学原料

化学工业是世界各国重要的基础工业之一。化工生产需要大量的化工原料，其中相当数量的原料是有毒的，有些是剧毒的，对人类危害极大。为了人类的可持续发展，近年来，全世界环境保护呼声日益高涨，为此各国相继颁布了环境保护法规，制订污染物排放标准。但这种末端治理控制污染排放，只能在一定时间一定范围内有效，是权宜之计。根本的应从生产的始端治理，即从原料开始就尽可能采用无毒或低毒原料、生产过程尽可能采用不产生污染物的生产工艺，这就是通常所说的"清洁工艺"。于是，寻找无毒无害的基本化工原料工作被提到议事日程上。

绿色原料的化学评价一般从以下几个方面进行：原料的起源；原料的可更新性；原料的危害性；原料选择的下游影响。通过对原料的绿色化学评价，在选择原料时尽量使用对人体和环境无害的材料，避免使用枯竭或稀有的材料，尽量采用回收再生的原材料，采用易于提取可循环利用的原材料，使用环境可降解的原材料。

8.1　生物质资源

生物质资源和土地、水一样属于可再生资源。生物质是由光合作用产生的所有生物有机体的总称，包括农作物、林产物等。其中含有淀粉、纤维素、木质素等成分。纤维素是由葡萄糖基组成的线形大分子；半纤维素是一群复合聚糖的总称，不同植物的复合聚糖的组分也不同；木质素是自然界最复杂的天然聚合物之一，它的结构中重复单元之间缺乏规则性和有序性。

生物质资源既可作为能源，也可加工成化学品。美国、欧洲、中国、印度、泰国等森林覆盖面积大或为农业国家，生物质资源可以满足能源和有机化学品的需要。生物质能源在后面章节中介绍，这里侧重介绍的是生物质资源在化学化工方面的应用。

以美国为例，以生物质资源为原料制备的化学品情况如表 8-1 所示。美国生物质资源研究的短期目标是：2010 年对生物质资源的利用量将是表 8-1 所示统计量的 3 倍，这将给农业等产业带来相当于 150 亿～200 亿美元的经济效益。而且，相当于减少 1 亿 t CO_2 的排放，等同于减少 7 000 万辆汽车尾气排放的效果。美国化工行业已经开始准备迎接生物质化工产品时代的到来，如农产品加工企业 Cargill 公司在 20 世纪 90 年代初开始开发研究把粮食转变为塑料的低成本工艺，取得小试成果后，于 1997 年同陶氏化学(Dow Chemical)公司合作，在 2002 年研究取得突破性进展，投资 3 亿美元，在美国内布拉斯加州布莱尔市建成了第一个世界规模的(13.6 万 t/a)用玉米等生产聚乳酸(PLA)的工厂。试图实现新开发可生物降解塑料的工业化生产。

事实上，世界上许多国家已把发展生物质经济作为可持续性发展最重要的战略之一。这一动机源于这种经济自身具有如下的潜在特性：①其产品性能优良、增加值高；②对全球气候和环境的良好影响;③能解决日益增长的全球人口的生活生存问题。众所周知,对石油原料的依赖是现代社会最脆弱、最棘手的问题之一。可以肯定地说,人类耗尽所有化石原料的一天终将到来,所以必须找到能替代化工原材料的物质。生物质经济时代正在到来。生物质产品正冲击着石油资源精细化学品以及其他石油资源化学品。

表 8-1　美国非食用生物质资源用量

生物质源	利用量	用途
工业用淀粉	3.0	粘合剂、聚合物、树脂
蔬菜油	1.0	表面活性剂、油墨、涂料、树脂
天然橡胶	0.9	轮胎、生活消费品
木材提取物	0.9	油、橡胶
纤维素	0.5	纺织纤维、聚合物
木质素	0.2	粘合剂、鞣革、香草醛

虽然人们对于从生物质资源制造有机物质有更强烈的需求,但是生物质资源不能直接作为化学原料,其均一性也存在问题。因此,如何有效地将生物质资源转换为能源和化学品是需要研究的课题。将生物质资源变换为能源或者化学品的方法有热化学变换、生物变换和化学变换法,或者联合使用几种方法。图 8-1 给出了植物生物质资源经过生物和化学转换生成化学资源的过程。

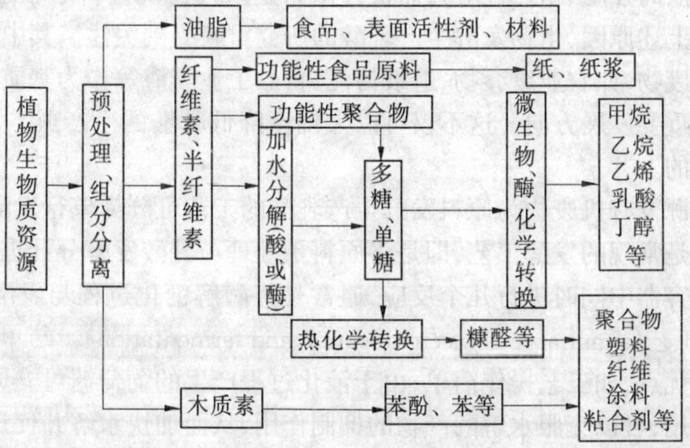

图 8-1　植物生物质资源经生物、化学转换生成化学品的示意图

用微生物发酵的方法,有利于高选择性地制造出高附加值的多种化学品,这是包括精细化学品的生物质资源化学品中不可缺少的方法。以植物资源为原料制备的精细化学品种类繁多,其制备过程的环境友好性和产品的可生物降解性都为循环经济和可持续发展提供了实际可行性,因此生物质精细化学品正面临着良好的历史发展机遇。最具代表性的在世界范围内可规模生产的、应用受到广泛关注的生物质精细化学品有单糖类、二糖类等糖基生物质精细化学品,淀粉类精细化学品,纤维素、半纤维素精细化学品,木质素精细化学品和油脂类精细化学品等。下面举例说明。

乳酸(lacticacid)的分子式为$CH_3CH(OH)COOH$,又名2－羟基丙酸,是一种重要的有机酸,它作为原料、添加剂、防腐剂、消毒剂、调节剂等在酿造、食品、化妆品、医药等行业中发挥着重要作用。由于乳酸分子中含有一个不对称原子,故根据旋光特性不同,可将乳酸分子分为3种类型:L－型(左旋)、D－型(右旋)和DL型,其中只有L－乳酸能够被人体和微生物吸收利用。

据史料记载,乳酸最早是通过制作酸奶而获得的。在乳酸菌的作用下,牛奶中的乳糖被发酵为乳酸。经过多年的发展,乳酸的制取技术有了很大的进步。目前乳酸的生产主要有化学合成和生物发酵2种方法。前者采用乙醛和氰化氢反应制得乳腈后再水解生成乳酸;后者则是以葡萄糖、蔗糖、糖蜜等为基质,采用生物发酵技术制取乳酸。在相当长的一段时期,由于石油化工的发展,乳酸的生产过程过多地依赖于化学合成。值得注意的是,目前在国际上从事以发酵工艺生产乳酸,尤其是L－乳酸的研究又重新受到了学术界的重视。其主要原因是:①采用化学合成工艺生产乳酸所需要的乙醛、氰化氢等原料,主要来自于石油的裂解,而石油资源危机日益突出。为此,人们正在积极探索以一些可以再生的自然资源为原料,采用生物技术制备乳酸的可行性,以减少石油资源的消耗。而淀粉、纤维素物质是世界上已知的最大的可再生资源,因此采用这些可再生资源进行乳酸发酵具有广阔的应用前景。②当今由塑料制品造成的"白色污染"已成为社会最为关心的环境问题之一。世界塑料产量已逾2亿t,其广泛应用造成废弃物的大量增加。目前在国际上可生物降解塑料的研究与开发方兴未艾。现已发现,L－乳酸是完全可生物降解塑料聚乳酸(polylacticacid,PLA)的前驱物质。PLA以其良好的可生物降解性及其他优良的使用特性(如透明性、高强度、耐热性等),而被公认为是取代传统塑料的理想的可生物降解塑料之一。由于上述原因,生物发酵生产乳酸的研究重新受到关注。其中,采用富含淀粉和纤维素的有机废物,如农业废弃物、造纸污泥、食品工业废渣等作为基质发酵生产乳酸,成为这一领域的重要发展方向。这不仅可以大幅度降低乳酸的生产成本,而且可以达到废物资源化之目的。

以可再生资源及有机废物为原料发酵生产乳酸的工艺可分为单行发酵和并行发酵两大类。单行发酵是常规的发酵工艺,即是将原料预处理与乳酸发酵分开进行;并行发酵则是指在一个反应容器中同时进行几个反应,通常是将酶解糖化过程与发酵过程结合起来进行,称为SSF工艺(simultaneous saccharification and fermentation)。与单行发酵相比,并行发酵有较多的优点,如工艺操作简单;由于液化过程产生的葡萄糖可立即在发酵过程中被乳酸发酵所利用,可以克服水解酶产物的抑制作用,从而加快水解并促进整个发酵过程的进行。此外,对淀粉质原料而言,还可以同时进行液化、糖化和发酵反应过程。Linko教授对该工艺进行了研究,得到了很好的效果。下面以淀粉基质为例,说明以上3种工艺的流程(图8-2)。路径1为乳酸的常规发酵工艺。路径2为糖化与发酵并行的工艺(SSF)。由于淀粉酶法糖化比较缓慢,如果能够边糖化边发酵乳酸,可以充分利用设备,缩短发酵周期;另一方面,有些乳酸菌(如德氏乳酸杆菌)发酵温度在50 ℃以上,与淀粉糖化酶反应温度(60 ℃)较为接近,pH值要求也相差不大,这是SSF用于发酵乳酸更为有利之处。路径3则是将淀粉的液化与SSF过程结合起来,同时反应。但是由于酶法液化所需温度较高(通常85～90 ℃),反应时间短,所以与糖化和发酵的操作条件不尽相同,该法目前尚处于研究阶段。

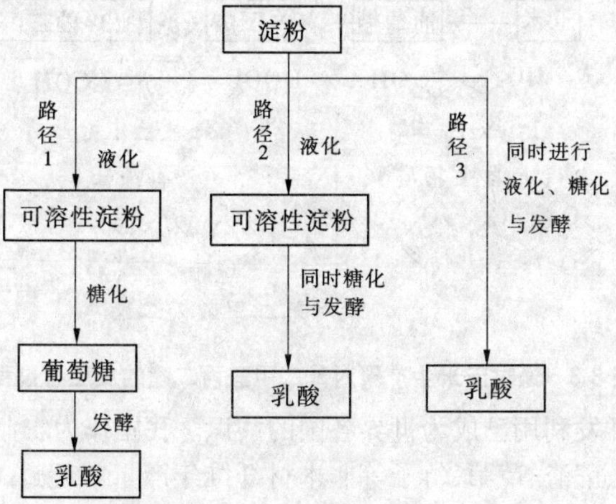

图 8-2 利用淀粉基质为原料发酵生产乳酸的 3 种工艺流程

聚乳酸生产工艺是将磨碎的玉米经发酵生成乳酸,然后经过分离处理和聚合生成聚乳酸(PLA)。以生物资源为原料生成糖类,该工艺的优点为不生成副产物,是人们所称的"绿色工艺"。该工艺生成的产品可以生物降解,比原有的化学工艺有更多改进。批量生产使聚乳酸的生产成本从研发初期的 441 美元/kg 降到了 2.2 美元/kg 以下,这种塑料也开始以商品名 Nature work PLA 和 Ingeo(纤维)在全球销售。近两年,油价上涨也使 PLA 塑料的成本竞争力上升。据称,油价每桶上涨 5 美元,PLA 塑料与石化产品聚酯的相对价格便会减少 0.022 美元/kg。2003 年初以来聚酯价格上升了近 40%,使 PLA 塑料与聚酯的价格差异大大缩小(价格从比聚酯高 50%缩小到只高 20%)。因此,2004 年 1~9 月 PLA 塑料的销售额同比增加了 60%。据称,只要石油价格高,粮食价格低,这类塑料就有成本竞争力,并可减少二氧化碳的排放量。

许多大企业把开发生物质产业放在重要的位置上,最具有代表性的是杜邦公司。杜邦(DuPont)公司使用玉米生产 3GT 聚合物(聚对苯二甲酸丙二酯,在美国的商品名为 Sorona)产品所需的 1,3-丙二醇(3G)技术已取得了新的进展(如表 8-2 和图 8-3 所示)。此前,杜邦公司一直从石油中生产 1,3-丙二醇,为了原料的变更,杜邦公司从基因分离开始用了 10 余年的时间,首先从原油生产出 1,3-丙二醇,首先开发了 3GT 的用途,并确认市场对 3GT 的旺盛需求后,才将原料变更为玉米。杜邦公司计划到 2010 年使生物质产品的收入占到该公司年收入的 25%。

表 8-2 杜邦公司开发聚对苯二甲酸丙二酯的进程

年份	事件
1994	单独分离出 1,3-丙二醇合成途径的基因
1995	与美国 Genecor International 公司共同研究
1999	成立生产流程开发小组
2000	与美国 Tate & Lyle 公司合作研究试验装置
2001	在试验装置中成功生产出 1,3-丙二醇
2006	预计在美国田纳西州的 Loundon 建成一座年产 5 万 t 1,3-丙二醇的工厂

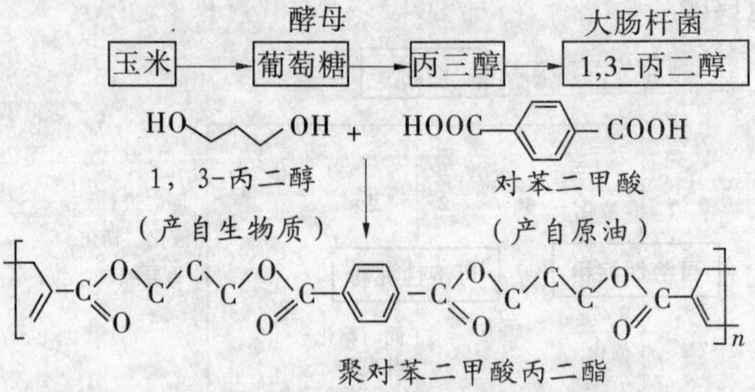

图 8-3　通过玉米生产聚对苯二甲酸丙二酯的反应与过程

目前,生物质的开发利用已成为世界各国的共识。我国作为农业大国,生物质资源十分丰富,仅稻草、麦草、蔗渣、芦苇、竹子等非木材纤维年产量就超过 10 亿 t。这些非木材纤维以及大量的木材加工剩余物,都是取之不尽的天然高分子化工原料仓库和能源。但目前我国生物质的使用方式主要以直接燃烧为主,热效率低,只有 6%～10%,还有大部分秸秆废弃于农田,随着农村经济的发展和广大农民生活水平的提高,秸秆在一些地区出现大量剩余,露天燃烧秸秆导致大气严重污染,直接影响了民航、铁路、高速公路的正常运营,由于燃烧秸秆导致火灾事故频频发生。我国目前解决问题的关键所在是研究出符合国情、具有独立知识产权的适用技术。由于生物质属于高分子化合物,原料组成差异很大,液化产物组分极其复杂,迄今为止国内外对于生物质的液化反应机理还没有达成共识。从植物原料获取新型能源及化工原料的研究,目前迫切需要解决的问题是如何进一步研究木质植物热化学液化的机理,符合时代发展的绿色化学工艺;特别是研究原料种类及原料中各种成分对热化学反应过程及产物的影响。此外,我国应集中人力、物力和财力努力开发出用于热化学催化反应过程的低污染高效催化剂,从而提高目标产物的收率,降低操作费用,增加生物质能与一次能源的竞争力。上述问题也将成为今后国内外学者研究的热点之一。

8.2　碳酸二甲酯

8.2.1　概述

碳酸二甲酯是一种常温下无色、无毒、略带香味、透明的可燃性液体。其分子式为 $C_3H_6O_3$,结构式为 $CH_3OCOOCH_3$,分子量为 90.08,相对密度为 1.073,闪点为 21.7 ℃(开口杯)和 16.7 ℃(闭口杯),黏度为 0.664 cP(20 ℃),常压沸点为 90.2 ℃。碳酸二甲酯微溶于水,但能与水形成共沸物,可与醇醚酮等几乎所有的有机溶剂混溶;对金属无腐蚀性,可用铁桶盛装贮存;微毒。由于碳酸二甲酯的化学性质非常活泼,可与醇酚胺肼酯等发生化学反应,故可衍生出一系列重要化工产品;其化学反应的副产物主要为甲醇和 CO_2。与光气 DMS 等的反应副产物盐酸硫酸或氯化物相比,碳酸二甲酯的副产物危害相对较小。碳酸二甲酯属于无毒或微毒化工产品。以碳酸二甲酯为原料,还可以开发制备多种高附加值的精细专用化学品，在医药、农药、合成材料、染料、润滑油、添加剂、食品增香剂、电子化学品等领域广泛应用。其非反应性用途如溶剂溶媒和汽油添加剂等也正在或即将实用化。碳酸二甲酯的发展将对煤化工、甲醇化工、一碳化工起到巨大的推动作用。

碳酸二甲酯的合成方法可分为三种，即光气法、甲醇氧化法和酯交换法。后两种方法将成为未来碳酸二甲酯的主要生产方法。

8.2.2 碳酸二甲酯的应用

碳酸二甲酯(DMC)是近年来受到国内外广泛关注的一种用途广泛的基本有机合成原料，被誉为有机合成的“新基块”。由于其分子中含有甲氧基羰基和羰甲基，具有很好的反应活性。1992 年它在欧洲通过了非毒性化学品的注册登记，被称为绿色化学品。有望在许多领域内代替光气、硫酸二甲酯、氯甲烷及氯甲酸甲酯等剧毒或致癌物，进行羰基化、甲基化、甲酯化及酯交换等反应，生产多种重要化工产品。化工生产向无毒化和精细化发展，为碳酸二甲酯及其衍生物开发了许多新用途，并形成了一碳化学的重要分支。

8.2.2.1 代替光气用于羰基化反应

使用光气羰基化时，除有毒性外，生产中还有大量的 HCl 生成，对设备腐蚀严重，污染环境。使用 DMC 可避免上述缺点，而且仅 CH_3OH 是副产物，它又是合成 DMC 的原料。因此，该工艺可望成为“零排放”的绿色化工过程。

1)制碳酸烯丙基二甘醇酯(ADC)

用 DMC 代替光气分别与烯丙基醇、二甘醇反应，生成 ADC(见下式)，它是具有良好光学性质的透明的热固性树脂，应用于光电材料、镜片等。新工艺设备简单，产品不含卤素，开辟了精密光电材料等的新应用领域。

$$CH_2{=}CHCH_2OH + CH_3O\overset{\overset{\displaystyle O}{\|}}{C}OCH_3 \longrightarrow (CH_2{=}CHCH_2O)_2CO + 2CH_3OH$$

2)制聚碳酸酯原料碳酸二苯酯(DPC)

以前使用双酚 A 与光气在水溶液中合成还需重量 10 倍于产物的二氯甲烷作溶剂，新工艺使用 DMC 与苯酚进行酯交换生成碳酸二苯酯(DPC)，然后由 DPC 与双酚 A 在熔融状态下生成聚碳酸酯，不需要用有毒溶剂且苯酚可以循环使用，产品可达到通用品级和光盘品级标准，如下式所示：

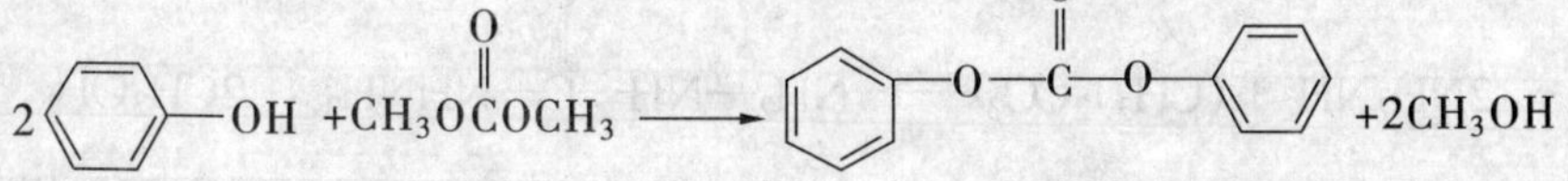

3)制异氰酸酯

用 DMC 和胺类化合物反应，生成氨基甲酸酯，再经热分解制得异氰酸酯，解决了用光气剧毒问题且设备简单，安全，无公害。

甲苯二异氰酸酯(TDI)，二甲苯甲烷－4,4－二异氰酸酯(MDI)等，合成也可用 DMC

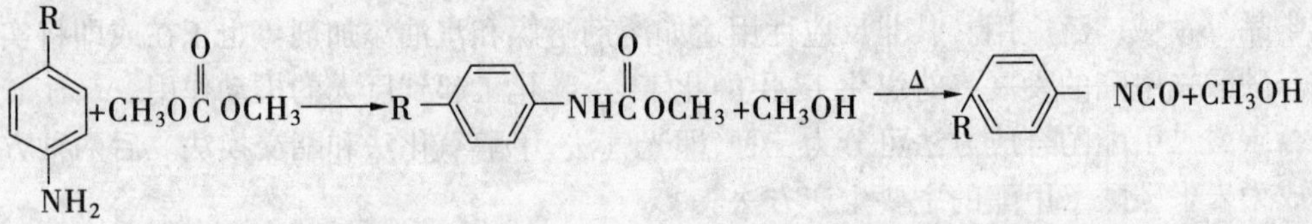

为原料。MDI、TDL是生产聚氨酯泡沫塑料的原料，还用于制杀虫剂、除草剂等，市场需求极大。

4)制聚碳酸酯二醇PCD

以DMC为原料生产聚碳酸酯二元醇，可以降低最终产品成本，这种聚氨酯在耐热性和耐用水解性方面突出。

5)制西维因

甲胺基甲酸萘酯(西维因)是一种广泛使用的杀虫剂，传统方法是用光气与甲胺反应生成异氰酸甲酯，再与萘酚反应而制成。反应物剧毒，用DMC代替光气，过程安全。

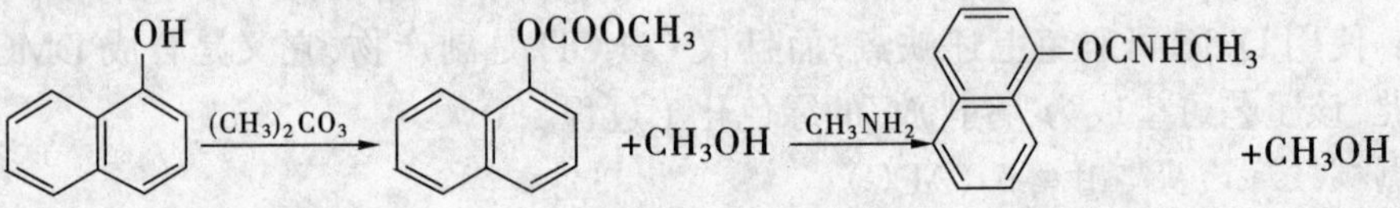

6)制长链烷基碳酸酯

DMC与$C_{12}\sim C_{15}$的高碳醇反应，生成分子骨架中有羰基的长链烷基碳酸酯，是一种良好的合成润滑油基体材料，具有绝佳的润滑性，耐磨性，自洁性和耐腐蚀性，日本三井石化公司已经在尝试用DMC合成新型润滑油，并取代生产发动机油、金属加工油等高级润滑油和进口原料，该公司还试制成功适于制冷系统使用，且能与HFC—134a，HFC—152a等致冷相溶的新型碳酸酯润滑油。

$$R'OH + R^2OH + CH_3O\overset{\overset{O}{\|}}{C}OCH_3 \longrightarrow R'O-\overset{\overset{O}{\|}}{C}-OR^2 + 2CH_3OH$$

7)制均二氨基脲

$$2NH_2NH_2 + (CH_3)_2CO_3 \longrightarrow NH_2-NH-\overset{\overset{O}{\|}}{C}-NHNH_2 + 2CH_3OH$$

以DMC和肼反应合成碳酸肼，具有安全、方便优点。碳酸肼广泛应用于锅炉的除垢剂，无致癌性和爆炸危险。

8)制痢特灵中间体

DMC与β-羟乙基肼进行羰基化反应会生成药物痢特灵中间体——氨基噁唑啉酮。与原有工艺相比，反应收率高，产品质量好。

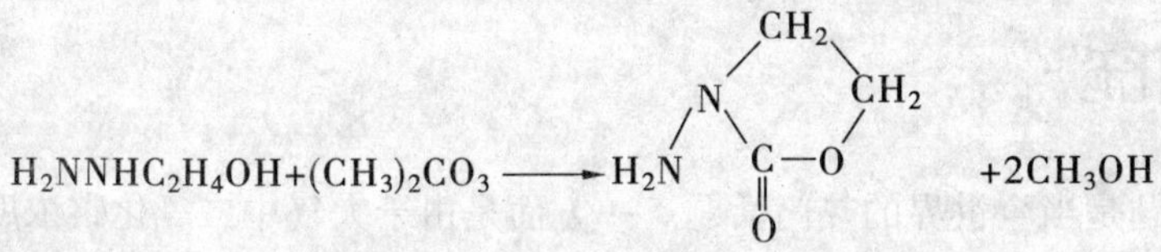

8.2.2.2 代替硫酸二甲酯(DMS)、卤代甲烷(CH_3X)等,进行甲基化反应

常用的甲基化剂DMS和CH_3X不仅具有毒性和腐蚀性,且碱用量大,又存在产物分离问题,利用DMC避免了生产过程中的危险,设备腐蚀及环境污染。

1)制苯甲醚

其反应式如下:

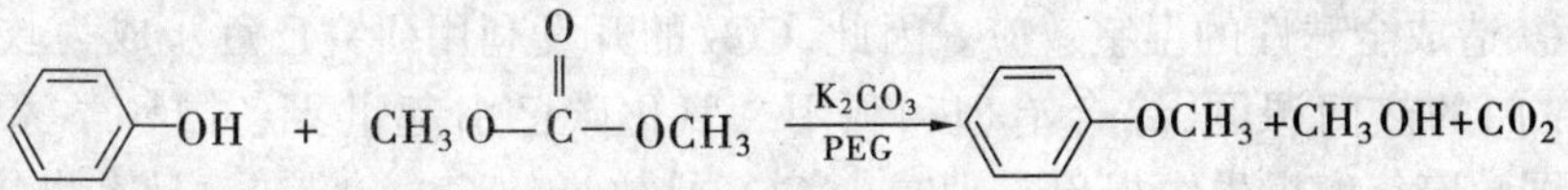

另外,对苯二酚二甲醚、苯二酚单甲醚、间苯二酚二甲醚等均可用DMC代替DMS或CH_3X,可提高产率,避免污染。

2)烷基芳基胺

烷基芳基胺是染料,香料和植物保护剂的重要原料,其反应式如下:

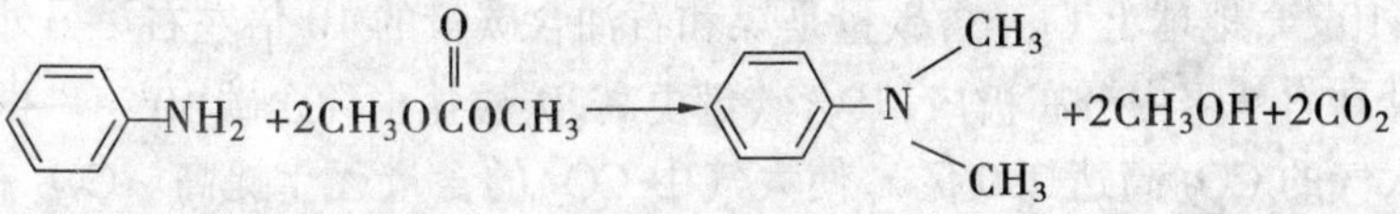

3)仲胺

其反应式如下:

$$RNH_2 + 2CH_3OCOOCH_3 \longrightarrow RNHCH_3 + CH_3OH + CO_2$$

4)甲基醚

其反应式如下:

$$ROH + CH_3O\overset{\overset{\displaystyle O}{\|}}{C}OCH_3 \longrightarrow ROCH_3 + CH_3OH + CO_2$$

DMC性能优良,用途广泛。除以上的用途之外,DMC还是良好的溶剂,蒸发快,可以与醇、酮等有机溶剂混合,与水也有一定的互溶度,既没有毒性,与水的混合物也很容易分离。DMC比石油烷烃脱脂能力高,可以代替氟氯烃、三氯乙烷作清洗剂,用做涂料、药品生产中的溶剂,无水锂电池的电解液成分以及石油馏分的脱沥青、脱金属溶剂。DMC还可以作为类似的MTBE的汽油添加剂,以提高汽油的辛烷值并抑制CO和烃类的排放。人类对赖以生存的地球环境保护愈来愈重视,减少或取代高污染化学品的使用,一直是许多化学家和化学工程师努力的目标。DMC的性能决定了它未来可以全面取代某些高污染剧毒化学品,而成为广泛使用的化工原料。

8.3 二氧化碳

二氧化碳问题是当今世界的热门话题。一方面是由于大气中二氧化碳浓度增加形成的温室效应等环境问题;另一方面是由于大量消耗煤石油天然气等燃料,引起资源短缺,这两方面的问题相互影响互相牵制。人们将二氧化碳作为“潜在碳资源”加以综合利用。二氧化碳是化学上不活泼的惰性小分子,是氧化反应的最终产物——氧的垃圾箱。

二氧化碳(CO_2)是含碳化合物的最终氧化产物,单是燃烧排放于大气中的 CO_2 量即达 185 亿~242 亿 t/a,而其利用量不足 1 亿 t/a。我国随着工业的快速发展,CO_2 排放量亦逐年增加,约占世界排放量的 10%,排世界第 3 位。CO_2 的大量排放不仅浪费资源,而且污染环境、造成全球性的温室效应。因此,CO_2 的开发利用研究已逐步成为政府部门、科技开发部门的热门课题,综合治理和利用二氧化碳已引起世界各国科学家的关注。1996 年美国政府年度报告中提出一种减少 CO_2 排放量的 Carnol 工艺,日本也将 CO_2 化学固定和利用列入“新日光计划”。

8.3.1 丰富的资源和温室效应

CO_2 在自然界中分布很广,主要存在于大气及水中。据估测,地球上大气和水中的 CO_2 含量约为 3.67×10^{14} t(其含碳量约为 10^{14} t),而地球上所蕴藏的石油、煤炭等矿物中,大约含碳 10^{13} t,地球上 CO_2 含碳量是煤和石油含碳量的 10 倍左右。另外,CO_2 的潜在资源碳酸盐在自然界中分布极广,其含碳量更高,碳酸盐中约含碳 10^{16} t。据估测,2003 年全球排入大气的 CO_2 高达 290 亿 t,使大气中 CO_2 的含量逐年提高。CO_2 在自然界中循环,但目前并未形成良性循环,每年排放的 CO_2 有一部分在大气中积累。据测算,目前每年排入大气中的 CO_2 约有一半存留于大气中。工业化前大气中 CO_2 的浓度是 280 ppm,目前已高达约 370 ppm 大气中 CO_2 含量的增高会产生温室效应,长年累月温室效应会给人类带来环境危机,阻碍人类走持续发展的道路。加强二氧化碳的开发利用,变废为宝已是当务之急。

8.3.2 开发利用现状

据专家估测,目前全世界每年向大气中排放的 CO_2 总量近 290 亿 t,而 CO_2 总利用量仅为 1 亿 t,我国 CO_2 的排放总量已超过了 30 亿 t,利用量也不高。现在 CO_2 已引起全球关注,国际上经常开专题会议研究 CO_2 问题,特别是 90 年代以来,几乎每年都要召开国际性的 CO_2 专题会议,其讨论的内容涉及到 CO_2 的捕集、处理、转化、利用等各个方面。世界上许多国家对 CO_2 资源的利用十分重视,如加拿大、美国、英国、日本等积极开展回收和转化 CO_2 的研究工作,有的国家还通过立法(如挪威对排放 CO_2 征收碳税)及国家财政支持引导人们加快 CO_2 转化工作的开展。

目前,CO_2 的应用主要是物理应用,如在啤酒、碳酸饮料中的应用;作为惰性气体用于气体保护焊;利用液体、固体 CO_2 的冷量用于食品蔬果的冷藏、贮运;石油三采的驱油剂;以及超临界 CO_2 萃取等行业中。但是,CO_2 的物理应用不解决环保问题,其化学应用才是我们目前最关注的。近来,人们对 CO_2 的化工及生物应用比较感兴趣,比较活跃的领域主要有 CO_2 转化为 CO、CO_2 转化为合成气、CO_2 转化为甲醇、CO_2 合成塑料等。这主要是 CO、合成气、甲醇等都是大宗化工原料,从这些化工原料出发可以制得许多化工产品,而塑料则是用途广、用量多的化工产品,在转化成这些化工产品时可以消耗大量的 CO_2,其环保效果明显,而其转化出来的产品又是人们所大量需要的,这对于资源有限的地球来讲,其意义更大。

我国在 CO_2 开发利用方面进展也很快,科研单位、大学、工厂开发了许多新的工艺流程,有的已达到工业化生产的要求。上海化工设计院有限公司成功地开发了将烟道气净化为食品级 CO_2 技术和以 CO_2 与 O_2 为主要原料与焦炭反应生成 CO 的专有技术,并直接用于 100 kt/a 醋酸生产,取得了很大的经济效益。中科院广州化学所孟跃中研究组开发了 CO_2 合成塑料技术,可以用普通的生产工艺进行生产加工成饮料瓶、快餐盒等,有些性能还优于现在通用的塑料,而且还可以制成成本低的降解塑料,使一个饭盒的成本仅 0.083 元,而目前市场上通用的可降解塑料饭盒,使用淀粉生产,一个饭盒成本高达 0.14 元左右。内蒙古蒙西集团与中科院长春应用化学研究所合作,利用水泥窑尾气中的 CO_2 与环氧化合物(环氧丙烷、环氧乙烷)反应,制取可降解 CO_2 基塑料,并建成了 3 kt/a 规模的生产线,其产品可用于生产可降解的一次性医疗用品、一次性餐具等。2004 年 2 月由沈之荃等三名中科院院士对该项目进行了验收。

8.3.3 CO_2 的固定方法

CO_2 的固定利用有生化法和化学法,生化法由植物通过光合作用完成,但由于森林破坏、植被减少而逐渐弱化。化学法是人工大量利用 CO_2 的主要方法。目前有 3 种化学方法,一是 CO_2 与 H_2 反应生成等摩尔量的 C_1 化学品(如甲烷、甲醇等);二是 CO_2 与 CH_4 反应生成合成气等;三是 CO_2 与 H_2O 反应生成烃、醇类燃料。前两种方法要消耗有用的 H_2 与 CH_4,但技术较成熟;后一种原料价廉易得,技术上处于探索阶段,是目前研究的热点。

8.3.3.1 CO_2 加氢还原

1)合成甲醇

在该过程中通常存在以下反应:

$$CO_2 + 3H_2 \longrightarrow CH_3OH + H_2O \quad \Delta H_{298} = -49.57\ \text{kJ/mol}$$

$$CO_2 + H_2 \longrightarrow CO + H_2O \quad \Delta H_{298} = 41.27\ \text{kJ/mol}$$

对 CO_2 加氢合成甲醇,近几年的研究主要集中对 Cu Zn 系主体催化剂的改性,包括添加辅助元素和催化剂的超细粉体化。日本关西电力公司开发 Cu Zn Al 的氧化物制成的新催化剂,在 247 ℃、9 MPa 和 100 m^3/h 流速中进行 CO_2 还原制甲醇的反应,经 2 700 h 试验,甲醇产率为 95%,预计催化剂寿命为 2 年;许勇等人对同种催化剂进行焙烧温度优选(350~650 ℃),CO_2 转化率稳定在 20%~28%,甲醇产率 55~60 mmol/(g·h)。

由于 CO_2 制甲醇的反应是放热反应,从热力学角度考虑,较低的温度更有利于反应进行,但是在较低的温度下反应速率会降低,因此如能及时移出反应热将有利于反应进行。B J Liaw 等人用正十六烷作为液体介质移出反应热,并在高压下反应,这样可以很好地控制温度，并有较好的单程转化率。他们以 MeCuB(Me＝Cr、Zr、Th)作催化剂，试验结果表明甲醇的选择性虽然不高(最高时为 65%)，但反应速率明显提高。

2)制 C_2 烃

Huang 等人以 $Fe_3(CO)_{12}/ZSM-5$ 为催化剂由 CO_2 加氢合成烯烃，考察了温度对 CO_2 的转化率和产物分布的影响。在 240～280 ℃温度范围内 CO_2 转化率达 36.1%，烃的选择性超过 90.0%，副产物 CO 生成较少。Fujiwara 等采用 HY 分子筛分别和 Cu－Zn 的铬酸盐、Fe－ZnO 组成复合催化剂，在 Cu－Zn 铬酸盐/HY 催化剂上，CO_2 转化率达 35.5%，$n(C_2=)/n(C_2+C_2=)=58.0\%$。用 Fe－ZnO(4:1)/HY 做催化剂时，$CO_2$ 转化率下降，烯烃选择性提高，在 350 ℃反应温度下 CO_2 转化率达 13.5%，$n(C_2=)/n(C_2+C_2=)=80.0\%$。Nam 等用负载 Fe 的碱金属离子交换过的 Y 型分子筛作催化剂对 CO_2 加氢进行研究，CO_2 转化率达到 20.8%，烃的选择性高达 69.6%。

8.3.3.2　CO_2 与 CH_4 反应

1)CO_2 与 CH_4 反应制合成气

CO_2 与 CH_4 反应可用来生成富含 CO 的合成气，既可解决常用的天然气蒸汽转化法制合成气在许多场合下的氢过剩问题，又可实现 CO_2 的减排。该反应方程式如下：

$$CO_2+CH_4 \longrightarrow 2CO+2H_2 \quad \Delta H_{298}=247\ kJ/mol$$

通常负载型贵金属催化剂，如 Ru、Rh、Pd、Pt 对 CO_2 与 CH_4 的反应有较高活性和稳定性，但这些贵金属资源有限，价格昂贵。与之相比，镍催化剂价格便宜而且在反应中有较高活性，但它在高温反应时，易因积炭、载体与活性组分相互作用和烧结而失活。印度国家化学研究院开发的 NiO－CuO 催化剂具有 3 个优点：催化剂抗结炭性能很强，当 $V(CO+H_2O)/V(CH_4)=1.1\sim1.7$，700～850 ℃、$SV=5\ 000\sim7\ 000\ cm^3/(g\cdot h)$条件下，$n(Ni)/n(Cu)=30$ 时催化剂极少结炭；上述条件下，转化率 $X(CH_4)=98\%\sim99\%$，CO 和 H_2 选择性均为 100%；通过控制原料中 $V(CO_2)/V(H_2O)$的比例，可将 $V(H_2)/V(CO)$之比调节在 1.5～2.5 之间。

CO_2 转化率几乎保持不变。黎先财等人用纳米 $BaTiO_3$ 作为载体制备的镍催化剂，在实验中也表现出较好的活性和稳定性。由于该反应是吸热反应，反应中需要大量供热，为此 YichiMatsuo 等人研究了自供热的方法，即在进料中加入氧气。此时除主反应外，还存在如下反应：

$$O_2+CH_4 \longrightarrow CO_2+2H_2O \quad \Delta H_{298}=-861\ kJ/mol$$

他们以 NiO－MgO 做催化剂，反应器采用流化床，试验结果表明内扩散对反应影响不大，CH_4 转化率可达 70%，可是 CO_2 的转化率却很低。该方案综合考虑了反应与能耗，有很好的实用价值。

2)CO_2 与 CH_4 反应一步合成 C_2 烃

(1)催化活化法。该反应的基本方程式如下：

$$CO_2+2CH_4 \longrightarrow C_2H_6+CO+H_2O$$

$$2CO_2+2CH_4 \longrightarrow C_2H_4+2CO+2H_2O$$

1995 年日本 KAsmi 等人率先采用此合成路线，以 17 种金属氧化物为催化剂一步合

成 C_2 烃。在 1 073～1 173 K 反应温度下大多数金属氧化物具有一定的烃选择性,但反应物转化率及 C_2 烃收率均不尽人意。目前人们均选择负载型金属氧化物作为 CH_4/CO_2 一步合成 C_2 烃的催化剂,如表 8-3 所示。

表 8-3 负载型金属氧化物的催化活性

金属氧化物	载体	X_{CH_4}(%)	X_{O_2}(%)	S_{C_2}(%)	反应温度(K)
Na_2WO_4	SiO_2	4.73	2.32	94.5	1 093
La_2O_3	ZnO	3.1	3.7	97.0	1 123
PbO	MgO	<4	<4	-100	1 023
CaO	CeO_2	<6	—	60	1 173
SrO	MnO	3.9	—	85	1 123

该方法虽然相对简单,但是 CH_4 和 CO_2 的转化率太低。如何提高它们的转化率将成为以后研究的重点。

(2)等离子活化法。用于 CH_4/CO_2 一步合成 C_2 烃反应的等离子一般为冷等离子体,它具有电子能量高、体系温度低的特点,是一种活化分子的有效工具。这种活化方式是通过高能电子与分子发生非弹性碰撞来实现的。通过非弹性碰撞的传能作用几乎可使所有气体分子被激发、电离和自由基化,从而产生多种化学物质。Yao 等利用高频脉冲等离子体氧化偶联和重整 CH_4/CO_2 得到 C_2H_4、CO、H_2。使用频率范围 166～3 050 Hz,在 2 920 Hz、500 ℃时,CO_2 转化率为 35%,甲烷转化率为 31%,乙烯最大选择性为 64%。

目前,人们更多地采用等离子体与催化剂协同作用的方法来促进 CO_2 的转化。Eliasson 等人在室温下用高功率介质放电与沸石催化剂协同作用于 CH_4/CO_2,显著提高了 C_2 烃的生成能效。XiulingZhang 等人以 $La_2O_3/\gamma-Al_2O_3$ 为催化剂采用等离子技术,甲烷的转化率为 24.4%,C_2 化合物的收率为 18.1%(等离子体输入功率为 30 W)。等离子体活化法比催化活化法明显提高了 C_2 的转化率,但是该技术能耗高、装置昂贵,距工业化有一定距离。

8.3.3.3 CO_2 与甲醇反应合成 DMC

碳酸二甲酯(DMC)作为一种重要的有机合成中间体及性能优良的溶剂,已经受到广泛重视。CO_2 与甲醇直接合成碳酸二甲酯在合成化学、碳资源利用和环境保护方面都有重大意义。反应方程式如下:

$$2CH_3OH + CO_2 \longrightarrow (CH_3O)_2CO + H_2O$$

对该反应的研究目前主要集中在催化剂和工艺条件等方面。东京大学采用碱金属碳酸盐、K_3PO_4、KOH、Et_3N、Bu_3N、$(CH_3)_4NOH$ 等作为催化剂,以 CH_3I 为助剂,在 100 ℃和加压(<5 MPa)下,由 CO_2 和甲醇直接合成 DMC。按 CH_3I 计的 DMC 产率为 94%～22.8%,按 K_2CO_3 计的产率最高达 39.7%。经过对 14 种催化剂的筛选发现:①碱金属碳酸盐均可做催化剂,其中以 K_2CO_3 最佳,但碱金属盐(如 $MgCO_3$)毫无活性;②二甲醚是该反应的唯一副产物(约占 DMC 的 45%),但对温度很敏感,当温度从 100 ℃降到 80 ℃时,二甲醚的产量降低到原来的 1/5,而主产品产率保持不变;③促进剂 K_2CO_3 可以循环使用,生成的中间体 HI 可与甲醇反应复原,而生成 KI 时不能复原;④该反应的关键是选

择具有适当碱度的碱盐(如 K_3PO_4、K_2CO_3)为催化剂,因为它对甲醇的活性和 CH_3I 的再生有关。江琦采用甲醇与镁粉在 200 ℃、6 MPa 下反应生成甲醇镁催化剂,再充入 CO_2,在 1.0~1.5 MPa、180~200 ℃条件反应 5~11 h,CO_2 转化率为 30%,产品选择性达 99%,甲酸甲酯是唯一副产物。DMC 产率随反应温度增加而增大,但是当超过 180 ℃时,因 DMC 会分解,其产率会下降。该工艺虽然转化率较低,但选择性很高。由于 CO_2 可回收利用,因而原料利用率仍很高。此外,本工艺还具有操作方便、无二次污染和成本低廉的优点,有应用价值。

8.3.3.4 CO_2 羧化反应

环碳酸酯是一种很重要的中间体,而且在工业上可用做有机溶剂,通过催化作用把 CO_2 加到环氧化合物的 C－C 键中,通常需要很高的温度压力。Ji Dongfeng 等人以 PcAlCl和一种 Lewis 碱(如三丁基胺)作为催化剂。实验结果表明,这些催化剂对空气、水不是很敏感,它们经过几个循环后活性也不见降低。

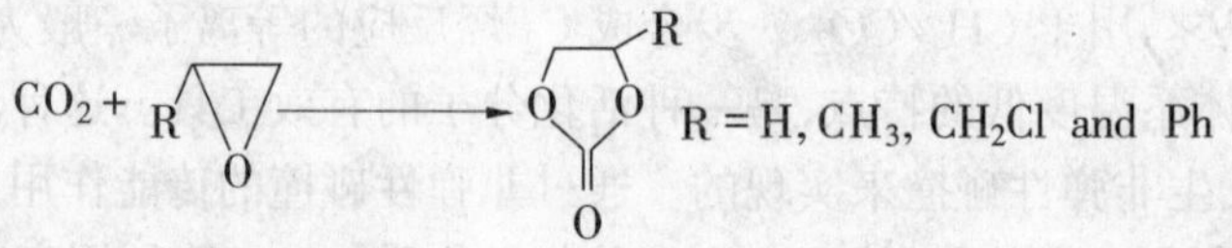

实验结果显示,环碳酸酯的产率很高,而且催化剂稳定性也很好,因此这是利用 CO_2 的很好途径。Michele Aresta 等人以石蜡为原料,采用同类异型催化剂氧化羧基化合成碳酸酯,使羧化反应更具有合成意义。实际上,它包含了环氧化和羧基化两个过程。

8.3.3.5 CO_2 与水反应

燃料燃烧的最终产物是 CO_2 和水,如能将 CO_2 和水转化为燃料,形成宇宙中碳资源的大循环,无疑是一项具有美好前景的探索。Tatsuhiko Ihara 等人在石英管中用 H_2O 对 CO_2 进行等离子还原反应,产物流中的甲醇浓度接近 0.01%,最佳等离子能量密度(W/FW)为 0.26 GJ/kg。实验中发现系统压力是最重要的参数;在 4.1 kPa 压力下的甲醇产率是 2.5 kPa 压力下的 3.5 倍。由于上面的方法能耗很大,Guoquing Guan 等人提出在聚集的阳光下通过催化剂让 CO_2 与水反应。他们将该反应分为两个过程:①水在光的作用下于光催化剂 Pt/K_2TiO_3 上裂解出 H_2;②H_2 与 CO_2 在催化剂 Fe－Co－K/DAY 上反应生成 CH_3OH、C_2H_5OH。该反应完全利用阳光这种可再生能源,所以它具有很大的发展前景,但是该反应所得的产物量很少,这可能与催化剂生成 H_2 的活性较低有关。

8.3.3.6 应用生物技术促进 CO_2 反应

生物技术迅猛发展的同时给化学合成带来了新的机遇。应用生物酶做催化剂,反应可以在较温和的条件下进行,从而节省了大量的能耗,保护了生态环境。Michele Aresta 等人研究了用酶和仿生系统催化 CO_2 合成有机物质。表 8-4 是 CO_2 在不同酶的作用下得到的不同还原产物。该方法比用金属催化法所得到的产物选择性高,而且反应条件温和。此外,他们还利用苯酚羧化酶在室温下将苯酚转化为 4－羟基苯甲酸。

表 8-4　生物体系中 CO_2 酶催化反应产物

生物酶	金属催化活性中心	反应产物
甲酸脱氢酶	W	HCOOH
THF－MFR	Ni	CH_3/CH_4
CO 脱氢酶(CODH)	Ni,Fe	CO,CH_3COOH

利用 CO_2 作为有机合成的基本原料,其关键是 CO_2 的活化问题,不同的活化方式和活化态决定着可能被利用的反应路线。CO_2 的活化方式主要有生物活化、配位活化、光化学辐射活化、电化学还原活化、热解活化及化学还原活化等。

现在 CO_2 开发利用已经取得了一些成绩,一些项目已投入工业化生产,但是从每年利用量与排放量相比是相当不够的,有些领域还处在科研阶段,有些领域已经实现了工业化生产,有些领域推广不力。因此,我们要树立科学发展观,要充分利用 CO_2 制取多种产品以及广泛地应用于各个领域,要大力发展 CO_2 产业,要提高大家的环保意识,要加大投入资金的力度。建议:对于超量排放 CO_2,征收排放费,以限制大量排放,将征收来的钱用于发展 CO_2 产业;对将 CO_2 转化为有用物质的项目和单位在政策上进行扶持;大力发展 CO_2 产业,综合利用 CO_2;建立 CO_2 产业促进会,宣传有关政策,提供信息,进行协作,促进交流,推进 CO_2 产业发展。

CO_2 的化学开发利用不仅在经济和环保上具有吸引力,而且对缓解全球碳资源危机也有战略性意义。尽管如此,我们依然面临极大的挑战,目前对 CO_2 这样一个巨大的碳源还没有特别有效的科学利用方法,这主要由于 CO_2 本身太稳定。我们除了继续研究新的合成路线外,还应努力开发新的 CO_2 分离技术,以得到更多的廉价 CO_2 资源。

8.4　碳酸二乙酯

碳酸二乙酯(DiethylCarbonate,简称 DEC)是碳酸酯中的重要物质,有着广泛的用途。它的分子式为 $C_5H_{10}O_3$,结构式为$(C_2H_5O)_2CO$,分子量为 18.13,常温下有特殊香味的无色液体,熔点 -43 ℃,沸点 126 ℃,密度 0.98 g/cm^3(4 ℃),闪点 33 ℃,自燃温度 445 ℃。DEC 排放到环境中时,可以被缓慢地水解为二氧化碳和乙醇两种无害的产品。美国环境保护局的化学品参考指出,碳酸二乙酯在现有的情报资源中还没有发现环境问题。DEC 的分子结构中含有乙基、乙氧基、羰基和羰乙氧基,因而化学性质非常活泼,可与醇、酚、胺、酯等化合物反应,是重要的有机合成中间体,具有很高的工业应用价值。DEC 可用做溶剂、用于真空管阴极固定漆中、用做表面活性剂和锂电池液添加剂等。电子级纯 DEC 可用于彩电显像管的清洁剂。碳酸二乙酯 40.6% 的含氧值远高于甲基叔丁基醚(MTBE)(18.2%),可以作为汽油和柴油机燃料的含氧添加剂,提高汽油的燃烧性能,减少污染物的排放。在美国与西欧已逐步限制 MTBE 的使用,在可能的替代品中 DEC 的油/水分配系数及抗挥发性优于碳酸二甲酯和乙醇。因此,DEC 将作为 MTBE 的替代品之一比碳酸二甲酯与乙醇更具有竞争优势,为潜在的最大用途。

第 9 章　绿色化学产品

生产环境友好的绿色产品是清洁生产大环境的重要组成内容。绿色化学产品就是根据绿色化学的新观念、新技术和新方法，采用环境友好的生态材料，研究开发无公害的传统化学用品的替代品，合成更安全的化学品，实现人类和自然环境的和谐与协调。

精细化学品的绿色化早已是人们追求的目标，从有机氯杀虫剂到有机磷杀虫剂、有机氮杀虫剂，直至生物源杀虫剂，农药更新换代的发展史即是一个典型例子。此外，绿色涂料、绿色表面活性剂、绿色助剂等也正在发展。

例如，木材的防腐处理一直是人们关切的问题，美国从 1940 年以来采用铬酸化的砷酸铜(CCA)作为木材防腐剂，每年约消耗 18 144 t 无机砷化合物和 29 030 t Cr(Ⅵ)化合物。砷和铬的化合物是已知的强致癌物，对木材加工者和用户的健康都是有害的。近来，化学专用品公司(CSI)开发出碱性季铜化合物(ACQ)替代 CCA 做木材的防腐处理，它是一种无砷无铬的木材防腐剂。1996 年以来 ACQ 已投放美国木材防腐加工市场，很受欢迎，在 2001 年 CSI 有 450 多 t ACQ 用于木材防腐处理。预计在不久的将来，ACQ 将完全取代 CCA 防腐剂。为此，CSI 获得了 2002 年美国总统绿色化学挑战奖设计安全化学品奖。

9.1　绿色农药

绿色农药是指对病菌、害虫高效，而对人畜、害虫天敌、农作物安全，并在环境中易分解，在农作物中低残留或无残留的农药。

9.1.1　超高效低毒化学农药

所谓超高效低毒化学农药，就是指新开发的农药对靶标的生物活性高(施用量仅 10～100 g/hm^2)，且对人畜基本上无毒，对害虫天敌和益虫无害，易在自然界中降解、无残留或低残留的化学农药。化学农药的毒性及其对环境的污染，早在 70 年代就引起世界特别是发达国家的重视，如美国在 1972 年就停止生产和使用 DDT 等毒性大、残留高的化学农药，我国则在 1983 年才开始禁止生产和使用有机氯农药，此后，“十五”计划中又作出彻底削减甲胺磷等高毒有机磷杀虫剂产量的决定；然而，由于化学农药具有见效快、能耗低及容易大规模生产等特点，至今仍是防治病虫害的主要手段。据专家预测，21 世纪 50 年代以前，化学合成农药仍将是农药的主体，所以，超高效、低毒害、无污染的农药就成为目前绿色农药的主攻方向之一。在化学农药的发展中，杂环化合物已是新农药发展的主流，从世界农药的专利来看，大约有 90％的农药为杂环化合物，其重要的原因是杂环化合物中的超高效农药很多。有些超高效的农药用量仅为 10～100 g/hm^2，使用这样的农药，不但成本低，而且更重要的是对环境的影响会降低到很小的程度。此外，杂环化合物还具有另一个特点，即大多数的杂环化合物新农药对温血动物的毒性小，对鱼类的毒性也很低。

近20年来，杂环化合物中不但出现了超高效的除草剂、杀菌剂，而且还出现了杀虫剂，这给农药的发展带来了极其广阔的发展前景。

例如，Rohm and Haas公司开发的杀虫剂CONFIRM(tm)，能有效地和选择性地控制农业上主要的鳞翅目害虫，而不会对使用者、消费者或生态环境产生明显的有害影响。这种杀虫剂采用一种全新的和比现有的杀虫剂更安全的作用模式，其作用的机理是模拟在昆虫体内发现的一种被称为20-hydroxyecdysone的天然产物，该化合物可以诱发昆虫蜕皮和调控昆虫生长。能破坏鳞翅目害虫的蜕皮过程，昆虫与CONFIRM(tm)接触数小时后即会导致终止进食并很快死亡，但对其他昆虫和节肢类动物没有如此的作用。因此，CONFIRM(tm)对于各种益虫、食肉昆虫和寄生昆虫，例如蜜蜂、瓢虫、寄生蜂、蟑螂和脉翅目昆虫都是安全的。CONFIRM(tm)不具有生物累积性、挥发性，不易流失或在环境中长期残留。

又如，Dow化学公司发展了Spinosad这种高选择性、对环境友好的杀虫剂。它是两种分子的混合物(A和D)，两者的区别仅在于一个甲基基团。已经证实它对控制多种害虫有效，而不影响益虫和马蜂，对哺乳动物和鸟类具有低毒性。在环境中不积累不挥发，已经被美国环保局作为减小危害农药来推广。

再如，白蚁对于许多家庭和建筑物来说是一大危害，美国每年约有150万个家庭要遭受白蚁群的侵扰，处置白蚁的费用高达15亿美元。传统的方法是喷洒大量的杀虫剂，既危害人体健康，又难以安全奏效。Dow农业科学公司与Florida大学的Su博士合作开发出了一种白蚁杀虫剂Hexaflumuron，它能抑制白蚁外壳甲壳质的合成，使白蚁蜕皮时不能生成新的外壳骨架而死去。Hexaflumuron对人畜安全，是EPA注册的第一个无公害的杀虫剂，在美国已有30多万座建筑物采用这种杀虫剂，并将迅速用于世界各地。

9.1.2 生物源农药

生物源农药是指来源于生物，对特定的病虫草害具有控制特效而对公众安全性极高的天然农药。生物源农药在自然生态环境中广泛存在，资源丰富，绝大多数无毒副作用，不破坏生态环境，残留少，选择性强，不杀伤害虫天敌。据统计，到1995年，生物防治产品被列于参考清单上的已超过500种，其中170种以上具有“生物活性”，约45个生物农药被美国环保局注册。根据生物源农药的来源大致可分为植物农药、微生物农药和抗生素等。中国是生物源农药生产和使用大国，据统计，到1998年底，我国正式生产生物源农药的品种达40多种，生产企业近200家，制剂产量接近20万t，使用面积约2 600 hm^2/次。然而，到目前为止，尽管生物农药在某些作物害虫的防治上已取得了成功(如以苏云金杆菌为主体的害虫防治产品)，但还没有成为农药市场上的主角，仅成功地应用于专业市场、小生境农业和园艺等方面。例如，1998年世界农药市场销售额近320亿美元，而生物农药(不包括转基因作物)只有3.5亿美元，仅占1%。但人们已逐渐认识到生物农药是保护作物器官的重要绿色农药，随着使用生物农药所积累的知识、经验与筛选和开发新产品相结合，生物农药将越来越显得重要。

例如，Messenger是EDEN生物科学公司开发出的一种农用化学品，一种无毒的天然蛋白质。它在一种以水为基础的发酵体系中产生，不用有毒的试剂和溶剂，只需要温和的能量输入,不产生任何有害的化学废物。当它用于农作物时,能激活植物的生长系统,促进光合作用和营养成分的吸收,不改变植物的DNA,使作物的产量提高,质量更好。同时,它能引发植物的天然保护体系抵御病虫害,已由40多种作物试验表明它可以使作物有效地抵御众多的病毒、霉菌和细菌的侵害,而对哺乳动物、鸟、蜜蜂、水中生物则没有不利的影响。Messenger同大多数蛋白质一样,可由UV和微生物快速降解,不会生物聚集或污染地表水和地下水源。Messenger在2000年4月经美国环保局(EPA)批准正式使用。应用这种新的农用化学品,使种植者们第一次可以不依赖传统的农用化学品来得到高产优质的农作物。

9.2 绿色涂料

大部分合成涂料一般都含有大量有机溶剂和有一定毒性的颜料、填料及分子助剂,在生产与使用中产生“三废”,造成环境污染,影响人类健康。因此,为减少污染、提高涂料性能,绿色涂料的应用和发展研究就成为当前涂料工业的主要课题。涂料对大气的污染主要是指涂料在生产或使用过程中所产生的挥发性物质造成的污染即VOC(Volatile Organic Compound),这些物质是大气的主要污染源之一,有机溶剂挥发到大气中所造成的污染称为一次污染;涂料中的VOC排入大气后,还可以与空气中的NO_x作用,产生光化学烟雾,形成大气的二次污染,对人体造成更深程度的损害。因此,控制VOC的排放越来越受到世界各国的重视。美国于1960年最早实施了限制涂料溶剂用量的“66法规”。自此以后,国外对涂料中溶剂用量的限定也愈来愈严格,近10多年来,低VOC的涂料品种都得到了发展,所占比例日益增加。这些“绿色涂料”包括水性涂料、高固体分涂料、粉末涂料和液体无溶剂涂料等。

9.2.1 水性涂料

水性涂料包括水溶型、水分散型、乳胶型等,近一二十年来,水性涂料在一般工业涂装领域的应用已扩大,已经替代了不少惯用的溶剂型涂料,预计水性涂料可用做金属防腐涂料、装饰性涂料、木器涂料。目前,世界上绝大多数的涂料企业都从事水性涂料的研究、开发和生产水性无机富锌涂料、水性聚氨酯涂料。

9.2.2 高固体分涂料

与固体分$w=45\%\sim55\%$(以质量比计)的传统涂料相比,高固体分涂料的固体分不小于72%,这种涂料固体分高,涂膜丰富,可减少VOC,并且利用现有设备即可制造和施工,储存和运输也很方便。工业上用的高固体分涂料品种主要有环氧、不饱和聚酯双组分聚氨酯、氨基醇酸系列等,主要应用于钢制家具、家用电器、机械、汽车零件等。

9.2.3 粉末涂料

粉末涂料与其他传统涂料相比,有以下优点:

(1)不含有机溶剂,为100%成膜物,其能耗较水性涂料和高固体分涂料都低;

(2)可回收利用用过的喷涂粉末,提高了涂料的利用率;

(3)可一次涂膜较厚(底面合一或厚涂),减少了工序,具有更优异的防腐、耐候、抗冲击性能。

粉末涂料以年均增长率高于10%的速度飞速发展,它可分为热塑性和热固性2种,目前工业上广泛使用的热固性粉末涂料主要有环氧、环氧/聚酯、聚酯/聚氨酯、丙烯酸、聚酯/TGIC等,适用于管道铸件、装饰、金属构件、家用电器、汽车面漆等方面。

9.2.4 液体无溶剂涂料

不含有机溶剂的液体无溶剂涂料有双液型(双包装)、能量束固化型等。双液型涂料以涂装前低黏度树脂和硬化剂混合,涂装后固化的类型为代表,其中低黏度树脂可为含羟基的聚酯树脂、丙烯酸酯树脂等,固化剂通常为异氰酸酯。能量束固化型涂料的树脂中含有双键等反应性基团,在紫外线等的辐射下,可在短时间内固化成膜,常用的树脂包括聚酯丙烯酸酯体系、环氧丙烯酸酯体系、聚氨酯丙烯酸酯体系等。液体无溶剂涂料的最新研究动向是:开发单液(单包装)型,且可用于普通刷涂、喷涂工艺的液体无溶剂涂料(薄涂型)。

9.3 绿色表面活性剂

表面活性剂由于其两亲分子结构特征,极易富集于界面,改变界面性质,对界面过程产生影响,因而既广泛地应用于千家万户,又渗透到化工生产的各个部门,故对其进行绿色化学研究的呼吁较早,范围亦较宽。

在20世纪50年代以前,制备洗涤剂用的主要表面活性剂烷基苯磺酸钠的基本原料是难以生物降解的四聚丙烯烷基苯。随着洗涤剂的大量使用,城市下水道及河流泡沫泛滥。经研究,人们发现疏水链结构与生物降解有关(表9-1、表9-2)。为解决这一问题,20世纪60年代出现了氯化法制备烷基苯,到70、80年代,洗涤剂用的烷基苯几乎90%以上被易生物降解的脱氢法直链烷基苯所取代。

表9-1 不同结构烷基苯酸钠的生物降解对比

烷基苯结构	生物降解程度(%)
$n-C_{12}-Ph$	100
$C_9-C(C)_2-Ph$	86
$C-C(C)_2-C_4-C(C)_3-Ph$	<11

表9-2 不同表面活性剂生物降解对比

表面活性剂	生物降解程度(%)
烷基硫酸钠	99.8
α-烯基磺酸钠	99.2
脂肪醇聚氧乙烯醚	98.4
直链烷基苯磺酸钠	93.7
支链烷基苯磺酸钠	16.4

经研究,人们发现表面活性剂的极性基团与刺激性有较大的关系(表9-3)。一般来说,在疏水链相同的条件下,钠盐的刺激性大于胺盐和铵盐,因而香波和餐洗剂配方中,人们逐渐用烷基硫酸三乙醇胺、烷基硫酸铵代替烷基硫酸钠,用醇醚硫酸的铵盐和胺盐代替钠盐。

表 9-3　一些表面活性剂对兔眼产生刺激的极限浓度

表面活性剂	生物降解程度(%)
直链烷基苯磺酸钠	0.05
支链烷基苯磺酸钠	0.5
烷基磺基琥珀酸酯	1.0

对人体的皮肤及兔眼的刺激性，非离子及两性表面活性剂明显低于阴离子和阳离子表面活性剂。对醇醚类非离子而言，随着极性基团数的增加，亲水性增强，刺激性减少。20 世纪 90 年代初产业化的烷基多苷(APG)用 Draize 法对兔眼的角膜、结膜、虹膜进行评估，结果表明，按欧共体标准危险分类，70% C_{8-10} APG 都不会造成危险，属于无刺激类型。

表面活性剂素有"工业味精"之称，目前已被广泛应用于纺织、制药、化妆品、食品、造船、土建、采矿以及洗涤剂等领域，它是许多工业部门必要的化学助剂，其用量小，收效大，往往能起到意想不到的效果。但随着人们环境意识的增强和环境法规的日益完善，对表面活性剂行业的要求越来越高，如当前纺织行业就提出要按照生态学的规定生产和制作纺织品，其他行业也对表面活性剂提出了同样的要求(即开发和选用的表面活性剂必须安全无毒，生物降解性好)，所以绿色表面活性剂的开发必将给表面活性剂工业带来新的挑战和机遇。

首先，高分子表面活性剂将会有更大发展。其研究对象将包括聚葡糖、聚烷基葡糖、聚甘油、不饱和羧酸、不饱和酰胺合成的高分子表面活性剂。对缔合性聚合物、膜性聚合物的进一步研究，也将会出现性能更加优良的高分子表面活性剂，如进一步降低乳化剂的用量，具高触变性的乳化剂；具良好的手感，高内相的 W/O 乳化剂以及多功能乳化剂也将出现。同时，随之出现新的乳液类型，如悬浮性乳液、胶态基质乳液等，其应用范围不断深化和扩大，如消毒剂在各行业的应用越来越广泛，对消毒剂的性能要求也越来越高，许多危害较大的消毒剂将退出市场，从而被毒性低、性能温和、比较安全、与环境相容性好、具有较强抗菌性的表面活性剂组成的消毒剂所取代。

其次，生物表面活性剂的发展前景也非常大。生物表面活性剂是微生物在一定条件下培养时，在其代谢过程中分泌出具有一定表面活性的代谢产物，如糖脂、多糖脂、脂肽或中性类脂衍生物等。目前常见的生物表面活性剂有纤维二糖脂、鼠李糖脂、槐糖脂、海藻糖二脂、海藻糖四脂、表面活性蛋白等，随着社会的进步、科学的发展，人们对各种表面活性剂的要求越来越高，不仅要求具有优良的化学性质，而且还要求其对人体、牲畜尽可能无毒无害，对人类赖于生存的环境无污染，其排放物能很快被生物降解等。生物表面活性剂便可以满足这些要求，同时生物表面活性剂的生产过程也可以是一个环境净化、废油利用、变废为宝的过程。但开发生物表面活性剂不仅要考虑其生产技术的可行性，而且还要考虑市场价格这个重要因素，因此在功能特性和经济方面，生物表面活性剂与化学合成的表面活性剂间必将会有一场激烈的竞争。

例如，在要求产品具有较高表面活性的同时，还要求合成产品的原料生物降解性好、低毒、无刺激，并能采用再生资源进行清洁生产，是 20 世纪 80、90 年代以来化工界追求的目标，其中最典型的产品如烷基葡萄糖酰胺(MEGA)，其分子式如下：

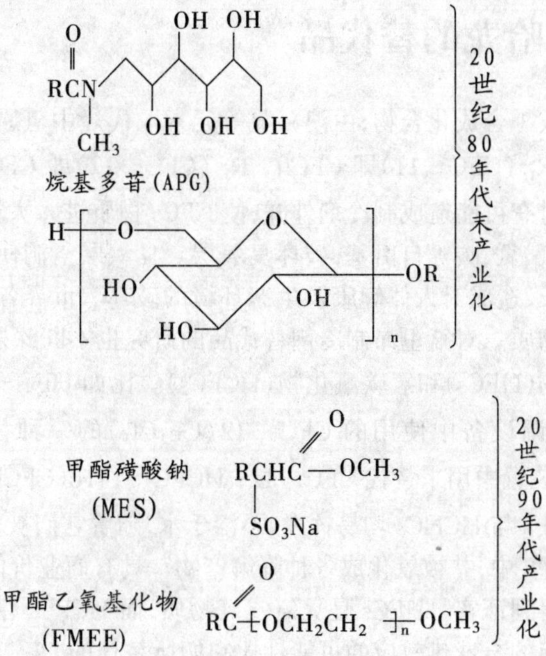

9.4 绿色活性染料

活性染料是 ICI 在 20 世纪 50 年代中期发现并商业化用于棉织品的染色剂。其分子特征是提供颜色的生色团连在一个活性基团上。后者是亲电的,可与纤维素反应,从而使生色团与纤维素以共价键连接。这种染料溶于水,在水中使染料和纤维素形成共价键。在棉织品染色时通常需加盐使染料固着在纤维上,加碱引发纤维素亲核部分与染料亲电部分的反应。染料亲电试剂在水中 pH 值提高时会发生水解,产生的染料不能连接在底物上,而排放到废液中,因而造成环境问题。目前商业用的活性染料都不能避免水解问题。但由于其易于使用,不褪色,具有光泽及宽范围的色调,活性染料在纤维素市场大量使用。1995 年 Dystar UK 公司提出了发展新型活性染料的计划,1999 年开发出来新的活性染料并将其商业化,即普施安 XL+染料。它的优越性表现在首先使整个染色过程缩短,将洗净和染色合为一个步骤,整个染色过程所需时间还不到过去的一半。使染色的生产率成倍提高。此外,这一体系的染色持久,其重现性接近 100%,排除了重新染色所造成的对环境不利因素。传统的棉织品染成深红色或酒红色需要偶氮染料,这一过程涉及了在棉纤维中合成偶氮染料生色团,它是一个效率极低的过程,且对环境不利。普施安 XL+染料可不需偶氮染料得到深红色彩,它将逐步取代传统的偶氮染料。它对钙离子和镁离子表现出强的耐受水平,因而过程中不需要螯合剂,后者最终也会排放到废液中。它达到了所有的染料安全标准,减少了对环境的一些可见与不可见的影响,使环境受益。这一工作获得了 2000 年英国绿色化学奖。

9.5　氟利昂和哈龙的替代品

氟里昂制冷剂是人工合成化合物，由溴氟氯等元素取代烃中氢原子，形成稳定结构，如甲烷的卤族衍生物 R_{11}（CFC－11）即 $CFCl_3$，R_{12}（CFC－12）即 $CFCl_2$。当制冷系统破裂、渗漏或更换、清洗时有可能造成制冷剂外漏，使 CFCs 物质进入大气，在紫外线及高温照射下，会分解为溴、氟、氯、碳等自由基，破坏臭氧层。臭氧层空洞使紫外线直接照射到地球的量最大幅度增长，造成对人体健康及生态环境的破坏。世界各国制定了各种方案以淘汰消耗臭氧层的物质。对氟里昂制冷剂替代品的研究也不断深入。目前 CFCs 的主要替代品为氢碳氟化物（HFCs）和氯碳氟化物（HCFCs）。比如 HFC－134a（CF_3CFH_2）是在家庭制冷设备和空调设备中使用的 CFC－12（CF_2Cl_2）的一种替代品；HCFC－22（CHF_2Cl）在工业制冷装置中用来替代 CFC－12；HCFC－141b（$CFCl_2CH_3$），在发泡工艺中代替 CFC－11。HCFs 与 HCHCs 均易挥发，不溶于水，随着它们被释放到周围环境中，这些化合物将滞留在大气中，并被氧化成各种降解产物。具有商业价值的 HFCs 和 HCFCs 的大气化学行为已经得到证实。HFCs 是臭氧友好物质，而 HCFCs 存在不容忽视的臭氧减少可能性。二者引起的全球热效应的可能性比它们所替代的 CFCs 所造成的全球热效应大约要小一个数量级。HCFs 和 HCFCs 的大气降解作用所产生的种种产物中没有一种被认为是有毒的，这些产物的大气浓度都非常低。目前认为这些浓度极低的化合物不会对环境产生不良影响，所有产物的最终消除过程是渗入雨、海、云的水中并发生水解，对环境是友好的。考虑到臭氧消失潜在的可能性和卤代烃全球热效应潜在的可能性，恢复采用天然制冷剂的呼声日渐增高，这些天然制冷剂包括水、空气、氦、氨、碳氧化合物、氮气等。

9.6　绿色可降解聚合物

荷兰 Twente 大学开发出一种新的聚合物，可降解为二氧化碳、水和生物量，包括聚酯酰胺和聚酯氨基甲酸酯。德国 BASF 和美国 Eastman 开发的由对苯二甲酸、己二酸和 1，4－丁二醇产生的无规脂肪族－芳族共聚物。聚丙氨酸是在工业中广泛应用的一个重要的阴离子聚合物，但它不能降解，而需通过废物处理。拜尔公司因合成一种新的可生物降解螯合剂获得 2001 年美国总统绿色化学挑战奖。Donlar 公司开发了一种有效地可生物降解的替代物——聚天冬氨酸（TPA），并且研究出两个高效的生产 TPA 的过程。由于 TPA 的无毒及安全性，它的应用将有更广阔的前景。下面以聚天冬氨酸（Polyasparticacid）为例重点说明。

聚天冬氨酸是近几年来在全球销量日增的绿色化学品，它是一种带有羧酸侧链的聚氨基酸，可完全生物降解，对环境友好。Donlar 公司因开发热缩聚天冬氨酸曾获得了 1996 年度美国总统绿色化学挑战奖，目前 Donlar 和 Bayer 公司都有工业装置投入生产。

9.6.1 聚天冬氨酸的合成

合成聚天冬氨酸的原料主要有二类，一类是以 L－天冬氨酸为原料，另一类是以马来酸酐及其衍生物为原料，合成方法分述如下。

9.6.1.1 以 L－天冬氨酸为原料

(1)L－天冬氨酸热缩合成聚天冬氨酸。反应方程式为：

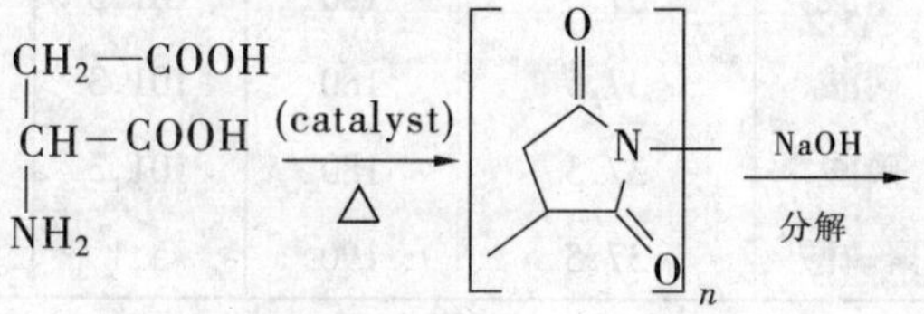

L-Aspartic acid　　Polysuccinimide

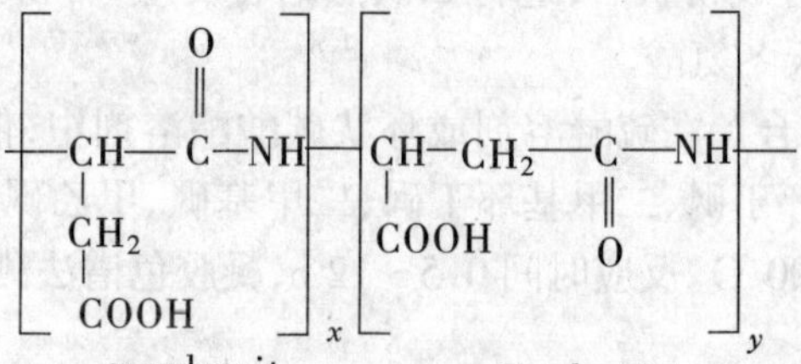

α subunit　　β subunit

(Polysaparticacid)

核磁共振测定结果显示，β体约占 75%，α体约占 25%。以 L－天冬氨酸为原料热缩合成聚天冬氨酸，工艺简单，反应过程除生成少量水蒸气外，对环境无任何污染。根据反应条件的不同，可得到产品的质均相对分子质量在 1 000～200 000 范围内。

直接热缩合成是将一定质量的 L－天冬氨酸放入 200～270 ℃的油浴或马福炉中，天冬氨酸热缩合成聚琥珀酰亚胺(Polysuccinimide)，每隔一段时间测定失重并计算其转化率，表 9-4 为 30 g L－天冬氨酸在 250 ℃下的反应结果。

表 9-4 反应时间与转化率的关系

反应时间(min)	颜色	失重(g)	转化率(%)
0	白色	0	0
10	浅粉色	2.4	29.6
20	棕色	5.5	67.7
30	褐色	7.3	89.9
40	褐色	7.9	97.3
50	褐色	8.2	100

将聚琥珀酰亚胺在碱性条件下水解成聚天冬氨酸，凝胶色谱法测得该产物质均相对分子质量在 1 000～5 000。

(2)酸催化下热缩合成。L－天冬氨酸中,加入适量的酸催化剂,搅拌成均相混合物,置于恒温的烘箱中反应。所得产物用蒸馏水洗至中性,水解成聚天冬氨酸。反应条件及产物的平均相对分子质量见表 9-5。

表 9-5　酸催化热缩合成聚天冬氨酸

L－天冬氨酸(g)	催化剂		温度(℃)	压力(kPa)	时间(h)	相对分子质量
	名称	体积(mL)				
75	磷酸	37.5	180	101.3	2.0	3 468
75	磷酸	37.5	180	101.3	3.0	11 300
75	磷酸	37.5	180	101.3	8.0	30 667
250	聚磷酸	37.5	190	5.1	4.5	30 000

该反应所得产物碾磨成粉状后,进行二次热缩合反应,可得到平均相对分子质量在 100 000～200 000 的聚天冬氨酸。

(3)在溶剂中催化聚合。在硫醚溶剂或环状碳酸酯溶剂中,催化聚合 L－天冬氨酸,溶剂包括:环丁砜、甲基环丁砜、二甲基环丁砜、二甲基砜、甲乙砜、碳酸异丙烯酯、碳酸亚乙酯等,反应温度 50～200 ℃,反应时间 0.5～12 h,凝胶色谱法测得样品的质均相对分子质量,结果见表 9-6。

表 9-6　溶剂法合成聚天冬氨酸

L－天冬氨酸(g)	溶剂		催化剂		温度(℃)	时间(h)	相对分子质量
	名称	质量(g)	名称	质量(g)			
5.1	环丁砜	25.1	聚磷酸	1.0	175	0.66	5 105
50.0	环丁砜	250.0	85%磷酸	3.1	190	2.25	2 919
10.1	3－甲基环丁砜	5.1	85%磷酸	1.0	175	2.00	12 887
10.0	环丁砜	50.0	硫酸氢铵	2.0	180	1.00	4 229
40.0	环丁砜	200.0	偏磷酸	10.0	170	2.00	10 816
5.0	碳酸异丙烯酯	15.0	85%磷酸	0.6	180	2.00	17 231
5.1	碳酸异丙烯酯	25.1	85%磷酸	0.3	165	2.00	44 924*
5.0	碳酸异丙烯酯	25.1	焦硫酸钾	0.5	175	2.00	23 943
5.0	碳酸异丙烯酯	25.1	硫酸氢铵	1.0	170	1.00	8 500

注: * 反应在真空下进行。

9.6.1.2　以马来酸酐及其衍生物为原料

(1)马来酸酐与氨反应。生成聚天冬氨酸的方程式:

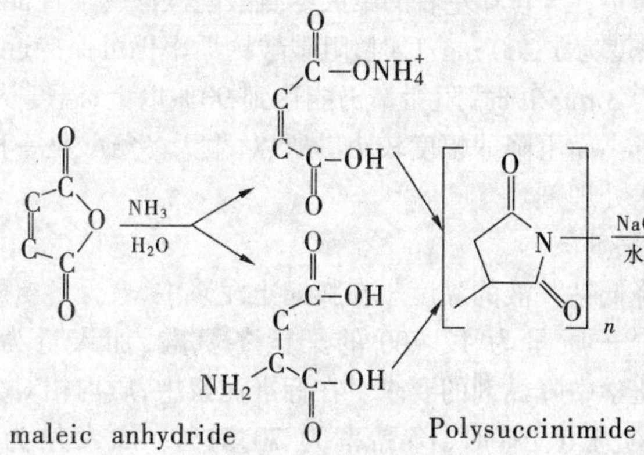

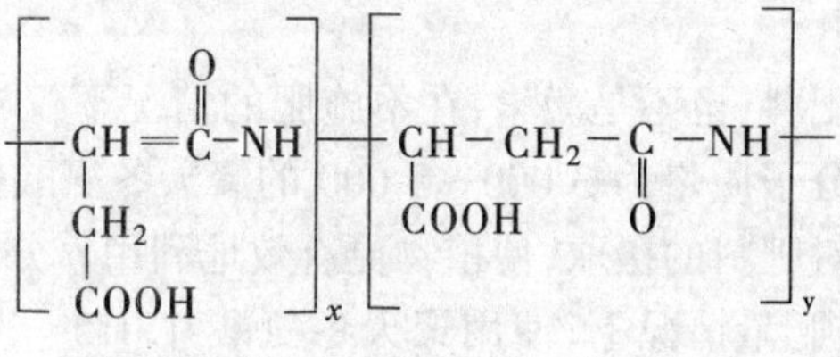

α subunit β subunit

Polyasparticacid

核磁共振测定结果显示，β体约占85%，α体约占15%。以马来酸酐及其衍生物为原料合成聚天冬氨酸，具有原料易得、生产成本低的优势，但所得聚合产品的相对分子质量较低。马来酸酐与氨在高压釜中反应，在溶剂中，马来酸酐与氨的物质的量比为1:0.8～1:1.2，反应温度150～300 ℃，反应压力0.2～7.0 MPa，反应时间5～300 min。溶剂可以是水、甲醇、乙醇、正丙醇、异丙醇等，所得产物的平均相对分子质量为500～10 000。

(2)马来酸酐及其衍生物与含氮化合物反应。马来酸酐、马来酸、富马酸及其衍生物与脲、异脲、氨基甲酸、碳酸氢铵、碳酸铵等在浆式干燥器中充分混合，进入螺杆挤出机中，反应温度160～220 ℃，反应时间10～60 min，所得产物的质均相对分子质量为1 000～5 000。

(3)马来酸酐与氨的二步法反应。首先，马来酸酐与氨水在低于150 ℃下反应生成马来酸铵盐，然后反应混合物在200 ℃以上热缩合成聚琥珀酰亚胺，在碱性条件下水解成聚天冬氨酸，该产物平均相对分子质量为3 000～12 000。

9.6.2 聚天冬氨酸的应用

聚天冬氨酸是一类化合物，根据其相对分子质量的不同，可分别应用在阻垢、降黏、农田及吸水树脂等方面。

9.6.2.1 绿色阻垢剂

聚天冬氨酸是无毒、无污染、可降解的绿色阻垢剂，从20世纪90年代以来，成为世界各国特别是美国、德国、日本各大化学公司研究开发热点。我国从1999年开始，陆续出现了多篇相关的研究报道。研究结果显示，聚天冬氨酸热稳定性好、阻垢性能优异、投加量少。质均相对分子质量在 4 000 左右的聚天冬氨酸阻碳酸钙垢性能优于聚马来酸和聚丙烯酸；在 Ca^{2+} 质量浓度为 1 200 mg/L 时，阻碳酸钙垢率仍可保持近 50%；当 pH 为 10.5，投加药剂质量浓度为 3 mg/L 时，阻垢率仍能达到 90% 以上；温度从 40 ℃增加到 80 ℃，阻垢率随着温度的升高而下降的幅度较小。所以，聚天冬氨酸是一种可应用于高温、高钙离子浓度水系统的水处理剂。

9.6.2.2 **钻井液降黏剂**

聚天冬氨酸能降低钻井液的黏度。在膨润土泥浆中，聚天冬氨酸加入量越大，降黏效果越好，平均相对分子质量为 12 700 的聚天冬氨酸，加入量为 0.4% 时，降黏率为 70.59%，达到油田化学中降黏剂的要求。在标准泥浆中，质均相对分子质量为 17 000 的聚天冬氨酸，加入量为 0.1% 时，降黏率为 70.51%；加入量为 0.3% 时，降黏率为 79.49%。聚天冬氨酸还具有较好的抗盐和抗钙性能。

9.6.2.3 **肥料增效剂**

聚天冬氨酸不是肥料，也不是激素，在不施肥的情况下仅施用它，对植物的生长没有明显优势。质均相对分子质量为 3 000～5 000 的聚天冬氨酸供给植物时(通常在根部或叶片处)，能增强植物对肥料的摄取，使植物更有效地利用养分，故称其为肥料增效剂。研究结果显示，在相同施肥量情况下，使用聚天冬氨酸 0.015～3.6 g/m^2，能增加谷物产量 5%～30%；在得到相同谷物产量的情况下，可减少 1/2～1/3 的肥料用量，极大改善农村的生态环境。所以，聚天冬氨酸在农业上的推广应用，有着可观的经济效益和重大的社会效益。

9.6.2.4 **吸水树脂**

以聚天冬氨酸制备过程的中间体聚琥珀酰亚胺为原料，与有机交联剂在极性、疏质子溶剂中反应，生成凝胶的交联聚琥珀酰亚胺，碱性条件下水解成高吸水树脂。聚琥珀酰亚胺合适的质均相对分子质量为 5 000～50 000，反应温度 25～80 ℃，交联剂用量为 0.1%～50%，合适的交联剂包括乙二胺、己二胺、间苯二甲二胺、聚乙二醇二胺等，合适的溶剂包括二甲亚砜、二甲基甲酰胺、环丁砜等。所得产物吸水树脂的吸水倍率可达到 1090，吸生理盐水倍率为 96。该吸水树脂可完全生物降解，应用于尿片和妇女卫生用品中，还可用做土壤保湿剂，使在贫瘠干旱的土壤上取得丰收、沙漠变绿洲成为可能。

聚天冬氨酸及其衍生物由于可完全生物降解，又具有螯合和分散功能，越来越被广泛重视。聚天冬氨酸可以改变钙盐的晶体结构，是一种优良的阻垢分散剂，用于循环冷却水系统、锅炉及油气田水处理；聚天冬氨酸具有良好的降黏作用；聚天冬氨酸作为肥料增效剂，能促进植物生长；它还具有优良的保湿性能，用于日用化妆品和保健用品的制造；由聚天冬氨酸可制备高吸水树脂；另外，由聚天冬氨酸制备的给药载体材料已被广泛地应用于计划生育、抗肿瘤等药物上。聚天冬氨酸应用领域十分广泛，市场容量很大，它的生产和使用必然带来巨大的经济效益和社会效益。

第 10 章　绿色能源

17 世纪欧洲工业革命以来，人类文明的进步与能源的关系日益密切。现阶段人类过度依赖煤炭和石油等化石燃料，而大量化石能源消费的结果，使本来封存在地下的大量碳和硫被重新释放到大气中，导致了碳和硫元素的自然循环遭到破坏，大气中碳和硫含量持续增加，从而引发的全球变暖和酸雨问题业已成为全球性的大气环境问题（和臭氧层损耗并称全球性的三大环境问题），使全球面临严峻的环境生态压力；另一方面，传统化石燃料的储量终归是有限的，而其再生则要历时数百万年，应属不可再生能源，预计本世纪内化石能源就会消耗殆尽；再者，煤炭、石油等化学能源资源，它不单只是一种能源，同时又是化工、医药、纺织、轻工等的重要而宝贵的工业原料。因此，人类寻求替代能源，尤其是绿色替代能源是件为子孙后代造福的大事，已经刻不容缓。

绿色能源首先应是可再生的能源，如太阳能、生物能、风能、水能、地热能和海洋能等，这些能源在消耗之后可以得到恢复补充，并且污染也很小；绿色能源还可以是在其生产及消费过程中，对生态环境污染小或无污染的能源，如天然气、洁净煤和核能等。

10.1　太阳能

自从人类诞生至今，太阳能一直是人类生存的能量之源。太阳为人类生存提供了热能、光能、各种植物和化石燃料的化学能、风能等。这些能量都一直间接或直接、被动或主动地为我们所用。太阳能是一种清洁的再生自然资源。应用太阳能，既不会出现大气污染，也不必担心生态平衡被破坏，可持续时间长，而且太阳光所及的地方都有可利用的太阳能。所以，在目前世界性能源短缺和对环境保护要求日益严格的情况下，太阳能的利用具有特别重要的意义。20 世纪 60 年代以来，世界各国都对太阳能给予高度重视，各发达国家在太阳能利用方面发展得都很快。预计到 2050 年，美国、日本等发达国家中，太阳能将占能源结构的 60％以上。专家们预言，太阳能在 21 世纪将成为人类主要的能源之一。

10.1.1　太阳能的特点

太阳能是太阳内部连续不断的核聚变反应过程产生的能量。地球轨道上的平均太阳辐射强度为 1.367 kW/m^2。地球赤道的周长为 40 000 km，尽管太阳辐射到地球大气层的能量仅为其总辐射能量（约为 3.75×10^{26} W）的 22 亿分之一，但也已高达 173 000 TW，也就是说太阳每秒钟照射到地球上的能量就相当于 500 万 t 煤。在海平面上的标准峰值强度为 1 kW/m^2，地球表面某一点 24 h 的年平均辐射强度为 0.20 kW/m^2，相当于有 102 000 TW的能量，人类依赖这些能量维持生存，其中包括所有其他形式的可再生能源（地热能资源除外）。地球上的风能、水能、海洋温差能、波浪能和生物质能以及部分潮汐能都是来源于太阳；即使是地球上的化石燃料（如煤、石油、天然气等）从根本上说也是远古以来贮存下来的太阳能，所以广义的太阳能所包括的范围非常大，狭义的太阳能则限于太阳辐射能的光热、光电和光化学的直接转换。太阳能既是一次能源，又是可再生能源。它资源丰富，既可免费使用，又无需运输，对环境无任何污染。太阳能是取之不尽、用之不竭的绿色新能源，随着我国国民经济的飞速发展，太阳能被越来越广泛地利用。我国陆地上接受的太阳能辐射总量相当于24 000亿 t 标准煤。全国总面积的 2/3 以上的年日照时间大于 2 000 h。我国日照最好的地区是西藏。除西藏以外，西部各省(区)中青海、新疆、甘肃、内蒙古、宁夏都是日照很好的地区。

虽然太阳能资源总量相当于现在人类所利用的能源的一万多倍，但太阳能的能量密度低，而且它因地而异，因时而变，这是开发利用太阳能面临的主要问题。太阳能的这些特点会使它在整个综合能源体系中的作用受到一定的限制。太阳能有两个主要缺点：一是能流密度低；二是其强度受各种因素(季节、地点、气候等)的影响不能维持常量。这两大缺点大大限制了太阳能的有效利用。

10.1.2 太阳能的利用

据记载，人类利用太阳能已有 3 000 多年的历史，我国早在 2 000 多年前的战国时期就知道利用钢制四面镜聚焦太阳光来点火；利用太阳能来干燥农副产品。但将太阳能作为一种能源和动力加以利用，只有 300 多年的历史。真正将太阳能作为“近期急需的补充能源”、“未来能源结构的基础”，则是近年来的事情。20 世纪 70 年代以来，太阳能科技突飞猛进，太阳能利用日新月异。近代太阳能利用历史可以从 1615 年法国工程师索罗门·德·考克斯在世界上发明第一台太阳能驱动的发动机算起，该发明是一台利用太阳能加热空气使其膨胀做功而抽水的机器。1615～1900 年之间，世界上又研制成多台太阳能动力装置和一些其他太阳能装置。这些动力装置几乎全部采用聚光方式采集阳光，发动机功率不大，工质主要是水蒸气，价格昂贵，实用价值不大，大部分为太阳能爱好者个人研究制造。20 世纪的 100 年间，太阳能科技发展历史大体可分为七个阶段，下面分别予以介绍。

10.1.2.1 第一阶段(1900～1920 年)

研究的重点仍是太阳能动力装置，但采用的聚光方式多样化，且开始采用平板集热器和低沸点工质，装置逐渐扩大，最大输出功率达 73.64 kW，使用目的比较明确，造价仍然很高。建造的典型装置有：1901 年，在美国加州建成一台太阳能抽水装置，采用截头圆锥聚光器，功率为 7.36 kW；1902～1908 年，在美国建造了五套双循环太阳能发动机，采用平板集热器和低沸点工质；1913 年，在埃及开罗以南建成一台由 5 个抛物槽镜组成的太阳能水泵，每个长 62.5 m，宽 4 m，总采光面积达 1 250 m^2。

10.1.2.2 第二阶段(1920～1945 年)

研究工作处于低潮，参加研究工作的人数和研究项目大为减少，其原因与矿物燃料的大量开发利用和发生第二次世界大战(1935～1945 年)有关，而太阳能又不能解决当时对能源的急需，因此使太阳能研究工作逐渐受到冷落。

10.1.2.3 第三阶段(1945～1965 年)

在第二次世界大战结束后的 20 年中，一些有远见的人士已经注意到石油和天然气资源正在迅速减少，呼吁人们重视这一问题，从而逐渐推动了太阳能研究工作的恢复和开展，并且成立太阳能学术组织，举办学术交流和展览会，再次兴起太阳能研究热潮。在这一阶段，太阳能研究工作取得一些重大进展，比较突出的有：1955 年，以色列泰伯等在第一次国际太阳热科学会议上提出选择性涂层的基础理论，并研制成实用的黑镍等选择性涂层，为高效集热器的发展创造了条件；1954 年，美国贝尔实验室研制成实用型硅太阳电池，为光伏发电大规模应用奠定了基础。此外，在这一阶段里还有其他一些重要成果，比较突出的有：1952 年，法国国家研究中心在比利牛斯山东部建成一座功率为 50 kW 的太阳炉。1960 年，在美国佛罗里达建成世界上第一套用平板集热器供热的氨－水吸收式空调系统，制冷能力为 5 冷吨。1961 年，一台带有石英窗的斯特林发动机问世。在这一阶段里，加强了太阳能基础理论和基础材料的研究，取得了如太阳选择性涂层和硅太阳电池等技术上的重大突破。平板集热器有了很大的发展，技术上逐渐成熟。太阳能吸收式空调的研究取得进展，建成一批实验性太阳房。对难度较大的斯特林发动机和塔式太阳能热发电技术进行了初步研究。

10.1.2.4　第四阶段（1965～1973 年）

太阳能的研究工作停滞不前，主要原因是太阳能利用技术处于成长阶段，尚不成熟，并且投资大，效果不理想，难以与常规能源竞争，因而得不到公众、企业和政府的重视和支持。

10.1.2.5　第五阶段（1973～1980 年）

自从石油在世界能源结构中担当主角之后，石油就成了左右经济和决定一个国家生死存亡、发展和衰退的关键因素，1973 年 10 月爆发中东战争，石油输出国组织采取石油减产、提价等办法，支持中东人民的斗争，维护本国的利益。其结果是使那些依靠从中东地区大量进口廉价石油的国家，在经济上遭到沉重打击。于是，西方一些人惊呼：世界发生了“能源危机”（有的称“石油危机”）。这次“危机”在客观上使人们认识到，现有的能源结构必须彻底改变，应加速向未来能源结构过渡。从而使许多国家，尤其是工业发达国家，重新加强了对太阳能及其他可再生能源技术发展的支持，在世界上再次兴起了开发利用太阳能热潮。1973 年，美国制定了政府级阳光发电计划，太阳能研究经费大幅度增长，并且成立太阳能开发银行，促进太阳能产品的商业化。日本在 1974 年公布了政府制定的“阳光计划”，其中太阳能的研究开发项目有：太阳房，工业太阳能系统，太阳热发电，太阳电池生产系统，分散型和大型光伏发电系统等。为实施这一计划，日本政府投入了大量人力、物力和财力。70 年代初世界上出现的开发利用太阳能热潮，对我国也产生了巨大影响。一些有远见的科技人员，纷纷投身太阳能事业，积极向政府有关部门提建议，出书办刊，介绍国际上太阳能利用动态；在农村推广应用太阳灶，在城市研制开发太阳热水器，空间用的太阳电池开始在地面应用等。

1975 年，在河南安阳召开“全国第一次太阳能利用工作经验交流大会”，进一步推动了我国太阳能事业的发展。这次会议之后，太阳能研究和推广工作纳入了我国政府计划，获得了专项经费和物资支持。一些大学和科研院所，纷纷设立太阳能课题组和研究室，有的地方开始筹建太阳能研究所。当时，我国也兴起了开发利用太阳能的热潮。

这一时期，太阳能开发利用工作处于前所未有的大发展时期，具有以下特点：

（1）各国加强了太阳能研究工作的计划性，不少国家制定了近期和远期阳光计划。开发利用太阳能成为政府行为，支持力度大大加强。国际间的合作十分活跃，一些第三世界国家开始积极参与太阳能开发利用工作。

(2)研究领域不断扩大,研究工作日益深入,取得一批较大成果,如 CPC、真空集热管、非晶硅太阳电池、光解水制氢、太阳能热发电等。

(3)各国制定的太阳能发展计划,普遍存在要求过高,过急问题,对实施过程中的困难估计不足,希望在较短的时间内取代矿物能源,实现大规模利用太阳能。例如,美国曾计划在 1985 年建造一座小型太阳能示范卫星电站,1995 年建成一座 500 万 kW 空间太阳能电站。事实上,这一计划后来进行了调整,至今空间太阳能电站还未升空。

(4)太阳热水器、太阳电池等产品开始实现商业化,太阳能产业初步建立,但规模较小,经济效益尚不理想。

10.1.2.6　**第六阶段(1980~1992 年)**

70 年代兴起的开发利用太阳能热潮,进入 80 年代后不久开始落潮,逐渐进入低谷。世界上许多国家相继大幅度削减太阳能研究经费,其中美国最为突出。导致这种现象的主要原因是:世界石油价格大幅度回落,而太阳能产品价格居高不下,缺乏竞争力;太阳能技术没有重大突破,提高效率和降低成本的目标没有实现,以致动摇了一些人开发利用太阳能的信心;核电发展较快,对太阳能的发展起到了一定的抑制作用。受 80 年代国际上太阳能低落的影响,我国太阳能研究工作也受到一定程度的削弱,有人甚至提出:太阳能利用投资大,效果差,贮能难,占地广,认为太阳能是未来能源,主张外国研究成功后我国引进技术。虽然,持这种观点的人是少数,但十分有害,对我国太阳能事业的发展造成不良影响。这一阶段,虽然太阳能开发研究经费大幅度削减,但研究工作并未中断,有的项目还进展较大,而且促使人们认真地去审视以往的计划和制定的目标,调整研究工作重点,争取以较少的投入取得较大的成果。

10.1.2.7　**第七阶段(1992 年至今)**

由于大量燃烧矿物能源,造成了全球性的环境污染和生态破坏,对人类的生存和发展构成威胁。在这样背景下,1992 年联合国在巴西召开"世界环境与发展大会",会议通过了《里约热内卢环境与发展宣言》、《21 世纪议程》和《联合国气候变化框架公约》等一系列重要文件,把环境与发展纳入统一的框架,确立了可持续发展的模式。这次会议之后,世界各国加强了清洁能源技术的开发,将利用太阳能与环境保护结合在 一起,使太阳能利用工作走出低谷,逐渐得到加强。世界环发大会之后,我国政府对环境与发展十分重视,提出 10 条对策和措施,明确要"因地制宜地开发和推广太阳能,风能,地热能,潮汐能,生物质能等清洁能源",制定了《中国 21 世纪议程》,进一步明确了太阳能重点发展项目。1995 年国家计委、国家科委和国家经贸委制定了《新能源和可再生能源发展纲要》(1996~2010),明确提出我国在 1996~2010 年新能源和可再生能源的发展目标、任务以及相应的对策和措施 。这些文件的制定和实施,对进一步推动我国太阳能事业发挥了重要作用。1996 年,联合国在津巴布韦召开"世界太阳能高峰会议",会后发表了《哈拉雷太阳能与持续发展宣言 》,会上讨论了《世界太阳能 10 年行动计划》(1996~2005)、《国际太阳能公约》、《世界太阳能战略规划》等重要文件。这次会议进一步表明了联合国和世界各国对开发太阳能的坚定决心,要求全球共同行动 ,广泛利用太阳能。1992 年以后,世界太阳能利用又进入一个发展期,其特点是:太阳能利用与世界可持续发展和环境保护紧密结合,全球共同行动,为实现世界太阳能发展战略而努力;太阳能发展目标明确,重点突出,措施得力，有利于克服以往忽冷忽热、过热过急的弊端，保证太阳能事业的长期发展；在加大太阳能研究开发力度的同时，注意科技成果转化为生产力，发展太阳能产业，加速商业化进程，扩大太阳能利用领域和规模，经济效益逐渐提高；国际太阳能领域的合作空前活跃，规模扩大，效果明显。通过以上回顾可知，在20世纪100年间太阳能发展道路并不平坦，一般每次高潮期后都会出现低潮期，处于低潮的时间大约有45年。太阳能利用的发展历程与煤、石油、核能完全不同，人们对其认识差别大、反复多，发展时间长。这一方面说明太阳能开发难度大，短时间内很难实现大规模利用；另一方面也说明太阳能利用还受矿物能源供应、政治和战争等因素的影响，发展道路比较曲折。尽管如此，从总体来看，20世纪取得的太阳能科技进步仍比以往任何一个世纪都大。

10.1.3 太阳电池发展概况

电池行业是21世纪的朝阳行业，发展前景十分广阔。在电池行业中，最没有污染、市场空间最大的应该是太阳能电池，太阳能电池的研究与开发越来越受到世界各国的广泛重视。

太阳光除了使植物通过光合作用把太阳能转变为各种养分，供人们食用，产生纤维质供人们做衣服，生长木材给我们建筑房屋以外，太阳光还可以通过太阳能电池转变为电。太阳能电池是一种近年发展起来的新型电池。太阳能电池是利用光电转换原理使太阳的辐射光通过半导体物质转变为电能的一种器件，这种光电转换过程通常叫做“光生伏打效应”，因此太阳能电池又称为“光伏电池”，用于太阳能电池的半导体材料是一种介于导体和绝缘体之间的特殊物质，和任何物质的原子一样，半导体的原子也是由带正电的原子核和带负电的电子组成，半导体硅原子的外层有4个电子，按固定轨道围绕原子核转动，当受到外来能量的作用时，这些电子就会脱离轨道而成为自由电子，并在原来的位置上留下一个“空穴”，在纯净的硅晶体中，自由电子和空穴的数目是相等的。如果在硅晶体中掺入硼、镓等元素，由于这些元素能够俘获电子，它就成了空穴型半导体，通常用符号P表示；如果掺入能够释放电子的磷、砷等元素，它就成了电子型半导体，以符号N代表。若把这两种半导体结合，交界面便形成一个P－N结。太阳能电池的奥妙就在这个“结”上，P－N结就像一堵墙，阻碍着电子和空穴的移动。当太阳能电池受到阳光照射时，电子接受光能，向N型区移动，使N型区带负电，同时空穴向P型区移动，使P型区带正电。这样，在P－N结两端便产生了电动势，也就是通常所说的电压。这种现象就是上面所说的“光生伏打效应”。如果这时分别在P型层和N型层焊上金属导线，接通负载，则外电路便有电流通过，如此形成的一个个电池元件，把它们串联、并联起来，就能产生一定的电压和电流，输出功率。已知的制造太阳电池的半导体材料有十几种，因此太阳电池的种类也很多。目前，技术最成熟并具有商业价值的太阳电池要算硅太阳电池。

1953年美国贝尔研究所首先应用这个原理试制成功硅太阳电池，获得6%光电转换效率的成果。太阳能电池的出现，好比一道曙光，尤其是航天领域的科学家，对它更是注目。这是由于当时宇宙空间技术的发展，人造地球卫星上天，卫星和宇宙飞船上的电子仪器和设备，需要足够的持续不断的电能，而且要求重量轻，寿命长，使用方便，能承受各种冲击、振动的影响。太阳能电池完全满足这些要求，1958年，美国的“先锋一号”人造卫星就是用了太阳能电池作为电源，成为世界上第一个用太阳能供电的卫星，空间电源的需求使太阳电池作为尖端技术，身价百倍。现在，各式各样的卫星和空间飞行器上都装上了布满太阳能电池的“翅膀”，使它们能够在太空中长久遨游。我国1958年开始进行太阳能电池的研制工作，并于1971年将研制的太阳能电池用在了发射的第二颗卫星上。以太阳能电池作为电源可以使卫星安全工作达20年之久，而化学电池只能连续工作几天。

空间应用范围有限，当时太阳电池造价昂贵，发展受到限制。70年代初，世界石油危机促进了新能源的开发，开始将太阳电池转向地面应用，技术不断进步，光电转换效率提高，成本大幅度下降，时至今日，光电转换已展示出广阔的应用前景。

太阳能电池近年来也被人们用于生产、生活的许多领域。1974年世界上第一架太阳能电池飞机在美国首次试飞成功，激起人们对太阳能飞机研究的热潮，太阳能飞机从此飞速地发展起来，只用了六七年时间太阳能飞机从飞行几分钟、航程几公里发展到飞越英吉利海峡。现在，最先进的太阳能飞机，飞行高度可达2万多m，航程超过4 000 km。另外，太阳能汽车也发展很快。

在建造太阳能电池发电站上，许多国家也取得了较大进展。1985年，美国阿尔康公司研制的太阳能电池发电站，用108个太阳板，256个光电池模块，年发电能力达300万kWh。德国1990年建造的小型太阳能电站，光电转换率可达30%多，适于为家庭和团体供电。1992年美国加州公用局又开始研制一种“革命性的太阳能发电装置”，预计可供加州1/3的用电量。用太阳能电池发电确实是一种诱人的方式，据专家测算，如果能把撒哈拉沙漠太阳辐射能的1%收集起来，足够全世界的所有能源消耗。

在生产和生活中，太阳能电池已在一些国家得到了广泛应用，在远离输电线路的地方，使用太阳能电池给电器供电是节约能源降低成本的好办法。芬兰制成了一种用太阳能电池供电的彩色电视机，太阳能电池板就装在住家的房顶上，还配有蓄电池，保证电视机的连续供电，既节省了电能又安全可靠。日本则侧重把太阳能电池应用于汽车的自动换气装置、空调设备等民用工业。我国的一些电视差转台也已用太阳能电池为电源，投资省，使用方便，很受欢迎。

当前，太阳能电池的开发应用已逐步走向商业化，产业化；小功率小面积的太阳能电池在一些国家已大批量生产，并得到广泛应用；同时人们正在开发光电转换率高，成本低的太阳能电池；可以预见，太阳能电池很有可能成为替代煤和石油的重要能源之一，在人们的生产、生活中占有越来越重要的位置。

太阳能光伏发电，可视为迄今为止最美妙、最长寿和最可靠的发电技术。与太阳能发电相比，它只涉及半导体器件，既无运动部件，又无流动工质，因此避免了机械维修和工质腐蚀的问题，是可再生能源和可持续发展的可靠能源。

太阳电池作为有潜力的可再生能源，在地面上逐渐得到推广。太阳电池的成本及售价也在逐年下降，多年来太阳电池的产量一直以10%～25%的增长率在增加。1990年世界太阳能电池组件的产量为70 MW(兆瓦)，我国为1.2 MW，主要是用在太阳光照好的边远地区。到2001年全世界太阳电池的产量达到350 MW，我国太阳能电池的实际产量已达到4.5 MW，累计安装量已超过20 MW。我国是个发展中国家，地域辽阔，有许多边远省份和经济欠发达地区。据统计，目前我国尚有700万户(2 800万人口)还没有用上电，60%的有电县严重缺电。这些地区在短期内不可能靠常规电力解决用电问题，光伏发电则是解决分散农、牧民用电的理想途径，市场潜力非常巨大。

光伏发电具有许多优点：安全可靠、无噪声、无污染、能量随处可得，不受地域限制，无需消耗燃料，无机械转动部件，故障率低，维护简便，可以无人值守，建站周期短，规模大小随意，无须架输电线路，可以方便地与建筑物相结合等，这些优点都是其他发电方式所不及的。

目前，国际上大量使用的电池为单晶硅太阳电池、多晶硅太阳电池和非晶硅太阳电池三种，这三种电池约各占 1/3 的市场，我国目前有 7 个太阳电池生产线，主要是生产单晶硅及非晶硅太阳电池，多晶硅太阳电池也有少量生产。我国生产单晶硅太阳电池的效率在 12%～13%，多晶硅太阳电池在 10%，非晶硅太阳电池在 5%～6%。晶体硅太阳电池在研究上是朝着高效率化、薄片化、大面积化的方向发展。1995 年我国晶体硅太阳电池组件的参考价格为 45 元/W，非晶硅太阳电池组件为 25 元/W，仍为常规能源的几倍，但在无电地区及拉线不方便的地方，已产生了良好的经济效益。

10.2 氢能

10.2.1 概述

氢位于元素周期表之首，它的原子序数为 1，在常温常压下为气态，在超低温高压下又可成为液态。2 个氢原子与 1 个氧原子相结合便构成了一个水分子。氢气在氧气中易燃烧释放热量，然后氢便和氧结合并生成水。由于氢、氧结合不会产生 CO_2、SO_2、烟尘等污染物，所以氢被看做是未来理想的洁净能源，有“未来石油”之称。也可用于燃料电池中，氢能和燃料电池技术将会彻底改变全球能源系统的发展方向。

氢是自然界最丰富的元素，它存在于淡水、海水之中，也存在于碳氢化合物和一切生命物质中。地球表层三分之二的面积，都由水覆盖着、主宰着，因此，氢能若能加以开发利用，对于我们人类而言，是取之不尽用之不竭的能源。所以，国内外对氢能的开发研究正方兴未艾，将其作为一个国家国计民生的重大战略措施来看待。可以这样说：氢能将是本世纪能源发展的一大方向。作为能源，氢有以下特点：

(1)氢是自然界存在最普遍的元素，据估计它构成了宇宙质量的 75%，除空气中含有氢气外，它主要以化合物的形态贮存于水中，而水是地球上最广泛的物质。据推算，如把海水中的氢全部提取出来，它所产生的总热量比地球上所有化石燃料放出的热量还大9 000 倍。

(2)除核燃料外氢的发热值是所有化石燃料、化工燃料和生物燃料中最高的，为 142 351 kJ/kg，是汽油发热值的 3 倍。

(3)氢燃烧性能好，点燃快，与空气混合时有广泛的可燃范围，而且燃点高，燃烧速度快。

(4)氢本身无毒，与其他燃料相比氢燃烧时最清洁，除生成水和少量氮化氢外不会产生诸如一氧化碳、二氧化碳、碳氢化合物、铅化物和粉尘颗粒等对环境有害的污染物质，少量的氮化氢经过适当处理也不会污染环境，而且燃烧生成的水还可继续制氢，反复循环使用。

(5)氢能利用形式多，既可以通过燃烧产生热能，在热力发动机中产生机械功，又可以作为能源材料用于燃料电池，或转换成固态氢用做结构材料。用氢代替煤和石油，不需对现有的技术装备作重大的改造，现在的内燃机稍加改装即可使用。

许多科学家认为，氢能在21世纪有可能在世界能源舞台上成为一种举足轻重的二次能源。自然界虽然含有丰富的氢，但几乎没有氢气，氢都是以化合物的形式存在。水虽然含有大量的氢，却不含氢能。氢已和氧结合成水，必须用热分解或电分解的方法把氢从水中分离出来。所以氢是一种二次能源，需要通过一定的方法利用其他能源制取，而不像煤、石油和天然气等可以直接从地下开采。它的制取不但需要消耗大量的能量，而且目前制氢效率很低，因此分离氢气的大笔成本是氢能经济的最大问题之一，寻求大规模的廉价的制氢技术是各国科学家共同关心的问题。

如果用煤、石油和天然气等燃烧所产生的热或所转换成的电力分解水制氢，那显然是划不来的。现在看来，高效率制氢的基本途径是利用太阳能。如果能用太阳能来制氢，那就等于把无穷无尽的、分散的太阳能转变成了高度集中的干净能源了，其意义十分重大。目前利用太阳能分解水制氢的方法有太阳能热分解水制氢、太阳能发电电解水制氢、阳光催化光解水制氢、太阳能生物制氢等。利用太阳能制氢有重大的现实意义，但这却是一个十分困难的研究课题，有大量的理论问题和工程技术问题要解决，然而世界各国都十分重视，投入不少的人力、财力、物力，并且已取得了多方面的进展。因此，以太阳能制得的氢能，将成为人类普遍使用的一种优质、干净的燃料。

10.2.2 现有制氢技术

就目前而言，氢能作为“二次能源”，国际上的氢能制备来自于矿石燃料、生物质和水，工艺主要有电解制氢、热解制氢、光化制氢、放射能水解制氢等离子电化学法制氢和生物制氢等。在这些方法中，除了生物制氢技术外，其他方法都是通过自然界中已经存在的碳氢化合物——天然气、煤、石油等一次能源中提取出来的，这种方法制取所得的氢，已经成为了二次能源，它不仅消耗掉了相当大的能量，而且所得效率相当低，并且在其制取过程还对环境产生了污染。

电解水制氢技术是目前应用较广且比较成熟的方法之一。以水为原料制氢过程是氢与氧燃烧生成水的逆过程，因此只要提供一定形式的能量，则可使水分解成氢气和氧气。提供电能使水分解制得的氢气的效率一般在75%～85%。其中工艺过程比较简单，也不会产生污染，但消耗电量大，因此其应用受到一定的限制。目前电解水的工艺、设备均在不断的改进，但电解水制氢能耗仍然很高。

烃类水蒸气重整制氢。烃类水蒸气重整制氢反应是强吸热反应，反应时需外部供热。热效率较低，反应温度较高，反应过程中水过量，能耗较高，造成资源的浪费。

重油氧化制氢重整方法，反应温度较高，制得的氢纯度低，也不利于能源的综合利用。

因此，用这些方式来制取氢，不仅要付出很高的制造成本，还要付出环境代价，而利用效率却相当低。假如用这种形式来满足我们对能量的需求，而仅仅为了达到在对能源的末端消费中避免污染，则无疑是舍近求远，得不偿失，是绝对不可取的，还不如直接利用这些化石能源的好。

10.2.3 新型制氢法

近年来，各国科学家研究出一些制取氢的新方法，我国科学家也试验出一些制取氢的新方法，现在把这些新方法的一部分介绍如下。

10.2.3.1 用氧化亚铜做催化剂从水中制氢气

通常，用电解水生产氢的方法比较昂贵。过去，也曾有人研究过用氧化亚铜催化剂从水中制取氢的方法，但在实验中氧化亚铜在阳光的作用下很容易还原成金属。日本研究人员发现，将氧化亚铜制成粉末，可以避免发生这个问题。他们的具体方法是，将 0.5 g 氧化亚铜粉末添加入 200 cm^3 的蒸馏水中，然后用一盏玻璃灯泡中发出的 460～650 nm 的可见光进行照射，在氧化亚铜催化剂的作用下，水分解成氢和氧。日本的研究人员利用这项技术共进行了 30 次试验，从分解的水中得到了不同比例的氢和氧。试验中发现，如果得到的氧的压力增加到 500 Pa，水的分解过程就减慢。氧化亚铜粉末的使用寿命可达1 900 h之久。东京技术研究所计划进一步研究如何提高氢的产生效率，同时研制能够在波长更长的可见光照射下发挥活性的催化剂，该研究所正在试验一种新的含铜铁合金的氧化物。

10.2.3.2 用新型的钼的化合物从水中制氢气

西班牙瓦伦西亚大学的两位科学家发明了一种低成本的从水中制取氢的方法。他们对催化转化器进行改造，使水分解时仅需很少的成本。他们用一种从钼中获取的化学产品做催化剂，而不使用电能。他们说，如果用氢作原料，从 0.5 L 水中制得的氢足以使一辆小汽车行驶 633 km。

10.2.3.3 用光催化剂反应和超声波照射把水完全分解的方法

20 世纪 60 年代末，日本两位科学家发现二氧化钛经光（紫外线）照射可分解水的现象。他们本拟应用这一方法制氢，但由于氢和氧的生成量较少，在经济上不合算而中断了这一研究。最近，据《日本工业新闻》报道，日本明星大学元田久志教授等人同时使用光催化剂反应和超声波照射的方法把水完全分解。这种“超声波光催化剂反应”之所以能使水完全分解，是由于在超声波的作用下，水可被分解为氢和双氧水，而双氧水经光催化反应又可分解成氧和氢。不过超声波照射和二氧化钛光催化剂虽然获得了完全分解水的结果，但氢的生成量却较少。在添加二氧化锰后，再用超声波照射，二氧化锰分解后的锰离子可溶解到溶液中，使双氧水产生大量的氢。

10.2.3.4 陶瓷跟水反应制取氢气

日本东京工业大学的科学家在 300 ℃下，使陶瓷跟水反应制得了氢。他们在氩和氮的气流中，将碳的镍铁氧体（CNF）加热到 300 ℃，然后用注射针头向 CNF 上注水，使水跟热的 CNF 接触，就制得氢。由于在水分解后 CNF 又回到了非活性状态，因而铁氧体能反复使用。在每一次反应中，平均每克 CNF 能产生 2～3 cm^3 的氢气。

10.2.3.5 甲烷制氢气

日本京都大学教授乾智行用镍铂稀土元素氧化物多孔催化剂，使甲烷、二氧化碳和水生成了氢气。催化剂中镍、稀土元素氧化物和铂的组成比例为 10∶65∶0.5。其制备过程是，先将镍、稀土元素氧化物等原料加热熔解，然后导入氨气，使熔解物成为凝胶状，再进行干燥、热处理。这种催化剂微粒孔径为 2～100 nm，具有很高的催化活性。乾智行教授将该催化剂装进反应塔，然后加入二氧化碳、甲烷和水蒸气。结果，在常压及 550～600 ℃条件下，生成物为氢气和一氧化碳，升温至 650 ℃，其转化率为 80%；温度为 700 ℃时，转化率几乎达到 100%。

日本工业技术院物质工学工业技术研究所用 C_{60} 作催化剂，从甲烷制得氢气。在现阶段，C_{60} 在高温条件下才能发挥功能，不能立刻达到实用，必须加以改良，制成在低温条件下也能工作的节能催化剂。他们开发的催化剂，是在碳粉里掺 10% 的 C_{60}。在加热到 1 000 ℃的容器里，放入 0.1 g 催化剂，以 1 min 流入 20 mL 甲烷的速度作实验，结果 90% 的甲烷分解成氢和碳。C_{60} 用做催化剂，可用水洗净表面，除去附着的残存碳素，理论上可半永久使用。由于形状独特，粒子表面面积为活性炭的 5 倍到 10 倍，因而做催化剂用时功能较强。

10.2.3.6 从微生物中提取的酶制氢气

美国橡树岑国家实验室从热原体乳酸菌中提取葡萄糖脱氧酶。热原体乳酸菌首先是在美国矿井中的低温干馏煤渣中发现的。葡萄糖脱氧酶在磷酸烟酰胺腺嘌呤二核苷酸(NADP)的帮助下，能从葡萄糖中提取氢。在制取氢的过程中，NADP 从葡萄糖中剥取一个氢原子，使剩余物质变成氢原子溶液。

氢化酶是从曾在海底火山口附近发现的一种微生物中提取的。氢化酶的作用是使 NADP 携载的氢原子结合成氢分子，而 NADP 还原为它原来的状态继续再次被利用。除美国发现这种酶外，俄罗斯的科学家也在湖沼里发现了这种微生物。他们把这种微生物放在适合于它生存的特殊器皿里，然后将微生物产出的氢气收集在氢气瓶里。

10.2.3.7 从细菌制取氢气

许多原始的低等生物在其新陈代谢的过程中也可放出氢气。例如，许多细菌可在一定条件下放出氢气。日本已发现一种名为“红极毛杆菌”的细菌，就是制氢的能手。在玻璃器皿里，以淀粉作原料，掺入一些其他营养素制成培养液，就可以培养出这种细菌。每消耗 5 mL 淀粉营养液，就可以产生出 25 mL 的氢气。

美国宇航部门准备把一种光合细菌——红螺菌带到太空去，用它放出的氢气作为能源供航天器使用。

10.2.3.8 用绿藻生产氢气

科学家们已发现一种新方法，使绿藻按要求生产氢气。美国伯克利加州大学科学家说，绿藻属于人类已知的最古老植物之一，通过进化形成了能生活在两个截然不同的环境中的本领。当绿藻生活在平常的空气和阳光中时，它像其他植物一样具有光合作用。光合作用利用阳光、水和二氧化碳生成氧气和植物维持生命所需要的化学物质。然而当绿藻缺少硫这种关键性的营养成分，并且被置于无氧环境中时，绿藻就会回到另一种生存方式中以便存活下来，在这种情况下，绿藻就会产生氢气。科学家介绍，1 L 绿藻培养液每小时可以产生出 3 mL 氢气，但研究人员认为，绿藻生产氢气的效率至少可以提高 100 倍。

10.2.3.9 有机废水发酵法生物制氢气

最近，以厌氧活性溶液为生产原料的“有机废水发酵法生物制氢技术”在我国哈尔滨建筑大学通过中试研究验证。该项研究在国内外首创并实现了中试规模连续非固定化菌种长期持续生物制氢技术，是生物制氢领域的一项重大突破，其成果处国际领先地位。生物制氢思路 1966 年提出，90 年代受到空前重视。从 90 年代开始，德、日、美等一些发达国家成立了专门机构，制定了生物制氢发展计划，以期通过对生物制氢技术的基础性和应用性研究，在 21 世纪中叶实现工业化生产。但时至今日，研究进程并不理想，许多研究还都集中在细菌和酶固定化技术上,离工业化生产还有很大差距,迄今尚无一例中试结果。哈尔滨建筑大学突破了生物制氢技术必须采用纯菌种和固定技术的局限,开创了利用非固定化菌种生产氢气的新途径,并首次实现了中试规模连续流长期持续产氢。在此基础上,他们又先后发现了产氢能力很高的乙醇发酵类型,发明了连续流生物制氢技术反应器,初步建立了生物产氢发酵理论,提出了最佳工程控制对策。该项技术和理论成果在中试研究中得到了充分验证:氢气产率比国外同类的小试研究高几十倍;开发的工业化生物制氢系统工艺运行稳定可靠,且生产成本明显低于目前广泛采用的水电解法制氢成本。

10.3 生物质能

10.3.1 生物质能的概念

生物质是讨论能源时常用的一个术语,是指由光合作用而产生的各种有机体。生物质能是太阳能以化学能形式贮存在生物中的一种能量形式,一种以生物质为载体的能量,它直接或间接地来源于植物的光合作用,在各种可再生能源中,生物质能是独特的,它是贮存的太阳能,更是一种唯一可再生的碳源,可转化成常规的固态、液态和气态燃料。据估计,地球上每年植物光合作用固定的碳达 2×10^{11} t,含能量达 3×10^{21} J,因此每年通过光合作用贮存在植物的枝、茎、叶中的太阳能,相当于全世界每年耗能量的10倍。生物能是第四大能源,生物质遍布世界各地,其蕴藏量极大。世界上生物质资源数量庞大,形式繁多,其中包括薪柴、农林作物,尤其是为了生产能源而种植的能源作物、农业和林业残剩物、食品加工和林产品加工的下脚料,城市固体废弃物,生活污水和水生植物,等等(中国生物质资源主要是农业废弃物及农林产品加工业废弃物、薪柴、人畜粪便、城镇生活垃圾等四个方面)。其特点如下:

(1)可再生性。生物质属可再生资源,生物质能由于通过植物的光合作用可以再生,与风能、太阳能等同属可再生能源,资源丰富,可保证能源的永续利用。

(2)低污染性。生物质的硫含量、氮含量低,燃烧过程中生成的 SO_X、NO_X 较少;生物质作为燃料时,由于它在生长时需要的二氧化碳相当于它燃烧时排放的二氧化碳的量,因而对大气的二氧化碳净排放量近似于零,可有效地减轻温室效应。

(3)广泛分布性。缺乏煤炭的地域,可充分利用生物质能。

(4)生物质燃料总量十分丰富。生物质能是世界第四大能源,仅次于煤炭、石油和天然气。根据生物学家估算,地球陆地每年生产1 000亿~1 250亿t干生物质;海洋年生产500亿t干生物质。生物质能源的年生产量远远超过全世界总能源需求量,相当于目前世界总能耗的10倍。我国可开发为能源的生物质资源到2010年可达3亿t。随着农林业的发展,特别是炭薪林的推广,生物质资源还将越来越多。

生物质能是蕴藏在生物质中的能量,是绿色植物通过叶绿素将太阳能转化为化学能而贮存在生物质内部的能量。煤、石油和天然气等化石能源也是由生物质能转变而来的。生物质能是可再生能源,通常包括以下几个方面:一是木材及森林工业废弃物;二是农业废弃物;三是水生植物;四是油料植物;五是城市和工业有机废弃物;六是动物粪便。在世界能耗中,生物质能约占14%,在不发达地区占60%以上。全世界约25亿人的生活能源的90%以上是生物质能。生物质能的优点是燃烧容易,污染少,灰分较低;缺点是热值及热效率低,体积大而不易运输。直接燃烧生物质的热效率仅为10%~30%。目前世界各国正逐步采用如下方法利用生物质能:

(1)热化学转换法,获得木炭、焦油和可燃气体等品位高的能源产品,该方法又按其热加工的方法不同,分为高温干馏、热解、生物质液化等方法。

(2)生物化学转换法,主要指生物质在微生物的发酵作用下,生成沼气、酒精等能源产品。

(3)利用油料植物所产生的生物油。

(4)把生物质压制成成型状燃料(如块型、棒型燃料),以便集中利用和提高热效率。

10.3.2 生物质能在能源系统中的地位

生物质能一直是人类赖以生存的重要能源,它是仅次于煤炭、石油和天然气而居于世界能源消费总量第四位的能源,在整个能源系统中占有重要地位。有关专家估计,生物质能极有可能成为未来可持续能源系统的组成部分,到21世纪中叶,采用新技术生产的各种生物质替代燃料将占全球总能耗的40%以上。

目前,生物质能技术的研究与开发已成为世界重大热门课题之一,受到世界各国政府与科学家的关注。许多国家都制定了相应的开发研究计划,如日本的阳光计划、印度的绿色能源工程、美国的能源农场和巴西的酒精能源计划等,其中生物质能源的开发利用占有相当的比重。目前,国外的生物质能技术和装置多已达到商业化应用程度,实现了规模化产业经营,以美国、瑞典和奥地利三国为例,生物质能转化为高品位能源利用已具有相当可观的规模,分别占该国一次能源消耗量的4%、16%和10%。在美国,生物质能发电的总装机容量已超过10 000 MW,单机容量达10~25 MW;美国纽约的斯塔藤垃圾处理站投资2 000万美元,采用湿法处理垃圾,回收沼气,用于发电,同时生产肥料。巴西是乙醇燃料开发应用最有特色的国家,实施了世界上规模最大的乙醇开发计划,目前乙醇燃料已占该国汽车燃料消费量的50%以上。美国开发出利用纤维素废料生产酒精的技术,建立了1 MW的稻壳发电示范工程,年产酒精2 500 t。

我国是一个人口大国,又是一个经济迅速发展的国家,21世纪将面临着经济增长和环境保护的双重压力。因此,改变能源生产和消费方式,开发利用生物质能等可再生的清洁能源资源,对建立可持续的能源系统、促进国民经济发展和环境保护具有重大意义。

开发利用生物质能对中国农村更具特殊意义。中国80%人口生活在农村,秸秆和薪柴等生物质能是农村的主要生活燃料。尽管煤炭等商品能源在农村的使用迅速增加,但生物质能仍占有重要地位。1998年农村生活用能总量3.65亿t标准煤,其中秸秆和薪柴为2.07亿t标准煤,占56.7%。因此,发展生物质能技术,为农村地区提供生活和生产用能,是帮助这些地区脱贫致富,实现小康目标的一项重要任务。

1991~1998年,农村能源消费总量从5.68亿t标准煤发展到6.72亿t标准煤,增加了18.3%,年均增长2.4%。而同期农村使用液化石油气和电炊的农户由1 578万户发展到4 937万户,增加了2倍多,年增长达17.7%,增长率是总量增长率的6倍多。可见随着农村经济发展和农民生活水平的提高,农村对于优质燃料的需求日益迫切。传统能源利用方式已经难以满足农村现代化需求,生物质能优质化转换利用势在必行。

生物质能高新转换技术不仅能够大大加快村镇居民实现能源现代化进程,满足农民富裕后对优质能源的迫切需求,同时也可在乡镇企业等生产领域中得到应用。由于我国地广人多,常规能源不可能完全满足广大农村日益增长的需求,而且由于国际上正在制定各种有关环境问题的公约,限制 CO_2 等温室气体排放,这对以煤炭为主的我国是很不利的。因此,立足于农村现有的生物质资源,研究新型转换技术,开发新型装备既是农村发展的迫切需要,又是减少排放、保护环境、实施可持续发展战略的需要。

大力发展包括生物质能在内的可再生能源具有重要的战略意义,也是一个必然的趋向。分布极为广泛的生物质能“取之不尽,用之不竭”,很有开发潜力。当前世界各国都在关注这种洁净生物能源的发展,对生物质能(含生物柴油)的研发非常重视。我国于2006年1月1日起正式实施了可再生能源法,将会促进这种“绿色能源”的产业化。预计到2015年我国这种可再生能源年开发量将达到4 300万t,占能源消费总量的2 %。这里着重介绍生物柴油的研发进展。

10.3.3 生物柴油

所谓的生物柴油就是脂肪酸甲酯,含有从植物油或动物脂肪转化的烃基一价酯的燃油。这些植物油酯或动物油酯一般和柴油混合使用。酯基转移作用的化学方程式如下式所示:

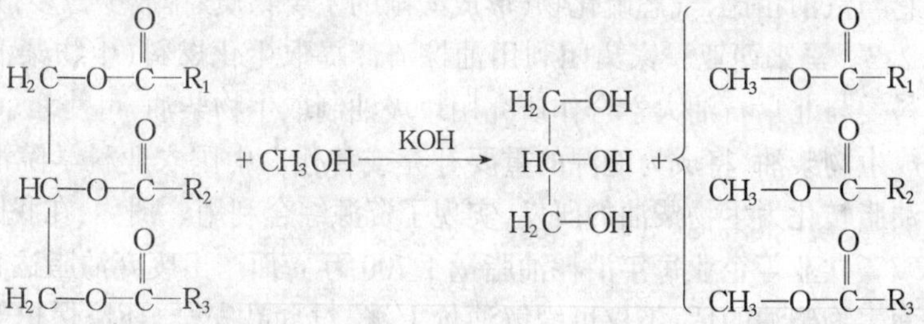

$$\text{即:植物油} + \text{甲醇} \xrightarrow{KOH} \text{甘油} + \text{甲酯}$$

生物柴油是清洁的可再生能源。其原料来源丰富,可以是任何天然的油(或脂),如植物油脂(大豆油、玉米油、菜籽油、棕榈油等)、动物油脂(动物脂肪)以及废食用油等。在内燃机上使用的生物油形式有3种:纯生物柴油、矿物柴油和生物柴油的混合燃料及经过精炼或酯化处理的生物油。

生物柴油以其丰富的原料来源、良好的可再生性以及环保方面的优势而引起人们的广泛关注和研究,其在燃烧性能方面丝毫不逊于石化柴油,而且可以直接用于柴油机,被认为是石化柴油的替代生物柴油、是矿物柴油很好的替代燃料,可以直接应用于现有的柴油发动机,而不需要对它作任何的改进。与传统的矿物柴油相比较,生物柴油具有以下五个方面的优势:

(1)生物柴油的硫含量低。标准制定过程中分析我国生物柴油样品的硫含量都小于0.01%,而国家标准规定的轻柴油硫含量为不大于0.2%,车用柴油的硫含量为不大于0.05%。生物柴油国家标准规定的硫含量不大于0.05%,主要是为了与矿物柴油调和使用。按照我国生物柴油硫含量的实际水平，如果完全使用生物柴油，可减少约30%(有催化剂时为70%)的二氧化硫和硫化物的排放。颗粒物的排放也远远小于矿物柴油，大约只有矿物柴油的30%。同时还可以减少10%(有催化剂时为95%)的一氧化碳排放以及50%的二氧化碳排放，且不含有对环境造成污染的芳烃，生物柴油可降低90%的空气毒性，采用生物柴油的发动机废气排放可以满足欧洲排放标准。

(2)生物柴油具有较好的润滑性能，可以降低喷油泵、发动机缸体和连杆的磨损，这些部件的使用寿命可比普通柴油长。

(3)生物柴油的闪点高于普通柴油，不属于危险品，在运输、储存、使用等方面的安全性均好于普通柴油。

(4)生物柴油的十六烷值高，十六烷值是衡量柴油点火性能的重要指标，十六烷值高，说明生物柴油具有良好的燃料性能。

(5)生物柴油的原料不同于普通柴油原料的矿物质石油。油料作物、油料林木果实、油料水生植物以及动物油脂等都是可再生的原料，生物柴油是一种可再生能源，也是一种降解性较高的能源。所以如果发生泄漏事故，生物柴油对土壤、河流的污染比化石燃料小得多。所以，如果将生物柴油驱动的动力机械用在农业、林业机械或湖泊河流的游览船只上，对环境则更为有利。

如何从废弃"油脂垃圾"中索取生物柴油也是当今世界关注的一个重大课题。在日本，制作油炸食品后残留的食用油每年约有40万t，将这些残油用来制成植物性柴油，可用做燃料。它与汽油相比，气态硫化物(形成酸雨的主要物质)排放少得多，其他有毒有害物质也减少2/3。马来西亚一家集团利用油棕渣滓提取生化燃料(生物柴油)取得成功。我国北京市科委与北京石油大学合作研究用垃圾油制取生物柴油，可使北京每年5万多t垃圾油转化成生物柴油，将成为能源的重要补充或替代。中国农业科学院油料研究所也开展将废弃油脂转化为生物柴油的研发，实现了资源综合利用。据称，在我国一些食品加工、油脂生产、餐饮业等企业每年消耗油脂量1 700万t，而产出废弃油脂达250多万t，若能将其转化为生物柴油的话，不仅可缓解油价上涨，对食品安全、环境保护等多方面必将产生明显的生态效益、社会效益和经济效益。

总之，作为富有潜力的代用燃料，生物柴油以其良好的环境效益受到越来越多的关注。中国作为一个动植物资源极为丰富的国家，开展生物柴油的各项研究具有非常重要的意义。不论是来源于动物、植物或微生物，还是从废弃油脂垃圾中索取，生物柴油均有可能为当前能源建设与发展做出重要贡献，这也是发展生物质能及其产业化的一大趋势，也是战略性的重要选择。未来的研究重点应放在生物柴油的燃烧和排放特性研究、生物柴油的制造工艺研究等方面。

10.4 风能

10.4.1 概述

当太阳辐射能穿越地球大气层时，大气层约吸收2×10^{16} W的能量，其中一小部分转变成空气的动能。因为热带比极带吸收较多的太阳辐射能，产生大气压力差导致空气流动而产生“风”。

风能非常巨大，理论上仅1%的风能就能满足人类能源需要。风能利用主要是将大气运动时所具有的动能转化为其他形式的能，其具体用途包括风力发电、风帆助航、风车提水、风力致热采暖等。其中，风力发电是风能利用的最重要形式。

风能利用已有数千年的历史，最早的利用方式是“风帆行舟”。埃及尼罗河上的风帆船、中国的木帆船，都有两三千年的历史记载。1 000多年前，中国人首先发明了风车，用它来提水、磨面，替代繁重的人力劳动。12世纪，风车从中东传入欧洲。16世纪，荷兰人利用风车排水、与海争地，在低洼的海滩地上建国立业，逐渐发展成为一个经济发达的国家。今天，荷兰人将风车视为国宝，北欧国家保留的大量荷兰式的大风车，已成为人类文明史的见证。

10.4.2 风力发电

历史上，由于西欧各国燃料缺乏，而且其地理位置在盛行西风带上，故刺激其发展风力发电。19世纪末，丹麦人首先研制了风力发电机。1891年，丹麦拉库尔教授创建了世界第一座试验性风力发电站，安装2台利用风轮驱动的9 kW直流发电机。1910年，丹麦已有数百座5～25 kW的风力发电站，小型风力发电机组3万余台。现在丹麦已拥有风力发电机3 000多座，年发电100亿kWh。20世纪30年代，美国拥有的小型风力发电机组达到1 00万台左右，同期苏联也有29万台风力发电机组。1998年，全世界风力发电装机容量达到960万kW，全球风力发电量达210亿kWh时，可供350万户家庭使用。

国内最著名的风力发电场(简称风电场)，是新疆乌鲁木齐附近的达坂城风电场，总装机容量1.68万kW，是中国第一个装机容量超过1万kW风电场。之后又相继建设内蒙古的商都、辽宁东岗和横山、广东南澳海峡、山东青岛、浙江鹤顶山等风电场。为了改善电力结构，当时的国家电力公司又提出将风电作为产业来抓，并制定了有关风电并网运行的若干规定，将风电规划正式纳入中国电力发展的计划之中，开始大规模开发风力发电。

风力发电机主要包括水平轴式风力发电机和垂直轴式风力发电机。其中，水平轴式风力发电机是目前技术最成熟、生产量最多的一种形式。它由风轮、增速齿轮箱、发电机、偏航装置、控制系统、塔架等部件所组成。风轮将风能转换为机械能，低速转动的风轮通过传动系统由增速齿轮箱增速，将动力传递给发电机。整个机舱由高大的塔架举起，由于风向经常变化，为了有效地利用风能，还安装有迎风装置，它根据风向传感器测得的风向信号，由控制器控制偏航电机，驱动与塔架上大齿轮啮合的小齿轮转动，使机舱始终对风。

在电力不足的地区，为节省柴油机发电的燃料，可以采用风力发电与柴油机发电互补，组成风－柴互补发电系统。

风电场是将多台大型并网式的风力发电机安装在风能资源好的场地，按照地形和主风向排成阵列，组成机群向电网供电。风力发电机就像种庄稼一样排列在地面上，故形象地称为“风力田”。风力发电场于20世纪80年代初在美国的加利福尼亚州兴起，目前世界上最大的风电场是洛杉矶附近的特哈查比风电场，装机容量超过50万kW，年发电量为14亿kWh时，约占世界风力发电总量的23%。

我国风能资源丰富,储量 32 亿 kW,可开发的装机容量约 2.53 亿 kW,居世界首位,与可开发的水电装机容量 3.8 亿 kW 为同一量级。2005 年我国风电装机容量超过 100 万 kW,2020 年风电规模预计达 3 000 万 kW。未来风电很可能成为和太阳能比肩的新能源行业。风电的优越性可归纳为下面五点:

(1)风力发电是一种干净的自然能源,没有常规能源(如煤电,油电)与核电会造成环境污染的问题。

(2)风电技术日趋成熟,产品质量可靠,可用率已达 95%以上,已是一种安全可靠的能源。

(3)风力发电的经济性日益提高,发电成本已接近煤电,低于油电与核电,若计煤电的环境保护与交通运输的间接投资,则风电经济性将优于煤电。

(4)风力发电场建设工期短,单台机组安装仅需几周,从土建、安装到投产,只需半年至一年时间,是煤电、核电无可比拟的。

(5)投资规模灵活,有多少钱装多少机。

我国风能资源的分布与天气气候背景有着非常密切的关系,从我国风能资源分布图上可以清楚看出,我国风能资源丰富和较丰富的地区主要分布在下面两个大带。

10.4.2.1 三北(东北、华北、西北)地区丰富带

风能功率密度在 200~300 W/m^2 以上,有的可达 500 W/m^2 以上,如阿拉山口、达坂城、辉腾锡勒、锡林浩特的灰腾梁等,可利用的小时数在 5 000 h 以上,有的可达 7 000 h 以上。这一风能丰富带的形成,主要是由于三北地区处于中高纬度的地理位置有关。

冬季(12~翌年 2 月)整个亚州大陆完全受蒙古高压控制,其中心位置在蒙古人民共和国的西北部,从高压中不断有小股冷空气南下,进入我国。同时还有移动性的高压(反气旋)不时的南下,这类高压大致从四条路经侵入我国。一条是源于俄罗斯的新地岛,经西北利亚及蒙古人民共和国进入我国,由于是西北向称为西北路径;第二条源自冰岛以南洋面,经俄罗斯、哈萨克斯坦,基本上是自西向东进入我国新疆,称为西路径;第三条源自俄罗斯的太梅尔半岛,自北向南经西伯利亚、蒙古人民共和国进入我国,称为北路径;第四条源于俄罗斯贝加尔湖的东西伯利亚地区,进入我国东北及华北一带,称为东北路径。这四条路径除东北路径外,一般都要经过蒙古人民共和国,当经过时蒙古高压得到新的冷高压的补充和加强,这种高压往往可以迅速南下,进入我国。由于欧亚大陆面积广大,北部地区气温又低,是北半球冷高压活动最频繁的地区,而我国地处欧亚大陆东岸,正是冷高压南下必经之路。三北地区是冷空气入侵我国的前沿,一般将冷高压前锋称为冷锋,在冷锋过境时,在冷锋后面 200 km 附近经常可出现大风,可造成一次 6~10 级(10.8~24.4 m/s)大风。对风能资源利用来说,就是一次可以有效利用的高质量大风。

从三北地区向南,由于冷空气从源地长途跋涉,到达我国黄河中下游再到长江中下游,地面气温有所升高,使原来寒冷干燥气流性质,逐渐改变为较冷湿润的气流性质(称为变性),也就是冷空气逐渐的变暖,这时气压差也变小,所以风速由北向南逐渐的减小。

我国东部处于蒙古高压的东侧和东南侧,所以盛行风向都是偏北风,只视其相对蒙古高压中心的位置不同而实际偏北的角度有所区别。三北地区多为西北风,秦岭黄河下游以南的广大地区,盛行风向偏于北和东北之间。

春季(3~5 月)是由冬季到夏季的过渡季节,由于地面温度不断升高,从 4 月开始,中、高纬度地区的蒙古高压强度已明显的减弱,而这时印度低压(大陆低压)及其向东北伸

展的低压槽,已控制了我国的华南地区,与此同时,太平洋副热带高压也由菲律宾向北逐渐侵入我国华南沿海一带,这几个高、低气压系统的强弱、消长却给我国风能资源有着重要的作用。在春季这几种气流在我国频繁的交绥。春季是我国气旋活动最多的季节,特别是我国东北及内蒙一带气旋活动频繁,造成内蒙和东北的大风和沙暴天气。同样地江南气旋活动也较多,但造成的却是春雨和华南雨季。这也是三北地区风资源较南方丰富的一个主要原因。全国风向已不如冬季风那样稳定少变,但仍以偏北风占优势,但风的偏南分量显著的增加。

夏季(6~8 月)东亚地面气压分布形势与冬季完全相反。这时中、高纬度的蒙古高压向北退缩的已不清楚,相反地印度低压继续发展控制了亚州大陆,为全年最盛的季节。太平洋副热带高压同时也向北扩展和向大陆西伸。可以说东亚大陆夏季的天气气候变化基本上受这两个环流系统的强弱和相互作用所制约。

随着太平洋副热带高压的西伸北跳,我国东部地区均可受到它的影响,在此高压的西部为东南气流和西南气流带来了丰富的降水,但由于高、低压间压差小,风速不大,夏季是全国全年风速最小的季节。夏季大陆为热低压、海上为高压,高、低压间的等压线在我国东部几呈南北向分布的型式,所以夏季盛行偏南风。

秋季(9~11 月),是由夏季到冬季的过渡季节,这时印度低压和太平洋高压开始明显衰退,而中高纬度的蒙古高压又开始活跃起来。由于冬季风来的迅速,且稳定维持,不像春季中夏季风代表冬季风那种来回进退的型式。此时,我国东南沿海已逐渐受到蒙古高压边缘的影响,华南沿海由夏季的东南风转为东北风。三北地区秋季已确立了冬季风的形势。各地多为稳定的偏北风,风速开始增大。

10.4.2.2 沿海及其岛屿地丰富带

年有效风能功率密度在 200 W/m² 以上,将风能功率密度线平行于海岸线,沿海岛屿风能功率密度在 500 W/m² 以上如台山、平潭、东山、南鹿、大陈、嵊泗、南澳、马祖、马公、东沙等。可利用小时数在 7 000~8 000 h,这一地区特别是东南沿海,由海岸向内陆是丘陵连绵,所以风能丰富地区仅在海岸 50 km 之内,再向内陆不但不是风能丰富区,反而成为全国最小风能区,风能功率密度仅 50 W/m² 左右,基本上是风能不能利用的地区。

沿海风能丰富带,其形成的天气气候背景与三北地区基本相同,所不同的是海洋与大陆两种截然不同的物质所组成,二者的辐射与热力学过程都存在着明显的差异。大气与海洋间的能量交换大不相同。海洋温度变化慢,具有明显的热隋性,大陆温度变化快,具有明显的热敏感性,冬季海洋较大陆温暖,夏季较大陆凉爽,这种海陆温差的影响,在冬季每当冷空气到达海上时风速增大,再加上海洋表面平滑,摩擦力小,一般风速比大陆增大 2~4 m/s。东南沿海又受台湾海峡的影响,每当冷空气南下到达时,由于狭管效应的结果使风速增大,这里是我国风能资源最佳的地区。

在沿海每年夏秋季节都可受到热带气旋的影响,当热带气旋风速达到 8 级(17.2 m/s)以上时,称为台风。台风是一种直径 1 000 km 左右的圆形气旋,中心气压极低,台风中心 0~30 km 范围内是台风眼,台风眼中天气较好,风速很小。在台风眼外壁天气最为恶劣,最大破坏风速就出现在这个范围内,所以一般只要不是在台风正面直接登陆的地区,风速一般小于 10 级(26 m/s),它的影响平均有 800~1 000 km 的直径范围,每当台风登陆后我国沿海可以产生一次大风过程,而风速基本上在风力机切出风速范围之内,是一次满发电的好机会。

登陆台风每年在我国有 11 个,而广东每年登陆台风最多为 3.5 次,海南次之 2.1 次,台湾 1.9 次,福建 1.6 次,广西、浙江、上海、江苏、山东、天津、辽宁合计仅 1.7 次,由此可见,台风影响的地区由南向北递减、对风能资源来说也是南大北小。由于台风登陆后中心气压升高极快,再加上东南沿海东北—西南走向的山脉重叠,所以形成的大风仅在距海岸几十公里内。风能功率密度由 300 W/m^2 锐减到 100 W/m^2 以下。

综观上述,冬春季的冷空气、夏秋的台风,都能影响到沿海及其岛屿。相对内陆来说这里形成了我国风能丰富带。由于台湾海峡的狭管效应的影响,东南沿海及其岛屿是我国风能最佳丰富区。我国有海岸线 18 000 多 km,岛屿 6 000 多个,是风能大有开发利用前景的地区。

内陆风能丰富地区,在两个风能丰富带之外,风能功率密度一般在 100 W/m^2 以下,可以利用小时数 3 000 h 以下。但是在一些地区由于湖泊和特殊地形的影响,风能也较丰富,如鄱阳湖附近较周围地区风能就大,湖南衡山、安徽的黄山、云南太华山等也较平地风能为大。但是这些只限于很小范围之内,不像两大带那样大的面积,特别是三北地区面积更大。青藏高原海拔 4 000 m 以上,这里的风速比较大,但空气密度小,如在 4 000 m 的空气密度大致为地面的 67%,也就是说,同样是 8 m/s 的风速,在平原上风能功率密度为 313.6 W/m^2,而在 4 000 m 只为 209.9 W/m^2,而这里年平风速在 3~5 m/s,所以风能仍属一般地区。

风能是一种无污染的可再生能源,它取之不尽,用之不竭,随着生态环境的要求和能源的需要,新能源的开发日益受到重视,由于风力发电经济性日益改善,因此国家对风力发电已制定了发展计划,提出 2000 年风电装机 40 MW 以上的奋斗目标,为 21 世纪大规模开发风电打下良好的基础。

10.5 海洋能

海洋占地球表面 71%的面积。“无风三尺浪”,潮起潮落中蕴藏着巨大的能量。海洋的潮汐、波浪、深海与浅海的温差都可以用来发电,而海浪电能是一种不产生任何污染的可再生清洁能源,取之不尽,用之不竭。有科学家估算,如果将全球可利用的海浪能转换成电能,可产生数万亿千瓦的电能。据地质学家估计,2004 年印度洋发生的海啸,其释放出来的能量超过了二战中使用的爆炸物的总和。

中国潮汐发电开始于 1958 年前后,经过 30 多年的发展,建成潮汐电站 8 座,总装机容量 6 120 kW,年发电量约 10×10^6 kWh,其中最大的浙江省江厦潮汐试验电站,总装机容量 3 200 kW,1980 年开始发电,1985 年底 5 台机组全部并网发电。该电站技术较先进,单机容量 500 kW 和 700 kW 的灯泡贯流式水轮发电机组,全由中国自己研制。事实证明,电站设备和厂房的设计、制造、安装和运行都是成功的。1989 年建成的福建省幸福洋潮汐电站,6 台机组总装机容量 1 280 kW。建成最早的浙江省沙山潮汐电站,装机容量 50 kW,迄今已近 50 年,仍在运行发电,深受群众欢迎。

将海浪动能转换成电能,源源不断地向人类供电,是人们多年来梦寐以求的理想。早在 20 世纪初,法国发明家就开始寻求利用海浪发电的方法。日本后来居上,1964 年首次研制成了世界上第一个海浪发电供电的航标灯，尽管电能只有 60 W，但是开创了人类利用海浪电能的新纪元。20 世纪 70 年代末，又研制了大型海浪能发电船，能够生产出 100 kW 至 150 kW 的电能。1985 年，海岸线长 2.1 万 km 的挪威在托夫特斯塔林建造了 500 kW 的海浪电站，此后又在印尼和澳大利亚建设此类电站。1992 年，英国建成了一座发电能力为 75 kW 的海浪发电站，2003 年又将奥克尼群岛的海域作为海浪发电的试验场，并完成了最高功率达 2 MW 的波电设备研究。芬兰、加拿大、丹麦和美国等国家也开始研究海浪发电，并取得了积极的成果。一些大型能源跨国公司也对海浪发电具有浓厚的兴趣。

联合国在 1992 年把海浪发电列在开发海洋可再生能源的首位，正是出于海浪开发利用的乐观前景。海浪发电装置层出不穷，至今世界有近万座，但发电能力相对较小。

随着研究和开发的深入，海浪发电正在从小型化走向中、大型化，由试验阶段进入商业化运营阶段。但是，海浪发电还面临一些技术难题。海浪反复无常，千变万化，如何使发电设备能够经久耐用，常年运转，这是首当其冲的难题。其次，海浪发电站建设成本较高，要形成规模，实现群体化，尚须时日。然而，可以相信，人类完全能够凭借其聪明才智，在不远的将来逐步使波涛汹涌的海浪造福于人类。

10.6 水力资源

2003 年，我国能源消费总量为 16.8 亿 t 标准煤，是世界第二大能源消费国。目前我国能源供应以煤为主，石油、天然气资源短缺，人均资源量约为世界平均水平的 10%，能源发展受到了资源和环境污染问题的约束。调整能源结构，减少煤炭在一次能源消费中的比重，是一项十分重要的任务。因此，利用好丰富的水能资源是我国能源政策的必然选择。优先发展水电是我国能源发展的重要方针。比起美国水能资源已经开发利用了 80%、巴西和挪威电力 90% 以上由水电提供，我国的水能资源开发利用还不到 25% 差距很大，开发潜力也很大。

人类最早广泛利用的能源，除了人力、畜力和直接利用太阳能之外，就是水能了。人们所熟悉的水车，一直延用了几千年。直到 19 世纪 80 年代发现电之后，20 世纪初才开始开发水电。特别是近 30 年来，它作为发电能源正进入现代能源资源的行列。许多国家都优先开发水电。法国、意大利水能资源开发程度超过 90%，美国、加拿大、日本、挪威、瑞士、瑞典、英国等，也达到了 40%～60%。

水电的突出特点就是再生与清洁，只要太阳不熄灭，水能就能年年重生。水电不排放废气、废渣、废水，不排放二氧化碳。在国际权威性会议或论坛上，不论是 1992 年里约热内卢各国首脑会议通过的可持续发展全球行动计划(21 世纪议程)，或是 2002 年约翰内斯堡峰会上关于可持续发展的文件，或是 2003 年京都全球水论坛上，都明确地把水电列入可再生能源之列。不仅如此，水电实际上是目前人类唯一能够大规模商业化开发利用的可再生清洁能源。当然我们应该不遗余力地研究发展太阳能、风能、地热等其他可再生清洁能源，但在可见的时期内其成本较高，数量有限，而中国恰恰拥有举世无双的水电资源，应该妥善加以利用。

历史上，工业发达国家曾优先发展水电。现在，许多发展中国家也在大力开发水电。巴西就是开发水电最积极的国家之一，1950 年仅有水电生产能力 154 万 kW，居世界第

12位。到了1978年已发展为2 158万kW,跃居世界第5位。那么,为什么许多国家都优先发展水电呢?这是因为,在常规能源中,水力是理想的能源,它有6大优点:

(1)水力是可以再生的能源,能年复一年地循环使用,而煤炭、石油、天然气都是消耗性的能源,逐年开采,剩余的越来越少,甚至完全枯竭。

(2)水电用的是不花钱的燃料,发电成本低,积累多,投资回收快,大中型水电站一般3~5年就可收回全部投资。

(3)水电没有污染,是一种干净的能源。

(4)水电站一般都有防洪灌溉、航运、养殖、美化环境、旅游等综合经济效益。

(5)水电投资跟火电投资差不多,施工工期也并不长,属于短期近利工程。

(6)操作、管理人员少,一般不到火电的三分之一人员就足够了。

水力发电技术是利用水体不同部位的势能之差,它跟落差和流量的乘积成正比。世界上许多国家,例如美洲、欧洲、亚洲的一些国家,地势高差大,降水量丰富,众多河流蕴藏着丰富的水能资源,河流纵横,径流量巨大,水能蕴藏量丰富。目前水力发电的发电量占世界能源的7%,据专家估计,到21世纪将会有较大的发展。

我国地域辽阔,大部分地区雨量充沛,河流众多,水力资源极为丰富。据估计,流域面积在100 km^2以上的河流有500多条,除此之外,中小河流几乎遍布全国。正常年径流总量达2.6万亿 m^3,水能理论蕴藏量为6.8亿kWh,居世界第一位。其中可供开发的发电量为3.8亿kWh,相当于大电厂每年消耗7亿t标准煤。

我国地势西高东低,西部地区河流落差大,因而形成水能资源西部多、东部少的格局。据调查,水能资源在西南地区约占全国总量的70%;西北地区占12.5%;中南地区占9.5%;华东地区占4.4%;东北及华北地区各占1.8%。此外,台湾省也蕴藏着丰富的水能资源。

新中国成立后,水电站得到了很快的发展。一个刘家峡水电站全年的发电量就比新中国成立前夕全国全年的发电量还多。我国已建成的葛洲坝水电站,总装机容量为271.5万kW。位于四川省内金沙江最大的支流雅砻江上的我国当时最大的二滩水电站,于1991年9月14日正式开工。1998年10月第一台发电机投入运行,2000年6月全部竣工。主坝240 m高,居世界第三位,巨大的地下厂房将安装6台55万kW的水轮发电机组,年发电量达170亿kWh。而1993年开始兴建的三峡水电站建成后总装机容量达到了2 250万kW,远远超过位居世界第二的巴西伊泰普水电站(1 260万kW)。除了对环境的一些负面影响,在某种程度上,三峡工程也会对环境产生有益的作用。三峡水电站的建设,将会代替大批火电机组,使每年的煤炭消耗减少5 000万t,并减少二氧化硫等污染物和引起温室效应的二氧化碳的排放量,间接实现环保。

开发水力资源,首要的问题是保护好环境,处理好经济加速发展与保护环境、生态平衡的关系,走可持续发展的新型水电开发道路。水能是一种清洁能源,但近年来颇受争议。建于1957年的三门峡水电站由于抬高了上游水位,导致渭河泥沙淤积严重,并造成了三五年一遇的洪水酿成50年一遇洪灾的"小水酿大灾"悲剧。从目前情况来看,三门峡水电站前景不容乐观。埃及的阿斯旺水坝建成后也出现了一些未曾预计到的环境生态问题,如下游农田肥力下降,血吸虫病大肆蔓延等。但只要本着充分论证、合理开发、积极应对的态度去利用水力资源,利大于弊。

第11章 绿色化工生产

化学工业的发展极大地推动了人类物质生产和生活的巨大进步。从钢铁冶金、水泥陶瓷、酸碱肥料、塑料橡胶、合成纤维，直到医药、农药、日用化学品等行业无不与化学工业息息相关，并且为人类创造了大量的物质财富，可以说现代社会生活已完全离不开化学工业和化工产品。然而，目前化学工业在给人类带来益处的同时，也给人类和自然环境带来了严重有害的影响甚至是灾难。近年来，由于化学工业向大气、水和土壤等排放了大量有毒有害的物质，1993年，美国仅按365种有毒物质排放估算，化学工业的排放量为30亿磅。国家环保总局对全国10 778个化工企业"三废"排放情况统计表明，1999年全国化工废水排放量占全国工业废水排放总量的32.3%，居第一位。化工废水中列入国家总量控制的8种水污染物中石油类、氰化物、挥发酚、硫化物和砷的排放量也居第一位。其次，化工废气排放量和固体废物产生量在全国工业行业中分别居第五和第四位，国家实行污染物总量控制的SO_2排放量居第三位。化工危险废物产生量占全国工业行业总产生量的63.4%，居第一位。

长期以来，污染一直是困扰化学工业的致命问题，它阻碍着化学工业的健康发展。总的说来，化工污染的主要原因是未能有效地利用资源，产生了大量的有害物质，而通常解决化学污染问题的诸多办法基本上都是以末端治理为主，实践表明这类办法的效果是极其有限的。随着环境污染问题日趋恶化，加上人们环境意识的提高和各种严格的环境保护的法律法规不断建立与完善，化工生产过程中"三废"治理所需的费用急剧攀升，化工企业不堪重负，化工企业为治理污染付出了沉重的代价。1992年，美国化学工业用于环保的费用为1 150亿美元，清理已污染地区花去7 000亿美元。1996年美国DuPont公司的化学品销售总额为180亿美元，环保费用为10亿美元。虽然世界各国花了大量资金对化工污染进行治理，但即使在先进的发达国家效果也是有限的。

所以，从环保、经济和社会的要求看，化学工业不能再承担使用和产生有毒有害物质的费用，需要大力研究与开发从源头上减少或消除污染的绿色化工技术。从20世纪80年代末开始人们把注意力慢慢集中到通过改进生产工艺和加强管理等措施来消除化工污染的问题上来，并提出了绿色化工的环境保护战略，开始从污染治标转向治本，即开发绿色化工生产工艺技术和绿色化工新产品，从生产源头上消除污染。绿色化工是实现化工污染防治的基础与重要工具，是具有产业革命性的化工科技战略，具有重大的环境、经济和社会意义。

绿色化工技术即是在绿色化学基础上开发的从源头上阻止环境污染的化工技术。这类技术最理想是采用"原子经济"反应，即原料中的每一原子转化成产品，不产生任何废物和副产品，实现废物的"零排放"，也不采用有毒有害的原料、催化剂和溶剂，并生产环境友好的产品。

11.1 绿色化工与可持续发展

11.1.1 绿色化工是人类和化工行业可持续发展的客观要求

近年来,化学工业对环境的污染越来越引起人们的关注,人们已经深刻认识到,化工生产造成环境污染的根本原因在于人们的环境社会意识和化工工艺的落后。在这种形势下,人类要求得自身的生存与可持续发展,就必须综合考虑环保、经济、社会以及化学工业本身发展的要求,大力开发能够与周围事物和谐共处的绿色化工工艺与产品。现在,人们已经认识到,污染是一种浪费,是一种必须在生产计划中加以考虑的成本,它所造成的大气、水和土壤污染的严重后果,是一种对环境、经济、社会可持续发展的破坏,它不仅破坏了化工行业的生产,也制约了化工行业进一步的发展。为此,许多西方发达国家已把环保放在首位,把防止污染确立为基本国策。目前,化工行业的环保措施主要还是采用末端治理的方法。末端治理是在生产过程的末端即在污染物排入环境前增加的治理污染的环节。它只是为防治污染而采取的一种补救措施,确实能对环境质量的改善起到非常大的作用。但是化工污染物主要产生于生产过程,而末端治理却偏重于污染物产生后的处理上,忽视全过程控制,治标而不治本,而且治理投资和运行费用高,企业负担重甚至难以承受,资源、能源得不到有效利用,企业缺乏应有的积极性,环境质量难以得到根本的改善。以致化工污染成为阻碍社会、经济共同发展的制约因素。这就要求我们必须采取绿色化工的有效方法彻底控制化工污染,从根本上缓解经济发展与环境保护之间的矛盾,有效地改善我们的生存环境,保证人类和化工行业持续、稳定、健康地发展。

绿色化工是控制化工污染的最有效手段,它可转变经济增长方式,使经济与环境保护协调发展。绿色化工强调通过技术革新,使物料得到有效利用,将污染物消灭在生产过程中,从源头上减少或消除污染,使废物不再产生,不再有废物处理问题,彻底改变过去被动滞后的污染物末端治理手段,是化工污染控制过程由末端控制向生产全过程控制转变的最佳途径。这样不仅环境效益高,而且有明显的经济效益,可实现环境效益与经济效益同步增长,能在环境资金投入不多和较短的时间内,显著地削减污染物,彻底缓解化工行业经济发展与环境保护之间的矛盾,是控制化工污染的有效手段。推行绿色化工是实现经济增长方式从粗放型向集约型转变的一项重要保障。通过绿色化工,改进工艺技术和设备,最大限度地提高资源、能源的利用率,将环境保护与合理利用资源、降低物耗、提高经济效益有机地结合起来,有利于化工企业走内部挖潜的道路,有利于提高化工企业的管理水平和技术水平,达到节能降耗,减少污染物的产生量和排放量的目的,有效地促进化工行业经济增长方式由粗放型向集约型转变,从而实现经济、社会与环境保护之间的协调发展。

可持续发展的实质是资源的可持续利用,强调的是环境与经济协调发展,要实现资源的可持续利用,最有效的措施就是开源节流,提高资源利用率及转化率。绿色化工通过工艺技术和设备的革新,对生产过程的污染进行预防和控制,达到控制污染物产生的目的。这样将合理利用资源、降低物耗、提高经济效益与环境保护有机地结合起来,实现以尽可能小的环境代价和最少的能源、资源消耗,获得最大的经济效益。绿色化工是一项复杂的化工系统工程,它会随着科技与社会的进步不断发展与完善。实践证明,绿色化工是缓解化工行业经济发展与环境保护之间尖锐矛盾、实现我国化工环保上新台阶的最有效战略,是化工行业可持续发展的必然选择。

11.1.2 开展绿色化工的技术途径与宏观环境经济对策

11.1.2.1 采用分子设计技术设计所需要的化工新产品,做到从源头上控制化工污染的发生

化学合成途径的选择,除理论产率外,应考虑和比较不同途径的原子利用率(原料分子中原子转化为产品的比率),理想的原子经济性反应其原子转化率达100%,不产生副产物或废物,实现废物的零排放。原子经济性反应有利于资源利用和环境保护。现在国外已有不少化工产品的生产符合这一标准,这是生产过程对环境产生潜在影响的又一评价标准。同时,还可以利用国际上流行的提供特定分子理论合成路线的几种计算机软件(如Cameo、Lhasa、Syngen)协助新产品合成路线的设计,该软件能从无数可能的合路线中鉴定出有利于防止污染的特定分子的理论合成最佳路线、方法,并可对有关的反应条件、副产物、估计成本、潜在危险进行比较与综合考虑,一步就能设计出符合环境安全的绿色化学合成工艺路线。

11.1.2.2 采用化工新产品生命周期全过程的绿色化控制的策略

造成化工污染的主要原因,是工艺的不完善。开发流程简短、前后工序衔接合理、原材料消耗少、能耗低、无废料排出、自动化程度高的绿色化工工艺,使废物尽可能减量化、资源化和无害化,或者消灭于生产过程中,从而达到资源的最大程度的综合利用,这样能够很好地解决化工企业的三废污染问题,起到了良好的环境保护效果。为此,必须利用各种高新技术把握住原料的绿色化(即用无毒、无公害的合成或天然原料、或者以可再生资源为原料)、化学反应绿色化(即以绿色化的原料在绿色化的高效催化剂、溶剂、助剂等作用下进行“原子经济”反应),获得绿色化工产品(环境友好或环境无毒无害的化工产品)即采用绿色化的原料,在绿色化的催化剂、绿色化的溶剂和绿色化的助剂作用下,进行最优化的反应,使原料分子中的原子百分之百地转变成所需要的绿色化工产品,达到转化率、选择性和收率为100%、不产生副产物、废水、废渣和废气,实现废物的“零排放”,以致使用或废弃后的回收、再利用及处理的各个阶段(即产品的整个生命周期,从“摇篮”到“坟墓”的过程)。都要预先设计防止产品及工艺对环境的负作用,不能等产品与工艺对环境产生了不良后果后再去采取防治措施,以达到全程“绿色”化的高新化工目标。

11.1.2.3 改革传统化工产品体系

随着科学技术的迅猛发展,公众环境意识的觉醒、政府法规的限制和社会舆论的监督等综合因素的作用,人们对一些传统化工产品及工艺对环境污染的认识越来越深刻,污染的预防不仅要体现在生产全过程中,而且要贯穿在化工产品的整个生命周期中,这样必须改革传统化工产品体系,寻求新的无污染的新产品或替代品,满足经济发展、环境保护的需要。

11.1.2.4　**利用可再生资源和生物化工方法**

生产绿色化工产品，是化工行业可持续发展的重要途径。今天95%以上的有机化学物品来自石油。而且这些石化产品很难降解，加上地球上的石油储量是有限的，其开采和加工对环境的影响都较大。而天然生物质原料固有的生物及环境相容性使它们成为人们生活与生产的各个领域中首选的绿色化工原料。地球上最多的可再生生物资源是木质纤维素和淀粉，淀粉和木质纤维素都含有糖类聚合物，把它们破碎成单体后，用这些生物质作化工原料，在温和条件下，通过细菌发酵或生物酶的催化作用，可生产出人们需要的无污染而又可生物降解的绿色化工产品，这样既可保护资源又可保护环境，是实现化工行业可持续发展的重要途径。

为了促进传统化工方式向现代绿色化工方式的转变，我们还应该结合我国的国情，依靠国家的宏观环境经济政策、健全的法规和制度来发展绿色化工。

改革环境影响评价制度，对新建项目进行全过程环境影响评价。目前的环境影响评价制度是在新建项目的可行性研究阶段进行的，评价的基础是污染物末端治理设施是否达标，重点在污染物治理设施的规模、资金和性能上。这种环境评价制度忽视了主体生产工程本身的环保措施及生产过程中削减污染物的潜力和机会。因此，仅在新建项目可行性研究阶段进行环境影响评价是难以满足绿色化工要求的，新建项目的环境评价应从项目的立项扩大到项目实施的整个过程，对原材料选用、工艺设计、技术选择和能源消耗等进行绿色化工审计，并提出相应的绿色化工措施。

完善环境经济政策，鼓励化工企业推进绿色化工生产。改革现有的污染物浓度达标排污收费制度，实施污染物总量排放控制与收费制度；鼓励化工企业在中间生产环节减少污染物的产生量，建立或实施对绿色化工生产的税收优惠政策，对绿色化工生产投资和信贷实施优惠和倾斜的政策，以保证绿色化工顺利实施。

广泛开展绿色化工的教育、宣传、信息交流和人才培养工作。目前我国社会各界对绿色化工的认识还很肤浅，因此要通过各种方式，如专题研讨会和媒体宣传等，加强对绿色化工的信息交流、宣传、教育工作。尤其是作为培养国家未来高级建设人才、管理人才的高等院校，在化学化工教材、教学内容及方法的改革中，必须把绿色化工作为一个重要的研究内容，将绿色化工的思想贯穿于整个化学化工的教学活动中，通过一系列绿色化学化工的教学，使广大化工类学子们沉重认识到化工科技、自然和社会的统一性，认识到绿色化工技术在人类和化工行业可持续发展中的重要作用，从而培养出具有绿色环境意识和国际竞争力的新一代化工高级人才。

11.2　绿色化工过程的评价

绿色化学是当今国际化学科学研究的前沿，是从源头预防和消除污染，最大限度地从资源合理利用、环境保护和生态平衡等方面满足人类可持续发展的化学。它吸收了当代化学、物理、生物、材料、信息等科学的最新理论成果和技术，是实现经济、生态和社会可持续发展的强有力的科学技术支撑。绿色化学及其应用技术已成为各国政府、企业界和学术界密切关注的热点。因此，确立化学化工过程“绿色性”的评价指标、全面评估绿色化学化工过程的绿色性、开发高效的绿色技术是实现可持续发展的一个具有重要意义的理论问题。目前一些国外科学工作者进行了大量的研究,取得了一些有意义的研究成果,但仍处于探索阶段。可以相信,该领域的一些最新研究成果必将进一步促进绿色化学及其绿色产业的快速发展。

11.2.1 原子经济性

长期以来,人们习惯用产物的选择性或产率作为评价化工反应过程或某一合成工艺优劣的标准,然而这种评价指标是建立在单纯追求最大经济效益的基础上提出的,它不考虑对环境的影响,无法评判废物排放的数量和性质,往往有些产率很高的工艺过程对生态环境带来的破坏相当严重。绿色化学又称为可持续发展化学,既追求化学化工过程的最大效益,又坚持从源头上预防污染,实现废物的零排放,从而达到环境友好。1991 年美国 Stanford 大学有机化学教授 B. M. Trost 提出了原子经济性(atom economy,简称 AE)概念,他认为高效的有机合成反应应最大限度地利用原料分子的每一个原子,使之结合到目标分子中达到零排放。原子经济性可表示为:

$$\text{原子经济性}=\frac{\text{目标产物的分子质量}}{\text{反应物分子质量总和}}\times 100\%$$

原子经济性是衡量所有反应物转变为最终产物的量度。如果所有的反应物都被完全结合到产物中,则合成反应具有 100% 的原子经济性。理想的原子经济性反应是不使用保护基团、不形成副产物的,因此加成反应、分子重排反应和其他高效率的反应是绿色反应,而消除反应和取代反应等原子经济性较差。原子经济性是一个有用的评价指标,正为化学化工界所认识和接受。但是,用原子经济性来考察化工反应过程过于简化,它没有考察产物收率,过量反应物、试剂的使用,溶剂的损失以及能量的消耗等,单纯用原子经济性作为化工反应过程"绿色性"的评价指标还不够全面,应结合其他评价指标才能做出科学的判断。

11.2.2 环境因子和环境系数

环境因子(E-因子)是荷兰有机化学教授 R. A. Sheldon 在 1992 年提出的一个量度标准,定义为每产出 1 kg 产物所产生的废弃物的总质量,即将反应过程中废弃物的总质量除以产物的质量,其中废弃物是指目标产物以外的任何副产物。E-因子越大意味着废弃物越多,对环境负面影响越大,因此 E-因子为零是最理想的。Sheldon 根据 E-因子的大小对化工行业进行划分,不同化工行业的 E-因子见表 11-1。

表 11-1 不同化工行业的 E-因子比较

化工行业	产量(t/a)	E-因子
石油炼制	$10^6\sim10^8$	0.1
大宗化工产品	$10^4\sim10^6$	1~5
精细化工	$10^2\sim10^4$	5~50
医药工业	$10\sim10^3$	25~100

由表 11-1 可见，从石油化工到医药工业，E－因子逐渐增大，其主要原因是精细化工和医药工业中大量采用化学计量式反应，反应步骤多，原(辅)材料消耗较大。由于化学反应和过程操作复杂多样，E－因子必须从实际生产过程中所获得的数据求出，因为 E－因子不仅与反应有关，也与其他单元操作有关。通常大多数化学反应并非是进行到底的不可逆反应，往往存在一个化学平衡，实际产率总小于 100%，必然有废物排放，它们对 E－因子的贡献为 E_1；为使某一昂贵的反应物充分利用，有时需将另一反应物过量，此过量物必然会排入环境，它们对 E－因子的贡献为 E_2；在分离产物时往往采用化学计量中和步骤，加入一些酸与碱，会生成无机废弃物，它们对 E－因子的贡献为 E_3；由于反应步骤多，常用基团保护试剂或除去保护基团试剂，它们对 E－因子的贡献为 E_4；即使对只有一个产物的反应，由于存在不同的光学异构体，必须将无用且有害的异构体分离并且丢弃(这在医药工业中是很常见的)，由此引起对 E－因子的贡献为 E_5；由于分离工程技术的限制，常常不可能达到完全分离，以至部分产物随副产物进入环境，对 E－因子的贡献为 E_6；在分离单元操作中常常使用一些溶剂，因不能全部回收而对 E－因子的贡献为 E_7。因此，环境因子实际值($E_{实}$)应等于理论值($E_{理}$)与上述各项 E_i($i=1\sim7$)的加和。在缺乏 $E_1\sim E_7$ 等实验数据时，可用原子经济性或质量强度计算 $E_{理}$。严格来说，E－因子只考虑废物的量而不是质，它还不是真正评价环境影响的合理指标。例如 1 kg 氯化钠和 1 kg铬盐对环境的影响并不相同。因此，R. A. Sheldon 将 E－因子乘以一个对环境不友好因子 Q，得到一个参数，称为环境系数(environmental quotient)，即

$$\text{环境系数} = E \times Q$$

规定低毒无机物(如 NaCl)的 $Q=1$，而重金属盐、一些有机中间体和含氟化合物等的 Q 为 100～1 000，具体视其毒性 LD_{50} 值而定。Sheldon 相信环境系数及相关方案将成为评价一个化工反应过程绿色性的重要指标。

11.2.3 质量强度

为了较全面评价有机合成反应过程的绿色性，A. D. Curzons 和 D. J. C. Constable 等提出了反应的质量强度(msss intensity，简称 MI)概念，即获得单位质量产物所消耗的原料、助剂、溶剂等物质的质量，包括反应物、试剂、溶剂、催化剂等，也包括所消耗的酸、碱、盐以及萃取、结晶、洗涤等所用的有机溶剂质量，但是不包括水，因为水本质上对环境是无害的。

由质量强度的定义，可以得出其与 E－因子的关系式：

$$\text{E－因子} = \text{MI} - 1$$

由此可见，质量强度越小越好，这样生产成本低，能耗少，对环境的影响就比较小。因此，质量强度是一个很有用的评价指标，对于合成化学家特别是企业领导和管理者来说，评价一种合成工艺或化工生产过程是极为有用的。通过质量强度也可以衍生出绿色化学的一些有用的量度：质量产率(mass productivity)和反应质量效率(reaction mass efficiency，简称 RME)。质量产率为质量强度的倒数，反应质量效率是指反应物转变为产物的百分数，即产物的质量除以反应物的质量。D. J. C. Constable 等对 28 种不同类型化学反

应的化学计量、产率、原子经济性、反应质量效率、质量强度和质量产率等评价指标进行了大量的实验研究，结果表明，由于化学反应的类型和评价指标的对象不同，质量强度、产率、原子经济性、反应质量效率等评价指标往往不呈现出相关性，因而不能用单一指标来评价一个化工反应过程的绿色性，必须结合其他评价指标进行综合考虑。例如，对于化学计量反应，将反应质量效率结合原子经济性、产率等评价指标一起用于判断化工反应过程的绿色性是有帮助的。又如，质量强度作为评价化工过程绿色性是一个很有用的指标，但是不可用单一数据就进行评判，它有一个几率分布范围。对某些制药过程的研究表明，在原子经济性为70%~100%时，质量强度出现的几率分布最大的区域为10~20，这与E-因子具有一定的相关性。

11.2.4 成本关系

实验表明，对于精细化学品尤其是药物的合成，通常合成步骤多，工艺技术复杂，原材料(包括试剂、溶剂等)用量大，原材料的成本占药物合成材料总成本的比重很大，在讨论化学化工反应过程的评价指标时，必须考虑所用原材料的成本影响。对于药物合成，改变药物的合成路线、利用不对称催化合成替代手性拆分、采用清洁合成工艺将是提高合成反应原子经济性和降低生产成本更为有效的途径。

11.2.5 技术因素

一个理想的化工过程应该在全生命周期都是环境友好的过程，这里包括原料的绿色化、化学反应和合成技术的绿色化、工程技术的绿色化以及产品的绿色化等。为此，需要合成化学家和化学工程师们的通力合作，加强绿色化学工艺和绿色反应工程技术的联合开发，例如产品的绿色设计、计算机过程模拟、系统分析、合成优化与控制，实现高选择性、高效、高新技术的优化集成，以及设备的高效多功能化和微型化。随着精细工程技术的开发，微化工技术正受到人们的普遍关注。采用微型反应器技术，有利于工艺过程的监控，改善反应物的停留时间和反应系统的温度分布，提高反应的选择性、产率和产品质量，同时能缩短研究开发的周期，加快新产品和新工艺的开发。在精细化学品合成中，羰基化合物和有机金属试剂的反应是经常遇到的反应类型。反应过程所用的反应器分别为微型反应器、小型反应器、实验室用间歇式反应器(0.5 L烧瓶)和工业生产用的间歇式反应器(6 000 L，带搅拌反应釜)。所谓小型反应器是指功能设计与微型反应器相同，但具有较宽的通道，体积尺寸能保持微型反应器所要求的特征，又能避免物料团聚堵塞的反应器。在微型和小型反应器中，由于浓度和温度梯度非常大，加快了质量和热量的传递速度，使得反应条件更加均一，副反应及副产物少。因此，采用微反应器技术，使化学转化的速度、选择性和产率都得到很大的提高，能更有效地利用资源，从源头上减少和消除污染物的产生，有利于保护生态环境。绿色技术指南作为一种评价系统，能较好地说明和评估化工反应过程和技术的绿色性，容易为使用者所掌握。但是其理论模型过于简单，对于化学化工过程绿色性的评估多限于定性研究，缺少可持续性分析的量化研究，有待进一步发展和完善。此外，基于热力学分析，有人提出将微反应器技术作为量化可持续性的基础，对产品和过程进行可持续性的量化分析。

11.3 绿色化工工艺技术

在石油化工领域，一批绿色化工技术不断被开发和应用，甚至逐渐成为一些新兴产业。

11.3.1 以过氧化氢作氧化剂的烃类“原子经济”氧化反应

反应的“原子经济”性是衡量在化学反应中究竟有多少原料的原子进入到产品之中，这一标准既要求尽可能地节约原料资源，又要求最大限度地减少废物排放。在石化工业中烃类的氧化反应是一类非常重要的反应过程，由于具有含氧官能团的产物分子比原料烃类要活泼得多，此类反应的选择性通常较低，还有一些反应需要经多步骤才能完成，过程往往产生很多废物。过氧化氢作为一种温和的氧化剂，在某些材料的催化作用下，可进行选择性很高的定向氧化反应，而且其本身无毒并在反应后转化为无害的水，使反应的“原子经济”性大大提高，因而被看做是绿色的氧化剂。

11.3.1.1 钛硅分子筛催化环己酮氨肟化制备环己酮肟

实现工业应用环己酮肟的制备作为目前化纤单体 ε－己内酰胺主流生产技术的核心工艺，需经环己酮与羟胺的盐进行反应而得，而羟胺盐制备过程的“原子经济”性较差，腐蚀和污染严重。20 世纪 80 年代后期意大利 Eni Chem 公司提出了一种全新的环己酮氨肟化工艺，即在钛硅分子筛的催化作用下，环己酮与氨、过氧化氢一步“原子经济”反应直接合成环己酮肟。中国石化石油化工科学研究院也开发成功具有自主知识产权的环己酮氨肟化新工艺，并与中国石化巴陵分公司合作，于 2003 年 8 月率先完成了 70 kt/a 的工业试验，环己酮转化率和环己酮肟选择性均超过 99.5%，氨的利用率达 97% 以上。而传统的磷酸羟铵肟化法工艺（HPO）氨的利用率不足 60%；同时，新工艺避免了 NO_x、SO_x（HPO）等的生成和使用，使环己酮肟的制备成为清洁生产过程。传统的以苯为原料的已内酰胺生产过程流程长、工艺复杂、投资大、成本高，国外 DuPont、BASF 和 DSM 等公司已分别研究开发了以丁二烯为原料的已内酰胺生产新技术，可简化工艺流程和降低生产成本，但由于新建装置巨大的投资和技术风险等原因，至今尚未工业化。环己酮氨肟化新工艺适宜对现有装置的技术改造，将使由苯生产己内酰胺的工艺路线更具竞争性。

11.3.1.2 丙烯环氧化制备环氧丙烷新技术取得新进展

自从钛硅分子筛（TS－1）诞生以来，低温下利用过氧化氢作氧化剂的液相氧化反应工艺一直在不断地研究开发，另一类取得突出进展的是烯烃与过氧化氢进行环氧化反应制取环氧化物，其中最重要的过程是丙烯环氧化制备环氧丙烷。以 TS－1 为催化剂，用过氧化氢环氧化丙烯制备环氧丙烷，产物环氧丙烷的收率达 97% 以上（以丙烯计），以过氧化氢计其收率为 87%，副产物主要为水和氧气。该过程原子的有效利用率达 76%。而传统的二步氯醇法生产工艺原子的有效利用率仅为 31%，需要消耗大量的氯气和石灰，并且设备腐蚀和环境污染严重。TS－1 分子筛价格较高、与产物分离难度较大，丙烯环氧化的其他催化剂体系也在不断研究之中，以过氧化氢为氧化剂的新型氧化催化材料正在研究的有负载锡的 β－沸石、有机氮络合 Fe^{2+} 系催化剂和含钨的金属簇相转移催化剂等。

最近，BASF 和 Dow 化学公司合作，在丙烯的过氧化氢环氧化反应工艺(HPPO)的开发中取得了重大进展，已完成各自的详细评估。据称，HPPO 工艺由于不联产其他产品，流程短，投资低，占地少，尤其对较小规模生产装置投资回报率大幅度提高。双方计划近期完成中试放大，开始建设第一套 300 kt/a 规模生产装置，预计 2007 年初建成投产。此外，Degussa 和 Uhde 也拟在南非 Sasol 建设 60 kt/a 环氧丙烷装置，将采用 HPPO 工艺。据报道其开发了一种专用分子筛催化剂，副产物生成量可降低到最低限度。丙烯环氧化新工艺虽然使用了价格较高的过氧化氢作氧化剂，但只要采用适合的催化剂，可使产物收率大幅提高，同时由于工艺简化，该工艺仍具有较好的技术经济性，加之该技术的环保优势，有望对环氧丙烷行业产生重要的影响。

11.3.1.3 其他有机含氧化合物的制备技术

以过氧化氢为氧化剂，烯烃、醇和羰基化合物可高选择性地氧化生产环氧化物、醇和羧酸，并可避免使用金属催化剂、含氯氧化剂和有机溶剂。文献介绍 Kazuhiko Sato 等开发了由烯烃氧化生成二醇类化合物的新工艺。采用普通的树脂负载的磺酸催化剂，用不同的链烯烃和环烯烃与过量的 30% 双氧水反应，可高选择性和高收率地得到反 -1,2- 二醇，带有端基羟基的链烯烃也可一步反应生成三羟基化合物。杜泽学等以钛硅分子筛为催化剂，开发了氯丙烯与过氧化氢环氧化制备环氧氯丙烷的悬浮催化蒸馏新工艺，反应选择性达 98% 以上，有望取代现有的氯醇法生产工艺。

11.3.2 取代有毒有害原材料的绿色化工技术

光气、氢氰酸等是剧毒物质，因它们的化学性质极为活泼，至今仍作为化工原料广泛使用，但这些化学品在制造和使用中一旦不慎泄漏，就将造成难以估量的人身伤亡和环境灾难。因此，用无毒、无害的原料代替剧毒光气、氢氰酸等绿色化工技术的开发受到重视。

11.3.2.1 取代光气，生产异氰酸酯、聚碳酸酯新工艺

目前替代光气制造异氰酸酯的工艺有：由伯胺和二氧化碳或碳酸二甲酯制造异氰酸酯，由伯胺和一氧化碳进行氧化羰化制异氰酸酯，由硝基苯和一氧化碳羰基化制异氰酸酯。这些技术有的正在小试，有的已进入中试阶段，但是生产成本比原有的光气法高 10% 左右，不经济，所以还需改进。代替光气生产聚碳酸酯，已经开发成功以碳酸二甲酯为原料的工艺。首先由碳酸二甲酯与苯酚反应生成碳酸二苯酯，再和双酚 A 进行酯交换、缩聚生成高分子聚碳酸酯，现正在建厂，而且生产碳酸二甲酯采用甲醇氧化羰基化法，取代了传统光气为原料的路线。韩国 LG 化学公司称独自开发了一种非光气的聚碳酸酯生产新工艺，由于工艺简化，可减少投资 70%，装置操作费用和生产成本明显降低。可见，代替剧毒原料也可找到经济合理的绿色工艺路线。

11.3.2.2 甲基丙烯酸甲酯生产新工艺

继异丁烯氧化法、乙烯氢甲酰化法生产甲基丙烯酸甲酯(MMA)技术工业化后，人们仍在积极开发新工艺以取代传统氢氰酸为原料的丙酮氰醇法。异丁烷直接氧化法因资源更丰富、廉价而受到重视。这种方法包括异丁烷氧化制取甲基丙烯醛、甲基丙烯醛再氧化制取 MMA 两步反应。由于异丁烷反应活性低于异丁烯，通常选用具有强氧化性的杂多酸类催化剂。近年来研究发现，P - Mo 系杂多酸中引入 V、Cu、Cs 等元素，可促进甲基丙

烯醛的氧化反应,提高反应收率;进一步将 P-Mo-V-Cu-Cs 五元催化剂和 Mo-V 的复合氧化物作为助剂,添加到"MMA 高选择性催化剂"浆态杂多酸催化剂中,可使 MMA 的收率提高 2 倍,达到 10%以上,表现出一定的工业应用前景。英国 Lucite 国际公司开发成功其专有的 α-MMA 技术,并计划建设第一套 100 kt/a MMA 生产装置,预计 2007 年末建成投产。α-MMA 是两步法工艺。第一步由乙烯与甲醇、一氧化碳进行羰基化反应生成丙酸甲酯。据称,所用的钯基催化剂活性很高,选择性达 99.9%,且具有良好的稳定性,反应温度和压力条件温和,对装置的腐蚀性小。第二步中丙酸甲酯与甲醛反应生成 MMA 和水,采用专有的多相催化剂,MMA 的选择性较高。该工艺大大改进了产品的经济性,是 30 多年来开发的最重要的 MMA 生产工艺。MMA 在中国是一个发展前景良好的有机化工原料,随着国民经济的持续高速增长,其需求还将不断增长,中国应该慎选一条符合国情的绿色路线进行开发,注意克服其不足之处。

11.3.3 使用环境友好催化剂的化学反应

石油化工生产技术的核心是催化剂,催化剂的消耗虽不大,但同样可能对环境产生很大的危害。硫酸、氢氟酸、三氯化铝等液态酸是广泛应用的酸性催化剂,使用过程易腐蚀设备、危害人身健康和社区安全,同时还产生废液、废渣污染环境。目前应大力开发环境友好的固体酸催化剂代替液体酸,已有一批工业化成果。在苯与烯烃烷基化过程中采用 ZSM-5 分子筛代替三氯化铝的气相法合成乙苯,采用 USY 或 β-沸石或 MCM-22 沸石代替三氯化铝的液相法合成异丙苯等;此外,还有采用固体酸替代氢氟酸的长链烷基苯合成的新工艺。采用上述分子筛固体酸取代三氯化铝、氢氟酸等催化剂,虽然推出了新一代的烯烃烷基化绿色技术,但是由于分子筛催化剂的酸强度不如氢氟酸、三氯化铝高,分布也不够均匀,而且酸中心数量较少,于是采用这类固体酸催化剂时反应温度升高,压力增加,同时少量的副产物和杂质有所增高,所以又出现了开发新固体酸催化剂的热点。负载型杂多酸催化剂可望克服上述缺点,成为新一代的催化剂;正在研究的还有一些新型催化材料,如包裹型液体酸、纳米分子筛复合材料、离子液体等。这方面的研究,中国已有一定基础,应组织人力加速开发,力争取得领先地位。

11.3.4 新兴绿色溶剂中的化学反应

11.3.4.1 **超临界二氧化碳**

二氧化碳是少数几种在接近室温、中等压力下即可达到临界状态的流体之一。超临界二氧化碳由于具有稳定的化学性质,对一般有机化合物有良好的溶解性,自身无毒无味,不会形成光化学烟雾,不破坏臭氧层,而且资源丰富,因此是许多挥发性有机溶剂、发泡剂和金属清洗剂的理想替代物,已在一些行业中推广应用。采用超临界二氧化碳,作为替代溶剂进行催化反应也是一个迅速发展的领域,在超临界二氧化碳中生产四氟乙烯单体及其聚合物的技术已经实现了工业化。利用超临界流体具有近似气体的扩散系数和近似液体的溶解能力的特性,超临界二氧化碳对某些催化反应中的积炭前身物有着很好的溶解能力,因而可提高催化剂的活性稳定性。在超临界二氧化碳条件下,Y 型分子筛催化萘的烷基化反应活性和稳定性明显高于相应气相条件下的反应结果。超临界二氧化碳几乎可完全溶解作为反应原料的氢气、氧气和许多有机化合物，因而可减小多相反应过程的传质控制因素，如对于氢在反应混合物中的溶解是反应速控步骤的加氢反应，可显著加快反应速率。Pd－聚硅烷催化环己烯加氢生成环己烷的反应，在超临界二氧化碳体系中反应速率达 2.5×10^5 kg/(h·m^3)，反应器效率大大提高，且几乎无副产物产生。在前述以过氧化氢为氧化剂的"原子经济"反应过程中，简化过氧化氢的生产工艺、降低成本是加快其推广和应用的关键内容之一，许多研究者采用氢和氧原位生成过氧化氢来实现这一过程，但存在安全性问题。据报道，用超临界二氧化碳同时溶解氢气和氧气，在均相催化剂的作用下可直接反应生成过氧化氢，然后与丙烯反应生成环氧丙烷，转化率和选择性均接近 100%。超临界二氧化碳在反应过程中不仅可起到溶剂的作用，在某些情况下还可参与化学反应，例如在超临界条件下，二氧化碳与过氧化氢可原位生成过碳酸，可代替使用金属催化剂和过氧有机酸的氧化反应，使过程变得更为清洁。对于环己烯的环氧化反应，在这种体系中生成环氧环己烷的选择性达到 89%，副产物只有 1,2－环己二醇。中国化肥工业的合成氨厂、炼油厂中制氢装置均副产二氧化碳，所以开发超临界二氧化碳代替有机溶剂的应用，大有发展前景，将在中国形成一种新兴产业。

11.3.4.2　离子液体

离子液体是在室温及邻近温度下完全由离子组成的有机液态物质，其呈现液态的温区范围宽、温度适中，性质可调控，具有良好的热稳定性，几乎无蒸气压、不挥发，无毒，作为一种新兴的和新型的功能材料，近年来受到国际学术界和工业界的高度评价并被寄予厚望。离子液体为化学反应提供了不同于传统分子溶剂的环境，可能改变反应机理，从而提高催化剂的活性、选择性或稳定性，因而在有机合成领域的应用最具发展前景。作为溶剂离子液体易与催化剂形成均一的液相体系，而与烷烃、苯、甲苯等有机物不互溶，可形成两相体系，使液固多相反应变为液液多相反应，提高催化剂效率，便于催化剂分离和循环使用。彭家建等报道含磷化合物溶解在离子液体中形成催化剂体系，可以高效催化环己酮肟的 Beckmann 重排反应，为实现无硫铵副产的清洁工艺创造了有利条件。例如在 [bupy][BF_4] 中以 PCl_5 为催化剂，环己酮肟的转化率和己内酰胺的选择性均接近 100%；张伟在离子液体/甲苯两相体系中以含磷化合物为催化剂，也成功实现环己酮肟的 Beckmann 重排反应，并优化出 4 个含离子液体的两相重排反应体系，环己酮肟转化率接近 100%，己内酰胺选择性大于 99%，两相反应体系的特点是有利于对反应速率的控制和体系取热。离子液体可用来固定贵金属催化剂，减少损失。在水溶性铑络合物催化烯烃氢甲酰化反应中，将铑催化剂的配体中引入带电核的阳离子基团，可与担载在氧化硅上的极性离子液体 [bmim][PF_6] 间形成很强的亲合力，减少了在亲油性产品相中的损失，尤其对在水相中溶解度低的 C_5 以上烯烃，由于消除了现有的水－有机相两相反应体系中的相间传质过程，反应速率明显提高。采用固定床连续反应工艺和上述催化剂进行丙烯和 1－辛烯的氢甲酰化，其生成醛的摩尔转化频率最高达 88 h^{-1}，只是产物的正/异构比偏低 (2.8/1)，表现出替代现有两相反应技术的应用前景。对过渡金属催化加氢反应体系，使用离子液体具有一定的技术优势。由于催化剂溶解在离子液体中，氢和许多烯烃在其中的溶解度足够大，而在多数情况下加氢后的饱和反应产物与离子液体可进行两相分离，因此能获得良好的反应产率。在 [bmim][SbF_6] 离子液体中，无需特别设计催化剂配体，

$[Rh(nbd)(PPh_3)_2][PF_6]$催化1-戊烯加氢反应的速率比在丙酮溶剂中大约快5倍,催化剂能循环使用,损失小于检测下限0.02%。离子液体对阳离子型过渡金属复合物的溶解和弱配位作用有利于低碳烯烃的齐聚反应、在烯烃的环氧化过程中提供非水反应环境,可大大降低副产物的生成,均显示出良好的应用前景。离子液体的发展已经历了三氯化铝体系、耐水体系和功能化体系3个发展阶段。应该进一步加强对离子液体材料的物理、化学性质实验数据的积累,发展理论和经验的关联预测方法;同时针对具体工艺的需要和存在的主要问题,设计制备任务专一的功能化离子液体,最终开发绿色石油化工新工艺。

11.3.5 废弃塑料、纤维等聚合物的回收利用

废物的重复利用是根治环境污染、节约资源的一条重要途径。近年来,多数发达工业国家已回收和循环利用了相当数量的废弃聚合物。2002年欧盟成员国循环回收了38%的废弃塑料,大约为7.7 Mt,其中65%是作为能源回收或是转化成相应的聚合单体循环利用;日本则在2001年循环利用了52%的废弃塑料,其数量约为5.3 Mt。对于废弃聚合物的回收主要有三种方式。一是将其解聚得到聚合物的单体或中间体,重新作为聚合原料,即"闭路循环"利用,这一直是化学家和生产企业的理想。从尼龙地毯中回收己内酰胺即是一例。联合信号(Allied Signal)和DSM公司开发了一种化学方法,将整个旧地毯放入反应器,反应后聚丙烯和乳胶衬里、填充物硫酸钙留在反应器中,取出送去水泥厂作为热源烧掉。从废聚苯乙烯泡沫塑料回收苯乙烯单体正在进行中试,日本一家公司已在建设1 000 t/a规模的工厂,其方法是将融化后的塑料送入一个管式反应器,高温高压条件下分解,然后进入两个真空蒸馏塔,分离出纯度为99.83%的苯乙烯单体,其收率约70%,同时得到重油约30%,可作燃料;从聚酯(PET)废料回收其原料对苯二甲酸和乙二醇的技术也正在大力开发,如日本PET Ribirth Co将废聚酯瓶先粉碎成薄片,洗去机械杂质后与乙二醇混合,在200~220 ℃下使用一种专用催化剂进行解聚反应,可得到合成聚酯的中间原料对苯二甲酸二乙二醇酯,纯度可达98.4%,已建成27 kt/a规模装置;此外,从聚丙烯采用双诱导等离子体反应器直接回收丙烯的方法也在研究之中。二是将废弃聚合物转化为其他可利用的原料,对PET、聚甲基丙烯酸甲酯和乙烯衍生物的聚合物等塑料制品,可采用热裂解、加氢裂解、催化裂解、液化和气化技术进行转化处理。通常,烯烃和取代的烯烃的聚合物在600 ℃左右热裂解可得到小分子的烃,气体和液体产品的收率为65%~75%。而催化裂解得到的油品收率更高,已开发了Fe_2O_3、BaO和HZSM-5等催化剂(HZSM-5中的硅铝摩尔比为30),其中Fe_2O_3活性最高。分子筛催化剂的性质与其颗粒大小有关,使用纳米级分子筛其催化性能可显著改善。据报道,采用此类催化剂,LDPE和HDPE分别在340 ℃和360 ℃下几乎可完全转化(转化率大于95%),C_3~C_5烯烃产率约70%。一种由Ube工业公司和Ebara公司联合开发的EUP工艺,是将废弃塑料经二步密闭气化产生氢气。该技术正在签定专利许可协议,准备工业化。三是直接将废弃塑料替代焦炭用做发电燃料或通过焚烧炉回收热量。上述第一、二种回收方式更符合可持续发展的要求,但存在聚合物难以分类回收和技术经济性不好等问题,尤其是第一种回收方式,目前仅占聚合物回收总量的2%~5%,应通过加强社会协调和技术进步大力推广。

11.3.6 利用生物质资源生产大宗有机化学品和替代燃料

生物质资源是指以植物为主的可再生资源,这是一个巨大的资源宝库,利用可再生生物质资源已成为实现可持续发展的化学工业的重要内容。对于生物质资源的利用,2000年美国国家研究委员会提出的目标见表11-2。

表11-2 生物质原料制得产品的目标

产品种类	生物质原料产品所占比例(%)		
	2000年	2020年	2090年
液体燃料	1~2	10	≤50
有机化学品	10	25	>90

11.3.6.1 大宗有机化学品的生产

近年来,作为可再生资源的大规模利用,国外在大宗化工产品的合成中已取得突破。DuPont和Genencor公司合作开发了由玉米生产化纤单体1,3-丙二醇(PDO)的技术。该技术利用湿磨玉米所产的葡萄糖液,采用基因改造的细菌和酵母等经发酵转化为PDO,产物与菌种等分开,再蒸馏提纯制成产品。其关键是利用基因工程菌的构件,将生成甘油的基因和生成PDO的基因重组克隆到一个宿主细胞中,有效提高了PDO收率。最近,该公司进一步提出了改进方法,以一种埃希氏菌属的大肠杆菌为宿主微生物,使生产PDO收率和浓度分别由改进前的24%、68 g/L提高到26%、112 g/L。据报道,生物法生产PDO的成本比化学法低25%,采用PDO所制聚合物已用于纺丝。DuPont公司的新品牌Sorona聚合物已建约45 kt/a规模的生产装置。一个被称做把化学工业带入一个新纪元的事件是Cargill-Dow公司建设了一座生物质精制加工厂(biorefinery)。该公司140 kt/a的聚乳酸(PLA)工厂已于2002年1月投产,由玉米产生的葡萄糖来发酵生产单体乳酸。PLA纤维在可降解纤维中熔点最高,玻璃化转化温度 Tg 为57 ℃,比PET略低,故其机械性能有许多与PET相似,因而应用广泛。而且PLA纤维可控制降解速率,是一种来自自然又回归自然的无害材料,将成为21世纪合成纤维中的主要品种。据称,Cargill的生物质精制加工厂又在开发一些具有独特性质的新产品,并有可能形成依靠化学工业难以实现的新的功能材料。主要有3个产品系列。第一个是基于3-羟基丙酸(3-HP)的系列产品。3-HP是在一种通过基因工程改造的微生物作用下,由葡萄糖一步发酵得到,其本身可作为一种聚合单体,也可用于生产丙烯酰胺、丙烯酸甚至PDO。该法生产PDO的成本,将比DuPont公司的生物法和Shell公司的化学法都低;此外,3-HP还可用于合成新颖的聚酯型表面活性剂和酯类溶剂。例如其钙盐的溶解性要比柠檬酸和马来酸的钙盐大数百倍,可以用于工厂水垢的脱除剂。其他两类产品则是建立在公司的另一项主要业务——大豆油加工的基础上。第二个系列产品是由9-癸烯酸(9-DA)衍生的,9-DA由乙烯和长链不饱和脂肪酸在钌催化剂的作用下反应得到,通过9-DA可生产用于合成新聚合物的新结构二元酸、用于合成尼龙-10的氨基癸酸以及可用做涂料的独特的过氧树脂。第三类是由油脂原料生产的多元醇系列,多元醇和异氰酸酯聚合可生产聚氨酯,但这类多元醇与目前普遍由环氧丙烷和甘油或山梨醇等反应得到的多元醇不同,它是通过直接在植物油脂中进行功能化得到的。目前,世界上各大公司纷纷与生化研究机构合作,开发用生物质原料生产维生素 B_2、维生素 C、赖氨酸、芳香酰胺、脂类溶剂和黏结剂等技术。国内生物催化研究也在大力开展,以玉米淀粉为原料制得的糖类化合物,采用生物发酵法制造甘油已建成示范工厂。

11.3.6.2 从植物油生产优质清洁柴油

从植物油(包括动物油脂)生产的柴油称为生物柴油(Biodiesel),它是一种由植物油中长链脂肪酸甘油三酯与甲醇酯交换后得到的单烷基酯。生物柴油分子量与柴油接近,从而使其具有更接近于柴油的性能。它不含硫和芳烃,十六烷值高,并且润滑性能好,所以是一种优质清洁柴油。同时这些长链脂肪酸单烷基酯可生物降解,高闪点,无毒,挥发性比有机化合物(VOC)低,具有优良的润滑性能和溶解性,所以也是制造可生物降解高附加值精细化工产品的原料。目前,生物柴油是唯一通过了美国 1990 年清洁空气修正法案的严格健康测试要求的替代燃料。生物柴油的生产技术本身并不复杂,普遍采用的是液碱催化或固体碱催化酯交换工艺。但由于植物油价格高于石油柴油,因此需简化生产工艺,尽可能地回收具有较高价值的副产甘油,以降低生物柴油成本。为此,正在开发酶催化酯交换和超临界酯交换技术,避免使用碱生成皂,造成甘油回收困难。为进一步提高生物柴油的价格竞争力,应该重视开发以生物柴油为原料的综合利用技术。主要方向是开发生物可降解的高附加值精细化工产品,如润滑剂、洗涤剂、溶剂等。美国利用大豆油生产的脂肪酸甲酯开发了 5 类可生物降解精细化工产品并推广应用,已形成近 300 家企业的新兴产业。这 5 类产品是涂料与印刷油墨、黏结剂、润滑剂、塑料及其制品、专用化学品,包括溶剂、表面活性剂和杀虫剂等。实现生物柴油的大规模生产和应用,更关键的因素是廉价植物油料资源的开发和相应产业支持政策的配套。正在研究的资源包括草本植物油,如菜籽油、大豆油、棉籽油等;木本植物油,如黄连木油、乌桕籽油和绿玉树油等;水生油料植物油,如工程海藻油等;可实施的政策如农业结构调整、生物柴油税收优惠、油料作物原料生产补贴等。这些需要有关政府部门、相关产业及社会的统一组织和协调。生物柴油的应用主要有三类产品。一是 100%生物柴油,这对原料与产品均有严格要求,产品可满足欧Ⅲ排放要求;二是生物柴油与石油柴油调配使用,例如添加生物柴油 5%、10%、20%,其优点为冷滤点高,减少堵塞喷嘴,对油路的溶胀小,NO_x 排放减少,尤其对炼厂深度加氢生产的低硫、低芳烃柴油,加入 2%~5%生物柴油即可改善润滑性能,比采用润滑添加剂经济合理,因而生物柴油是将来中国炼厂生产满足欧Ⅲ排放要求的低硫、低芳柴油必需的调和组分;三是作为家庭加热炉燃料。在大、中城市为公交系统提供清洁柴油,在旅游风景区、森林砍伐业等区域为特殊行业提供可生物降解的生物柴油以及润滑剂、液压油等,可减少污染,保护环境。2003 年,中国原油进口数量已超过 80 Mt,根据国民经济发展,预期很快将达到 1 亿 t 以上,因此我国利用生物质资源生产有机化学品和替代燃料更重要。应大力加强生物催化的研究,组织好生物、化学、化工等多学科的大协作,才能迈向中国自主发展石油化工生物技术之路。

20 世纪 90 年代绿色化学的兴起,为人类解决化学工业对环境的污染、实现经济和社会的可持续发展提供了有效的手段。国际上绿色化学与化工技术正在蓬勃发展,中国在这方面的工作虽已起步，但与发达的工业化国家相比还有很大差距。石油化工作为国家的支柱产业，除了应为国民经济的发展做出贡献外，还应肩负起保护环境和资源、实现可持续发展的重任。有关科研、生产单位和管理部门应高度重视开发和应用绿色化学与清洁生产新技术，培养绿色化学与化工的人才，促进中国石化工业走可持续发展的道路。

11.4 化学工业的清洁生产

化工行业对我国工农业生产的发展具有重要的作用。目前化学工业使用的工艺技术和生产的产品，大多数是 20 世纪 40 年代或 50 年代研究开发成功的。这些工艺和产品存在着不同程度的环境污染问题，是产生废水、废气、废渣的“三废”大户。随着环保法规的日益严格以及人们环保意识的增强，投入的环境污染治理费用急剧增加。现有的化工技术和产品如不进行大的变革，势必将制约人类社会经济的持续发展。革新现有技术和产品的最好办法就是大力研究和开发从源头根除环境污染的清洁技术，用“生产全过程控制”取代“末端治理”的环境保护方针，用清洁生产模式取代粗放经营的传统生产模式。

图 11-1、图 11-2 为传统生产模式和清洁生产模式示意图。

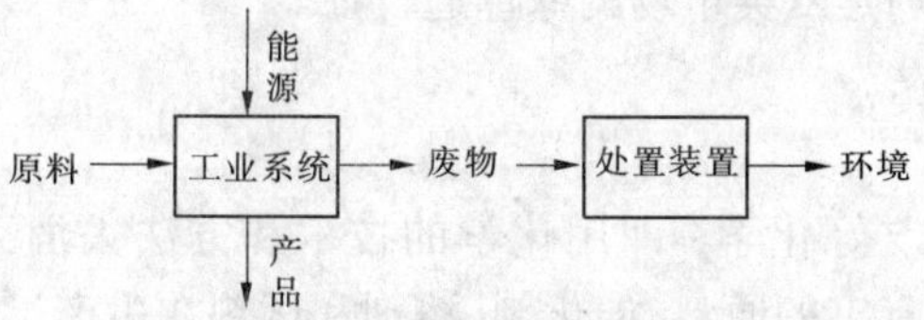

图 11-1 传统生产模式

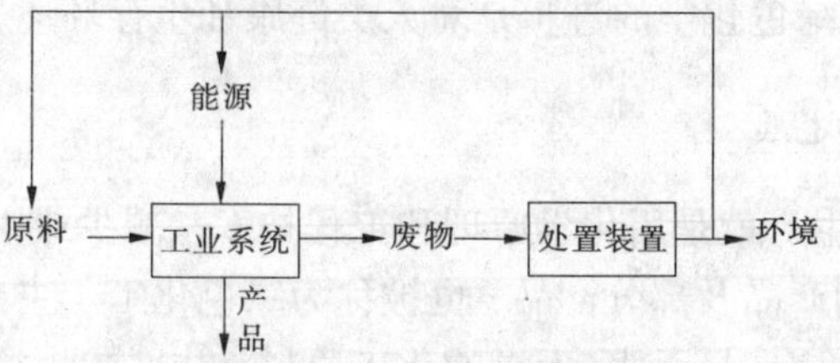

图 11-2 清洁生产模式

11.4.1 清洁生产

清洁生产是指将综合预防的环境策略持续地应用于生产过程和产品中，以便减少对人类和环境的风险性。其理论基础包括：可持续发展理论、全过程控制理论、工业生态学理论、最优化理论及环境承载力理论等。对生产过程而言，清洁生产包括节约原材料和能源，淘汰有毒原材料并在全部排放物和废物离开生产过程之前减少其数量和毒性；对产品而言，清洁生产策略旨在减少产品在整个生命周期过程中对人类和环境的影响。

11.4.2 清洁生产与生态工业、循环经济的共同点

清洁生产、生态工业和循环经济都是对传统环保理念的冲击和突破，大大提升了环

保领域的高度、深度和广度，提倡并实施将环境保护与生产技术、产品和服务的全部生命周期紧密结合,将环境保护与经济增长模式统一协调,将环保与生活和消费模式同步考虑。它们之间的共同点就是提升环境保护对经济发展的指导作用，将环境保护延伸到经济活动中一切有关的方方面面，这体现了人类对环境保护和可持续发展认识的深入和成熟。

11.4.3　清洁生产与环境管理体系（ISO 14000）

1996年,ISO国际标准化组织推出ISO 14000系列标准，它包括环境管理体系(EMS)、环境审计(EA)、环境绩效评价(EPE)、环境标志(EL)、产品生命周期评价(LCA)等。标准的提出，为企业提供了一整套预防为主，减少以至完全消除产品生产过程中对环境造成污染的管理办法。这有利于企业提高素质和环境管理水平，实现环境优化，有利于企业向效益型管理方式的转变，提高企业形象和经济效益。

清洁生产与ISO 14000是环境保护的新思路,备受人们关注，两者密切相关，相辅相成。清洁生产为ISO 14000的实施提供技术支持，ISO 14000管理体系为清洁生产提供机制和组织保证。化工企业要努力获得环境管理体系的认证，这将提高产品的市场竞争力，也是世界市场特别是欧美市场的绿色通行证。

11.4.4　发展绿色化学

绿色化学又称环境友好化学，即用化学的技术和方法去消灭或减少那些对人类健康、社区安全、生态环境有害的原料、催化剂、溶剂和试剂在生产过程中的使用，同时也要在生产过程中不产生有毒有害的副产物、废物和产品。绿色化学是化工行业中清洁生产的根本源泉。21世纪绿色化学的进步是对人类健康和生存环境所做的正义事业。

11.4.5　实施绿色化工

化工行业的清洁生产就是用化学原理和工程技术来减少或消除造成环境污染的有害原料、催化剂、溶剂、副产品及部分产品，也被称为绿色化工。主要有以下几个方面：

(1)原料绿色化。应选择无害、无毒的化工原料，并且在此类原料获得的过程中不产生环境污染。如研发替代光气的绿色原料、替代氰化氢(HCN)的绿色原料等。

(2)化工过程绿色化。目标是实现"原子经济"反应，即原料分子中的原子全部转化为产物，最大限度地利用资源，实现废物的零排放。

(3)反应介质绿色化采用无害、无毒的反应介质，主要是采用绿色催化剂(如酶生物催化剂)和溶剂(如超临界流体SCF)。

(4)产品绿色化。生产出对环境友好的更安全的化工产品。

11.4.6　化工行业清洁生产的指标评价

依据生命周期分析的原则,环境影响评价中的清洁生产评价指标应能覆盖原材料、生产过程和产品的各个主要环节，尤其对生产过程，既要考虑对资源的使用，又要考虑污染的产生。本书在《中国环境影响评价培训教材》介绍的"清洁生产指标权重值专家调查结果”的基础上针对化工行业的生产特点，提出化工行业的清洁生产指标及权重值，如表 11-3 所示。

表 11-3 化工行业的清洁生产指标及权重值

项目	评价指标	权重值
原材料指标	毒性	6
	生态影响	5
	能源强度	5
	能耗程度	5
	可回收利用	4
	小计	25
产品指标	销售	4
	使用	5
	寿命优化	4
	报废	4
	小计	17
资源指标	能耗、水耗、其他物耗	29
污染物产生指标	废水、废气、废渣	29
总权重值	100	

由于清洁生产指标涉及面广、完全量化难度大，因此应针对不同的评价指标确定不同的评价等级。在此，将难于量化的原材料指标和产品指标粗分为 3 个等级（高、中、低）做定性评价；将易于量化的资源指标和污染物产生指标细分为 5 个等级（清洁、较清洁、一般、较差、很差），进行定量评价。为了统计和计算方便，定性和定量评价的等级分值范围均定为 0~1，按基本等量、就近取整的原则划分不同等级的分值范围。

清洁生产指标评价方法采用百分制。首先对各指标按等级评分标准进行打分，若有分指标则按分指标打分，然后分别乘以各自的权重值，最后累加起来得到总分。通过总分比较能够基本判定建设项目整体所达到的清洁生产程度。

11.4.7 实施清洁生产的不利因素

11.4.7.1 缺乏与推行清洁生产相配套的法律法规

《清洁生产促进法》已于 2003 年 1 月 1 日起实施，主要侧重于建立鼓励机制，引导企业推行清洁生产，而不是强制企业必须去做。但在具体实施中，缺乏与《清洁生产促进法》配套的相应法规政策，无法与其他环境法律衔接，致使《清洁生产促进法》的鼓励机制并不能发挥作用。因立法不健全，也致使监督难以法制化，国家应制定全面的法律来保证清洁生产的顺利推行。

11.4.7.2　**产业结构不合理，工艺设备落后**

目前，我国工业产业政策仍不尽合理，工业结构布局存在很多问题，影响了国民经济的效益，导致了资源浪费和环境污染。许多企业的生产工艺和设备落后，生产效率低，片面追求扩大产量，不注意设备落后更新和技术改造，能耗、物耗高，跑、冒、滴、漏严重，这成为实施清洁生产的主要障碍。

11.4.7.3　**缺乏市场驱动机制**

我国尚未形成自己的清洁生产技术、生产工艺市场，使清洁生产技术不能迅速从科研机构走向企业，实际应用率低；市场对清洁产品的认同感不高，绿色产品尚未在市场上占据竞争优势，争取国际 ISO 14000 环境质量标准认证尚未收到市场的应有刺激；目前清洁生产的发展以供给驱动替代了需求驱动，并不是企业主动实施清洁生产，而是政府和环保部门要求企业实施，或是通过某一援助项目实施。我国推行清洁生产工作未能营造出良好的清洁生产市场机制，缺乏竞争力，企业的主动性较差。

11.4.7.4　**企业自身存在的问题**

缺乏核算清洁生产实际效益的机制和指标体系，实施清洁生产后所得的实际经济效益不能反映在企业的成本核算中，多数企业实施清洁生产的效益很难精确计算；缺少强有力的清洁生产组织机构，不少企业是以环保部门为主实施清洁生产，但本企业现有的环保部门由于缺乏清洁生产人才，职工全员参与低，现有职能很难适应生产全过程中推行清洁生产的需要；运行机制上，基本没有建立明确的推行清洁生产的行动规划和相应的制度措施，从而使企业没有持续清洁生产的规划和行动。

清洁生产是一条协调生产发展和环境问题的最佳途径。化工行业应该依据清洁生产的理论，按照资源最优化、消耗最小化、过程无害化、技术可行化的要求，积极推进化工清洁生产，合理规划化工行业发展，减少和控制化工污染，推进绿色化工战略的实施，以实现我国经济的可持续发展。

11.5　黄河三角洲上的绿色化工

建有世界磷复肥行业第一套"3 万吨磷铵、4 万吨硫酸、6 万吨水泥"磷石膏综合利用环保示范装置、创造了石膏制硫酸联产水泥和海水"一水多用"等 5 个"中国第一",形成了两条高相关度的绿色产业链：一是利用磷铵生产废渣磷石膏制硫酸联产水泥,硫酸返回用于生产磷铵,硫酸尾气回收处理后制成液体二氧化硫,作为海水提溴的原料,同时将锅炉排放的炉渣作为混合材合格的水泥。解决了磷肥工业"三废"污染的世界性难题,又开辟了硫酸工业和水泥生产新的原料路线,在全国率先实现了经济效益、环境效益、社会效益的有机统一。该项技术,科学界称为零排放技术、绿色环境技术、原子经济技术、可持续发展技术,是我国继侯德榜制碱法之后的又一个无机化工领域标有中国印记的发明,已列入"九五"国家重大科技成果推广计划。二是综合利用海水资源,采用国际领先技术工艺,开创出一条海水养殖、提溴、盐碱电联产、提取钾镁盐和盐石膏制硫酸联产水泥"一水多用"模式,为国内盐业企业综合利用海水资源开辟了新路,完成了"夕阳产业"到"绿色产业"的革命性转变,成为中国民族企业的样板。高科技、高效益、高产出、低成本的绿色环保产业技术使山东鲁北化工股份有限公司拿到了通往21世纪的通行证。

11.6 绿色精细化工

化学工程经过上百年的发展,目前已经成为四大基础工程之一,化学工业也成为世界经济的基础工业部门之一。然而,随着化学工业的发展,化工行业对环境的污染问题也日益受到重视。在可持续发展已经成为全人类共识的今天,人们认识到传统的化学工业必须变革,以适应可持续发展的要求。当前世界化学工业发展的主流是精细化工。精细化工产品在化学工业中的比重在不断攀升。正因为如此,国外有人提出了"绿色精细化工"的概念,认为精细化学品工业必须朝着低污染甚至无污染的"绿色"方向发展。

11.6.1 绿色精细化工的涵义

正如无污染、无公害的食品被称为"绿色食品",无氟电冰箱被称为"绿色电冰箱"一样,绿色精细化工指的是无公害的低污染或者无污染精细化学品工业。其主要内容包括以下几个:

(1)采用的生产工艺无污染。绿色精细化工所采用的生产工艺先进,能耗低,原料转化率高,过程选择性好,使用的生产原料来源广泛并且无毒无害,物料的回收利用率和循环利用率高,或者采用闭路循环生产技术,使所有的原料、副产物乃至"三废"都全部得以综合利用,不因排放到环境中而对环境造成污染。

(2)采用的原料无污染。尽量采用可以再生的原料,并且在原料的生产或者开采过程中不污染环境。

(3)采用的生产设备无污染。绿色精细化工所采用的生产设备密封性能好,不存在"跑、冒、滴、漏"现象,安全性能优良。

(4)生产的产品无污染。绿色精细化工产品及其包装不对环境造成污染,产品在消费中和消费后不对人类健康和生态环境造成威胁。

11.6.2 绿色精细化工是精细化工行业的发展方向

第二次世界大战以来,世界化学工业向着"精细化、专用化"方向发展。精细化工产品能满足对其特殊性能的要求,并且产品的技术含量和附加值高,因而受到普遍重视,发展很快。目前,发达国家化学工业的精细化率(精细化工产值占化学工业总产值的百分比)已经达到70%~80%。

11.6.2.1 当代环境保护对精细化工的要求

当代环境保护不仅包括对地球宏观环境(如气温、臭氧层)和生物圈生态环境(如森林、河流)的保护,还包括对人类居住环境(如生活和生产垃圾、室内装饰材料要求)的保护。环境和生态保护是一个全球性的问题。世界各国为了协调一致,共同保护环境,国际标准化组织(ISO)提出了环境管理的国际标准,即ISO 14000系列,它包括环境管理系统、环境稽核、环境绩效评估、环境标章、生命周期评析和产品的环境保护标准等六大部分。这是国际对环境和生态保护的统一标准和认证系统。绿色精细化工要求精细化工企业及其产品能通过 ISO 14000 认证。

11.6.2.2 绿色精细化工是精细化工行业的发展方向

从根本上讲，降低精细化学品工业对环境的污染，走“先污染、后治理”的老路是行不通的，关键在于发展绿色精细化工。即开发新产品、新技术、新工艺和新设备，实现精细化工的绿色化。绿色精细化工不仅能减少污染，实现化学工业的可持续发展，还能降低能耗和物耗，从而降低生产成本，提高经济效益。而从化学哲学的角度来看，化学工业的发展历史，就是不断满足社会需求、结合其他科学并创造发展自身理论体系的历史。在保护环境日益成为社会需要的今天，绿色精细化工成为精细化工行业的发展方向。

11.6.3 绿色精细化工技术介绍

开发精细化工绿色产品、绿色技术和绿色工艺，在于将其他科学与化学工业相结合，开发化工高新技术，特别是将计算机技术和生物技术应用于精细化工。

(1)生物技术在精细化工中的应用。生物技术应用于精细化学品工业的主要领域是生物化工和化学仿生学。生物酶催化剂因其效率高、选择性好而在生物合成特别是手性合成中有着广泛的应用前景；化学仿生学的研究目前还仅仅限于富集仿生学，即膜化学。膜化学的研究包括膜分离工程、膜萃取、膜催化、膜反应等诸多领域。利用生物技术进行化工生产，可以利用可再生的生物资源，生产条件温和，产生的“三废”少并且易于治理。

(2)计算机技术在精细化工中的应用。计算机技术应用于精细化工的技术开发、工艺设计、工厂管理、设备控制、科学配方等方面，能实现化学工业的自动化并能减少环境污染。

(3)新建精细化工企业和装置以及精细化工企业的技术改造，应当优先选用无污染的技术工艺、设备等。

(4)发展化工环保，实现“三废”再利用。

(5)加大资金和技术投入，努力开发化工高新技术，提高精细化工的技术含量。

(6)耦合技术在精细化工中的应用。耦合技术是把化工生产过程中的不同操作过程耦合在一起的一种技术，因而能减少化工生产的操作步骤和传递，减少能耗，降低污染。如反应精馏是将化学反应过程和精馏分离过程耦合在同一个塔中进行，因而能降低能耗和污染。

其他新技术、新工艺和新设备的开发及其在精细化工中的应用，为实现精细化工的绿色化打下必要的基础。

11.6.4 对发展我国绿色精细化工的建议

目前，我国化学工业的精细化率还不高(仅仅达到 30%～40%)，精细化工在我国有着广泛的发展前途。在加快发展我国精细化工的同时，新建精细化工企业和装置应当符合 ISO 14000 环境管理标准。

(1)努力开发符合环境保护要求的新技术、新产品、新工艺和新设备，以取代可能对环境造成污染的产品、技术、工艺和设备。如以水性涂料、粉末涂料代替溶剂涂料，以可降解塑料代替不可降解塑料，等等。

(2)新建精细化工企业和装置以及精细化工企业的技术改造应当优先选用无污染的技术工艺、设备等。

(3)发展化工环保,实现"三废"再利用。

(4)加大资金和技术投入,努力开发化工高新技术,提高精细化工的技术含量。

11.7 清洁生产工艺实例

11.7.1 氯乙烯清洁生产工艺

11.7.1.1 传统工艺

电石乙炔法生产氯乙烯是传统的生产方法(见图 11-3)。其反应原理为:

$$2C + CaO \longrightarrow CaC + CO$$

$$CaC + H_2O \longrightarrow C_2H_2 + H_2O$$

$$C_2H_2 + HCl \longrightarrow C_2H_3Cl + HCl$$

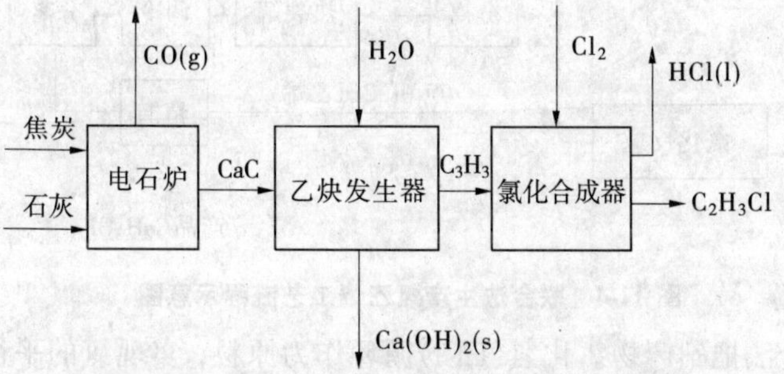

图 11-3 电石乙炔法生产氯乙烯工艺流程示意图

从以上工艺可以看出,生产氯乙烯同时产生大量的 CO 气体和 $Ca(OH)_2$ 残渣。

11.7.1.2 传统工艺改进

随着石油化工的发展,传统电石乙炔法逐步被天然气乙炔和石油乙烯原料所代替。以乙烯为原料生产氯乙烯的工艺路线不断得到开发。首先是乙烯直接氯化法:

$$C_2H_4 + Cl_2 \longrightarrow C_2H_3Cl + HCl$$

以及乙烯制二氯乙烯、再热裂解制氯乙烯:

$$C_2H_4 + Cl_2 \longrightarrow C_2H_4Cl_2$$

$$\frac{C_2H_4Cl_2 \longrightarrow C_2H_3Cl + HCl}{C_2H_2 + Cl_2 \longrightarrow C_2H_3Cl + HCl}$$

两种乙烯氯化法,都解决了电石乙炔法的污染,但无法解决销路很差的副产物 HCl。针对氯化法的缺点,人们又发展了乙烯氧氯化法:

$$C_2H_4 + 2H_2O + 1/2O_2 \longrightarrow C_2H_4Cl_2 + H_2O$$

$$C_2H_4Cl_2 \longrightarrow C_2H_3Cl + HCl$$

$$C_2H_4 + HCl + 1/2O_2 \longrightarrow C_2H_3Cl + H_2O$$

11.7.1.3 清洁工艺

随着生产技术发展，结合乙烯氯化法和乙烯氧氯化法特点，进一步开发了具有先进水平的平衡法和联合法，其反应原理为：

$$C_2H_4 + Cl_2 \longrightarrow C_2H_4Cl_2$$

$$C_2H_4 + 2HCl + 1/2O_2 \longrightarrow C_2H_4Cl_2 + H_2O$$

$$2C_2H_4Cl_2 \longrightarrow 2C_2H_3Cl + 2HCl$$

$$2C_2H_4 + Cl_2 + 1/2O_2 \longrightarrow 2C_2H_3Cl + H_2O$$

其生产流程工艺如图 11-4 所示。

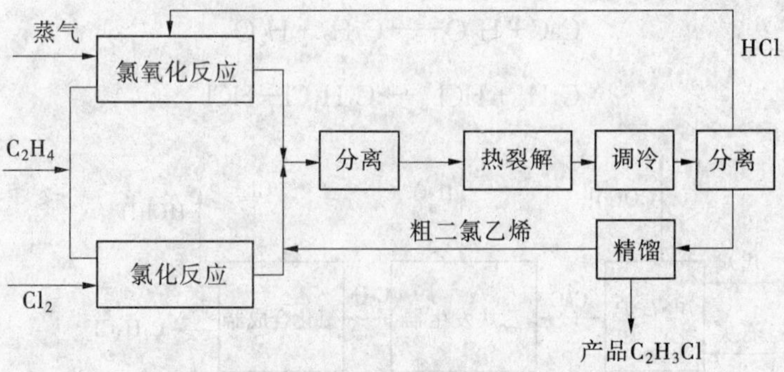

图 11-4 联合法生产氯乙烯工艺流程示意图

平衡法和联合法把副产物氯化氢(HCl)循环作为原料，实现氯的平衡，把氯气完全转化到产品中形成一条先进无三废污染的清洁生产工艺。从氯乙烯生产工艺的发展和变革可以看出,选择适宜的原料路线，发展先进的生产工艺，清洁生产是完全可以实现的。

11.7.2 黄磷炉尾气制甲酸清洁工艺

我国云南是磷矿资源大省，磷业是云南省支柱产业之一，解决一氧化碳的污染和综合利用具有极其重大的意义。云南又是煤资源极其丰富的大省,煤转化为合成气(CO、H_2)，从合成气出发生产一系列化工产品，将为云南化工提供新的发展领域。一氧化碳化学是近 40 年发展最快的学科之一，羰基合成反应、罗兰反应、雷佩反应、费托反应、一氧化碳加氢反应的发展，各种催化剂的研究成功，加速了碳一化工的工业化生产。碳一化工已经发展成为化工生产的重要产业。把碳一化工的发展和一氧化碳污染的治理有机结合起来，发展清洁生产工艺，从而形成两个学科的结合和发展，将为一氧化碳的治理和有机化工产业的发展带来新的活力。

11.7.2.1 传统工艺Ⅰ

甲酸是基本有机化工原料之一，广泛用于农药、皮革、医药、橡胶等工业生产。国内普遍采用甲酸钠法，其反应原理为：

$$CO + NaOH \longrightarrow HCOONa$$

$$2HCOONa + H_2SO_4 \longrightarrow 2HCOOH + Na_2SO_4$$

生产工艺流程见图 11-5。

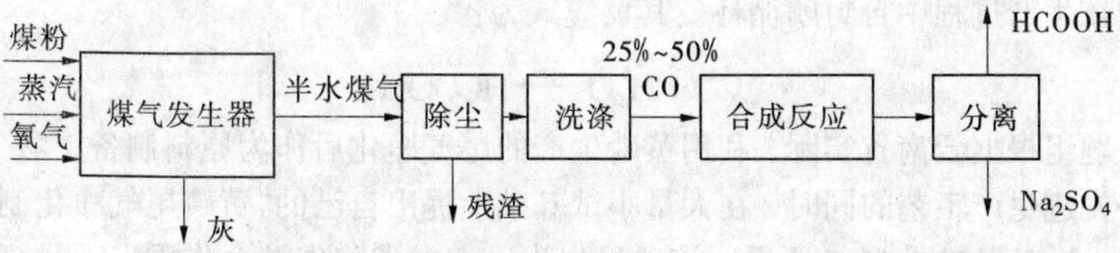

图 11-5 甲酸钠法生产甲酸工艺流程示意图

此法消耗量大、消耗定额高,1 t 甲酸要消耗将近 2 t 硫酸和烧碱,有大量的副产品硫酸钠及大量废渣产生。

11.7.2.2 **传统工艺Ⅱ**

70 年代国外研究发展甲酸胺法制甲酸，其反应机理为:

$$CO + CH_3OH \longrightarrow HCOOCH_3 \quad （羰基化反应）$$

$$HCOOCH_3 + NH_3 \longrightarrow HCONH_2 + CH_3OH \quad （甲酸胺化反应）$$

$$2HCONH_2 + H_2SO_4 + 2H_2O \longrightarrow 2HCOOH + (NH_4)_2SO_4 \quad （氨解反应）$$

生产工艺流程图见图 11-6。

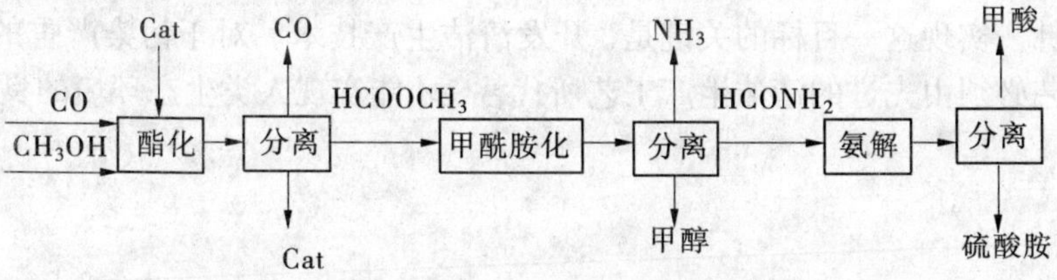

图 11-6 甲酰胺法生产甲酸工艺流程示意图

主要进行三个化学反应:甲醇羰基化反应生成甲酸甲酯;甲酸甲酯与氨反应生成甲酰胺;甲酰胺与稀硫酸反应获得甲酸和副产物硫酸胺。此法能耗、原料消耗大,工艺路线复杂,而且存在硫酸钠的销路问题,未必是十分经济的路线。

11.7.2.3 **清洁工艺**

80 年代初，美国 SD—Bethlbhem 公司、Leonazd 公司和西德 BASF 公司研究开发了甲醇羰基化合成甲酸甲酯，甲酸甲酯直接水解制成甲酸的生产新工艺。这是一条国际先进的清洁生产工艺，国内正处于研制阶段。利用净化后的一氧化碳原料，开辟新的化工生产领域，必须结合云南化工的生产实际，研究清洁生产工艺。据此，昆明理工大学环化系与北京大学共同研究开发了用一氧化碳羰基合成甲酸甲酯、甲酸甲酯水解制甲酸清洁生产工艺路线。此生产工艺反应原理为:

首先羰基化合生成甲酸甲酸:

$$CO + CH_3OH \xrightarrow[80\ ℃催化剂]{4.0\sim4.5\ MPa} HCOOCH_3$$

甲酸甲酯水解制得甲酸：

$$H_2O + HCOOCH_3 \xrightarrow{[H^+]} HCOOH + CH_3OH$$

甲酸在生产过程中自封闭循环。其反应式为：

$$CO + H_2O \longrightarrow HCOOH$$

该课题组根据云南省实际，利用黄磷生产的尾气净化后作为原料制备甲酸。在分析研究国外先进生产工艺的同时，在大量小试基础上提出自己的“黄磷尾气净化制甲酸”的生产工艺，其流程如图 11-7 所示。该项目列为云南省省院省校合作重点项目，项目的开发成功将为我国化工清洁生产工艺提供一个很好的范例。

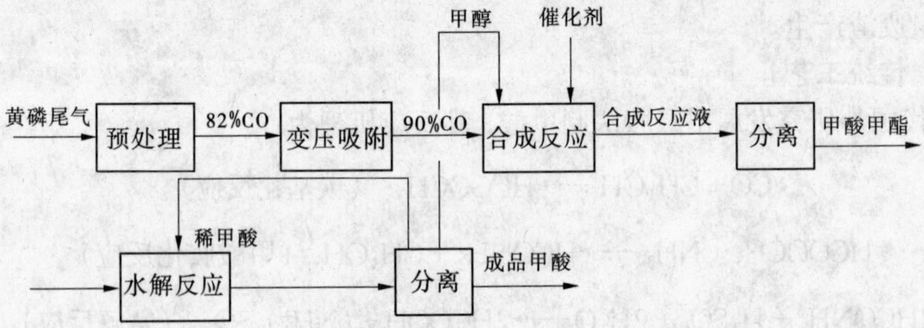

图 11-7　甲酸甲酯水解法生产甲酸工艺流程示意图

从上述两项清洁生产工艺的实例可以看出，坚持环境治理、保护环境，必须坚持治本的基本方针。实现这一目标的关键是，开发清洁生产技术。对于污染严重的工厂，产生污染的工艺必须由先进的清洁生产工艺所代替，才能实现人类生态环境的良性循环。

附录

附录一　发达国家设置的绿色化学奖项介绍

绿色化学的出现，为人类最终从化学的角度解决环境污染问题带来了希望。为了促进绿色化学的研究和实现人类社会的可持续发展，世界主要发达国家的化学会、环境保护部门和企业相继设立了绿色化学奖，但迄今为止，由于缺乏介绍，国内对绿色化学奖知之甚少。下面对国际的主要绿色化学奖进行介绍，希望能引起国内对发展绿色化学和设立绿色化学奖的重视。

1. 美国总统绿色化学挑战奖获奖项目介绍

总统绿色化学挑战奖于1995年由美国总统克林顿发起，1996年首次颁奖，每年一次，用来奖励在化学品的设计、制造和使用过程中溶入绿色化学的基本原则并在源头上减少或消除化学污染物卓有成效的化学家和企业。所设奖项包括更新合成路线奖、改进溶剂/反应条件奖、设计更安全化学品奖、小企业奖和学术奖共5项(见附表1-1～附表1-5)。总统绿色化学挑战奖对学术界、工业界和政府在内的所有个人、工作小组和组织开放，不管它是否以赢利为目的。但要求被提名的绿色化学技术必须在过去5年中在美国取得了显著的进展，例如进行了充分的研究，申请了专利或已经开始在工业上应用等。最后获奖者由美国化学会负责选出的一个评奖委员会决定，该委员会相对独立，不受外界因素的干扰，以保证评奖结果的客观、公正、有效。

总统绿色化学挑战奖是绿色化学产生后世界上设立的第一个绿色化学奖项，也是迄今为止世界上规模最大、水平最高、影响最为广泛的绿色化学奖，实际上也是在总统级别上为化学设置的唯一奖项。总统绿色化学挑战奖的设立为绿色化学在美国，乃至在全世界被广泛接受和迅速发展起到了巨大的推动作用。因此，该奖不仅在美国国内，而且也在世界上得到了广泛的认可，享有很高的声誉。

分析历年来的美国总统绿色化学挑战奖获奖项目，回顾10多年来的研究内容，不难发现，有以下几个方面值得我们关注：

(1)中国的化工企业界应加强向国外知名企业学习，加大科技投入，促进技术创新，必须意识到：经济效益和社会(环境)效益是可以“双赢”的，绿色化学是可以带来效益的。

(2)中国的化学、化工学术界应积极促进学科间的融合，特别是绿色化学与生物科学、生物技术的合作，实现学科间的“双赢”。

(3)政府应进一步加大在绿色化学方面的力度，仿效世界上的发达国家，争取早日设立中国自己的国家级“绿色化学奖”。

2. Hancock绿色化学纪念奖学金

Hancock博士是绿色化学和环境友好化学合成过程的最早倡导者之一，曾担任美国科学基金会化学部的负责人。1993年秋天，他在东欧参加一次环境化学会议时意外地逝世。Hancock博士在学术界、政府和工业部门的同事为缅怀他为绿色化学思想的传播和发展所做出的巨大贡献，于1997年创立了一年一度的Hancock绿色化学纪念奖学金。该奖在总统绿色化学挑战奖颁奖仪式上和总统绿色化学挑战奖一起颁发，以鼓励那些在绿色化学学习或研究中取得突出成绩的大学生或研究生。该奖学金由美国化学会提供赞助，由其下属的绿色化学研究所负责提名获奖候选人，最后的获奖者则由美国化学会环境化学部成员组成的一个评委会决定。

附表 1-1　更新合成路线奖

年份	获奖公司	获奖内容
1996	Monsanto 公司	不用 HCN 为原料，生产除草剂——氨基二乙酸钠
1997	BASF 与 Hoechst 合营公司	消炎药(ibuprofen)新工艺，原子利用率从 40%升至 80%
1998	FlexsysAmerica 橡胶制品公司	4－氨基二苯胺(4－ADPA)新工艺，用苯胺与硝基苯直接合成，不需加入氯或溴作氧化剂
1999	Lilly 实验室	抗痉挛药(anticonvulsion)新工艺，避免了大量溶剂使用和污染物产生，采用生物酶(gosacharomycesrouxii)固定化催化剂
2000	RocheColorado 公司	抗病毒药(gallcicloui)新工艺，将反应物和中间产物数量从 22 种降低至 11 种，气体排放减少 66%，固体废物减少 89%，4/5 中间产物可循环利用
2001	Bayer 和 BayerAG 公司	可生物降解的螯合剂——氨基二琥珀酸盐，100%无废物释放，用做助洗剂、漂白稳定剂、肥料添加剂等
2002	Pfizer 公司	开发了合成 Sertraline(重要药物 Zoloft 的有效成分)的新工艺，将原有的三步变为一步，大大减少了污染，提高了工人的安全性
2003	Sad—Chemie Inc. 公司	开发了固体氧化物催化剂合成的无废水工艺
2004	Bristol—Myer Squibb 公司	开发一种更为经济高效的 plant-cell 发酵技术替代了原先的半合成路线制取抗癌药品 Taxol(paclitaxel)
2005	Archer Daniels Midland 和 Novozymes 公司	联合利用一种特殊的脂肪酶 Lipozyme ○R，通过酶法酯交换反应，从植物油制取低反式脂肪和油脂含量的制品
2006	Merck 公司	设计 Aprepitant (神经激肽－1 拮抗剂) 新合成路线 开发出一条由 β 氨基酸制备 JanuviaTM 的活性成分的新颖的绿色合成路线

附表 1-2　改进溶剂/反应条件奖

年份	获奖公司	获奖内容
1996	Dow 化学公司	用 CO_2 代替氟氯烃作苯乙烯泡沫塑料发泡剂
1997	Imation 公司(明尼苏达州)	发明光热法曝光胶片，显影只需加热，称 Dryview 技术，不需化学显影、定影
1998	阿贡国家实验室	高效高选择性乳酸酯工艺，可代替各种溶剂用量的 80%，目前美国此类溶剂用量为 380 万 t
1999	NacloChem. CO.	开发带电聚丙烯酰胺的水基生产过程，用于废水处理除去悬浮固体及污染物
2000	BayerCorp. Pittsburgh	开发了两组分水性多羟基化合物涂膜技术
2001	Novozymes 公司	利用果胶裂解酶进行棉纤维润湿脱脂 Biopreparation 工艺，纺织厂节水 30%～50%
2002	CargillDowLLC 公司	开发了一种 NatureWorksTMPLA(聚乳酸)的绿色生产工艺，产率高，不用有机溶剂。PLA 可降解，由可再生资源制备，可替代传统的石化制品
2003	DuPont(杜邦)公司	利用可再生资源经生物催化生产 1,3－丙二醇
2004	巴克曼实验室国际有限公司	开发了一种优化酶配方溶液替代有机溶剂，用于纸回收利用设备上清除堆积的黏性物质
2005	BASF 公司	开发了一种紫外光可固化的、单组分、低挥发性有机物的汽车修补底漆
2006	Codexis 公司	采用先进的基因技术开发了一种酶基过程

附表 1-3 设计更安全化学品奖

年份	获奖公司	获 奖 内 容
1996	Rohm&Haas 公司	环境友好海洋生物防腐剂，用于船舶表面防海洋动植物附着，选出 4,5－二氯 2－正辛基 4－异噻唑啉－3－酮(DC01)代替三丁基氧化锡(TBTO)
1997	Albright&wilson 公司	开发四羟甲基硫酸磷(THPS)杀生物药剂，它有良性毒理，选择毒性(对人体毒性小)
1998	Rohm 和 Haas 公司	开发二酰基肼杀虫剂(Confirm)，除毛虫外对所有生物无害
1999	Dow AgrosciencesLLC	开发 Spinosad 高选择性，环境友好杀虫剂，对毛虫、苍蝇有害，而不影响益虫，环境中不累积，不挥发
2000	Dow Agrosciences	开发 hexaflum 白蚁诱饵，抑制昆虫角质素合成，使其在脱皮时死亡，为低害杀虫剂
2001	PPG 工业集团	把阳离子电沉积油漆用于汽车工业，用钇(在地壳中比铅丰富)代替铅、铬、镍而抗腐蚀性强
2002	ChemicalSpecialties 公司	采用环境友好的碱式四元铜盐(ACQ)替代有毒害性的铬砷合剂(CCA)作为木材防腐剂
2003	Shaw Industries Inc. 公司	开发了 EcoWorx(tm)地毯片
2004	美国的恩格哈德公司	发明了一种 Rightfit 含氮颜料替代了重金属基无机颜料，用于塑料容器的着色
2005	Archer Daniels Midland 公司	开发一种非挥发性、反应活性的聚结剂，大大降低了乳胶涂料中挥发性有机物
2006	S. C. Johnson & Son 公司	研发出了 GreenlistTM 系统，该系统用来评估其产品中各成分对环境和人类健康的影响，并指导消费品配方的改进

附表 1-4 小企业奖

年份	获奖公司	获 奖 内 容
1996	Donlar 公司	开发 2 种生产热聚天门冬氨酸代替聚丙烯酸，它可被生物降解
1997	Legacy System 公司	开发冷却臭氧过程，除硅晶片上有机物，清洁蚀刻电路板，代替溶剂清洗
1998	Pyrocool 技术公司	推出 PyrocoolFEF 灭火剂和制冷剂，环境友好产品
1999	Biofine 公司	废纤维素转化成乙酰丙酸新技术，用于处理造纸废物、垃圾、废纸、废木材，产率可达 70%～90%，可代替双酚 A 用于高分子材料(双酚 A 破坏内分泌系统)
2000	Revlon 公司	发明 Enbirogluv 玻璃印花技术，原料不含重金属，成分有生物降解性，美观耐久
2001	EDEN 生物子公司	Harpin(无毒性蛋白质)技术，用于激发植物自然分泌防御系统，抗病虫害，已批准使用的 Messenger 产品已由 40 多种农作物证明有效
2002	SCFluids 公司	超临界 CO_2 用于半导体工业中光致抗蚀剂的去除技术
2003	AgraQuest Inc. 公司	开发了一种高效、环境友好的生物杀真菌剂 Serenade(r)
2004	Jeneil Biosurfactant 公司	开发了一种商业化发酵工艺生产鼠李糖脂的生物表面活性剂，该种生物表面活性剂同由石油产品而来的表面活性剂相比具有更低的毒性
2005	Metabolix 公司	利用生物技术合成天然塑料
2006	Arkon 和 NuPro 技术公司	联合开发了苯胺印刷工业中对环境安全的溶剂和循环利用方法

附表 1-5　学术奖

年份	获奖公司	获奖内容
1996	TaxasA&M 大学 M. Holtzapple 教授	把废生物质转化为饲料、化学品与燃料(用石灰水或高压低温液氨处理纤维素,使其膨化,再酶降解)
1997	北卡罗来纳大学 J. M. Desimone 教授	开发能溶于 CO_2 的表面活性剂,用于微电子和光谱清洗
1998	斯坦福大学 Trost 教授	创立"原子经济"概念
1999	Carnegie Mellon 大学 Collins 教授	发展了一系列 Fe(Ⅲ)配位化合物(TAML 活性剂)增强过氧化氢的氧化能力低温下(55 ℃)活化 H_2O_2 漂白木浆
2000	Scripps 研究所的 Chihuey Wong 教授	开发了不可逆的酶催化的酯转化反应,用于药品生产
2001	Tulane 大学 Chao JunLi(李朝军)教授	发展了"准自然"催化作用,开发在空气和水中应用的过渡金属催化剂,用于以水为溶剂的多种合成反应
2002	Pittsburgh 大学 EricJ. Beckman 教授	建立了一种简单的模式,可以用来筛选能以低压 CO_2 做溶剂的有机物质,从而拓宽 CO_2 的应用领域
2003	Polytechnic University(私立大学)Richard A Gross 教授	温和、选择性聚合的新选择——脂肪酶催化聚合,所开发的脂肪酶降低了聚合反应活化能,故减少了能量消耗
2004	乔治亚技术学院的化学工程教授 Charles A. Eckert 和化学教授 Charles L. Liotta	开发了环境友好的超临界 CO、近临界水和 CO 扩大的流动系统来替代一系列化学反应和分离过程中的溶剂
2005	Alabama 大学的 Rogers 教授	建立了一种用离子液体溶解和处理纤维素制备新型材料的平台策略
2006	Missouri-Columbia 大学 Galen J. Suppes 教授	从天然丙三醇合成出生物基的丙二醇和多元醇的单体

3. Joseph Breen 绿色化学领导奖和 Joseph Breen 纪念联谊会员奖

Joseph Breen 是美国绿色化学研究所的首任负责人,他被认为是世界范围内绿色化学运动的领导人,Joseph Breen 绿色化学领导奖和 Joseph Breen 纪念联谊会员奖就是为表彰他为绿色化学发展所做出的杰出贡献而设立的。其中,Joseph Breen 绿色化学领导奖为绿色化学研究、教育等活动提供资金,以促进绿色化学,尤其是绿色化学教育的发展。它鼓励的绿色化学活动包括:绿色化学教育书籍、音响制品和其他相关资料的开发和购买;绿色化学客座兼任教师的聘请;绿色化学会议的举办,专题论文集的出版;捐赠设备的运送、安装和相关人员的培训;大学生组织的绿色化学研究会和其他同绿色化学有关的活动等。可见,该奖的重点放在促进青年学生的绿色化学教育上, 目的是培养未来的绿色化学家和领导人。

2000 年,Joseph Breen 纪念联谊会员奖由美国绿色化学研究所和美国化学会共同设立,而 Joseph Breen 纪念基金由美国化学会通过其国际捐赠基金筹措。奖励基金主要用来鼓励至少一位年轻的国际青年学者参加绿色化学技术会议或培训项目,获奖者将自动成为 Joseph Breen 纪念联谊会会员。被资助者必须是对绿色化学研究和教育有浓厚兴趣的大学生、研究生或是职称在助理教授以下的青年教师。这对我国杰出的青年绿色化学工作者来说也是一个难得的机遇。

4. 英国绿色化学技术奖和英国绿色化学优胜奖

英国绿色化学技术奖由 the CRYSTAL Green Chemi. cal Technology Faraday Partnership 在 2002 年发起,并由绿色化学网负责管理。该奖每年颁发一次,奖给两个英国公司,但要求其中至少有一个公司是中小企业,获奖者将得到奖品和获奖证书。获奖者将被要求在有大量工业界佳宾出席的颁奖晚会上介绍他们的出色工作并给世界上第一份集中报道绿色化学领域最新原创性研究成果和评论性文章的《绿色化学》杂志递交一份论文。被提名的绿色化学技术要满足以下条件：不仅要从源头上减少废物的产生，还要减少化学产品进入环境中潜在的毒性、可燃性和易爆性；采用可更新的原料；改善了过程的能量效率或其他方面的有效利用；在化学制造业或其他社会部门中应用面广，技术容易转移；原创型技术，有很高的科学价值；在过去的5年中取得了重要的技术进展或已经工业化；被提名的公司在英国有很强的制造或研究能力等。

英国绿色化学优胜奖由英国化学会、Salters公司和Jerwood慈善基金会于2000年共同发起，设Jerwood和Salters环境奖、工业奖和中小企业奖三项，迄今已经颁发了三届。获奖者的资格由英国化学会和Salters公司指定的专家委员会认定。

5. AstraZeneca绿色化学和工程奖

AstraZeneca绿色化学和工程奖是IChemE环境奖中10种奖项之一，该奖由英国化学工程师协会等30个组织共同发起，奖项设置会根据实际情况的变化进行适时的调整，其中针对绿色化学和工程进行奖励的AstraZeneca奖今年刚刚设立，由英国Entec发起，用来奖励那些从源头上减少或消除污染，融合了跨学科的方法并且具有很强生命力的化学产品新生产过程的设计、发展和使用。

6. 澳大利亚化学会绿色化学挑战奖

澳大利亚化学会绿色化学挑战奖由澳大利亚化学会在1999年设立并首次颁奖，用来奖励和促进那些通过从源头上减少污染来实现污染防止并在工业上有广泛应用价值的基本革新方法，同时也对在绿色化学教育上做出贡献的个人、团体或社会组织进行奖励。奖励种类包括：小企业奖、学术或政府机构奖、绿色化学教育奖。小企业在这里指企业(包括其附属的公司和母公司)在澳大利亚国内外的年销售额不超过1 000万美元。被提名的绿色化学技术要在更新合成路径、改进反应条件或替代安全化学产品设计三个领域中至少一个领域有所建树，并在过去的5年中要有显著的进展。如进行了充分的研究、应用或专利申请等。澳大利亚化学会绿色化学挑战奖评选委员会的专家由澳大利亚化学会选出，成员包括科技界、工业界、政府部门、教育和环保部门的代表。

7. 意大利保护环境大学化学联盟奖励计划

意大利保护环境大学化学联盟(INCA)由意大利30所大学的代表组成，该组织主要讨论用于环境保护的化学计划并拟订联盟的研究和教育计划。1999年2月22日，INCA发起了一项对采用绿色化学/清洁化学生产过程对工业做出贡献进行奖励的计划，该计划是每年一次在威尼斯举行的INCA会议议题的一部分。自此，意大利成为响应经济合作与发展组织(OECD)工作组1998年可持续发展化学报告并正式实施奖励计划的第一个OECD国家，该报告是基于美国总统绿色化学挑战奖的成功经验而建议OECD成员国设立的。

8. 日本的绿色和可持续发展化学奖

在参照美国总统绿色化学挑战奖的成功经验并响应经济合作与发展组织(OECD)工作组建议成员国设立绿色化学奖项提议的基础上，日本绿色和可持续发展化学奖由2002年成立的日本绿色和可持续发展化学网(GSCN)发起，每年评选一次，2002年4月首次颁奖。例如，2003年3月颁发的第二届日本绿色和可持续发展化学奖共有三项：通产省长官奖授予AsahiKasei公司的Fukuoka等人，环保省长官奖授予ZEON公司的Yamada等人，文部省长官奖授予Nago-ya大学工程研究生院的lshihara。

从上面介绍的绿色化学奖的设置情况来看，英国、意大利、日本和澳大利亚等国家的绿色化学奖均参照了美国总统绿色化学挑战奖的成功经验，都强调应用Anastas等人提出的绿色化学12条基本原则，从源头上减少或消除化学品设计、制造或使用过程中有害物质的使用或产生；注重这些新型绿色化学技术的工业化和在不同工业部门之间有广泛的适用性；除美国总统绿色化学挑战奖之外，绝大多数奖项对促进绿色化学教育活动，尤其是对培养未来的绿色化学工作者和促进教育界、工业界和政府的绿色化学意识非常重视。我国目前还没有设置绿色化学奖，建议化学界、环保界、政府和全社会共同努力，推动设立我国的绿色化学奖，为促进绿色化学研究和实现人类社会的可持续发展作出应有的贡献。

附录二　可持续发展的由来、内涵及其基本思想

20世纪以来，特别是第二次世界大战之后，许多国家相继走上了以工业化为主要特征的发展道路。人类在创造现代工业文明的同时，对发展的内涵却步入了认识的误区，一味滥用赖以支撑经济发展的自然资源和生态环境，使地球资源过度消耗，生态急剧被破坏，环境日益恶化，社会实际福利水平下降，人与自然环境的关系出现了空前紧张。当前世界上无论是发达国家还是发展中国家都被迫理性地探索新世纪发展模式和发展战略，试图改变往日以牺牲生态环境盲目追求经济增长的模式，寻求一条既能保证经济增长和社会发展，又能维护生态良性循环的全新发展道路。"可持续发展"战略正是在这一背景下提出的。

1. 可持续发展战略的提出和由来

历史把人类推到了必须从工业文明走向现代文明的发展阶段，在固有的思想观念和思维方式受到强大的冲击、传统发展模式面临严峻挑战的形势下，可持续发展思想正是在环境和发展理念不断变化和更新中逐步形成的。

"可持续性"最初应用于林业和渔业，是指保持林业和渔业资源延续不断使用的一种管理措施。西方一些经济学家在较早时期就认识到人类消费的物资限制，即人类经济活动存在着生态边界。

20世纪，随着环境污染日益加重，特别是西方发达国家公害事件的不断发生，环境问题频频困扰人类。20世纪50年代末，美国海洋生物学家蕾切尔·卡逊(Rachel Carson)在研究美国使用杀虫剂所产生的危害之后，于1962年发表了环境保护著作《寂静的春天》。作者向世人呼吁，我们长期以来行驶的道路，容易被人误认为是一条可以高速前进的道路，这条道路的终点却潜伏着灾难，而另外的道路则为我们提供了保护地球的最后唯一的机会。另外的道路究竟是什么样，作者没有明确说明，但她的思想在世界范围内，较早地引发了人类对自身的传统行为和观念进行比较系统和深入的反思。

1968年，世界各国几十位科学、教育和经济界学者成立一个非正式的国际协会——罗马俱乐部，负责研究人类面临的社会、经济和生态环境问题，并在深入了解和分析的基础上，提出能扭转不利局面的新观点和政策。受该俱乐部委托，1972年美国麻省理工学院梅多斯(Dennis L. Meadows)发表一篇学术研究报告《增长的极限》。作者认为：由于人口的增长、粮食生产、工业发展、资源消耗和环境污染这5类基本因素的运行是指数增长，而非线性增长，全球的增长将会因为粮食短缺和环境破坏于下个世纪某个时期达到极限。地球的支撑力将会达到极限，经济增长将发生不可控制的衰退。因此，要避免超越地球资源的极限而导致世界崩溃的最好方法是限制增长，即零增长。

作者的论点发表后，引发了广泛的学术之争，并遭受到一些批评和责难。但作者的观点所表现出对人类前途的"严肃的忧虑"以及唤起人类自身的觉醒，其积极意义是不能否定的。他所阐述的"合理的、持久的均衡发展"为孕育可持续发展的思想萌芽提供了基础。

1972年，联合国人类环境会议在斯德哥尔摩召开，共同讨论环境对人类的影响。大会通过了《人类环境宣言》。它向全球呼吁：我们在决定世界各地行动时，必须更加谨慎地研究它们对环境产生的后果，由于无知或不关心，我们可能给生活和幸福所依靠的地球环境造成巨大和无法挽回的损失。因此，保护和改善人类环境是关系到全世界人民的幸福和经济发展的重要问题，这是各国政府的责任，也是人类的目标。

作为探讨保护全球战略的第一次国际会议的意义，在于它唤起了各国政府共同对环境问题的关注和觉醒，吹响了人类共同向环境问题的挑战的号角。人们的环境意识在广度和深度上都向前迈进了一步，这为可持续发展理论的研究和战略的提出，奠定了重要的思想基础。

1983年3月，联合国成立了世界环境与发展委员会(WCED)。该委员会于1987年向联合国大会提交了研究报告《我们共同的未来》。在这份报告中，首次提出"可持续发展"的概念。报告深刻指出，在过

去，我们关心的是经济发展对生态环境的影响；而现在，我们正迫切感受到生态的压力对经济发展所带来的重大影响。因此，我们需要有一条新的发展道路，这条道路不是一条仅能在若干年内、在若干地方支持人类进步的道路，而是一直在遥远的未来都能支持全球人类进步的道路，即“可持续发展道路”。这一鲜明科学的观点，把人们从单纯考虑环境保护引导到把环境保护与人类发展密切结合起来，实现了人类有关环境与发展思想的重要飞跃。

20世纪80年代以来，国际社会关注的热点已由单纯注重环境问题逐步转移到环境与发展两者的关系上来。在这一背景下，1992年6月，联合国在巴西里约热内卢召开了环境与发展大会（UNCED）。会议通过了《里约环境与发展宣言》。它包括两部分，即《地球宪章》和《21世纪议程》两个重要文件。前者是开展全球环境与发展领域合作的框架性文件，是为了保护地球永恒的活力和整体性，建立一种新的、公平的全球伙伴关系的“关于国家和公众行为的基本准则”的宣言，它提出了实现可持续发展的27条基本原则。后者是全球范围内可持续发展的行动计划，它旨在建立21世纪世界各国在人类活动对环境产生影响的各个方面的行动规则，为保障人类共同未来，提供一个全球性措施的战略性框架。从此，可持续发展得到了世界最广泛和最高级的政治承诺，人类对环境与发展的认识提高到一个新的阶段。这次会议为人类高举可持续发展旗帜、走可持续发展之路发出了总动员，使人类向新的文明时代迈出了重大的一步。

2. 可持续发展定义及其基本思想

可持续发展战略作为一个全新理论体系，正在逐步完善和形成。各个学科从各自角度对可持续发展进行了不同的阐述，尽管尚未有一个统一的定义，但其基本思想大体上取得一致看法。

(1)可持续发展的定义

可持续发展的概念可做如下表述：即满足当代人的需要，又不对后代人满足其自身需求的能力构成危害的发展。其具体含意为：

国际之间要有一个公平环境和支援性的国际环境，从而促进各国，特别是发展中国家的经济持续增长与发展，这对环境的良好管理具有很重要的意义。

维护、合理使用自然资源并加强自然资源基础，这种基础支撑着生态环境的良性循环及经济增长。因而，在发展计划和政策中，必须认真、负责地考虑环境的因素。

它的基本思想主要包括四个方面：

第一，从自然领域来看，人类要发展，要满足人类发展的需求，但又不能损害自然界支持当代人和后代人的生存能力。它主要指自然资源及其开发利用程度间的平衡。它是寻求一种最佳生态系统以支持生态的完整性和人类愿望的实现，使人类的生存环境得以持续。

第二，从社会领域来看，可持续发展是在生存不超出维持生态系统涵容能力的情况下，提高人类生活质量。它的最终目标是人类社会的进步，改善人类生活质量，创造美好的生活环境，提高人类健康水平，合理开发、利用资源，创造一个保障人们平等、自由的发展环境。

第三，从经济领域来看，可持续发展核心是经济发展，但这里已不是传统意义上的以牺牲资源和环境为代价的经济发展，而是不降低环境质量和不破坏世界资源基础的经济发展。在保护自然资源质量和其所能提供服务的前提下，使经济发展的净利益增加到最大限度。当发展能够保证当代人福利增加时，也不应使后代人福利减少。

第四，从科技领域来看，可持续发展就是转向更清洁、更有效的技术，尽可能接近“零排放”的工艺方法；尽可能减少能源和其他自然资源的消耗，建立极少产生废料和污染物的工艺和技术系统。因为，污染并不是工业活动不可避免的结果，而是技术水平差、效率低的表现。

(2)可持续发展的目的

综上所述，可持续发展是从环境和自然资源角度提出的关于人类长期发展的战略模式，并不是一般意义上所指在时间和空间上的连续，而是特别强调环境承载能力和资源的永续利用对发展进程的重要性和必要性。它的基本目的是：

第一，鼓励经济增长。可持续发展的目的就是保证经济稳定的增长，通过经济增长提高人民的福利，增强国力和社会财富。可持续发展不仅重视经济增长数量，更要追求经济增长的质量。数量的增长是有限的，依靠科技进步，提高经济活动中的效益和质量，采取科学的经济增长方式才是可持续的。可持续发展要求审视如何实现经济增长，改变传统的以"高投入、高消耗、高污染"为特征的生产模式和消费模式，实现清洁生产，减少经济活动对环境造成的压力。环境退化的原因产生于经济活动，其解决办法也必须依靠于经济活动的过程。

第二，资源的永续利用和良好的生态环境。经济和社会的发展不能超越资源和环境的承受能力。可持续发展是以自然资源为基础，同生态环境相协调。它强调发展是有限制条件的，没有限制的条件就不能可持续发展。要实现可持续发展，必须使自然资源耗竭的速率低于资源再生的速率，必须通过转变发展模式，从根本上解决环境问题。如果在发展经济和贸易的决策中能将环境的问题考虑进去，可持续发展的目的就能达到；否则，必将适得其反。

第三，谋求社会的全面进步。世界各国的发展阶段和目标可以不同，但发展的本质应当包括改善人类生活质量，提高人类健康水平，创造一个保障人们平等、自由的社会环境。可持续发展应视为经济发展是基础，自然生态保护是条件，社会进步是目的。这三则又是一个相互影响的综合体，只要在每一个阶段都能保持与经济、资源、环境的协调，这个社会就符合可持续发展的要求。

总的概念，可持续发展就社会观而言，主张从长计议，公平分配，既满足当代人又满足后代人的基本需求；就经济观而言，主张建立在保护地球自然系统基础上的可持续经济发展；就自然观而言，主张人类与自然和谐相处。

参考文献

[1] 徐汉生.绿色化学导论[M].武汉:武汉大学出版社,2002.
[2] 李朝军,王东.译.绿色化学理论与应用[M].北京:科学出版社,2002.
[3] 沈玉龙,魏利滨,曹文化,等.绿色化学[M].北京:中国环境科学出版社,2004.
[4] 闽恩泽,傅军.绿色化学的进展[J].化学通报,1999(1):10.
[5] 蔡卫权.发达国家设置绿色化学奖项[J].中国环保产业,2003(5):40.
[6] 蔡卫权.绿色化学新进展——2003年日本绿色和可持续发展化学奖[J].化学教学,2004(3):30.
[7] 纪红兵,佘远斌.绿色氧化剂和还原剂[M].北京:中国石化出版社,2005.
[8] 陈诵英,等.环境友好催化[M].杭州:浙江大学出版社,1999.
[9] 周云.浅议合成化学中的原子经济[J].化学教育,2003(10):35.
[10] 陆熙炎.绿色化学与有机合成及有机合成中的原子经济性[J].化学进展,1998,10(2):123.
[11] 闵恩泽,吴魏.绿色化学与化工[M].北京:化学工业出版社,2001.
[12] 贡长生,张克立.绿色化学化工实用技术[M].北京:化学工业出版社,2002.
[13] 王静康,龚俊波,鲍颖.21世纪中国绿色化学与化工发展的思考[J].化工学工,2004(12):1945.
[14] 黄培强,高景星.绿色合成:一个逐步形成的学科前沿[J].化学进展,1998,10(3):226.
[15] 臧洪俊,李正名,王宝雷.固态有机合成反应进展[J].2003,23(10):1058.
[16] 许家喜,麻远.液相组合化学[J].化学通报,2002(3):145.
[17] 刘刚,孙海荣,金碧辉.组合化学[J].中国基础科学,2005(4):9.
[18] 陈心,罗素兰,张本,等.多肽固相合成的研究进展[J].生物技术,2006,16(1):81.
[19] 戴立信,金碧辉.催化不对称合成[J].中国基础科学,2005(3):15.
[20] 汪秋安,麻秋娟,汤建国.不对称催化合成技术及其最新进展[J].工业催化,2003,11(5):1.
[21] 陈建,王惠玲.声化学应用研究进展综述[J].淮北煤师学院学报,1997,18(4):77.
[22] 周文华,杨辉荣,方岩雄.有机电合成技术进展[J].辽宁化工,2003,32(4):175.
[23] 张小琴,潘湛昌,杨文霞.手性化合物及其电合成进展[J].河北化工,2003(4):1.
[24] 贾志谦,刘忠洲.膜化学反应器及其应用进展[J].化工进展,2002,21(8):548.
[25] 杜长海,吴树新,高伟民,等.膜催化技术的研究进展[J].长春工业大学学报,2003,24(1):19.
[26] 吴雪妹.膜催化反应器及其应用研究[J].浙江化工,2002(4):12.
[27] 高利珍,李基涛,万惠霖,等.膜反应器-化学-化工-材料科学发展中的机遇[J].科技导报,1997(3):35.
[28] 潘乐.绿色催化剂的应用及进展[J].黄山学院学报,2005,7(3):42.
[29] 赵忠奎,李宗石,王桂茹,等.杂多酸催化剂及其在精细化学品合成中的应用[J].化学进展,2004,16(4):620.
[30] 许林,胡长文,王恩波.杂多酸型催化剂的研究进展[J].石油化工,1997,26(9):632.
[31] 张小明,张兆荣,索继栓,等.钛硅分子筛催化剂的研究进展[J].分子催化,1997,11(3):230.
[32] 魏彤,王谋华,魏伟,等.固体碱催化剂[J].化学通报,2002(9):594.
[33] 李向召,江琦.固体碱催化剂研究进展[J].天然气化工,2005,30(1):42.
[34] 雷经新,石秋杰.固体碱催化剂在有机合成中的应用及进展[J].化工时刊,2005,19(2):49.
[35] 王浮,崔昌亿,谭乃迪.固体超强碱催化剂在有机合成中的应用[J].吉化科技,1997,5(3):5.
[36] 曾成华.负载型金属催化剂的研究进展[J].攀枝花学院学报,2006,23(2):110.
[37] 纪红兵,钱宇.清洁氧化反应关键技术基础研究的进展[J].自然科学进展,2004,4(2):132.

[38] 刘鹏,郑建华.分子氧选择性氧化醇类的研究进展[J].化学研究与应用,2003,15(3):311.
[39] 李长辉,李容,郑国钧,等.催化分子氧氧化醇类的研究进展[J].化学试剂,2005,27(8):459.
[40] 侯为国.臭氧技术应用研究[J].医药工程设计杂志,2000,21(6):255.
[41] 皮运正,王建龙.臭氧氧化水中4-氯酚的机理和反应途径[J].中国科学B辑化学,2006,36(1):87.
[42] 纪红兵,罗思睿,宋军,等.过氧化氢在液固相绿色氧化反应中的应用[J].有机化学,2004,24(5):572.
[43] 林道汉,许绍权.绿色氧化剂过氧化氢[J].化学教育,2000(10):1.
[44] 胡长诚.过氧化氢在环境保护方面的应用[J].无机盐工业,2005,37(4):50.
[45] 夏庆余,方熠,吴挡兰,等.绿色氧化剂高铁酸盐的制备与应用[J].化工进展,2005,24(3):542.
[46] 宋华,王宝辉.绿色合成氧化剂高铁酸盐[J].化学通报,2003(4):252.
[47] 宋华,王宝辉,张娇静.用绿色氧化剂高铁酸钾相转移催化氧化苯甲醇[J].化学通报,2006(3):220.
[48] 刘志.芳基炔基碘盐在有机合成中的应用研究[D].杭州:浙江大学,2004.
[49] 谢媛媛.二芳基碘盐在有机合成中的应用研究[D].杭州:浙江大学,2003.
[50] 王枫岩.芳基烯基碘盐在有机合成中的应用研究[D].杭州:浙江大学,2004.
[51] 黄冠.配体铬(Ⅵ)试剂的氧化性能研究[D].新乡:河南师范大学,1997.
[52] 贡辉.无污染稳定配体铬(Ⅵ)/载体试剂的氧化性能研究[D].新乡:河南师范大学,1999.
[53] 柴兵.无污染稳定配体铬(Ⅵ)/载体试剂的氧化性能研究[D].新乡:河南师范大学,2000.
[54] 李汝雄,王建基.绿色溶剂——离子液体的制备与应用[J].化工进展,2002,21(1):43.
[55] 李汝雄,王建基.离子液体的热物理性质研究进展[J].北京石油化工学院学报,2005,13(3):20.
[56] 赵喜芝,李晓霞.水——有机化学中的绿色介质[J].化学工程师,2004,101(2):37.
[57] 闵江马,付时雨.离子液体的合成与功能化设计[J].广州化学,2005,30(3):39.
[58] 邵媛,邓宇.离子液体的应用研究进展[J].精细化工中间体,2005,35(6):14.
[59] 张玉芬,乔聪震,张金昌,等.离子液体——环境友好的溶剂和催化剂[J].化学反应工程与工艺,2003,19(2):164.
[60] 梁红玉,宫红,姜恒.离子液体——未来化学工业中的绿色溶剂[J].当代化工,2002,31(1):60.
[61] 李庆,涂敏端.超临界流体的应用[J].成都大学学报(自然科学版),2001,20(4):11.
[62] 赵美丽,刘太昂,谭桂霞.超临界流体技术的应用研究进展[J].山东师范大学学报(自然科学版),2003,18(4):34.
[63] 康锋,吕惠生,张敏华.超临界水在化工领域中的应用[J].河北工业科技,2004,21(2):41.
[64] 刘永,周家华,王保金,等.超临界水氧化技术[J].化工科技,2002,10(3):46.
[65] 阮新,曾健青,张镜澄.在超临界 CO_2 流体中的化学反应[J].有机化学,1998,18(3):282.
[66] 李金恒,贾兰齐,江焕峰.超临界二氧化碳介质中的过渡金属催化反应[J].有机化学,2000,20(3):293.
[67] 赵喜芝,李晓霞.水——有机化学中的绿色介质[J].化学工程师,2004,101(2):37.
[68] 张淑芬,杨锦宗.生物质精细化学品的发展机遇[J].现代化工,2006,26(4):1.
[69] 刘伟,张天胜.精细化工行业的清洁生产与可再生原料的利用[J].化工环保,2004,24:428.
[70] 王光明.绿色精细化工原料的新进展[J].化学工程师,2005,12(1):43.
[71] 沈继军,李德荣.绿色化学原料碳酸二甲酯在农药合成中的应用[J].化工中间体,2006(4):7.
[72] 张萍.碳酸二甲酯对绿色化学的贡献[J].连云港职业技术学院学报,2000,13(1):36.
[73] 闰慧芳,李好管.碳酸二甲醋(DMC)生产、技术进展及应用开发[J].煤化工,2001(4):6.
[74] 方云进,肖文德.绿色工艺的原料——碳酸二甲酯[J].化学通报,2000(9):19.
[75] 周家贤.二氧化碳开发利用综述[J].化工设计,2004,14(4):7.
[76] 肖稳发,邝生鲁.二氧化碳在化学合成上的研究进展[J].化学研究与应用,2000,12(3):238.

[77] 贾彦雷,许文,刘家祺.二氧化碳的化学利用[J].天然气化工,2004,29(3):54.
[78] 徐俊,张军营,潘霞,等.二氧化碳储存技术的研究现状[J].煤炭转化,2005,28(3):80.
[79] 沈玉梅,施敏.二氧化碳固定研究的最新进展[J].有机化学,2003,23(1):22.
[80] 马新宾,张震,石海峰,等.碳酸二乙酯的合成方法[J].化学通报,2003(8):528.
[81] 陈炜平.精细化学品的绿色化进展[J].海南大学学报自然科学版,2002,20(1):77.
[82] 向东,张根保,汪永超,等.绿色产品的基本概念与评价方法[J].机械设计,2000(3):7.
[83] 田宏哲,阎圣刚,姚卫东.精细化学品的催化氧化与绿色化学[J].辽宁化工,2002,31(1):472.
[84] 朱蓓丽.环境工程概论[M].北京:科学出版社,2001.
[85] 宫自强,季福坤.新世纪的绿色环保能源[J].现代物理知识,2001(3):28.
[86] 李锦堂.太阳能利用 100 年[J].太阳能,1999(4):2.
[87] 高飞.绿色能源之风能[J].电器工业,2002(9):47.
[88] 王志涛,王宝辉,冯进来,等.氢能制备技术发展概况[J].油气田地面工程,2004,23(7):33.
[89] 魏名山,马朝臣.生物柴油的研究和应用进展[J].能源研究与信息,2003,19(1):10.
[90] 二十一世纪呼唤绿色能源[J].世界环境,2004,(4):22.
[91] 柯为.大力发展生物质能及其产业化[J].生物工程学报,2005(5):813.
[92] 王传昆.我国海洋能资源开发现状和战略目标及对策[J].动力工程,1997(5):72.
[93] 庞晶,宋洁尘.绿色水电开发与环境保护的创新思考[J].生态经济,2006(3):86.
[94] 水春林.水电开发呼唤科学发展观[J].瞭望,2004(41):39.
[95] 樊启祥.西部水力资源开发要坚持可持续的发展观[J].中国三峡建设,2004(2):5.
[96] 王平洋.西电开发与绿色电网[J].电力系统自动化,2001(8):1.
[97] 李晓明.水电:潜力巨大的绿色能源[J].中国投资,2005(12):33.
[98] 闵恩泽,傅军.绿色化工技术的进展[J].化工进展,1999(3):5.
[99] 王保国,舒小芹,许锡恩.化工生产过程中的废物最小化[J].化工进展,1999(1):15.
[100] 赵智元.黄河三角洲上的绿色化工[J].山东化工,1999(6):43.
[101] 段启伟,闵恩泽,何鸣元.绿色技术在石油化工中的应用研究进展[J].石油化工,2000,29(7):530.
[102] 谭天伟.绿色化学与化工的原理及应用.Ⅲ.生物技术在化学品生产中的应用[J].石化技术与应用,2001,19(3):203.
[103] 仲崇立,施力田.绿色化学与化工的原理及应用.Ⅱ.绿色化学与化工的原理[J].石化技术与应用,2001,19(2):131.
[104] 仲崇立,施力田.绿色化学与化工的原理及应用 I.绿色化学与化工概论[J].石化技术与应用,2001,19(1):61.
[105] 余训民,胡昌梅.绿色技术:21 世纪石油天然气化工发展的科技前沿[J].石油与天然气化工,2000,29(3):113.
[106] 海金萍,童汉清.化学工业及其发展状况[J].2000,21(5):55.
[107] 王大全.21 世纪的"绿色"高新精细化工[J].化工进展,2000(6):1.
[108] 黎新明,崔英德.绿色精细化工[J].化学工业与工程,1999,16(6):369.
[109] 吴越,杨向光.迈向绿色化工[J].科技导报,2001(2):63.
[110] 陈云华,宁平,陈梁,等.化工清洁生产工艺两例[J].云南环境科学,2000,19(2):47.
[111] 杨德红.无污染稳定配体铬(Ⅵ)/载体试剂的氧化性能研究[D].新乡:河南师范大学,1998.
[112] 杨德红.Ⅱ型糖尿病新药罗格列酮的合成工艺研究和相关药物中间体的合成反应研究[D].杭州:浙江大学,2003.
[113] 翁端.环境材料学[M].北京:清华大学出版社,2001.

[114] 王天民.生态环境材料[M].天津:天津大学出版社,2000.
[115] 聂祚仁,王志宏.生态环境材料学[M].北京:机械工业出版社,2004.
[116] 刘江龙.环境材料的导论[M].北京:冶金工业出版社,1999.
[117] 王天民,郝维昌.生态环境材料——社会可持续发展的物质基础[J].航空学报,2002,23(5):459-465.
[118] 石磊,翁端.国内外环境材料最新研究进展[J].世界科技研究与发展,2004,26(3):47-55.
[119] 翁端.关于生态环境材料研究的一些基本思考[J].材料导报,1999,13(1):12-14.
[120] 翁端,余晓军.关于环境材料的一些研究进展[J].材料导报,2000,14(11):19-21.
[121] 聂祚仁.生态环境材料的研究与发展趋势(上)[J].新材料产业,2001(5):12-15.
[122] 聂祚仁,王瑛.生态环境材料的研究与发展趋势(下)[J].新材料产业,2001(6):22-25.
[123] 石孝,李军,桑雪梅.材料的环境协调性设计[J].重庆环境科学,2003,25(7):54-57
[124] 钟厉,韩西,刘江龙,等.环境材料及其评价方法[J].环境污染治理技术与设备,2002,3(4):52-55.
[125] De-Hong Yang, Gui-Sheng Zhang, et al. The Cleavage of p-Nitrophenylhydrazones and Semicarbazones with Ammonium Chlorochromate Adsorbed on Alumna under Non-Aqueous Conditions[J]. *Synth. Commun.*, 1999, 29(7):1165.
[126] De-Hong Yang, Gui-Sheng Zhang, et al. Dimethylammonium Chlorochromate Adsorbed on Alumina: A Mild Convenient and Inexpensive Reagent for Cleavage of Carbon-Nitrogen Double Bonds Nonaqueous Condition[J]. *Synth. Commun.*, 1998, 28(20):3721.
[127] De-Hong Yang, Gui-Sheng Zhang, et al. Oxidative Deoximation to Their Parent Carbonyl Compounds with Ammonium Chlorochromate Adsorbed on Alumina[J]. *Synth. Commun.*, 1998, 28(12):2221.
[128] De-Hong Yang, Gui-Sheng Zhang, et al. Methylammonium Chlorochromate Absorbed on Alumina: A Convenient and Efficient Reagent for Cleavage of Carbon-Nitrogen Double Bonds under Nonaqueous Condition[J]. *Synth. Commun.*, 1998, 28(4):607.
[129] De-Hong Yang, Gui-Sheng Zhang, et al. Trimethylammonium Chlorochromate Adsorbed on Alumina: An Efficient and Convenient Reagent for Cleavage of Carbon-Nitrogen Double Bonds under Nonaqueous Condition[J]. *Org. Prep. Proc. Int.*, 1998, 30(6):713.
[130] De-Hong Yang, Zhen-Chu Chen, et al. Organic Reactions in Ionic Liquids: Ionic Liquid-Accelerated Three-Component Reaction A Rapid One-Pot Synthesis of (Z)-3-Alkyl-5-Benzylidene 2, 4-Thiazolidinediones[J]. *Synthesis*, 2003, (12):1891.
[131] De-Hong Yang, Ben-Yong Yang, et al. A Convenient Synthesis of (Z)-5-Benzylidenethiazolidine-2,4-diones Under Microwave Irradiation Without Solvent[J]. *J. Chem. Res.* (S), 2003: 330.
[132] De-Hong Yang, Ben-Yong Yang, et al. Organic reactions in ionic liquids: ionic liquid-accelerated facile synthesis of 3-alkyl-2,4-thiazolidinedions[J]. *J. Chem. Res.* (S). 2005, (8):492.
[133] De-Hong Yang, Ben-Yong Yang, et al. A Convenient Synthesis of 5-Arylidenethiazolidine-2, 4-Diones on Potassium Fluoride-Aluminium Oxide[J]. *Org. Prep. and Proc. Int.*, 2006, 38(1):81.
[134] De-Hong Yang, Ben-Yong Yang, et al. Amination of halopyridines on KF-alumina under microwave irradiation[J]. *J. Chem. Res.* (S), 2006:600.
[135] De-Hong Yang, Ben-Yong Yang, et al. Amination of halopyridines on a KF-Alumina Surface Under Microwave Irradiation[J]. *Synth. Commun.*, In press.

WORLD TOURISM ALLIANCE